成唯识论直解

修订本

唯识经典直解丛书

林国良 ／著

下册

上海古籍出版社

第四章 论前六识

【题解】

六识对人们来说并不陌生，所以本论对六识的一些基本性质作了简略的阐述，如六识名称的由来（包括按六根命名和按六境命名的两类名称）、六识的作用、六识的伦理性质等。此后，本论对六识的相应心所作了详尽的论述。心所指心识具有的各种心理活动或心理功能。心所有六类五十一种，包括遍行心所、别境心所、善心所、烦恼心所、随烦恼心所、不定心所。这些心所中，五识具有大部分心所，第六识则具备全部心所，由此实现了六识丰富的心理活动。此后，本论讨论了六识的活动与间断的问题。六识不是始终活动的心识，所以其活动有间断。其中，前五识的活动由于需依赖众多的条件，所以常有间断；而第六识的活动能力强，其生起无需依赖众多的条件，所以只是在五种状态中间断。最后，本论还对八识的相互关系作了论述，指出八识能同时生起，但由于六识有间断，所以并不总是同时生起。此外，八识就主体来说非一非异，即据世俗谛看，八识各有主体，作用不同，所以非一；但据胜义谛看，则不能说八识定一或定异。

第一节　六识的名称和性质

一、六识的名称

【原文】

如是已说第二能变，第三能变，其相云何？颂曰：

"次第三能变，差别有六种，

了境为性相，善不善俱非。"

论曰：次中思量能变识后，应辩了境能变识相。此识差别总有六种，随六根、境种类异故，谓名眼识乃至意识，随根立名，具五义故。五谓依、发、属、助、如根。

虽六识身皆依意转，然随不共，立意识名；如五识身，无相滥过。或唯依意，故名意识。辩识得名，心、意非例。

或名色识乃至法识，随境立名，顺识义故，谓于六境了别名识。色等五识唯了色等，法识通能了一切法，或能了别法，独得法识名。故六识名，无相滥失。

此后随境立六识名，依五色根未自在说；若得自在，诸根互用，一根发识缘一切境。但可随根，无相滥失。《庄严论》说"如来五根，一一皆于五境转"[1]者，且依粗显同类境说。《佛地经》说："成所作智[1]决择有情心行差别，

---

① 参见（唐）波罗颇蜜多罗译《大乘庄严经论》卷第三，《大正藏》第31册，第605页。

起三业化、作四记[2]等。"① 若不遍缘，无此能故。

然六转识所依、所缘，粗显极成，故此不说。前随义便，已说所依，此所缘境，义便当说。

【简注】

[1] 成所作智：是众生成佛后由污染的五识转变为清净的五识而得的智慧，是成就世间各种具体事务的智慧。

[2] 四记：也称四记答，是指对他人的询问而采取的四种答复方式。（1）一向记，或称决定答，指以正面的肯定的方式作出回答。（2）分别记，也称解义答，是指区分问意、根据场合而作回答。（3）反问记，是指以反问作答。（4）默置记，是指对不应作答的问题保持沉默。

【今译】

这样已经说了第二能变识的性状，那么，第三能变识，其性状如何呢？颂云：

"其次是第三能变识，

共包括六种不同的识，

对六境了别是它们的自性与现行活动的作用，

它们可以是善性的、不善性的和非善非不善性的。"

论云：在第二思量能变识之后，应该说明了境能变识的性状。

---

① 参见（唐）玄奘译《佛说佛地经》："如是如来成所作智决意化业，由是如来决择众生八万四千心行差别，以是善巧方便力故，引诸众生令入圣教成熟解脱。"《大正藏》第16册，第722页。

这类能变识的差别共有六种，这是根据六根和六境的种类差异［而建立的六种识］，称为眼识［以及耳识、鼻识、舌识、身识］直至意识，它们都是依据根而建立的名称，具有五种含义。这五种含义是："依"［即六识依据各自的根而命名］、"发"［即六识由各自的根引发］、"属"［即六识种子随逐六根生起现行故各属相应根］、"助"［即六识对各自的根起帮助作用］、"如根"［即六识与根同属众生范畴］。

虽然六识都依托第七意而生起，但根据第七意是第六识的不共所依，而对第六识建立意识的名称；就像五识，［各自有一种根为自己的不共所依，各自根据这不共所依建立名称，］没有互相混淆的过失一样。或者说，［五识都是依托物质性的根，而第六识］只依托第七意，所以称为意识。［问："第八识也只依托第七意，是否也应称为意识？或第七识也只依托第八识，是否也应称为心？"］这里只是辨明六识建立名称的根据，至于第八心和第七意［的含义前面已说明，］不属此例。

或者，六识也可称为色识［以及声识、香识、味识、触识］直至法识，这是根据认识对象建立名称，以顺应识的含义，即对六类认识对象能了别称为识。［问："前五识的认识对象也是'法'，为什么只有第六识称为法识？"］色识等前五识只能各自了别色等各自的认识对象，第六识作为法识，能了别一切认识对象；或者说，第六识能了别十二处中的法处，所以独自获得法识的名称。所以，六识的名称没有互相混淆的错误。

但这后一类根据认识对象而建立的六识名称，是根据五种物质性根还未获得自在而说的；如果五根获得自在，那各种根就能互相通用，任何一种根引发的识能认识一切对象，[在这种状态下，称它们为色识直至法识就都不正确了。]所以只应根据六种根来建立名称，这样才没有互相混淆的错误。《庄严论》说，"如来的五根，每一种都能在五境上生起"，这是根据[五境相对于意识境来说是]粗显的、同属色法类别的而说，[实际上如来的五根引发的识能认识一切对象。]《佛地经》说："成所作智判断众生的心理的差别，生起身、口、意三业的变化，作出四种不同方式的回答等。"如果[由转前五识而得的]成所作智没有[对色法和心法]的普遍认识，就不会有这样的功能。

而前六识的依托对象和认识对象，因为明显，且各家说法一致，所以颂中不再提及。[本论]前文根据内容的需要，已经说了六识的依托对象，至于六识的认识对象，后文在适当的场合会再作说明。

【评析】

此处以下论述前六识。此处论述六识名称的由来。六识的名称可以依据根建立，也可依据境建立。依据根建立的六识名称是眼识、耳识、鼻识、舌识、身识、意识。依据境建立的六识名称是色识、声识、香识、味识、触识、法识。但后一类名称在成佛后就不再适用，因为佛的五根能通用，即任何一种根都能认识其他认识对象。（在此问题上，还有观点说五根在初地以上就能通用，有观点说在八地以上能通用。）所以，六识的名称一般根据六根而建立。

二、六识的自性与行相

【原文】

次言"了境为性相"者,双显六识自性、行相,识以了境为自性故,即复用彼为行相故。由斯兼释所立别名,能了别境,名为识故。如契经说:"眼识云何?谓依眼根了别诸色。广说乃至意识云何?谓依意根了别诸法。"彼经且说不共所依、未转依位、见分所了,余所依、了,如前已说。

【今译】

其次,颂中说"了境为性相",是同时表示六识的自性和现行活动作用,因为六识是以了别六境为其自性,也以此为其现行活动作用。由此也解释了此类识的另一名称"了境能变识",即能了别境,称之为识。如经中说:"眼识是什么?即依托眼根了别各种色。若一一详说,直至意识是什么?即依托意根了别各种法。"该经只是说了不共所依、未转依位以及见分所能认识的对象,至于其余的〔分别依、染净依、根本依等〕依以及转依位、自证分等所能认识的对象,就像前面已经说过的那样。

【评析】

此处论述六识的自性及现行活动作用。六识的自性及现行活动作用都是"了境","了"即"了别",也就是认识辨别。

六识就各自的不共所依来说，眼识是依托眼根认识各种色，耳识是依托耳根认识各种声，直至第六意识是依托意根，即第七识来认识各种法。就所依来说，以五识为例，除不共所依（五根）外，如前所说，还有分别所依（第六识）、染净所依（第七识）和根本所依（第八识），所以，六识认识六境的所依，只是据不共所依而说。此外，上述"性相"也是根据未转依位，即未成佛时说的；如果是转依位，即成佛后，则五识之间、五根之间都能通用。此外，上述"性相"也是根据见分说的，如果根据自证分来说，自证分所缘是见分，见分属识，这样，五识就不但了境，而如《述记》所说："其实五识亦了识等。"① 但一般来说，"了境为性相"是就见分而说的。

三、六识的伦理属性

【原文】

此六转识，何性摄耶？谓善、不善、俱非性摄。俱非者，谓无记，非善、不善，故名俱非。能为此世、他世顺益，故名为善。人、天乐果，虽于此世能为顺益，非于他世，故不名善。能为此世、他世违损，故名不善。恶趣苦果，虽于此世能为违损，非与他世，故非不善。于善不善、益损义中，不可记别，故名无记。

此六转识，若与信等十一相应，是善性摄；与无惭等

---

① （唐）窥基《成唯识论述记》卷第五，《大正藏》第43册，第418页。

十法相应，不善性摄；俱不相应，无记性摄。

【今译】

　　这六种转识，属于何种伦理属性呢？颂中说它们属于善性、不善性和"俱非性"。所谓"俱非性"，就是无记性，既非善性也非不善性，所以称为"俱非性"。能对这一世以及后世的生存有益的，就称为善性。人道和天道作为欢乐果，虽然对于这一世的生存能够有益，但并不能对后世的生存有益，所以不称为善性。能对这一世以及后世的生存损害的，就称为不善。恶道作为苦果，虽然对于这一世的生存能够损害，但并不能对后世的生存损害，所以并非不善性。对善和不善、有益和损害的含义，没有区别的，就称为无记性。

　　这六种转识，如果与信等十一种心所相应的，这就属于善性范畴；与无惭等十种心所相应的，属于不善性范畴；与上述两类心所都不相应的，属于无记性范畴。

【评析】

　　此处以下论述六识的伦理性质。此处首先说明善、恶、无记三种性质的含义。六识的性质可以是善性、恶性与无记性。这里的善恶性质，是就因，即所造的业而言，并非是就果报而言。例如，生而为人或为天，这已是异熟果，相对于恶道众生，它们属于得欢乐的果报，但只能这一世享受，并不能带到后世，这一世结束后，果报就享尽。至于后一世是乐报还是苦报，则还需视何种因缘成熟。恶道苦果也是如此。所以果只是无记性的。而善恶性的思想、语言和行为作为业，不但能对此世有益或有害，且能对后世有益或有害。因为业的果报，有现世成熟的，更多是以后世中成熟的，所以业能对这一世及以后世产生影响。

文中说的"不善性摄"的十种，《述记》说是"十唯不善"，[①] 指根本烦恼和随烦恼中只属于不善性的十种，包括根本烦恼中的嗔；两种中随烦恼，即无惭、无愧；以及十种小随烦恼中除去谄、诳、骄的其他七种。总之，即嗔、忿、恨、覆、恼、嫉、悭、害、无惭、无愧。此十种根本烦恼和随烦恼是自性不善，只是不善性。其他烦恼是相应不善，既可以是不善性，也可以是有覆无记性。

【原文】

有义：六识三性不俱，同外门转，互相违故。五识必由意识导引，俱生、同境、成善、染故。若许五识三性俱行，意识尔时应通三性，便违正理，故定不俱。《瑜伽》等说"藏识一时与转识相应三性俱起"[②]者，彼依多念，如说一心非一生灭，无相违过。

有义：六识三性容俱。率尔、等流眼等五识，或多或少容俱起故；五识与意，虽定俱生，而善性等，不必同故。

[①] (唐) 窥基《成唯识论述记》卷第五，《大正藏》第43册，第418页。
[②] 参见(唐) 玄奘译《瑜伽师地论》卷第五十一，《大正藏》第30册，第580页。

前所设难,于此唐捐。故《瑜伽》说:"若遇声缘从定起者,与定相应意识俱转余耳识生,非唯彼定相应意识能取此声,若不尔者,于此音声不领受故,不应出定。非取声时,即便出定,领受声已,若有希望,后时方出。"① 在定耳识,率尔闻声,理应非善,未转依者,率尔堕心,定无记故。由此诚证,五俱意识,非定与五善等性同。诸处但言,五俱意识,亦缘五境,不说同性。《杂集论》说"等引位中五识无"②者,依多分说。

若五识中三性俱转,意随偏注,与彼性同;无偏注者,便无记性。故六转识,三性容俱。得自在位,唯善性摄,佛色、心等,道谛摄故,已永灭除戏论[1]种故。

【简注】

[1] 戏论:原指错误的、无意义的言论,这里借指一切不善的身、口、意三业。

【今译】

[关于六识的三种性质能否同时生起,有两种观点。]第一种观点认为,六种识的善、恶、无记三种性质必定不能同时生起,因为六识都是向外活动的,而三种性质又是互不相容的。即五识必定由意识导

---

① 参见(唐)玄奘译《瑜伽师地论》卷第六十三,《大正藏》第30册,第650页。
② 参见(唐)玄奘译《大乘阿毗达磨杂集论》卷第七,《大正藏》第31册,第726页。

引，与意识共同生起，并认识同样的对象，从而成为善性或污染性。如果同意五识三种性质能同时现行生起，那么，意识这时也应同时可以是善恶等三种性质，这就违背了正理，所以六识的善恶等三性必定不能同时生起。至于《瑜伽论》等佛典中所说的"藏识一时间与转识的相应三性同时生起"，那"一时间"是根据多个瞬间而说的，就像说"一心"并非就是指一念生灭，所以我们的说法并无违背佛典的错误。

第二种观点［即正确的观点］认为，六种识的三种性质可以同时生起。因为率尔五识［即最初一刹那生起的五识］和等流五识［即后来同等性质地连续生起的五识］，可以或多种或少量地同时生起；而五识与意识虽然必定共同生起，但善恶等性质却不必相同，［所以不同性质的五识与意识可以同时生起。］上述对意识同时存在三性的非难，在此无异虚设，［因为意识在某一瞬间只有一种性质，而六种识在同一瞬间则可以是不同性质。］所以，《瑜伽论》说："如果有人听到声音而出定，那是因为在与定相应的善性意识之外，同时有其他性质的耳识生起，［即突然听到声音是由于无记性的耳识生起，］并非只是那与定相应的意识能认取这声音，如果没有耳识生起，意识对这声音是不能接受到的，也就不应出定。也并非认取声音时，就立刻出定，要到认取声音后，如果有希望出定的意识生起，然后才出定。"在定中的耳识，最初突然听到声音，按理不应说是善性的，因为还未转舍烦恼依止清净者，突然间生起的心，必定是无记性质，［但此刻在定中的第六意识却是善性的。］由此完全能证明，与五识共存的意识，不一定与五识的善恶等性质相同。各种佛典中也只是说，与五识共同生起的意识也认识五识所认识的对象，而不说此意识与五识的善恶属性相同。《杂集论》说"定位中，五识不存在"，这是根据此状态中多数情况下五识不存在而说的。

如果五识中，善恶等三种性质同时生起，意识追随并专注于其中一识的活动，就与该识的性质相同；如果意识对五识无偏向，不专注于任何一识的活动，其性质就是无记性。所以，六种转识的三种性质可以同时共存。但在获得自在后，六识只属于善性，因为佛的色身和心，属于道谛，已经永远断灭了戏论的种子。

【评析】

此处继续论述六识的伦理性质，讨论六识的善、恶、无记三种性质能否同时生起。在此问题上有两种观点：第一种观点认为，六识的三种性质不能同时生起，因为如果五识的三种性质能同时生起，那么，与五识同时生起的意识就要同时具有三种性质，这种观点并不正确。第二种观点认为，六识的三种性质是能同时生起的。因为，首先，五种识在同一时间中可以同时活动并具有不同的性质。其次，五俱意识（与五识同时生起的意识）或是专注于其中的某一识而活动，此时的性质与该识相同；或是对同时活动的五识无偏向，此时的性质属无记性。所以六识的性质可以三性同时具备。如果讨论的不是五俱意识，而是独散意识，那也就不存在六识是否三性同时存在的问题，因为独散意识活动时一般没有五识同时活动。

第二节 六识的心所

一、六识心所概说

（一）六识心所的类型

【原文】

六识与几心所相应？颂曰：

"此心所遍行，别境善烦恼，

随烦恼不定，三受共相应。"

论曰：此六转识，总与六位心所相应，谓遍行等。恒依心起，与心相应，系属于心，故名心所，如属我物，立我所名。心于所缘，唯取总相；心所于彼，亦取别相，助成心事，得心所名。如画师资，作模填彩。故《瑜伽》说："识能了别事之总相；作意了此所未了相，即诸心所所取别相；触能了此可意等相[1]；受能了此摄受等相；想能了此言说因[2]相；思能了此正因等[3]相。故作意等，名心所法。"① "此"表心所亦缘总相。

余处复说："欲亦能了可乐事相，胜解亦了决定事相，念亦能了串习事相，定、慧亦了得失等相。"② 由此于境起善染等诸心所法，皆于所缘兼取别相。

---

① 参见（唐）玄奘译《瑜伽师地论》卷第三，《大正藏》第30册，第291页。
② 参见（唐）玄奘译《瑜伽师地论》卷第三，《大正藏》第30册，第291页。

【简注】

[1] 触能了此可意等相：触心所有其特性，前文说，触"令心、心所触境为性"，但在认取对象的局部状况时，触与受所取的局部状况相近，实际上，"可意"与否，也是一类感受。若要细说两者差别，则触是了顺境、违境等境，受是了顺益、非顺益等受。

[2] 言说因：指想心所能认识事物的类别，如青黄赤白等，进而生起言说，故而是言说的因。

[3] 正因等："等"指邪因、俱相违（即非正非邪）因。

【今译】

六识与几种心所相应呢？颂云：

"与六识相应的心所，有遍行心所、

别境心所、善心所、烦恼心所、

随烦恼心所与不定心所。

[在受心所中，]苦、乐、舍受都能与六识相应。"

论云：这六种转识总的来说与六类心所相应，即遍行心所等。它们始终依托心而生起，与心相应，系属于心，所以称为心所，就像属于我的东西，建立"我所"的名称一样。心对于认识对象，只是认取它的总体状况；心所对于认识对象，[除认取总体状况外，]还能认取它的局部状况，帮助心完成其心理功能，所以得到心所的名称。就像画师及其助手，画师做模型，助手涂色彩。所以《瑜伽论》说："识能了别事物的总体状况；作意则还能了别识所未明了的状况，即各种心所认取的局部状况；触还能了别除此［对象总体状况］之外的是否舒适合意等状况；受还能了别除此之外的各种感受状况；想还能了别除此之外的对象类别状况；思还能了别除此之外的善恶等属性状况。所以，作意等称为心所。"上文中的"此"字表示心所也能认取对象的总体状况。

其他经论也说："欲心所也能了别可爱事物的状况，胜解心所也能了别确定事物的状况，念心所也能了别熟悉习惯的事物的状况，定心所与慧心所也能了别功德过失等状况。"因此，对认识对象所生起的善性或污染性的各种心所，都能对认识对象兼而认取其局部状况。

【评析】

此处以下论述与六识相应的心所，首先是论述心与心所的关系。心所即心理活动或心理功能。心识总有一定数量的心所相伴随，这就意味着心识总有一定的心理活动或具备一定的心理功能；而心所也不能离识而独立存在，这表明心理活动或心理功能也不能离开心识主体而独立。上述关系，用唯识学的语言来表达，即心所"恒依心起，与心相应，系属于心"。此外，唯识学对心所的作用也有其独特的表述，即心对于认识对象，只是认取它的总体状况；心所除能认识其总体状况外，还能认取其局部状况，帮助心完成其心理功能。上述心与心所的关系，与现代心理学相比，有两点值得注意。一是唯识学对心识的主体特别强调，即把心识从一切具体的心理功能中抽象出来，形成了独立的主体。唯识学赋予心识的只是最基本的心理功能，即"了别"。二是唯识学对心所的作用也给予了充分的重视，即心所并不仅仅是附属性的，还是不可或缺的，具有完成心理活动、实现心理功能的重要作用。例如，心识虽有"了别"（即识别）等基本功能，但也至少有五种遍行心所永远伴随它们共同活动，所以识决不会表现出纯粹的"了别"功能，而总是与受、想、思等心所共同形成情感、认知、意志等功能。

此外，文中"作意了此所未了相，即诸心所所取别相"，《述记》解释为："作意一法，独能取彼众多别相。"[1]即其他心所一般是单一功能，而作意能认取其他心所认取的局部状况。

【原文】

　　虽诸心所名义无异，而有六位种类差别，谓遍行有五，别境亦五，善有十一，烦恼有六，随烦恼有二十，不定有四。如是六位，合五十一。一切心中定可得故，缘别别境而得生故，唯善心中可得生故，性是根本烦恼摄故，唯是烦恼等流性故，于善染等皆不定故。

　　然《瑜伽论》合六为五，烦恼、随烦恼俱是染故。复以四一切辩五差别，谓一切性及地、时、俱。五中遍行具四一切；别境唯有初、二一切；善唯有一，谓一切地；染四皆无；不定唯一，谓一切性。由此五位种类差别。

---

[1]（唐）窥基《成唯识论述记》卷第五，《大正藏》第43册，第422页。

【今译】

　　虽然各种心所的名义没有差别，［即都名心所，都有"恒依心起"等义，］但在种数和类型上有六类差别，即遍行心所有五种，别境心所也有五种，善心所有十一种，烦恼心所有六种，随烦恼心所有二十种，不定心所有四种。上述六类心所，合起来共有五十一种。［遍行心所］在一切心中必定会生起，［别境心所］只是在认取某些对象时得以生起，［善心所］只是在善心中可以生起，［烦恼心所］的性质是属于根本烦恼，［随烦恼］与根本烦恼同等性质、随根本烦恼而来，［不定心所的性质］属善性还是污染性等都不确定。

　　而《瑜伽论》合六类心所为五类，［这是将根本烦恼与随烦恼合为一类，］因为根本烦恼与随烦恼都是污染性的。该论又以四种"一切"来辨别五类心所的差别，即［看它们是否具有善、恶、无记］"一切性"，［是否存在于有寻有伺地、无寻有伺地、无寻无伺地］"一切地"，［是否始终不间断地存在于有心位的］"一切时"，［同类心所是否同时生起而］"一切俱"。五类心所中，遍行心所完全具备四种"一切"；别境心所只有第一、第二种"一切"；善心所只有一种，即存在于一切地中；烦恼心所则四种"一切"都没有；不定心所只有一种，即具有一切性。由此而存在五类心所的种类差别。

【评析】

　　此处论述心所的类别。心所共有五十一种，分为六类。在心所的分类中，唯识学将一些基本的心理功能归入遍行心所与别境心所中，其中，遍行心所是一些（除识的了别功能外）最基本的心理功能，是普遍存在的，伴随着心识的活动而必然生起的；而别境心所是一些较为基本的心理功能，不具有遍行心所那样的普遍性，只是在一些特定的条件下生起。遍行心所和别境心所都属无记性。此外，唯识学还建立了善性、不善性心所的范畴，其根本意义在于：心识本身无所谓善、不善，而是善、不善心所的活动使其成为善或成为不善。因此，第八识没有任何善、不善心所伴随，所以是无覆无记性，即无善无不善；第七识有四根本烦恼及八大随烦恼相伴随，但由于第七识的活动本身极其细微，所以是有覆无记性，即不属不善性但有污染；前六识则善、不善以及无记性心所都能与之相随，所以前六识三性俱全。

另外，心所有四种"一切"的差别。四种"一切"，就是"一切性""一切地""一切时""一切俱"。其中，"一切性"指善、恶、无记三性，诸典籍对此的解释基本一致。

"一切地"，有两种解。一是指三界九地一切地，二是指有寻有伺地、无寻有伺地、无寻无伺地三地。两种解以第二解更为完善。如善心所具有"一切地"性质，如果"一切地"指三界，则善心所中的轻安心所在欲界没有，此说至少不能完全成立；而如果"一切地"用有寻有伺等三地来解释，由于有寻有伺地包括欲界和色界初禅，所以有寻有伺地就有轻安，这样，善心所具有"一切地"的性质就完全成立。

"一切时"，许多典籍都解释为三世（过去、未来、现在）等一切时，也就是三世存在、无始无终。窥基的《瑜伽师地论略纂》（以下简称《略纂》）则解释为："一切时者，心生必有。"①即"一切时"指心生起时心所也必定同时生起。（窥基《述记》的说法更复杂，这里不展开。）两种解释比较，窥基的解释或许更合理，因为心所必依心王而存在，心所不可能独自存在、无始无终。只有心王无始无终（如第八识和第七识），心所才能无始无终；心王有间断（如前六识），心所也必有间断，这就是"心生必有"的含义了。

"一切俱"，许多典籍都解释为心所与八识同时生起，窥基则认为，是心所互相间能同时生起，如《略纂》说："随其自位，起一必俱。"即同类心所，生起一个，其他心所必定同时生起。窥基举例，善心所"非一切耶者，轻安不遍诸善心故"。②即善心所没有"一切俱"，因为欲界善心所中，其他善心所生起，轻安不生起。而其他典籍认为"一切俱"是指与八识同时生起，但窥基已将此义归为"一切时"。如《瑜伽论记》说，善心所"非一切时者，非心生时则皆起故。非一切耶者，虽十并头起而轻安不定故"。③

因此，按窥基的解释，"一切时"就是心所与心同时生起，"一切俱"就是同类心所同时生起。这种解释，与一般的解释（即"一切时"指三世存在、无始无终，"一切俱"指与八识同

---

① （唐）窥基《瑜伽师地论略纂》卷第二，《大正藏》第43册，第20页。
② （唐）窥基《瑜伽师地论略纂》卷第二，《大正藏》第43册，第20页。
③ （唐）遁伦《瑜伽论记》卷第一，《大正藏》第42册，第333页。

时生起），在实际运用上并无差别，即两种解释论述六类心所具有四种"一切"的差别，结论实际是一致的，但在理上，窥基的解释可能更合理。

以下由上述四种"一切"，来看各类心所。

遍行心所具有四种"一切"。即遍行心所能与三性心相应，所以有"一切性"。遍行心所能存在于有寻有伺地等三地，所以有"一切地"。遍行心所存在于一切有心位，或者说能与八识同时生起，所以有"一切时"。五种遍行心所也是同时生起，所以有"一切俱"。

别境心所只有第一、第二种"一切"。首先，别境心所也能与三性心相应，即别境心所虽然本身是无记性的，但与烦恼心所共存时可以是烦恼性的，与善心所共存时可以是善性的。如欲心所，可以是无记性的欲，即只是想学习知识；也可以是烦恼性的，如与贪共存的欲；也可以是善性的，如想学习佛法，所以别境心所具有"一切性"。其次，别境心所也可以存在于有寻有伺等三地，所以有"一切地"。

至于别境心所不具有其他两种"一切"，先看不具有"一切时"。别境心所只是特定条件下生起，不是缘一切境，所以没有"一切时"，即不是与一切识相应。具体说，在凡夫位中，第八识就完全没有别境心所相随，第七识也只有别境心所中的慧心所相随，第六识完全具备五种别境心所，前五识只具有微弱的五种别境心所。其次，别境心所也不是"一切俱"，即一个别境心所生起时，其他别境心所不一定生起。

善心所只有"一切地",即能存在于有寻有伺等三地。至于不与其他三种"一切"相应,因为善心所是善性,所以不具有"一切性";心生起时,善心所不一定生起,如在无记性和烦恼性心中,就没有善心所,所以不是"一切时";欲界善心所中没有轻安,即轻安心所可以不与其他十种善心所同时生起,所以没有"一切俱"。

烦恼心所没有四种"一切",即烦恼心所只是不善,所以没有"一切性";虽然无明和贪等也通三界,但嗔只在欲界,所以没有"一切地";烦恼心所不与所有八识相应,如第八识没有烦恼心所相应,所以没有"一切时";烦恼心所不一定同时生起,所以没有"一切俱"。此外,随烦恼与根本烦恼相同,也没有四种"一切"。

不定心所只有一种"一切性",因为不定心所可以是无记性,或善性,或烦恼性。不定心所不与其他三种"一切"相应,即悔、眠只存在于欲界,寻、伺存在于欲界和色界的初禅(伺还存在于中间定),所以不具有"一切地";不定心所只与第六识相应,所以不具有"一切时";不定心所也不一定同时生起,所以没有"一切俱"。

(二)与六识相应的受心所

【原文】

此六转识,易脱不定[1],故皆容与三受相应,皆领顺、违、非二相故。领顺境相,适悦身心,说名乐受;领违境相，逼迫身心，说名苦受；领中容境相，于身于心，非逼非悦，名不苦、乐受。

如是三受，或各分二。五识相应，说名身受，别依身故；意识相应，说名心受，唯依心故。又三皆通有漏、无漏，苦受亦由无漏起故[2]。或各分三，谓见所断、修所断、非所断[3]。又学、无学、非二[4]为三。

或总分四，谓善、不善、有覆无覆二无记受。有义：三受容各分四。五识俱起任运贪、痴、纯苦趣中任运烦恼不发业者，是无记故，彼皆容与苦根[5]相应。《瑜伽论》说："若任运生一切烦恼，皆于三受现行可得。若通一切识身者，遍与一切根相应；不通一切识身者，意地一切根相应。"①《杂集论》说："若欲界系任运烦恼发恶行者，亦是不善；所余皆是有覆无记。"② 故知三受各容有四。

【简注】

[1] 易脱不定："易脱"指有间断和转变。"不定"指欣喜、悲切、无喜无悲的心情交替生起。
[2] 苦受亦由无漏起故：此处"苦受"可指由修无漏法的艰苦所引起的感受。《述记》卷第五说："能引无漏，无漏所引，皆通无漏。"
[3] 见所断、修所断、非所断："见所断"指在见道位中被断除的烦恼等。"修所断"指在修道位中被断除的烦恼等。"非所断"指有为

---

① 参见（唐）玄奘译《瑜伽师地论》卷第五十九，《大正藏》第30册，第627页。
② 参见（唐）玄奘译《大乘阿毗达磨杂集论》卷第四，《大正藏》第31页，第710页。

无漏法或无为无漏法，它们不是修道过程中需要断除的对象。
[4] 学、无学、非二："学"即有学，指已入圣位，但需继续修学以证究竟果位者。"无学"即无学位，指修学圆满，证阿罗汉、辟支佛及如来果位者。"非二"即非学非无学，指凡夫。
[5] 苦根："根"指对其他事物有特殊作用的事物。"苦根"是二十二根之一，就是苦受。苦受之所以称为"根"，如《瑜伽论》卷第五十七所说："问：受所摄根，作何等业？答：令诸有情，领纳一切兴盛衰损为业。"

【今译】

这六种转识，有转变和中断，各种感受状态交替而生起，所以都能与三种受相应，都能领受顺境、逆境、非顺非逆的中性境。领受顺境时，身心感到舒适愉悦，就称为乐受；领受逆境时，身心感到逼迫，就称为苦受；领受中性境时，身心非逼迫非愉悦，称为不苦不乐受。

这样的三种受，或者各可分为两类。与五识相应的，就称为身受，因为这类受［除了依赖心］还依赖身体；与意识相应的，就称为心受，因为这类受只依赖心。此外，这三种受都可以是有漏的或无漏的，因为苦受也可以是由修无漏法而引起的。或者，这三种受各自又可分为三种，即见道位所断三受、修道位所断三受以及非所断三受。此外，有学位、无学位以及非学非无学位都有三种受。

或者说，受心所总的可以分为四种，即善性受、不善性受、有覆无记性受与无覆无记性受。有一种观点认为，三受可以各自分为四种。能与五识自然而无条件地共同生起的贪、痴，以及在纯粹恶道中自然而无条件地生起但不引发恶业的烦恼，是有覆无记性的，它们都能与苦受相应。《瑜伽论》说："如果是自然而无条件地生起的一切烦恼［即修道位所断烦恼］，现行三受都可与之相应地共同生起。如果是与六识都能相应的烦恼，它们能普遍地与六识的三受相应；如果不是与六识都能相应的烦恼，就只与意识的三受相应。"《杂集论》说："如果系属于欲界自然而无条件地生起的、能引发恶业的烦恼，也是不善；其余［欲界不引发恶业的以及上二界自然生起的］烦恼都是有覆无记性。"由此可知，乐受、苦受、舍受各自都能有善性、不善性等四种受。

【评析】

此处以下专论与六识相应的受心所。受心所有各种分类方法，唯识学对受的研究极为精细。而在这些分类中，最常见的是三受或五受。三受即苦受、乐受及舍受。至于论中所说的"见所断、修所断、非所断"的三类受：见所断的三受指与分别烦恼相应的受心所，修所断三受指与俱生烦恼相应的受心所，非所断三受指与无漏相应的受心所。而"学、无学、非二"也各有苦受、乐受及舍受，关于苦受，《述记》说："忧、苦根并是学，苦根亦无学。"[①] 即有学有忧受和苦受，无学有苦受，当然这只是如上所说的诸如由修无漏而引起的苦受等。此外，论中所说的"善、不善、有覆无记、无覆无记"四类受

---

① (唐) 窥基《成唯识论述记》卷第五，《大正藏》第43册，第423页。

中,也可将"不善性"与"有覆无记性"两类总称为"染污性",从而使四类受并为三类受。五受则见下文。

【原文】

　　或总分五,谓苦、乐、忧、喜、舍。三中苦、乐各分二者,逼悦身心,相各异故。由无分别、有分别故;尤重、轻微,有差别故。不苦不乐不分二者,非逼非悦,相无异故;无分别故;平等转故。

　　诸适悦受,五识相应,恒名为乐。意识相应,若在欲界、初二静虑近分[1]名喜,但悦心故;若在初二静虑根本名乐名喜,悦身心故;若在第三静虑近分、根本名乐,安静尤重,无分别故。

　　诸逼迫受,五识相应,恒名为苦。意识俱者,有义:唯忧,逼迫心故;诸圣教说,意地戚受名忧根故。《瑜伽论》说:"生地狱中诸有情类,异熟无间有异熟生苦忧相续。"又说:"地狱寻伺忧俱,一分鬼趣、傍生亦尔。"① 故知意地尤重戚受,尚名为忧,况余轻者。

　　有义:通二。人天中者,恒名为忧,非尤重故;傍生、鬼界名忧名苦,杂受、纯受有轻重故。捺落迦[2]中,唯名为苦,纯受尤重,无分别故。

　　《瑜伽论》说:"若任运生一切烦恼,皆于三受现行可

---

① 参见(唐)玄奘译《瑜伽师地论》卷第六十六,《大正藏》第30册,第665页。

得。"广说如前。又说："俱生萨迦耶见，唯无记性。"彼边执见，应知亦尔。此俱苦受，非忧根摄，论说忧根非无记故。

又《瑜伽》说："地狱诸根，余三现行定不成就，纯苦鬼界、傍生亦尔。"[1]余三定是乐、喜、忧根，以彼必成现行舍故。"岂不容舍[3]，彼定不成？"宁知彼文唯说客受？应不说彼定成意根，彼六客识有时无故。不应彼论唯说客受，通说意根，无异因故。又若彼论依客受说，如何说彼定成八根？若谓五识不相续故，定说忧根为第八者，死生、闷绝，宁有忧根？有执苦根为第八者，亦同此破。设执一形为第八者，理亦不然，形不定故，彼恶业招，容无形故。彼由恶业令五根门恒受苦故，定成眼等，必有一形于彼何用？非于无间大地狱中，可有希求淫欲事故。由斯第八定是舍根。第七、八识，舍相应故。如极乐地，意悦名乐，无有喜根；故极苦处，意迫名苦，无有忧根。故余三言，定忧、喜、乐。

余处说彼有等流乐[4]，应知彼依随转理说，或彼通说余杂受处，无异熟乐名纯苦故。然诸圣教，意地感受名忧根者，依多分说，或随转门，无相违过。《瑜伽论》说"生地狱中诸有情类，异熟无间有异熟生苦、忧相续"，又说"地狱寻伺忧俱，一分鬼趣、傍生亦尔"[2]者，亦依随转门。

---

[1] 参见（唐）玄奘译《瑜伽师地论》卷第五十七，《大正藏》第30册，第615页。
[2] 参见（唐）玄奘译《瑜伽师地论》卷第六十六，《大正藏》第30册，第665页。

又彼苦根，意识俱者，是余忧类，假说为忧。或彼苦根损身心故，虽苦根摄，而亦名忧；如近分喜，益身心故，虽是喜根，而亦名乐。《显扬论》等具显此义。然未至地，定无乐根，说彼唯有十一根[5]故。由此应知，意地感受，纯受苦处，亦苦根摄。

此等圣教，差别多门，恐文增广，故不繁述。

【简注】

[1] 近分：与根本定相对，指即将进入根本定前的方便加行（即准备阶段），而根本定是指每一种定的自身。此外，初禅的"近分"也特称"未至定"。

[2] 㮈落迦：意为苦器，即地狱。"㮈"，其他佛典中亦作"捺"。

[3] 客舍：《述记》卷第五："六识中受名为客受。"《瑜伽师地论义演》卷第二十："客受等者，赖耶名主，余识名客。"故"客受"是指与"客识"相应之受。"客识"与"主识"相对，"主识"指第八识，"客识"指前六识。"客舍"指六识之舍受。

[4] 等流乐：指与前世善因相似的乐果。

[5] 十一根：未至地十一根有多种说法，据《述记》等，指信等五根（包括勤、念、定、慧）、三无漏根（未知当知、已知、具知根）、意根、喜根、舍根。

【今译】

或者，三受总共可分为五种，即苦受、乐受、忧受、喜受、舍受。三受中，苦受和乐受各分为两种的原因在于：使身体感到逼迫［称为苦］，使心感到逼迫［称为忧］，使身体感到愉悦［称为乐］，使心感到愉悦［称为喜］，这些状况各不相同。由于对苦的状况和对乐的状况不作分别，［所以只有三受，］如对苦的状况和对乐的状况作分别，［就有了五受；］感受特别重的，［称为苦和乐，］感受轻微的，［称为忧和喜，］它们在感受上是有差别的。至于对不苦不乐的舍受不再分成两种，是因为它既不使身心感到逼迫也不使身心感到愉悦，感受的状况中没有身心的差异，程度上没有轻重的差别，无区别地生起。

各种舒适愉悦的感受，与五识相应的，总是称为乐受。与意识相应的［受］，如果是在欲界以及色界的初禅和二禅的近分定，只称为喜受，因为只是使心愉悦；如果是在初禅和二禅的根本定中，可称为乐受也可称为喜受，因为能使身心感到愉悦；如果是在三禅的近分定以及根本定，都称为乐受，因为尤其安静，前后没有差别。

各种使身心逼迫的感受，与五识相应的，总是称为苦受。至于与意识共存的［逼迫的感受，属于何种受，有两种观点。］第一种观点认为，只是忧受，因为这种感受使心感到逼迫；因为各种佛典中都说，意识中的悲切感受称为忧受。《瑜伽论》说："生在地狱中的一切众生，与其异熟［第八］识不相离的是异熟生的［前六识及与之相应的］连续不断的苦受和忧受。"又说："地狱道中的众生有与或粗或细的思维活动共存的忧，一部分在鬼道中和畜生道中的众生也是如此。"由此可知，意识中特别重的悲切感受，尚且只是称为忧受，何况比悲切更轻的感受，［怎么不是忧受呢？］

第二种观点认为，［与意识共存的逼迫的感受，］既有忧受也有苦受。在人类中和天道中，始终称为忧受，因为这种感受不是特别重；在畜生道中和鬼道中，有的称为忧受有的称为苦受，即与其他感受混杂的逼迫感受［称为忧受］，纯粹的逼迫感受［称为苦受］，二者在感受上有轻重之别。在地狱道中只称为苦受，因为这是纯粹的逼迫感受，特别重，而且前后相比没有轻重差别。

《瑜伽论》说："如果是自然而无条件地生起的一切烦恼，都有三种受的现行活动生起。"对此问题的详细解释如前所述。又说："俱生的身见只是无记性的。"那边执见，要知道也是如此。［由此可见，］与这两种见共存的苦受，不属于忧根［即忧受］，因为论中说忧根不是无记性的。

此外，［关于地狱中没有忧受，］《瑜伽论》说："地狱的各种根中，其余三根必定不能形成现行活动，纯受苦的一部分鬼道和畜生道也是如此。"这"其余三根"必定是乐根、喜根和忧根，［而不是舍根和苦根，］因为地狱道必定形成现行活动的舍受。［对方责难：］"［地狱中固然没有乐受和喜受，但］为什么不可以是与六识相应的舍受在地狱道中必定不能形成现行活动［因而地狱中有忧受］？"怎么知道该论说的不能现行活动的就是与六识相应的受？［对方答："因为地狱纯苦。"］［如果该论中的受是根据六识而说的，那么，］该论不应说地狱中必定形成现行的意根，因为［如果只有六识的话，那现行的意根就是第六识，但］那六种识在地狱中有时不存在。［所以意识有时也不存在，怎么能说地狱中必定会有现行活动的意根？］［对方补救："说意根是从八识来说，故而意根指第七识，而说受则只指六识。"］不应认为该论说受时只指客识［即六识］的受，而在说意根时则是从八识来说，因为没有特别的原因说受时只说六识的受。此外，如果该论的这段文字只是根据六识的受而说，［因而在地狱中没有舍根，］那怎么说地狱中必定形成八种根呢？［即该论说有八种根必定能形成现行和种子，八种根的前七种是五根、意根和命根，这第八种根又是什么呢？］如果你们说由于五识不相连续，［所以没有苦根，因为苦是对五根构成的身体而言，］但应该必定有忧根作为第八种根，那么，在出生时、死亡时、昏迷中，难道也有忧根？［要知道忧受是对意识而言的，而在上述状态中意识也不存在。］有人执着苦根是第八种根，也可同样破除。假如执着代表男女形象的男根或女根中的任何一种为第八种根，道理上也不对，因为地狱中男女的形象是不确定的，那地狱道是由恶业所招，可以没有男女的形象。那地狱道由于以往的恶业使五根始终受苦，所以必定形成眼根等五根，如果说必定要有男女的某种形象，对地狱众生又有何用？并非是在无间大地狱中，可以有追求淫欲之事。因此，第八种根必定是舍根，因为第七识和第八识始终是舍根与之相应。就像在极其快乐的第三禅中，意识感到愉悦，称为乐受，而没有喜受；所以在极其痛苦的地狱中，意识感到逼迫，称为苦受，而没有忧受。所以，"其余三根"的说法，必定是指忧根、喜根、乐根，［故而地狱中没有忧受。］

其他地方说恶道中有等流乐，要知道那是随机权宜而说的，或者是广义地包括了其他混杂感受的地方，因为［恶道中的无间地狱］没有异熟性质的乐，被称为纯粹苦之处。而各种佛典中说"意识中的悲切感受称为忧受"，那是根据多数情况而说的，或者是随机权宜而说的，并无相互矛盾之处。《瑜伽论》说"生在地狱中的一切众生，与其异熟［第八］识不相离的是异熟生的［前六识及与之相应的］连续不断的苦受和忧受"，又说"地狱的众生有与或粗或细的思维活动共存的忧根，一部分鬼道和畜生道中的众生也是如此"，这些说法也是随机权宜的说法。此外，那地狱众生与意识共存的苦受，与六道的其他道中与意识共存的忧受是同类，假说为地狱道中的忧受。或者说地狱众生的苦，有损于身心，虽属于苦受，但也可称为忧受；就像近分定中的喜，有益于身心，虽属于喜受，但也可称为乐受。《显扬论》等都表示过这种意思。但初禅的未至地定，必定没有乐受，因为该论中说在此定中只有十一种根。由此可知，意识中的悲切感受，在纯受苦的无间地狱，也属于苦受。

上述对受心所的分类，佛典中有许多说法，恐怕本论文字增加太多，所以不繁复论述。

【评析】

此处论述五受。如将三受进一步区分，则使身体（或五识）感到逼迫或愉悦的，称为苦受或乐受；使心（指意识）感到逼迫或愉悦的，称为忧受或喜受；非逼迫非愉悦的仍称为舍受，不作区分。但上述说法只是原则性的，具体地说，对第六意识的受，还需作更精细的区分。从三界九地与六道众生的情况来看，与意识相应的愉悦的感受，在欲界属喜受；在色界的初禅和二禅中，有喜受有乐受，即其近分定属喜受，其根本定则既属喜受也属乐受；在三禅属乐受（四禅以上无喜受无乐受，只有舍受）。关于与意识相应的逼迫的感受属何种受，有两种观点。第一种观点认为只是忧受，第二种观点认为可以是忧受也可以是苦受。具体地说，第二种观点认为，与意识相应的逼迫的感受，在人道中和天道中是忧受；在畜生道中和鬼道中，有忧受也有苦受；在地狱道中只是苦受。（玄奘对众生一般只说五趣，五趣就是在六道中除阿修罗道，因为阿修罗道众生可以归入天道等其他道中。）此外，论中对地狱众生没有忧受作了详尽的论证。其要点是：《瑜伽论》说，地狱众生必定有三种根不能现行生起。这三种根中，喜、乐是不待言的，因为地狱是苦处，无喜乐可言。那第三种根是什么呢？本论认为是忧根。对不同意这种说法却认为是舍根不能现行生起的观点，本论作了种种批驳，指出地狱众生必定有舍受，一个明显的理由是第七识和第八识必定有舍受相随。因此，地狱众生必定有喜、乐、忧三受不能现行生起。这样可以说，地狱众生如果第六识生起时，与之相应的逼迫感受也是苦受，而不像其他地方是忧受，因为这是极其痛苦的感受。

此外，本论对地狱有等流乐等说法进行了讨论。所谓等流乐，指与前世善因相似的乐果。如某人饲养家畜时，饮食温凉得当，此人入地狱后有可能在热地狱中得凉间，在凉地狱中得温间。这类乐实际也是异熟乐，只是假说为等流乐。本论认为，地狱有等流乐或异熟乐的说法，只是权宜的说法；或者是广义地包括了杂受处，而不是说纯受苦处。所谓杂受处，指有间地狱以及大部分的饿鬼与畜生，这些类型的众生可以有异熟乐；而纯受苦处是指无间地狱以及一部分饿鬼与畜生，这些类型的众生没有异熟乐。所以，佛典中的地狱众生有"等流乐""异熟生忧"等说法，都是权宜的说法，不能作为定论。

【原文】

有义：六识三受不俱，皆外门转，互相违故。五俱意识，同五所缘，五三受俱，意亦应尔，便违正理，故必不俱。《瑜伽》等说"藏识一时与转识相应三受俱起"[①]者，彼依多念，如说一心，非一生灭，无相违过。

有义：六识三受容俱，顺、违、中境，容俱受故；意不定与五受同故，于偏注境起一受故，无偏注者便起舍故。由斯六识三受容俱。

得自在位，唯乐、喜、舍，诸佛已断忧苦事故。

【今译】

[关于六识的三受能否共存，有两种观点。]第一种观点认为，六识的三种受不能共存，因为六识都是向外活动的，而三种受互不相容。与五识共同生起的意识，与五识认取共同的对象，如果五识的三种受共存，那意识也应同时具有三种受，这就违背了正理，所以，六识的三种受必定不能共存。《瑜伽论》等论说："藏识在一时间与其他转识一起，有相应的三种受共同生起。"这里的"一时间"是根据多个瞬间而说的，就像说"一心"，不是指一瞬间的生灭而说的，所以我们的说法和该论的说法没有矛盾。

第二种观点认为，六识的三种受可以共存，因为顺境、逆境、不顺不逆的中性境，是可以同时感受的；也因为意识不一定与

---

① 参见（唐）玄奘译《瑜伽师地论》卷第五十一，《大正藏》第30册，第580页。

五识的感受相同，当意识追随五识中的某一识、专注于该识的对象时，就生起与该识相同的感受，如果意识对五识无偏向，故而不专注于任何一识的对象时，则生起舍受。因此，六识的三种受可以共存。

在获得自在后，所感受到的就只有乐受、喜受、舍受，因为一切佛都已断灭了忧和苦的状况。

【评析】

此处论述六识的三种受能否共同生起，有两种观点。第一种观点认为不能共同生起。第二种观点认为能够共同生起，因为意识的感受，可以与五识的感受不相同，也可以与其中的一识感受相同。这与六识的善、不善、无记三性可以共存是一样的道理。

二、遍行心所

【原文】

前所略标六位心所，今应广显彼差别相。且初、二位，其相云何？颂曰：

"初遍行触等，次别境谓欲，

胜解念定慧，所缘事不同。"

论曰：六位中初遍行心所，即触等五，如前广说。"此遍行相，云何应知？"由教及理为定量故。

此中教者，如契经言："眼色为缘，生于眼识，三和合触,与触俱生有受、想、思。"① 乃至广说,由斯触等四是遍行。又契经说:"若根不坏,境界现前,作意正起,方能生识。"② 余经复言:"若复于此作意,即于此了别;若于此了别,即于此作意。是故此二,恒共和合。"③ 乃至广说,由此作意亦是遍行。此等圣教,诚证非一。

理谓识起必有三和,彼定生触,必由触有;若无触者,心、心所法应不和合触一境故。作意引心令趣自境,此若无者,心应无故。受能领纳顺、违、中境,令心等起欢、戚、舍相,无心起时,无随一故。想能安立自境分齐,若心起时无此想者,应不能取境分齐[1]相。思令心取正因等相,造作善等,无心起位,无此随一,故必有思。由此证知,触等五法,心起必有,故是遍行。余非遍行,义至当说。

【简注】

[1] 分齐:原意是界限。"取境分齐相",即认取或划分认识对象的界限,比如,此是色,此是声等,所以意译为类别。

【今译】

前面简略指出了六类心所,现在应该详细说明它们的不同性状。

---

① 据《成唯识论述记》,此处契经指《阿含经》。又参见(刘宋)求那跋陀罗译《杂阿含经》卷第三,《大正藏》第2册,第54页。
② 据《成唯识论述记》,此处契经指《象迹喻经》。
③ 据《成唯识论述记》,此处契经指《起尽经》。

先看看第一类和第二类心所，其性状如何呢？颂云：

"首先是遍行心所的触等心所，

其次是别境心所，

即欲、胜解、念、定、慧，

它们各自的认取对象不同。"

论云：六类心所中，首先是遍行心所，即触等五种心所，如前文所详细解释的那样。［问：］"这遍行心所的性状如何可知？"佛典的教导和正理可作为确定的标准。

这里的佛典教导，如《阿含经》说："以眼根和色作为条件，生起眼识，这三者和合生起触心所，与触心所共同生起的有受心所、想心所和思心所。"经中并对此作了详尽的论述，因此，触等四种心所是遍行心所。此外，《象迹喻经》说："如果根没有破坏，境［认识对象］显现在前时，作意心所正生起，才能生起识。"《起尽经》也说："如果又对境作意，就能对境了别；如果能对境了别，就是在对境作意。因此，识与作意心所永远共同和合。"经中并对此作了详尽的论述，因此，作意心所也是遍行心所。这类佛典的教导，可以用作证明的绝不在少数。

据正理而言，识生起时，必定有根、境和识三者的和合，三者和合必定生起触心所，而三者和合也必定依赖触心所，因为如果没有触心所，心和心所应该不能和合在一起去接触某一境。作意心所将心引向自己的境，作意心所如果没有，心识应该不能生起。受心所能领受顺境、逆境或中性境，使心和心所生起欢乐、悲切或不悲不乐等状况，绝不会心生起时而没有其中的一种状况出现。想心所确定自己认识对象的类别，如果心生起时没有这想心所，就不能认取自己认识对象的类别等状况。思心所使心认取正因、邪因等状况，造作善业、恶业等业，决不会在心生起时没有其中的一种状况出现，所以必定有思心所。因此可以证明，触等五种心所，心生起时必定存在，所以是遍行心所。其余非遍行心所，到需要解释时会再加说明。

【评析】

此处论述遍行心所。五种遍行心所在第二章《论第八识》中已作分别论述，此处着眼于论证五种心所的普遍存在性。本论从佛典引证并据理分析，指出心识生起时必定有五种心所伴随生起，因此这五种心所是遍行心所。

三、别境心所

【原文】

次别境者，谓欲至慧，所缘境事多分不同。于六位中，次初说故。

【今译】

其次，别境心所是指从欲心所到慧心所五种心所，它们的认识对象多数不同。在六类心所中，仅次于遍行心所而作说明。

【评析】

此处以下论述别境心所。别境心所是指在个别环境，即特定条件下生起的心理活动。具体而言，"别境"是指"所乐境""决定境""曾习境""所观境"，五种别境心所就是在这些特定条件下生起的。即欲是在"所乐境"中生起，胜解是在"决定境"中生起，念是在"曾习境"中生起，定、慧是在"所观境"中生起。

【原文】

云何为欲？于所乐境，希望为性，勤依为业。

有义：所乐谓可欣境，于可欣事，欲见闻等，有希望故。"于可厌事，希彼不合，望彼别离，岂非有欲？"此但求彼不合、离时可欣自体，非可厌事。故于可厌及中容境，一向无欲。缘可欣事，若不希望，亦无欲起。

有义：所乐谓所求境，于可欣厌求合离等，有希望故。于中容境，一向无欲。缘欣厌事，若不希求，亦无欲起。

有义：所乐谓欲观境，于一切事，欲观察者，有希望故；若不欲观，随因境势任运缘者，即全无欲。由斯理趣，欲非遍行。

有说："要由希望境力，诸心、心所方取所缘，故经说欲为诸法本。"彼说不然。心等取境，由作意故；诸圣教说"作意现前能生识"故，曾无处说"由欲能生心、心所"故。如说"诸法爱为根本"，岂心、心所皆由爱生？故说"欲为诸法本"者，说欲所起一切事业；或说善欲能发正勤，由彼助成一切善事。故论说此勤依为业。

【今译】

什么是欲心所？对于"所乐"的对象，生起希求期望，是其自性；精进依之而生起，是其作用。

[对于"所乐"的对象，有三种观点。三种观点都合理，以第三种观点最为优胜。]第一种观点认为，"所乐"是指使人欣喜的对象，由于对使人欣喜的事物，很想看到听到，所以存有希望。[他人责难：]"对于使人讨厌的事，希求不遇上，期望能摆脱，难道不是有欲？"这只是希求不遇上或摆脱讨厌事时生起的使人欣喜的心境，而不是希求那讨厌的事。所以，对于讨厌的对象以及中性的对象，一向是没有欲心所的。碰到使人欣喜的事，如果不生起希望，也没有欲生起。

第二种观点认为，"所乐"是指所希求的对象，由于对使人欣喜或使人讨厌的对象希求遇上或摆脱，所以有希望。对于中性的对象，一向没有欲心所。碰到可喜可厌的事，如果不生起希求，也没有欲心所生起。

第三种观点认为，"所乐"是指想观察的[即力求认识的]对象，因为对于一切事物，[无论是可喜、可厌的或是中性的，]只要想观察，就会有希望；如果不想观察，而是顺应对象的吸引，自然而然地加以认识，就完全没有欲心所。根据这一道理，欲心所不是遍行心所。

有种说法："必定是依靠能生起希望的对象的力量，各种心和心所才能认取对象，所以经中说'欲是一切事物的根本'。"这种说法不正确。心和心所能认取对象，是依靠作意；因为各种佛典都说"作意显现在前时能生起识",并没有地方说"欲能生起心和心所"。就像说"一切事物都以爱为根本",这岂是说心和心所都由爱而生起?所以,说"欲为一切事物的根本",实际上是说欲能生起一切事业;或者是说善的欲望能引发正确的精进,由此而帮助做成一切善事。所以《杂集论》等论中都说精进依之而生是欲心所的作用。

【评析】

此处论述五别境心所中的欲心所。欲心所的自性(即特性)是对"所乐境"产生希望,"所乐境"可以是所喜欢的对象,可以是所追求的对象,但主要是想观察的对象。欲心所的作用是引生勤。欲通三性,如贪欲属烦恼性,学习知识等的欲属无记性,而引生精进的欲是善欲。勤也通三性,如追求贪欲的勤属烦恼性,追求知识等的勤属无记性,而追求解脱的勤属善性。精进就指善性的勤。

欲心所大体相当于现代心理学的"动机"。心理学认为,"动机"是激发和维持有机体的行动,并使行动导向某一目标的心理倾向或内部动力。"动机"可表现为"兴趣"。《中国大百科全书·心理学卷》对"兴趣"的定义是:"人们力求认识某种事物和从事某项活动的意识倾向。它表现为人们对某件事物、某项活动的选择性态度和积极的情绪反应。"[1]这正符合本论对欲所下的定义:"于所乐境,希望为性,勤依为业。"此

---

[1] 中国大百科全书总编辑委员会《中国大百科全书·心理学》,中国大百科全书出版社,1999年,第468页。

中,"所乐境"指"欲观境",即力求认识的对象;"希望"即选择性的态度;由此生起的积极的情绪反应即"勤"。

【原文】

云何胜解?于决定境,印持[1]为性,不可引转为业。谓邪正等教理证力,于所取境审决印持,由此异缘不能引转。故犹豫境,胜解全无;非审决心,亦无胜解。由斯胜解非遍行摄。

有说:心等取自境时无拘碍故,皆有胜解。彼说非理。"所以者何?"能不碍者,即诸法故;所不碍者,即心等故;胜发起者,根、作意故。若由此故,彼胜发起,此应复待余,便有无穷失。

【简注】

[1]印持:"印",印可,认可,确认。"持",把持,把握。

【今译】

什么是胜解心所?对于确定的对象,加以确认并把握,是其自性;不会受其他因素引导而改变想法,是其作用。即依靠或错误或正确的教义、理论和证知的力量,对于被认取的对象判断、确认、把握,由此不会被其他因素引导转而重生疑惑。因此,心在认识对象时犹豫不决,完全没有胜解心所;心没有明察判定,也没有胜解。由此可见,胜解心所不属遍行心所范畴。

有种说法：心和心所认取自己的对象时并无束缚障碍，所以都有胜解心所，［故而胜解心所是遍行心所。］这种说法没有道理。［问：］"为什么呢？"能不成为障碍的是各种事物；不被障碍的，就是心和心所；作为重要引发因素生起心和心所［包括胜解心所］的，是根和作意心所。如果说是由胜解作为重要引发因素生起心和心所，那么这胜解的生起，还应有待于其他因素，这样就犯无穷原因的错误。

【评析】

此处论述胜解心所。胜解就是确定性的理解，由此而不会对已获理解的事物又产生疑惑或改变想法。这样，胜解就是别境心所，即如果不能形成确定性理解，那样的理解就不是胜解。

胜解心所大体相当于现代心理学所说的"理解"。但现代心理学的"理解"概念，是专指意识对事物本质的认识。而唯识学中，与"胜解"相应的心，虽然主要指第六意识，但也包括前五识，因为前五识也可有微弱的五种别境心所。

关于论中"能不碍者，即诸法故"，《述记》解释："若是能不碍名胜解，除心、心所以外法，皆是能不碍，与心、心所为增上缘皆不碍故。"[1] 即除心、心所外的其他一切法，对心、心所都是增上缘，对心、心所都不成障碍，所以，如果不成障碍就是胜解，那一切法应该都是胜解。关于"所不碍者，即心

---

[1] （唐）窥基《成唯识论述记》卷第六，《大正藏》第43册，第429页。

等故",《成唯识论集解》(以下简称《集解》)等解释:"所不碍者,即心心所,未举念时,心境元不相碍。"[1]但笔者以为,此句也可理解为:心、心所对自己的生起,自然不会成为障碍。

胜解心所也通三性。论中说胜解由"邪正等教理"引生,由邪教理引生的胜解是邪胜解,《瑜伽论》将邪欲和邪胜解列入随烦恼心所,《百法论》不将邪欲和邪胜解单独列出,而是归入欲和胜解,这样欲和胜解就通三性。三性胜解的"胜",有广义和狭义两解。广义的"胜",不是指正确,而是指确定,即使错误的理解,如果已明确不移,也是胜解。而狭义的"胜",是正确、殊胜的含义,正确、殊胜的胜解(即善性的胜解)能引向正见。

【原文】

云何为念?于曾习[1]境,令心明记不忘为性,定依为业。谓数忆持曾所受境,令不忘失,能引定故。于曾未受体、类境[2]中,全不起念。设曾所受,不能明记,念亦不生。故念必非遍行所摄。

有说:心起必与念俱,能为后时忆念因故。彼说非理。勿于后时有痴、信等,前亦有故。前心、心所,或想势力,足为后时忆念因故。

---

[1] (明) 通润《成唯识论集解》卷第五,《卍新续藏》第50册,第735页。

【简注】

[1]习：即"串习"，意谓熟悉习惯。
[2]体、类境："体境"指对象的主体、本质，"类境"指对象的类别和名称。

【今译】

什么是念心所？对于已经熟悉习惯的内容，使心清楚地记忆不忘，是其自性；定心所依之而生起，是其作用。即念心所经常记忆和保持曾经感受过的境界，使之不忘记丧失，由此能引生定心所。对于过去没有接触感受过其本质或名称的对象，则完全不生起念心所。即使曾经有所感受，但不能清楚地记忆，念心所也不生起。所以，念心所必定不属于遍行心所。

有种说法：心生起时，必定有念心所共同生起，因为这先前的念心所能作为以后回忆此心的念心所的因，[所以念心所也是遍行心所。]这种说法没有道理。否则的话，当心生起后有痴等[烦恼心所]或信等[善心所]出现时，[应当推论，]在先前心生起时也有这些同类心所。实际上，先前的心和心所，或者是想心所的力量，足以成为以后起回忆作用的念心所的因。

【评析】

此处论述念心所。念心所的作用是对已经熟悉习惯的事，保持清晰而牢固的记忆，大体相当于现代心理学的"记忆"。此外，本论指出，念心所的对象包括过去直接接触过的对象，也包括过去只是听到过名称的对象；前者是"体境"，后者是"类境"。而据《述记》，"体境""类境"也包括根本智与后得智的所缘对象，这里就不展开了。

唯识学论述念心所，实际上也是为修行服务。即修行者对于已经反复练习过的方法能牢记不忘（即忆曾所受境），对曾进入过的境界能保持不失（即持曾所受境），就能逐步入定。《述记》进一步指出："即唯善念生正定故。若散心念非必生定。"① 即只是与善心相应的念，能生正定。

关于"忆"或念的主体，本论有三种说法。一是自证分与"忆"相关："此若无者，应不自忆心、心所法。"二是想心所与"忆"相关："前心、心所，或想势力，足为后时忆念因故。"（实际上，这里还包括了"前心、心所"。）三是念心所，如此处所说。

而《了义灯》关于"能忆"即记忆主体，说有现行有种子，其中，现行有四种："现中有四：一自体分，二想势力，三与念相应第六意识，四总聚心、心所……尽理言之，第六相应诸心、心所，此总能忆。"②

所以，现行四种是自证分、想心所、与念心所相应的第六识、总聚心、心所。值得注意的是，论中最后将"总能忆"归结为"第六相应诸心、心所"，下文对此将作解释。

这四种"能忆"各自所起的作用，可以与现代心理学的记

---

① （唐）窥基《成唯识论述记》卷第六，《大正藏》第43册，第430页。
② （唐）惠沼《成唯识论了义灯》卷第二，《大正藏》第43册，第688页。

忆理论进行对比。现代心理学的"记忆",指人对过去经验的反应,包括"识记、保持、再认、再现"四个基本过程。而上述四种"能忆"中,自证分的功能("自忆")和想心所的功能("安立境分齐相"),起到了"识记"作用,即对认识对象形成了认知。但实际上,心和心所的活动,除了形成认知,还有伴随认知过程产生的感受、意愿,以及同时生起的或善或烦恼的心情等,所以还有受心所、思心所,以及若干别境心所、善心所、烦恼心所等同时生起。因此,诸识的自证分和想心所,以及其他相应心所形成了"总聚心、心所",此"总聚"起到了对当时认知和感受等的"识记"作用。进而,此"总聚"的现行,熏成了种子,被第八识保存,此后种子生种子,不断延续,起到了对当时认知和感受等的"保持"作用,成为以后回忆的内容。但另一方面,除了第六识(意识),其他识虽有自证分和想心所,对记忆起到一定的作用,但都不能进行回忆,因此,能进行回忆的是念心所及其相应的第六意识和各类心所的聚合,此聚合起到了"再认、再现"作用。

进而分析,大体上可以得出以下结论。

一、记忆活动大体上可以分为两部分,一是记住,二是回忆。即先前活动的心和相应心所的"总聚"以及由此"总聚"现行熏成的种子,起到了"识记、保持"作用,即记住作用;而后来念心所和相应的第六识及所有相关心所的"总聚",起到了"再认、再现"的作用,即回忆作用。

二、实际上,人们的记忆,主要是对前六识活动的回忆,因为从没人回忆起过第八识和第七识的活动。此外，对前六识的活动，能回忆的也只是第六识，前五识则不能回忆，例如眼识不能回忆起过去看到过的颜色。

因此，一方面，"总聚心、心所"基本可以不考虑第八识和第七识；另一方面，"总聚心、心所"虽然包括了前六识，但实际上只是指第六识及其相应心所。因为无论是记住还是回忆，主要还是第六识在起作用。就记住阶段来说，虽然前五识的自证分和想心所及其所熏的种子也起记住作用，但同时的五俱意识的自证分和想心所及其所熏的种子，也起记住作用。而以后的回忆，应该主要是回忆起当时五俱意识的活动。由此可以理解《了义灯》的上述说法："尽理言之，第六相应诸心、心所，此总能忆。"

三、念心所不是遍行心所，所以在先前六识活动时，即"记住"时，念心所并不生起，因为如果先前六识活动时，念心所总是能生起，那念心所就是遍行心所了。念心所（及相应第六识和其他心所）的生起，只是在后来回忆时，所以念心所只是起回忆作用。所谓"令心明记不忘"，应该是指在回忆中"明记不忘"，而不可能是在诸识活动时念心所帮助诸识"明记不忘"，因为念心所不是遍行心所，不是诸识生起时必定会生起的。

【原文】

云何为定？于所观境，令心专注不散为性，智依为业。

谓观德、失、俱非境中，由定令心专注不散，依斯便有决择智生。心专注言，显所欲住即便能住，非唯一境；不尔，见道历观诸谛，前后境别，应无等持[1]。若不系心专注境位，便无定起，故非遍行。

有说：尔时亦有定起，但相微隐。应说诚言，若定能令心等和合，同趣一境，故是遍行，理亦不然，是触用故。若谓此定令刹那顷心不易缘，故遍行摄，亦不应理，一刹那心，自于所缘无易义故。若言由定，心取所缘，故遍行摄，彼亦非理，作意令心取所缘故。有说：此定体即是心，经说为心学，心一境性故。彼非诚证。依定摄心，令心一境，说彼言故。根、力、觉支、道支[2]等摄，如念、慧等，非即心故。

【简注】

[1] 等持：音译为三摩地，定的一种。
[2] 根、力、觉支、道支：属三十七道品的部分内容。三十七道品是指获得菩提智慧的三十七种修行方法。

【今译】

什么是定？对所观察的对象，使心专注而不散乱，是其自性；智慧依之而生起，是其作用。即在观察功德、过失以及非功德非过失的各种对象时，依靠定，使心专注而不散乱，依此就会有抉择的智慧生起。说"使心专注"，是指想要停住就能停住，并非指只是停留在唯一的对象上；不然的话，在见道位中，一一观想苦、集、灭、道四谛时，前后对象不同，就应该没有定。另一方面，如果不是使心维系于对象并专注于对象上，就没有定生起，所以定心所不是遍行心所。

有种说法：在不专注于对象时，也有定生起，只是其状态细微隐密，[所以定心所是遍行心所。]你们应该如实而言，[使人信服。如果正如你们所说的那样，那么，这种定究竟起什么作用呢？]如果说这种定能使心和心所和合，共同趋向某一对象，所以属于遍行心所，在道理上也不对，因为这是触心所的作用。如果说这种定使一瞬间的心不改变认识对象，所以是遍行心所，也不符合道理，因为一瞬间的心，自然没有改变对象的道理。如果说依靠这种定，心能认取自己的认识对象，所以定心所属于遍行心所，那也没有道理，因为是作意心所[而不是定心所]使心认取自己的认识对象。又有种说法：这定的主体就是心，所以经中说定学是心学，[经中]又说定是"心一境性"。那样的说法并非正确的论证。依靠定来收摄心，使心专注于某一对象上，所以有经中的那些说法。定属于[解脱道]五根中的一根、五力中的一力、七觉支中的一支、八道支中的一支，就像念、慧等[另有主体]一样，定的主体并非就是心。

【评析】

此处论述定心所。定心所在普通心理学中，相当于注意力高度集中的状态。在佛教的修行中，定有许多种类，如色界的四禅、无色界的四定，都属定的范畴。另外，《了义灯》将定分为七种：一是等引，音译为三摩呬多；二是等持，音译为三摩地；三是等至，音译为三摩钵底；四是静虑；五是心一境性；六是正受，音译为奢摩他；七是现法乐住。①

现对上述各种定作一简介。《瑜伽论》的十七地中有三摩呬多地。梵音三摩呬多，意谓"等引"，即离昏沉、掉举等，能引平等，或由平等所引发。三摩呬多地所包含的内容，该论说："此地中略有四种：一者静虑，二者解脱，三者等持，四者等至。"② 所以，等引包括静虑（四禅）、解脱（八解脱）、等持和等至。其中，等持包括三三摩地，即空、无愿、无相三种三摩地，或有寻有伺、无寻唯伺、无寻无伺三种三摩地；等至包括各种三摩钵地，包括五现见三摩钵底、八胜处三摩钵底、十遍处三摩钵底、四无色三摩钵底、无想三摩钵底、灭尽定等三摩钵底。

关于等引、等持和等至的差异，等持（三摩地）是别境心所中的一种，包括一切有心位的定，通散位和定位，因此，不包括无想定和灭尽定（即无心定）。等至（三摩钵底）则只指定位中的各种定，包括有心定和无心定，但不通欲界散心位。等引（三摩呬多）可将"等持"和"等至"包括在内，但只指定位，所以也不通欲界散位。由于"等引"可包括定位中的一切功德，因此，《瑜伽论》将其列为十七地中的一地，作为定位的代表。

其他几种定，据《了义灯》，心一境性，指等持；奢摩他

---

① 参见（唐）惠沼《成唯识论了义灯》卷第五,《大正藏》第43册，第753页。
② （唐）玄奘译《瑜伽师地论》卷第十一,《大正藏》第30册，第328页。

只指有心定，即不包括无心定和欲界散心；现法乐住，专指色界中四根本静虑，不包括未至定、中间定等。[①]

所以，此处别境心所中的等持，是指有心位，不通无心位。其主要的特征是高度的专注宁静，没有昏沉散乱，所以散位的专注也是等持。此外，等持的专注对象不必只是同一对象，如在见道位可以一一观想苦、集、灭、道四谛。

最后，定与修行的关系是：由定所作的观想能引生智慧。

【原文】

云何为慧？于所观境，简择为性，断疑为业。谓观德、失、俱非境中，由慧推求，得决定故。于非观境、愚昧心中，无简择故，非遍行摄。

有说"尔时亦有慧起，但相微隐"。

天爱[1]宁知？

"《对法》[2]说为大地法故。"

诸部对法，展转相违，汝等如何执为定量？唯触等五，经说遍行；说十非经，不应固执。然欲等五，非触等故，定非遍行，如信、贪等。

【简注】

[1]天爱：原指诸天所爱者，后又转而用于讥骂愚人。

---

① 参见（唐）惠沼《成唯识论了义灯》卷第五，《大正藏》第43册，第753页。

[2]对法：又称阿毗达磨，指对佛法的解释。《对法藏》，即三藏中的论藏。这里说的《对法》，指小乘论藏。他们认为有十种大地法，即普遍存在的心理现象，慧心所就是其中之一。

【今译】

什么是慧？对于所观察的对象进行判别选择，是其自性；断除疑惑，是其作用。即在观察功德、过失或非功德非过失的对象时，由慧心所进行推断寻求，加以确定。由于在非观察对象或在愚昧的心中，不存在判别选择，〔因而不存在慧心所，〕所以，慧心所不是遍行心所。

有种说法："在非观察对象中或愚昧的心中，也有慧心所生起，但表现得极其细微隐蔽。"

你们这些愚人怎么知道的？

"因为《对法藏》说慧心所是大地法，〔所以在上述状态中也有慧心所生起。〕"

小乘各部派的《对法藏》，相互矛盾，你们怎能将它们执着为确定的标准？只有触等五种心所，经中说是遍行心所；说有十种大地法的，不是经，所以不应顽固地执着这种说法。而欲心所等五种心所，并非触等五种心所，必定不是遍行心所，就像信等善心所、贪等烦恼心所不是遍行心所一样。

【评析】

此处论述慧心所。慧心所是进行判断与推理等思维的心所，此心所辅助第六识对事物进行判断与推理等活动。本论的定义强调，慧心所的作用是进行佛教道德的推断，这体现了唯识学着眼于修行的特点。此外，一般说，慧能断疑，但《述记》指出："此说胜惠，故言断疑；疑心俱时，亦有惠故。"①即作用显著的慧（"胜惠"），能断除疑惑；而作用不显著的慧，也能与疑心共存。此外，不在观察时，没有慧；既愚且昧的心中，也没有慧。此处，"昧"，指心理活动的作用（即行相）隐晦、不明显。如第八识的行相"昧"，所以没有慧心所，即不能进行判断和推理。

【原文】

　　有义：此五定互相资，随一起时，必有余四。

　　有义：不定。《瑜伽》说："此四一切中，无后二故。"又说："此五缘四境生，所缘、能缘，非定俱故。"②

　　应说此五，或时起一，谓于所乐唯起希望，或于决定唯起印解，或于曾习唯起忆念，或于所观唯起专注。谓愚昧类为止散心，虽专注所缘，而不能简择，世共知彼有定无慧。彼加行位少有闻思，故说等持缘所观境；或依多分，故说是言。如戏忘天，专注一境，起贪、瞋等，有定无慧。诸如是等，其类实繁。或于所观唯起简择，谓不专注，驰散推求。

---

① (唐)窥基《成唯识论述记》卷第六，《大正藏》第43册，第431页。
② 参见(唐)玄奘译《瑜伽师地论》卷第五十五，《大正藏》第30册，第602页。

或时起二。谓于所乐、决定境中，起欲、胜解；或于所乐、曾习境中，起欲及念；如是乃至于所观境，起定及慧。合有十二。

或时起三，谓于所乐、决定、曾习，起欲、解、念；如是乃至于曾、所观，起念、定、慧。合有十三。

或时起四，谓于所乐、决定、曾习、所观境中，起前四种；如是乃至于定、曾习、所观境中，起后四种。合有五四。

或时起五，谓于所乐、决定、曾习、所观境中，具起五种；如是于四，起欲等五。总别合有三十一句。

或有心位，五皆不起，如非四境，率尔堕心及藏识俱，此类非一。

【今译】

[关于五种别境心所能否共同生起，有两种观点。]第一种观点认为，这五种别境心所必定能互相资助，任何一种心所生起时，必定有其他四种共同生起。

第二种观点[即正确的观点]认为，这五种别境心所不一定共同生起。因为《瑜伽论》说：“这五种别境心所在四个'一切'中，没有后两个'一切'。"又说："这五种别境心所认取乐于观察的、确定的、已熟悉习惯的、被观察的四种对象而生起，所认取的对象和能认取的心，并非必定都能同时生起。”

应该说这五种别境心所，有时只生起一种，即或者只是对乐于观察的对象生起希望，[即只是生起欲心所；] 或者只是对明确的对象生起确定性的理解，[即只是生起胜解心所；] 或者只是对已熟悉习惯的对象生起记忆之意念，[即只是生起念心所；] 或者只是对被观察的对象专心注意，[即只是生起定心所，却未必有慧心所。] 也就是说，有一类愚昧的人，为了制止散乱的心，虽能专注于对象，却不能判断选择，正如世人所共知的，他们是有定无慧。这是因为他们在加行位中缺少听闻佛法和如理思维，所以说他们只是在被观察的对象上保持定的状态；或者，[虽然此时定与慧都有，但定多慧少，] 根据定多的状况，所以说他们只是保持定的状态。又如在戏忘天的众生，在专注一境时也会生起贪、嗔等心所，也是有定无慧。像这样的说法，不胜枚举，[所以定心所未必与慧心所同时生起。] 或者只是对所要观察的对象生起判断选择，[即只是生起慧心所，] 也就是说，心不能专注，奔驰散乱地进行推断。

有时同时生起两种，即在乐于观察的以及明确的境界中，生起欲心所、胜解心所；或者在乐于观察的以及已熟悉习惯的境界中，生起欲心所和念心所；这样直至在被观察的境界中，生起定心所和慧心所。这样总共有十种情况会同时生起两种心所。

有时同时生起三种心所，即在乐于观察的、明确的以及已熟悉习惯的境界中，生起欲心所、胜解心所和念心所；直至在已熟悉习惯的以及被观察的境界中，生起念心所、定心所和慧心所。这样总共有十种情况会同时生起三种心所。

有时同时生起四种心所，即在乐于观察的、明确的、已熟悉习惯的、被观察的境界中，生起五种别境心所中的前四种心所；直至在明确的、已熟悉习惯的以及被观察的境界中，生起后四种心所。这样总共有五种情况会同时生起四种心所。

有时同时生起五种心所，即在乐于观察的、明确的、已熟悉习惯的、被观察的境界中，同时生起五种别境心所。这样在四种境界中生起欲心所等五种别境心所，总共［有一种情况，上述］分别［生起一至四种心所的共有三十种情况，］合计有三十一种情况。

或者在有心位，五种别境心所都不生起，例如，面对非上述四境［如疑境］生起的心、率尔心［即突然接触到对象时最初生起的心］以及在与藏识共同生起的心所中，［都没有别境心所，］这样的情况也不在少数。

【评析】

此处讨论别境心所能否共同生起的问题。别境心所与遍行心所不同，别境心所并非能无条件地伴随着八识的生起而生起，而主要是在具备一定的条件下伴随着前六识而生起。这样，当条件不具备时，别境心所就不能生起。而条件具备时，就能生起一种、两种直至五种别境心所。

【原文】

　　第七、八识，此别境五，随位有无，如前已说。第六意识，诸位容俱，依转、未转，皆不遮故。

　　有义：五识此五皆无。缘已得境无希望故，不能审决无印持故，恒取新境无追忆故，自性散动无专注故，不能推度无简择故。

有义：五识容有此五。虽无于境增上希望，而有微劣乐境义故。于境虽无增上审决，而有微劣印境义故。虽无明记曾习境体，而有微劣念境类故。虽不作意系念一境，而有微劣专注义故，遮等引[1]故，说性散动，非遮等持，故容有定。虽于所缘不能推度，而有微劣简择义故，由此圣教说眼、耳通是眼、耳识相应智性。余三准此，有慧无失。

未自在位，此五或无；得自在时，此五定有。乐观诸境，欲无减故；印境胜解，常无减故。忆习曾受，念无减故；又佛五识，缘三世故。如来无有不定心故。五识皆有作事智故。

【简注】

[1] 等引：如上所说，代表了所有定。

【今译】

对于第七识和第八识来说，这五种别境心所，是根据转依位或未转依位而有或无，正如前面所说。对于第六意识来说，无论什么位，这五种别境心所都可存在，转依位或未转依位都不影响其存在。

[关于前五识的情况，有两种观点。] 第一种观点认为，对于五识来说，这五种心所都不存在。因为五识认取的是已经获得的对象，所

以不生起希望，［也就没有欲心所；］五识不能审察决定，所以不能确认把握，［也就没有胜解心所；］因为五识永远在认取新的对象，所以没有追忆，［也就没有念心所；］因为五识自性散乱好动，所以不能专注，［也就没有定心所；］因为五识不能推断，所以不能判别选择，［也就没有慧心所。］

第二种观点［即正确的观点］认为，五识可以有这五种别境心所。五识虽然对于认识对象没有强烈的希望，但有微弱的乐于观察的意味，［所以有欲心所。］五识虽然不能对于对象作出明确的审察决定，但有微弱的确认对象的意味，［所以有胜解心所。］五识虽然不能明确记忆已经熟悉习惯的境界的本质，但有微弱的记忆其类别的性能，［所以有念心所。］五识虽然不能有意地将心念保持在同一境上，但含有微弱的专注的意味，只是为了说明五识的专注不同于修习而得的高度专注的定，所以说五识的性质是散乱好动，但这并不是说五识没有较低程度的安住一境的定，所以，五识可以有定心所。五识虽然不能对于对象作出推断，但有微弱的判别选择的意味，因此佛典中说天眼通、天耳通是与眼识、耳识相应的智的性能。鼻、舌、身三识也是如此，有慧心所是不错的。

五识在未获自在时，这五种别境心所有时可以没有；在获自在后，必定有这五种心所。因为乐于观察各种对象，所以欲心所不减；确认对象的胜解，也永远不减。记忆已熟悉习惯的境界，所以念心所不减；此外，佛的五识能认识过去、现在、未来，［而认识过去就有念心所缘曾受境体。］如来没有不定心，［所以有定心所。］如来的五识都有成所作智，［所以有慧心所。］

【评析】

此处讨论八识与五种别境心所的关系。在未证道成佛前，第八识没有任何别境心所，第七识只有慧心所，第六识具有五种别境心所，前五识具有微弱的五种别境心所。证道成佛后，佛的八识，每一识都具备五种别境心所。

【原文】

此别境五，何受相应？有义：欲三除忧、苦受，以彼二境非所乐故。余四通四，唯除苦受，以审决等五识无故。

有义：一切五受相应。论说："忧根于无上法思慕愁戚，求欲证故。"① 纯受苦处，希求解脱。意有苦根，前已说故。论说贪爱、忧苦相应；此贪爱俱，必有欲故。苦根既有意识相应，审决等四，苦俱何咎？又五识俱，亦有微细印境等四，义如前说。由斯欲等，五受相应。

此五复依性、界、学等，诸门分别，如理应思。

【今译】

这五种别境心所与什么受相应呢？［这里有两种观点。］第一种观点认为，［五识没有五别境心所，第六识也没有苦受。这样，第六识的］欲心所在五种受中与三种受相应，除了忧受和苦受，因为这两种受的境界不是众生"所乐"的境界。［第六识的］其余四种别境心

---

① 参见（唐）玄奘译《瑜伽师地论》卷第五十七，《大正藏》第30册，第618页。

所都与四种受相应，只是除了苦受，因为胜解等其余四种别境心所是五识所不具有的，[只是第六识所具有，而第六识没有苦受。]

第二种观点[即正确的观点]认为，所有别境心所都与五种受相应。[先以欲心所为例，]《瑜伽论》等论说："忧受是对于无上的佛法生起思念、羡慕，以至愁闷、悲观，这是因为希望证得无上佛法。"[所以欲心所与忧受相应。]在纯粹受苦的地方，希望获得解脱，[所以欲心所与苦受相应。]意识有苦受，前面已经说过。那些论中还说：贪爱与忧、苦相应，因为与这贪爱共存的，必定有欲。[再看其余四种别境心所，]苦受既然有意识与之相应，那么，胜解等四种别境心所与苦受共存，又有什么不对？此外，与五识同时存在的，也有细微的胜解等四种别境心所，其道理如前所述。因此，欲等五种心所与五受相应。

这五种别境心所又根据[善、恶、无记]三性、[欲界、色界、无色界]三界、[有学、无学、非学]三学等各种情况而有区别，应该如理思维。

【评析】

此处讨论五种别境心所与受心所的关系问题。本论认为，五种别境心所都与五种受相应。这里，最容易引起争议的是欲心所与忧、苦二受的相应问题。欲心所是以希求期望为特性，难道会有人希望忧、苦吗？本论引用《瑜伽论》所举的例子：修道人欲求无上法时会生起忧受，而贪爱欲求也会引起忧受与苦受。所以欲心所能与五种受相应。

四、善心所

【原文】

已说遍行、别境二位，善位心所，其相云何？颂曰：

"善谓信惭愧，无贪等三根，

勤安不放逸，行舍及不害。"

论曰：唯善心俱，名善心所。谓信、惭等，定有十一。

【今译】

已经说明了遍行心所和别境心所，那么，善一类心所，其性状又是如何呢？颂云：

"善心所包括信，惭，愧，

无贪、无嗔、无痴三善根，

勤，轻安，不放逸，

行舍以及不害。"

论云：只与善心共存的心所，称为善心所。它们是信、惭等心所，定有十一种。

【评析】

此处以下论述善心所。唯识学所说的善，具有"顺益"（有益）和"顺理"（合理）二义，具体包括对此世和他世有益的各种有漏和无漏的行为和心理。从类别看，善共有四类：按大乘的说法，一是自性善，就是此处所说的信等十一种善心所，它们自性就是善。(《俱舍论》只说，无贪、无嗔、无痴三善根以及惭、愧五种是自性善。)二是相应善，指与自性善相应而生起、具有同等性质的心与心所。三是等起善，指由自性善和相应善引起的善性的身语二业及不相应行，还有由善现行熏成的种子。四是胜义善，指无为涅槃。关于善心所的数目，小乘的说一切有部认为有十种，正理部认为有十二种，正量部认为有十三种，而大乘认为应该是十一种。此处论述的就是属自性善的信等十一种善心所。

(一) 释信

【原文】

云何为信？于实、德、能深忍乐欲，心净为性；对治不信，乐善为业。然信差别，略有三种。一信实有，谓于诸法实事理[1]中，深信忍故。二信有德，谓于三宝真净德中，深信乐故。三信有能，谓于一切世、出世善，深信有力，能得能成，起希望故。由斯对治不信彼心，爱乐证修世、出世善。

"忍谓胜解，此即信因；乐欲谓欲，即是信果。确陈此信自相是何？"

岂不适言，心净为性。

"此犹未了彼心净言。若净即心，应非心所。若令心净，惭等何别？心俱净法，为难亦然。"

此性澄清，能净心等，以心胜故，立心净名，如水清珠能清浊水。惭等虽善，非净为相。此净为相，无滥彼失。又诸染法，各别有相，唯有不信，自相浑浊，复能浑浊余心、心所，如极秽物，自秽秽他。信正翻彼，故净为相。

有说：信者，爱乐为相。应通三性，体应即欲。又应苦集，非信所缘。有执信者，随顺为相。应通三性，即胜解、欲，若印顺者，即胜解故；若乐顺者，即是欲故；离彼二体，无顺相故。由此应知，心净是信。

【简注】

[1] 诸法实事理：《成唯识论订正》（以下简称《订正》）卷第六："实事即俗谛，实理即真谛。皆言诸法者，离诸法无事理故。良以佛法无量，不出此二，此二真实，莫可变易。"

【今译】

什么是信心所？即对于真实存在、三宝功德、能成圣道，深信不疑，认可安住，乐于求证，使心清净，是其自性；对治不信，乐行诸善，是其作用。而信心所大略有三种类别。一是相信真实存在，即对于一切事物的实事实理，深信并认可安住。二是相信存在功德，即对于佛、法、僧三宝的真正清净功德，深信并乐于求证。三是相信能成圣道，即对于一切世间善和出世间善，深信其有力量，能得乐果，能成圣道，从而生起希望。由此对治不信真实、功德、能成的心，喜爱并乐于修证世间善和出世间善。

[问：]"认可安住就是胜解，这是信的因；乐于求证就是欲，这

是信的果。能否确切地说明这信心所的自身性状是什么？"

刚才不是说了，"心清净"是其自性。

[问：]"这仍没有说清'心清净'那句话。如果清净的主体就是心，那么信应该不是心所［而是心］。如果是使心清净，那惭等善心所与之有何差别？如果说信是与心同时存在的清净现象，那产生的还是上述疑问，［即与惭等善心所有何差别？］"

信心所的自性澄清，能使心和心所清净，但因为心的作用突出，所以说"使心清净"，就像水清珠能使浊水清净一样。惭等心所虽属善心所，但不是以清净为其自身性状。信心所以清净为自身性状，所以没有与那些心所相混淆的错误。此外，各种污染的心所，各有自身的性状，只有不信，自身的性状就是浑浊，又能浑浊其他的心和心所，就像极其污秽的东西，不但自己污秽，还使其他东西污秽。信正好与此相反，所以，以清净为其自身性状。

有种说法："信心所是以喜爱为性状。"［如果是这样的话，］信心所应该善恶等三种性质都存在，其主体应该就是欲心所。此外，苦谛和集谛［无可喜爱］，不应是信的对象。有种观点认为："信心所以随从顺应为性状。"［如果是这样的话，］信心所应该善恶等三种性质都存在，其主体应该就是胜解心所或欲心所，即如果是确认后而顺应，就是胜解；如果是乐意而顺应，就是欲；离开这二者的主体，就没有顺应的性状了。由此可知，使心［和心所］清净就是信心所的性状。

【评析】

此处论述信心所。佛教作为一种宗教，需要深刻而虔诚的信仰,"信为道元功德母"。要信仰真如等事物之真理,要信仰佛、法、僧三宝,要信仰能证佛道。所以信这一心理功能被归纳为唯识学的一个基本心理范畴,列为众善心所之首。信心所的特性是自性清净,故而能使同时的其他心与心所也得以澄清,进而对治不信并乐于修善。

(二) 释惭与愧

【原文】

云何为惭？依自法力,崇重贤善为性；对治无惭,止息恶行为业。谓依自、法尊贵增上,崇重贤善,羞耻过恶,对治无惭,息诸恶行。云何为愧？依世间力,轻拒暴恶为性；对治无愧,止息恶行为业。谓依世间,诃厌增上,轻拒暴恶,羞耻过罪,对治无愧,息诸恶业。

羞耻过恶,是二通相,故诸圣教,假说为体。若执羞耻为二别相,应惭与愧,体无差别,则此二法,定不相应。非受、想等,有此义故。若待自他立二别者,应非实有,便违圣教。若许惭、愧实而别起,复违论说十遍善心[1]。

"崇重轻拒,若二别相,所缘有异,应不俱生。二失既同,何乃偏责？"

谁言二法所缘有异？

"不尔如何？"

善心起时,随缘何境,皆有崇重善及轻拒恶义,故惭与愧俱遍善心,所缘无别。

"岂不我说亦有此义？"

汝执惭、愧自相既同，何理能遮前所设难？然圣教说，顾自他者，自法名自，世间名他；或即此中崇拒善恶，于己益损，名自他故。

【简注】

[1] 十遍善心：指十一种善心所中，只有轻安不是普遍存在于善心中，因为欲界没有轻安，其余十种都是普遍存在于善心中。

【今译】

什么是惭？依靠自尊的力量和善法的力量，崇敬贤者，尊重善法，是其自性；对治无惭，止息恶行，是其作用。即依靠自尊的力量和对善法尊重的力量，崇敬贤者，尊重善法，对过失和罪恶感到羞耻，对治无惭，止息各种恶行。什么是愧？依靠世间力量，鄙视凶暴之人，排斥恶法，是其自性；对治无愧，止息恶行，是其作用。即受世间力量的制约，生怕被人呵斥并厌恶自己堕落，鄙视凶暴之人，排斥恶法，对过失和罪恶感到羞耻，对治无愧，止息各种恶业。

对过失和罪恶感到羞耻，是惭与愧的共性，所以各种佛典将此假说为二者的主体。但如果执着这种羞耻是二者各自的特性，那么，[由于二者的特性相同，]二者的主体也就没有差别，[就不能作为两种现象而同时生起，所以]必定不能相应，因为没有两种相同的受或两种相同的想能同时生起。如果惭与愧是依赖自他之区别来确定二者各自的特性，[则相对而成立的事物]应该是没有实体的存在，而认为它们是没有实体的存在就违背了佛典的说法。如果赞同惭与愧各有实体存在但不能共同生起，又违背了论中说的十种善心所普遍存在于善心之中的观点。

［问：］"崇敬尊重善和鄙视排斥恶，如果是二者各自的特性，那么，二者的认取对象各不相同，应该不能共同生起。这样所产生的错误与上述错误既然相同，为什么要单单指责上述错误？"

谁说二者的认取对象各不相同？

［问：］"不然的话，又是怎么回事呢？"

善心生起时，无论认取什么对象，都有崇敬尊重善以及鄙视排斥恶的含义，所以惭与愧都普遍存在于善心之中，二者的认取对象没有差别。

［问：］"我们所说的对过失和罪恶感到羞耻是二者各自的特性，岂不是也有这种含义？"

你们既然执着惭与愧二者的自相相同，又能说出什么道理来破除前面提出的责难？然而佛典中说惭与愧是"针对自、他"而说的，［不同于你们所说的，］而是将自己的或善法的力量说成是"自"，世间的各种力量说是"他"；或者，是就二者中的崇敬善和排斥恶对自己益或损，分别称为"自"或"他"。

【评析】

此处论述惭与愧二善心所。唯识学认为惭与愧是实法，所以应有各自的特性或主体。二者各自的特性或者说二者的区别在于：惭是依靠自尊的力量或善法的力量来提高自己，从而能崇敬贤者，尊重善法；愧是依靠世间的道德、法律、舆论等各种力量来制约自己，从而能鄙视凶暴之人，排斥恶法。但二者的特性并不是相互依赖对方而成立的，而是各有独特的作用，所以都是实法。对那些实际上是取消惭愧二心所实法地位的各种说法，本论作了详尽的批驳。

论中"或即此中崇拒善恶，于己益损，名自他故"一句，《述记》只说了"于己益名自，于己损名他"。[1] 但对此有不同解释。如《集解》等说："或即于崇重贤善，于己有益，名自。即于轻拒暴恶，于己有损，名他。"[2] 但"轻拒暴恶"为何"于己有损"？而《自考》等说："崇重贤善，于己有益，名自。轻拒暴恶，于己无损，名他。"[3]

（三）释无贪、无嗔、无痴三善根
【原文】

无贪等者，等无嗔、痴。此三名根，生善胜故；三不善根，近对治故。

云何无贪？于有、有具[1]，无着为性；对治贪着，作善为业。

云何无嗔？于苦、苦具[2]，无恚为性；对治嗔恚，作善为业。

---

[1] （唐）窥基《成唯识论述记》卷第六，《大正藏》第43册，第436页。
[2] （明）通润《成唯识论集解》卷第六，《卍新续藏》第50册，第738页。
[3] （明）大惠《成唯识论自考》卷第六，《卍新续藏》第51册，第224页。

善心起时，随缘何境，皆于有等无着无恚。观有等立，非要缘彼，如前惭、愧观善恶立。故此二种，俱遍善心。

云何无痴？于诸理、事明解为性；对治愚痴，作善为业。

有义：无痴即慧为性。《集论》说此"报、教、证、智决择为体"，生得、闻、思、修所生慧[3]，如次皆是决择性故。① 此虽即慧，为显善品有胜功能，如烦恼见，故复别说。

有义：无痴非即是慧，别有自性，正对无明，如无贪、瞋，善根摄故。论说"大悲，无瞋、痴摄，非根摄"故。② 若彼无痴，以慧为性，大悲如力[4]等，应慧等根摄。又若无痴，无别自性，如不害等，应非实物，便违论说十一善中三世俗有，余皆是实。然《集论》说慧为体者，举彼因果，显此自性，如以忍、乐表信自体，理必应尔。以贪、瞋、痴，六识相应正烦恼摄，起恶胜故，立不善根。断彼必由通、别对治。通唯善慧，别即三根。由此无痴，必应别有。

【简注】

[1] 有、有具："有"指三有，即三界，包括三界内的一切存在。"有具"指能生起三界果报的因，包括对涅槃的贪。

---

① 参见（唐）玄奘译《大乘阿毗达磨集论》卷第一,《大正藏》第31册，第664页。
② 参见（唐）玄奘译《瑜伽师地论》卷第五十七,《大正藏》第30册，第619页。

[2] 苦具：指一切能引生苦的有漏法或无漏法。
[3] "生得"句："生得"对应于"报"，即生得慧（与生俱来的智慧）来自果报。"闻"对应于"教"，即闻慧来自佛法的教导。"思"对应于"证"，即思慧能引导证果。"修"对应于"智"，即修慧能证得智慧。
[4] 力：指十力，有如来的十力和菩萨的十力，即如来与菩萨所具有的十种能力。

【今译】

颂中"无贪等"，"等"是指无瞋和无痴。无贪等三者，称为三善根，因为这三者在生起善行时，作用最为突出；此外，对于三种不善根，它们是最为直接的对治手段。

什么是无贪？对三界内的一切存在及其原因，不起执着，是其自性；对治贪的执着，广行善事，是其作用。

什么是无瞋？对一切苦及其原因，不起憎恨，是其自性；对治憎恨，广行善事，是其作用。

[问："无贪和无瞋既是认取不同对象，怎么能同时共存？"]善心生起时，无论处在何种环境中，对一切事物及其原因和一切苦及其原因，都不生起执着不生起憎恨，[这就是无贪无瞋。]因此，无贪和无瞋是根据人们对待一切事物及其原因和一切苦及其原因的态度而建立的，并非一定要以它们为认取对象，就像前面说的惭、愧二心所是根据人们对待善恶的态度而建立的。所以，无贪、无瞋两种心所都是普遍存在于善心之中。

什么是无痴？对一切理、一切事能清楚明白地理解，是其自性；

对治愚昧痴迷，广行善事，是其作用。

[对无痴的理解有两种观点。]第一种观点认为，无痴以慧为其自性。因为《集论》说："无痴是以对果报、佛法的教导、修证、智四者的抉择为主体，这四者分别对应于与生俱来的慧以及闻慧、思慧、修慧四种慧，这些慧都是以抉择为其自性。"[问："如果无痴的主体就是别境心所中的慧，这样，别境心所也可作善心所，那么，为什么在善心所中只说慧，而不说其余四种别境心所？"]无痴虽然就是慧，但为了表示这一善心所对善的增长有突出的作用，就像烦恼中的恶见对烦恼的增长有突出作用一样，所以对这一善心所另作说明。

第二种观点认为，无痴并非就是慧，而是另有其自性，无痴能根本性地对治无明，它与无贪、无嗔一样，属于三种善根之一。因为《瑜伽论》说："一切佛的大悲，属于无嗔、无痴，而不属慧根。"如果无痴是以慧为其自性，那大悲应该如同十力等，也属二十二根中的慧根，[但大悲不属二十二根，而十力也不包括无痴。]此外，如果无痴没有另外存在的自性，那就像不害等一样，应该不是具有实体的心所，这就违背了上论中说的："十一种善心所中，只有[不害、不放逸、行舍]三种是无实体的世俗有，其余都具有实体。"而《集论》的"无痴以慧为主体"的说法，是举出无痴的因果，[即闻慧和思慧是无痴的因，修慧是无痴的果，]来表示无痴的自性[即以对理对事的清楚明白的理解]，就像信心所是以认可安住、乐于求证表示其自体一样，从道理上看必定是这样的。由于贪、嗔、痴属于与六识相应的根本烦恼，生起恶的作用尤为突出，所以称为三种不善根。要断除这些不善根，必定要依靠通用的方法和特殊的方法来加以对治。通用的方法只是善慧，特殊的方法就是三种善根。因此，无痴心所，必定应该独立存在。

【评析】

此处论述无贪、无嗔、无痴三善根。无贪是指对三界内的一切存在及其生起的因都不执着。这里说的能生起贪的因，不但指有漏的业、烦恼等，也包括无漏法，如涅槃，如成佛等，这些无漏的因同样能引起贪。

无嗔是指对一切形式的苦及其生起的因不生起憎恨。这里说的能生起苦的因，同样也包括无漏法，例如对道谛与灭谛，不信并厌恶者也会憎恨，从而成为苦因。

无痴是指对一切事物的现象和本质都能理解而不迷惑。

此三者称为三善根，原因有二：一是"近对治"，即此三者能直接对治贪、嗔、痴三不善根，而其余善心所不具此种直接对治的作用，所以不称为善根。二是"生善胜"，即由于无贪不起执着、无嗔不起憎恨、无痴不起迷惑，故能止恶作善，成为生起善法的殊胜所依，而其余善心所虽也能生善，但无殊胜义，所以不称为善根。

（四）释勤

【原文】

勤谓精进，于善恶品修、断事中，勇悍为性；对治懈怠，满善为业。勇表胜进，简诸染法；悍表精纯，简净无记；即显精进，唯善性摄。

此相差别，略有五种。所谓被甲、加行、无下、无退、无足，即经所说有势、有勤、有勇、坚猛、不舍善轭，如次应知。此五别者，谓初发心、自分、胜进；自分行中，三品别故。或初发心、长时、无间、殷重、无余修差别故。或资粮等五道[1]别故；二乘究竟道欣大菩提故，诸佛究竟道乐利乐他故。或二加行、无间、解脱、胜进别故[2]。

【简注】

[1] 资粮等五道：即资粮位、加行位、见道位、修道位、究竟位。详见后文。
[2] "或二加行"句："二加行"，即将加行按程度分为较远与接近两种。"加行、无间、解脱、胜进"四道，详见本论卷第十。

【今译】

勤即精进，在修善断恶的过程中，勇猛坚定为其自性；对治懈怠，圆满善行，是其作用。勇猛表示不断进步，有别于污染性的现象；坚定表示精粹纯一，有别于无覆无记性的现象；由此可见，精进只属于善的性质。

这勤心所的类别，大致有五种。所谓被甲精进、加行精进、无下精进、无退精进、无足精进，就是经中所说的有势精进、有勤精进、有勇精进、坚猛精进、不舍善轭精进，这两种说法要知道是依次对应的。这五种精进的差别，[又表现为以下四类：]第一类五种精进包括初发心修行、基本修行、圆满后的继续修行；因为基本修行中，又有上品、中品、下品三类差别，[所以总共有五种。]第二类五种精进包括初发心修、长期修、无间隔修、尊重修、无余修。第三类五种精进是资粮道等五道；[问："五道中的究竟道何需精进？"]因为二乘究竟道欣喜大菩提，诸佛究竟道乐于使众生获利益得安乐，[所以都需精进。]第四类五种精进是远加行道与近加行道，以及无间道、解脱道、胜进道。

【评析】

此处论述精进心所。精进就是善性的勤奋努力，不断进取。佛教的学佛过程是一个漫长的修行过程，精进对佛教修行来说是一种极为重要的正确心态。精进的基本类型有五种：一是被甲精进，指最初发起使众生获利益得安乐的勇猛决心，如披甲上阵，无所畏惧，有巨大的威势，所以经中称之为有势精进。二是加行精进，指作初步的修行，包括坚定决心，自我勉励，勤奋修习，所以经中称有勤精进。三是无下精进，指能不自卑，勇气十足，所以经中称有勇精进。四是无退精进，指能忍受艰难困苦，不满足低级的善，坚定勇猛地追求更高品位的功德，所以经中称坚猛精进。五是无足精进，指逐渐进入高层次的修行阶段，经中称不舍善轭精进，轭指车轭，用以约束牛，借指约束修行者，使他们不越出善法的轨道，直至涅槃。此外，精进还表现为多种类别，如就修行的态度来说，除初发心修外，还有长时修、无间修、殷重修、无余修。其中，长时修指历经三大阿僧祇劫而不倦地修行；无间修指精进勇猛而无刹那荒废地修行；殷重修指对所学之法恭敬而不骄慢地修行；无余修指福德与智慧两种资粮无遗漏无偏废地修行。此外，在唯识学所说的修行五位（即修行的五个阶段）——资粮位、加行位、见道位、修道位、究竟位中，精进都是必不可少的。

（五）释安

【原文】

安谓轻安，远离粗重，调畅身心，堪任[1]为性；对治昏沉，转依为业。谓此伏除能障定法，令所依止转安适故。

【简注】

[1] 堪任：与无堪任相反，指有能力学佛和修行。轻安心所主要是对治修持过程中的昏沉状态，故而能使人胜任修持。

【今译】

安即轻安，此心所以远离身心的低劣无能状态，使身心调柔舒畅，胜任修学，为其自性；对治昏沉，转变弃舍低劣无能状态，依止轻灵安稳状态，是其作用。即这轻安能制伏灭除各种障碍定的因素，使所依止的身心变得安稳舒适。

【评析】

此处论述轻安心所。轻安是禅定中的一种安稳舒适的心理，是摆脱了"粗重"的一种身心状态。"粗重"主要有两种含义：一是指二障种子，二是指无堪任性。此处是指后一意义的粗重，此类粗重又有两种：一是有漏粗重，指二障种子所引起的无堪任性；二是烦恼粗重，指昏沉引起的无堪任性。所谓无堪任性，即低劣无能状态。如昏沉状态，人处在迷迷糊糊中，身心各种机能都丧失了作用。由此轻安也分两种：有漏轻安与无漏轻安。有漏轻安能除烦恼粗重，无漏轻安能除有漏粗重。轻安只是在定中有，所以轻安不普遍地随善心而生起，而其余十种善心所都能普遍地随善心而生起。

（六）释不放逸

【原文】

不放逸者，精进三根，于所断修、防修为性；对治放逸，成满一切世、出世间善事为业。谓即四法，于断、修事，皆能防、修，名不放逸，非别有体；无异相故；于防恶事修善事中，离四功能，无别用故。虽信、惭等，亦有此能，而方彼四，势用微劣，非根、遍策，故非此依。

"岂不防、修，是此相用？"

防、修何异精进三根？彼要待此，方有作用，此应复待余，便有无穷失。

"勤唯遍策，根但为依，如何说彼有防、修用？"

汝防、修用，其相云何？若普依持，即无贪等；若遍策录，不异精进；止恶进善，即总四法；令不散乱，应是等持；令同取境，与触何别；令不忘失，即应是念。如是推寻不放逸用，离无贪等，竟不可得。故不放逸，定无别体。

【今译】

　　不放逸心所，即依靠精进和无贪、无嗔、无痴三善根，对于应断的恶加以防止而使之不生，对于应修的善进行修习而使之增长，是其自性；对治放逸，成功并圆满一切世间和出世间的善事，是其作用。即依托精进和三善根，对于应断、应修的事，都能防止、能修习，称为不放逸，并非［离精进和三善根］另有实体；因为不放逸没有与精进等四者不同的性状；在防止恶事修习善事的过程中，脱离了精进等四者的功能，不放逸并不存在单独的作用。虽然信、惭等心所也有防止恶和修习善的作用，但与上述四者相比，力量和作用都更微弱，因为它们不是善根，不起普遍鞭策作用，所以不是这不放逸心所的依托对象。

　　［问：］"难道防止恶和修习善不就是这不放逸的性状和作用，［因而是它的主体？］"

　　防止恶和修习善，与精进和三善根有什么区别？如果精进等四者要依靠这不放逸才起作用，那么这不放逸应该还要依靠别的因素才能起作用，这样就犯了无穷依靠的错误。

　　［对方责难：］"勤［即精进］只是起普遍鞭策的作用，三善根只是作为善事的依持，怎么说这四者有防止和修习的作用呢？"

　　你们所说的防止和修习，其性状如何呢？如果是起普遍依托支持的作用，那就是无贪等三善根；如果是起普遍地鞭策和统领的作用，那就与精进没有区别；如果是制止恶事增进善事，那就是精进和三善根的总作用；如果是使心不散乱，那就是定心所；如果是使心和心所共同认取某一对象，那与触心所又有什么区别；如果是使过去的事不被忘记，那就应是念心所。这样地推论寻求不放逸的作用，离无贪等四者，终究不能找到。所以，不放逸必定不存在另外的实体。

【评析】

此处论述不放逸心所。不放逸就是对断恶修善不放松、不懈怠。在十一种善心所中，前八种都是实法，而后三种是假法。不放逸是依托精进、无贪、无瞋、无痴四者而发挥作用，本身没有独立的作用，所以不是实法而是假法。

（七）释行舍

【原文】

云何行舍？精进、三根，令心平等、正直、无功用住为性；对治掉举，静住为业。谓即四法，令心远离掉举等障，静住名舍。平等、正直、无功用住，初、中、后位，辩舍差别。

由不放逸，先除杂染，舍复令心寂静而住。此无别体，如不放逸，离彼四法，无相用故。能令寂静，即四法故；所令寂静，即心等故。

【今译】

什么是行舍？即依靠精进和三善根，使心平等、正直、无功用地安住，是其自性；对治掉举，寂静安住，是其作用。即正是精进等四者，使心远离掉举等障碍，寂静安住，称为行舍。平等、正直、无功用住分别指行舍的最初阶段、中间阶段和最后阶段，这些名称是用来区别行舍的程度差别。

依靠不放逸，可以先除去混杂污染的心理，行舍进而使心寂静安住。这行舍没有另外的实体，就像不放逸一样，脱离了精进等四者，行舍不存在自己的性状和作用。因为能使心和心所寂静的，就是精进等四者；被寂静的，就是心和心所。

【评析】

此处论述行舍心所。行舍是指能使心远离掉举等障碍定的因素、寂静安住的心理。行舍就是属于行蕴的舍，不同于属于受蕴的舍。行舍分三阶段：第一阶段是平等，指舍弃了昏沉、掉举等状态；第二阶段是正直，由于心平等，所以远离加行，自然相续；第三阶段是无功用住，由于心正直，所以不再成为杂染法的所依，得无功用住。① 行舍也是依托精进及无贪等三善根而生起作用，本身并无独立作用，所以不是实法而是假法。

关于不放逸与行舍，据《述记》说，由于不放逸断诸烦恼，所以行舍能寂静安住，不容杂染。因此，不放逸相当于无间道，行舍相当于解脱道，这是据先后说两者的关系。如果据

---

① 参见（唐）玄奘译《大乘阿毗达磨集论》卷第一，《大正藏》第31册，第664页。

同时来说，不放逸断除烦恼，所以行舍寂静安住。①

（八）释不害

【原文】

云何不害？于诸有情，不为损恼，无瞋为性；能对治害，悲愍为业。谓即无瞋，于有情所不为损恼，假名不害。无瞋翻对断物命瞋，不害正违损恼物害。无瞋与乐，不害拔苦，是谓此二粗相差别。理实无瞋实有自体，不害依彼一分假立，为显慈悲二相别故；利乐有情，彼二胜故。

有说："不害非即无瞋，别有自体，谓贤善性。"此相云何？"谓不损恼。"无瞋亦尔，宁别有性？谓于有情，不为损恼，慈悲贤善，是无瞋故。

【今译】

什么是不害？对一切众生不损害不扰恼，没有憎恨，是其自性；能对治害，生起悲悯，是其作用。也就是说，正是没有憎恨，对众生不损害不扰恼，而假立名称为不害。[如果进一步讨论不害与无瞋的关系，]无瞋正与断送众生生命的瞋相反，不害正与损害扰恼众生的害相违；无瞋带来快乐，不害拔除痛苦，这是说二者的明显差别。但据理实言，无瞋有自己的实体，不害只是根据无瞋的一部分而假立，

---

① 参见（唐）窥基《成唯识论述记》卷第六，《大正藏》第43册，第439页。

假立是为了显示慈和悲二者性状的区别，也是因为在使众生获利益得安乐的各种行为中，无瞋和不害的作用尤为突出。

有种说法："不害并非就是无瞋，而是另有实体，这就是贤善性。"那这贤善性的性状又是什么呢？〔对方答：〕"即对众生不损害不扰恼。"那无瞋也是这样，岂能说不害另有实体？即对众生不损害不扰恼，慈悲贤善，就是无瞋。

【评析】

此处论述不害心所。不害就是对一切众生都不愿伤害的心理。此心所依托无瞋而生起作用，本身并无独立作用，所以不是实法而是假法。另一方面，此心所虽以无瞋为自性，但二者还是有所区别。无瞋是给予众生欢乐，不害是拔除众生痛苦，所以，无瞋是慈的主体，不害是悲的主体。即不害能克服害心所，从而生起悲悯。

（九）建立十一善心所的理由

【原文】

"及"显十一义别心所，谓欣、厌等善心所法。虽义有别，说种种名，而体无异，故不别立。欣谓欲俱无瞋一分，于所欣境不憎恚故；不忿、恨、恼、嫉等亦然，随应正翻瞋一分故。厌谓慧俱无贪一分，于所厌境不染着故；不悭、憍等，当知亦然，随应正翻贪一分故。

不覆、诳、谄，无贪、痴一分，随应正翻贪、痴一分故。有义：不覆唯无痴一分，无处说覆亦贪一分故。

有义：不慢信一分摄，谓若信彼，不慢彼故。有义：不慢舍一分摄，心平等者，不高慢故。有义：不慢惭一分摄，若崇重彼，不慢彼故。

有义：不疑即信所摄，谓若信彼，无犹豫故。有义：不疑即正胜解，以决定者无犹豫故。有义：不疑即正慧摄，以正见者，无犹豫故。

不散乱体即正定摄。正见、正知俱善慧摄。不忘念者即是正念。悔、眠、寻、伺，通染、不染，如触、欲等，无别翻对。

"何缘诸染所翻善中，有别建立，有不尔者？"

相用别者，便别立之；余善不然，故不应责。又诸染法，遍六识者，胜故翻之，别立善法。慢等、忿等，唯意识俱。害虽亦然，而数现起，损恼他故，障无上乘胜因悲故，为了知彼增上过失，翻立不害。失念、散乱及不正知，翻入别境[1]，善中不说。

"染净相翻，净宁少染？"

净胜染劣，少敌多故。又解理通，说多同体；迷情事局，随相分多。故于染净，不应齐责。

【简注】

[1] "失念"等二句：失念翻过来就是念心所，散乱翻过来就是定心所，不正知翻过来就是慧心所。

【今译】

　　颂中的"及"表示十一善心所之外的其他善心所，即欣、厌等善心所。虽然它们与十一善心所的含义有区别，故而给以种种名称，但它们的主体却与十一善心所并无不同，所以不将它们另立为善心所。欣是指与欲心所共存的无嗔的一部分，即对于所欣喜的对象不憎恨；不忿、不恨、不恼、不嫉等也是如此，各自取相应的嗔的一部分的完全相反的性质而建立。厌是指与慧心所共存的无贪的一部分，即对于所厌恶的对象不迷恋执着；不悭、不骄等，要知道也是这样，各自取相应的贪的一部分的完全相反的性质而建立。

　　不覆、不诳、不谄，是无贪和无痴的一部分，各自取相应的贪、痴的一部分的完全相反的性质而建立。有种观点认为，不覆只是无痴的一部分，[不是无贪的一部分，]因为没有地方说覆是贪的一部分，[这种说法没有前一种说法完善。]

　　[在不傲慢的问题上有三种观点。]第一种观点认为，不傲慢属于信的一部分，因为如果信任对方，就不会对该人傲慢。第二种观点认为，不傲慢属于行舍的一部分，因为对一切都心存平等的人，不会自高自大、对人傲慢。第三种观点认为，不慢是惭的一部分，因为如果崇敬尊重对方，就不会对该人傲慢。[这三种观点都合理，而以第三种观点更为优胜。]

　　[在不疑问题上有三种观点。]第一种观点认为，不疑正是属于信，因为如果相信了，就不会犹豫。第二种观点认为，不疑正是属于真正的胜解，因为确定了，就不会犹豫。第三种观点认为，不疑正是属于正确的慧，因为有了正见，就不会犹豫。[这三种观点也都

合理。]

不散乱的主体就属于正定。正见和正知都属善慧。不忘念就是正念。悔、眠、寻、伺四者，可以是善性、不善性和无记性，就像触、欲等心所一样，没有性质完全相反的心所。

[问：]"是什么缘故，在各种污染的心所翻过来而形成的善心所中，有的能另外建立，有的则不另外建立？"

所形成的善心所的性状和作用是独立的，就另外建立这一心所；其余的则不建立，所以不应责难。此外，在各种污染的心所中，能普遍存在于六识中的，由于其作用突出，所以翻过来，另外建立善心所。慢等心所和忿等心所，只是与第六意识共存，[所以不翻过来另立心所。]害虽然也只与意识共存，但经常现行生起，损害扰恼他人，并障碍作为无上乘之殊胜因的大悲心，为使人们透彻地了解它的显著的过失，所以翻过来建立不害心所。失念、散乱以及不正知，翻过来就是别境心所中的[念、定、慧]三种心所，所以不说翻过来建立善心所。

[问：]"污染的心所翻过来成为清净的心所，那么为什么清净的少于污染的？"

因为清净的心所作用优胜，污染的心所作用微弱，数量少的能匹敌数量多的。此外，清净的心所能使人悟解道理，一通百通，可以说许多清净的心所具有相同的主体，[所以无需建立很多名称；]而污染的心所使人被错误的认识所迷惑，被具体的事物所束缚，所以根据现象的差别就需建立许多心所。因此，对于污染的心所和清净的心所，不应要求它们具有同等数量。

【评析】

　　此处说明唯识学建立十一善心所的理由。如细细说来，善心所肯定不止十一种。而唯识学只建立十一种善心所的理由，大体如下：一是根据是否有独立的作用（即是否属于实法）来确定。有独立作用的，就建立相应的善心所；没有独立作用的，一般不建立。但除不放逸、行舍、不害三心所，因为这三心所对修行有较重要的意义。二是根据与善心所相反的烦恼心所而建立。如相应的烦恼心所有普遍性，能普遍存在于六识中，就翻过来建立善心所；如没有普遍性，则一般不建立。此外，如果烦恼心所翻过来，已有相应的心所，如别境心所中的念、定、慧，那也就不必再建立相应的善心所。

（十）释善心所的各种性质
【原文】

　　此十一法，三是假有，谓不放逸、舍及不害，义如前说；余八实有，相用别故。

　　有义：十一四遍善心，精进、三根遍善品故，余七不定。推寻事理未决定时，不生信故。惭、愧同类，依处各别，随起一时，第二无故。要世间道断烦恼时，有轻安故。不放逸、舍，无漏道时，方得起故。悲愍有情时，乃有不害故。论说："十一，六位中起。谓决定位，有信相应。止息染时，有惭、愧起，顾自他故。于善品位，有精进、三根。世间道时，有轻安起。于出世道，有舍、不放逸。摄众生时，有不害故。"①

有义：彼说未为应理。推寻事理未决定心，信若不生，应非是善，如染心等，无净信故。惭、愧类异，依别境同，俱遍善心，前已说故。若出世道轻安不生，应此觉支[1]非无漏故。若世间道无舍、不放逸，应非寂静防恶修善故，又应不伏掉、放逸故。有漏善心，既具四法，如出世道，应有二故。善心起时，皆不损物，违能损法，有不害故。论说六位起十一者，依彼彼增，作此此说。故彼所说，定非应理。

应说信等十一法中，十遍善心，轻安不遍，要在定位，方有轻安，调畅身心，余位无故。《决择分》说："十善心所，定、不定地，皆遍善心；定地心中，增轻安故。"②

有义：定加行亦得定地名，彼亦微有调畅义故。由斯欲界亦有轻安，不尔便违《本地分》说"信等十一，通一切地"。③

有义：轻安唯在定有，由定滋养，有调畅故。论说："欲界诸心、心所，由阙轻安，名不定地。"④说一切地有十一者，通有寻伺等三地皆有故。

此十一种，前已具说。第七、八识随位有无；第六识

---

① 参见（唐）玄奘译《瑜伽师地论》卷第五十五，《大正藏》第30册，第602页。
② 参见（唐）玄奘译《瑜伽师地论》卷第六十九，《大正藏》第30册，第684页。
③ 参见（唐）玄奘译《瑜伽师地论》卷第三，《大正藏》第30册，第291页。
④ 参见（唐）玄奘译《瑜伽师地论》卷第六十三，《大正藏》第30册，第650—651页。

中，定位皆具；若非定位，唯阙轻安。有义：五识唯有十种，自性散动，无轻安故。有义：五识亦有轻安，定所引善者，亦有调畅故；成所作智俱，必有轻安故。

"此善十一，何受相应？"十五相应；一除忧苦，有逼迫受，无调畅故。

此与别境，皆得相应，信等、欲等，不相违故。

十一唯善。

轻安非欲，余通三界。

皆学等三。

非见所断。《瑜伽论》说："信等六根[2]，唯修所断，非见所断。"①

余门分别，如理应思。

【简注】

[1] 觉支：指通向觉悟的各种修行方法，广义地说，包括三十七道品；狭义地说，是指七觉支，即念、择法、精进、喜、轻安、定、舍。

[2] 信等六根：指信、精进、念、定、慧五根以及未知当知根。

【今译】

[这十一种善心所有如下九种性质需加以分辨。一、假实性。]这十一种善心所中，三种是没有实体的"假有"，它们是不放逸、行舍以及不害，其道理如前所述；其余八种是具有实体的"实有"，因为

---

① 参见(唐)玄奘译《瑜伽师地论》卷第二十九,《大正藏》第30册,第444页。

它们的性状和作用都是独立存在的。

[二、普遍存在性，在这一问题上有两种观点。]第一种观点认为，十一种善心所中，四种普遍存在于善心中，因为精进和三种善根是普遍存在于善心之中，其余七种不一定。[这七种心所中，关于信，]在推究寻求事物的道理但还未获得确定的认识时，不会生起信心所。惭与愧属同类性质，但其生起所依靠的力量各不相同，所以无论哪一个生起时，另一个就不生起。[关于轻安，]要到用世间道断除烦恼时，才有轻安。不放逸、行舍，要到修成无漏道时才会生起。[关于不害，]在悲悯众生时才有不害。《瑜伽论》说："十一种善心所，在六种状态中生起。即在明确的状态中，有信与之相应。止息污染时，有惭或愧生起，看是依靠自己的力量还是依靠世间的力量。在善心中，有精进和三种善根。行世间道时，有轻安生起。在出世间道时，有行舍和不放逸。包容众生时，有不害。"

第二种观点[即正确的观点]认为，上述说法不能认为是合理的。对于在推究寻求事物的道理但还未获得确定认识的心来说，如果不生起信，不应是善心，而是像污染的心一样，因为没有清净的信。惭和愧的类别不同，所依靠的力量也不同，但所面对的对象是相同的，所以都能普遍存在于善心中，这在前面已经说过。如果出世道没有轻安生起，那这轻安觉支不应是无漏。如果世间道没有行舍和不放逸，应该不能保持寂静、防恶修善，也不能制伏掉举和放逸。有漏的善心，既然具有精进和三种善根，那就像出世道一样，也应有行舍和不放逸。善心生起时，都不会损害他人，与能损害他人的现象相反，所以有不害。论中说六种状态生起十一种善心所，只是依据每一种状态增强了某一心所，而有上述说法。所以，上一种观点的说法，肯定不合理。

应该说信等十一种善心所中，有十种是普遍存在于善心之中，只有轻安不能普遍存在，要到定的状态中，才有轻安，使身心调柔舒畅，在其他状态中则没有轻安。《瑜伽师地论·摄决择分》说："十种善心所，在定和不定的状态中，都普遍存在于善心中；而在定的善心中，则增加了轻安。"

[而关于定中的轻安问题又有两种观点。] 第一种观点认为，定前的加行，也应获得定的名称，因为在加行中也有微弱的身心调柔舒畅的感觉。因此，欲界也有轻安，不然的话，就违背了该论《本地分》所说的："信等十一种善心所可以存在于一切地中。"

第二种观点[即正确的观点]认为，轻安只在定中存在，因为正是依靠定的滋养，才有身心的调柔舒畅，[在其他状态中是没有这一现象的。]《瑜伽论》中说："欲界的一切心和心所，由于缺少轻安，称为不定地。"至于《本地分》说"一切地"中有十一种善心所，只是指有寻有伺地、无寻有伺地、无寻无伺地，都有十一种善心所。

[三、与识的共存性。] 这十一种善心所[与八识的关系]，前面已经具体说明。即第七识和第八识在未转依位没有十一种善心所，在转依位有。第六识中，如处在定中，十一种善心所都具备；如不在定中，就只是缺少轻安。[至于前五识，有两种观点。] 第一种观点认为，五识只有十种善心所，因为五识的特性是散乱好动。所以没有轻安。第二种观点[即正确的观点]认为，五识也有轻安，[如众生]由定所引生的善性的五识，也有调柔舒畅的感受，[所以也有轻安；

至于佛的］与成所作智相应的无漏五识，必定有轻安。

［四、与受的相应性。问：］"这十一种善心所，与什么受相应？"十种善心所与五种受都相应；轻安则不与忧受、苦受相应，因为有逼迫的感受，就没有调柔舒畅。

［五、与别境心所的相应性。］这十一种心所与五种别境心所都相应，因为信等善心所和欲等别境心所并不相违。

［六、伦理属性。］十一种心所只是属于善的性质。

［七、三界系属性。］轻安不系属于欲界，其余十种三界都可存在。

［八、学位所属性。］这十一种心所可以是有学位、无学位、非学非无学位。

［九、所断性。］这十一种心所不属见道位所断。《瑜伽论》说："信根等六根，只是修道位所断，不是见道位所断。"

这十一种善心所的其余的各种性质区别，可以按理思量。

【评析】

此处论述善心所的各种性质。此处所说的大多数性质都较简单易解。其中，关于轻安的性质中，轻安实际上只是存在于色界和无色界，因为轻安只存在于定中，而真正的定只存在于色界和无色界，欲界修行中的收敛心神还不能算是真正的定。至于《本地分》说"一切地"中有十一种善心所（所以也有轻安），这里的"一切地"，是指包括欲界和初禅的有寻有伺地、初禅与二禅之间的无寻有伺地、二禅以上的无寻无伺地，由于有寻有伺地的初禅有轻安，所以三地都有轻安。

关于十一善心所"非见所断",是说十一善心所属修所断和非所断,即有漏善属修所断,无漏善属非所断。而善心所不障见道,所以"非见所断"。

五、根本烦恼心所

(一)前五种根本烦恼

【原文】

如是已说善位心所,烦恼心所,其相云何?颂曰:

"烦恼谓贪瞋,痴慢疑恶见。"

论曰:此贪等六,性是根本烦恼摄故,得烦恼名。

【今译】

上面已经说了善一类的心所,那么,烦恼心所,其性状如何呢?颂云:

"烦恼心所是指贪、瞋、痴、慢、疑、恶见。"

论云:这贪等六种心所,其自性属根本烦恼范畴,所以获得烦恼的名称。

【评析】

此处以下论述六种根本烦恼。烦恼的含义是扰乱,贪等六种烦恼,扰乱众生的身心,使众生永远处在生死之中不得解脱。贪等六种烦恼是一切烦恼的根本,能生随烦恼,所以被称为根本烦恼。

【原文】

云何为贪？于有、有具[1]染着为性；能障无贪，生苦为业。谓由爱力，取蕴生故。

云何为瞋？于苦、苦具[2]憎恚为性；能障无瞋，不安隐性、恶行所依为业。谓瞋必令身心热恼，起诸恶业不善性故。

云何为痴？于诸理事迷暗为性；能障无痴，一切杂染所依为业。谓由无明，起疑、邪见、贪等烦恼、随烦恼、业，能招后生杂染法故。

云何为慢？恃己于他高举为性；能障不慢，生苦为业。谓若有慢，于德、有德，心不谦下，由此生死轮转无穷，受诸苦故。此慢差别，有七、九种，谓于三品、我、德处生[3]。一切皆通见、修所断。圣位我慢，既得现行，慢类由斯起亦无失。

【简注】

[1]有、有具：据《述记》卷第六，"有"指三界异熟果报，"有具"指中有、烦恼、业和器世间等。总的来说，与前文"无贪"的"有"和"有具"相似，还是指三界内的一切存在，包括这一世的存在、这一世向下一世过渡的存在（中有）和下一世的存在。甚至无漏法也是贪的对象。

[2]苦具：参见前文"无瞋"的释义。

[3]谓于三品、我、德处生："三品"指上、中、下三品人。"我"指将五蕴执着为我与我所。"德"指圣德，如无漏果、禅定等。

【今译】

什么是贪？对三界内的一切存在迷恋执着，是其自性；能障碍无贪，生起苦果，是其作用。即由贪爱的力量，众生执取五蕴而受生，轮回不止。

什么是嗔？对各种苦及其原因憎恶痛恨，是其自性；能障碍无嗔，生起不安稳性，成为恶行的依靠，是其作用。即嗔必定使身心燥热苦恼，生起各种属不善性的恶业。

什么是痴？对一切理和一切事迷惑不明，是其自性；能障碍无痴，成为一切混杂污染的心和心所的依靠，是其作用。即由无明，生起疑、邪见、贪等烦恼心所和随烦恼心所，造各种业，并能招致后世混杂污染的心和心所的生起。

什么是慢？自恃所长，对人傲慢，是其自性；能障碍不慢，生起苦果，是其作用。即人如果傲慢，对于德性和有德之人，就没有谦下之心，因此而生生死死，轮转无穷，饱受各种痛苦。这慢心所的差别，有七种或九种，是在下品人、中品人、上品人、我、圣位德性五处生起各种傲慢。一切慢心所都是既属见道位所断，又属修道位所断。圣位中的俱生我慢，既然也能现行活动，因此，说各种慢心所在圣位中也能生起，并无过失。

【评析】

此处论述六种根本烦恼中的前四种：贪、嗔、痴、慢。其中前三种正是善心所中无贪、无嗔、无痴的对立心所。贪、嗔、痴被佛教认为是最根本的烦恼，贪生起执着，嗔生起憎恨、痴使人迷于事相、不明真理，所以三者是明自性、证圣道的最大敌人。除此之外，慢也是相当严重的一种烦恼，傲慢使人狂妄自大、不思进取，也是明自性、证圣道的根本障碍。唯识学对慢作了精细的区分，慢在五种情况下生起，前三种是将自己与上、中、下三品人相比后生起的傲慢。后两种是对五蕴与圣德而生起的傲慢，这样就生起了"七慢"或"九慢"。"七慢"是：一、慢，即对不如自己的人生起傲慢，对与己相等的人认为不过如此。二、过慢，即对与己相等的人，认为自己胜过对方；对胜过自己的人，认为自己与对方同等。三、慢过慢，即对胜过自己的人，认为自己胜过对方。四、我慢，即在五蕴中处处执取我与我所，生起傲慢。五、增上慢，即对自己并未证得或只是稍有证得的圣德，如禅定、无漏果等，认为自己已经证得。六、卑慢，即对德高望重的人，认为自己只不过稍稍不如。七、邪慢，即自己实在没有功德，却认为自己有功德。"九慢"是小乘的说法，是将"七慢"中的慢、过慢、卑慢每种再分三种而得。

【原文】

云何为疑？于诸谛理，犹豫为性；能障不疑、善品为业。谓犹豫者，善不生故。

有义：此疑以慧为体，犹豫简择，说为疑故。毗助末底[1]，是疑义故；末底般若，义无异故。

有义：此疑别有自体，令慧不决，非即慧故。《瑜伽论》说:"六烦恼中,见世俗有,即慧分故;余是实有,别有性故。"[1] 毗助末底,执慧为疑;毗助若南[2],智应为识。界[3]由助力,义便转变。是故此疑,非慧为体。

【简注】

[1] 毗助末底:据《述记》卷第六,"毗"意思是种种,"末底"是慧的异名。"毗助末底"就是种种能帮助慧的因素。

[2] 若南:意思是智。

[3] 界:据《述记》卷第六,为"字界",即字性。

【今译】

什么是疑?对一切真理,犹豫不能生信,是其自性;能障碍不疑以及其他善的心和心所,是其作用。即由于犹豫不信,善的心和心所就不能生起。

[关于疑心所的自性,即主体,有两种观点。]第一种观点认为,这疑心所是以慧为主体,因为犹豫,所以要判断选择,[于是就将这进行判断选择的慧]说成是疑。"毗助末底"就是疑的含义,而"末底"与般若,[都是慧的异名,加上"毗"字助之,]意义没有差别,[所以,"毗助末底"与"末底",即疑与慧,岂能是具有不同主体的两种现象?]

第二种观点[即正确的观点]认为,这疑另有主体,它使慧犹豫不决,所以并不就是慧。《瑜伽论》说:"六种根本烦恼中,恶见

---

① 参见(唐)玄奘译《瑜伽师地论》卷第五十五,《大正藏》第30册,第603页。

是没有实体的世俗有,即慧的一部分;其余都是实有,因为另有自性。"如果因为"毗助末底"[即能帮助慧的因素是疑],就执着慧是疑,那么,根据"毗助若南"[即能帮助智的因素是识],智也就应是识。[从"末底"到"毗助末底",从"若南"到"毗助若南","末底""若南"等]名称由于增加了"毗"字之助,意义就有了转变。因此,这疑心所并非以慧为主体。

【评析】

此处论述疑。疑使人远离真理,使人不能生起信仰,使其他善心也不能生起,所以疑是佛教修行的又一大障碍,需加以对治。此处对疑的主体的争论,还涉及文字学的探讨。"毗助末底",按此词之构成分析,意谓能帮助慧的种种因素;而词的含义就是疑。将能帮助慧的因素归结为疑,就如同禅宗说的大疑大悟,小疑小悟,不疑不悟。同样,"毗助若南",按此词之构成分析,意谓能帮助智的种种因素;而词的含义就是识。如果疑与慧是同一主体,那同样也应该说智与识是同一主体。但智是心所(智与慧实际上都是慧心所),心所岂能作识的主体?《述记》指出:"又且'末底'等是字界,界是性义。由'毗'字是缘,缘助界力,义便转变,何为缘助界已,体尚是旧?"[1]即"末底"等名称,由于增加了"毗"字之助,意义就有了转变。《述记》在另一处举了这样一个例子:如"职吉蹉"

---

[1] (唐)窥基《成唯识论述记》卷第六,《大正藏》第43册,第445页。

是治疗的含义,而"毗职吉蹉"是疑的含义,岂能因为加了"毗"字,疑的主体就是治疗?[①] 所以,疑的主体不是慧,疑应另有主体,其主体或特性就是对一切真理犹豫不能生信。

(二)恶见及其类别

【原文】

云何恶见?于诸谛理,颠倒推度,染慧为性;能障善见、招苦为业。谓恶见者,多受苦故。

此见行相差别有五。一萨迦耶见[1],谓于五取蕴执我、我所,一切见趣所依为业。此见差别,有二十句[2],六十五[3]等,分别起摄。

【简注】

[1] 萨迦耶见:即身见。
[2] 二十句:"句"即范畴。"二十句"是思量"我"与五蕴的关系后形成的二十种观点。
[3] 六十五:这是思量五蕴与"我"和"我所"的关系后形成的六十五种观点。

【今译】

什么是恶见?此见对一切真理颠倒地推究测度,污染的慧是其自性;能障碍善见、招致苦果,是其作用。即具有恶见者,常常受苦。

---

① 参见(唐)窥基《成唯识论述记》卷第六,《大正藏》第43册,第445页。

这恶见根据现行活动作用的差别，有五种类型。一是身见，即将五蕴执着为"我"和"我所"，并成为其他一切恶见的依靠，这些是它的作用。至于这身见的类别，或有二十种观点，或有六十五种观点，这些观点的身见都属分别烦恼。

【评析】

此处以下论述恶见。恶见有五种，此处首先论述萨迦耶见，即身见。萨迦耶意译是积聚，即积聚四大五蕴，假名为身；依据此身而生起对"我"与"我所"的执着，此类执着称为身见。身见有属俱生烦恼与属分别烦恼之区别。如果是第七识认取第八识见分，以及第六识认取五蕴而生起的身见，都属俱生烦恼。如果是第六识根据错误的教义或错误的思维生起的身见，则属分别烦恼。属分别烦恼的身见，其类别有二十种观点，或六十五种观点。二十种观点是考虑"我"与五蕴的关系后形成的。首先是"我"与色（即物质）的关系，有四种观点。（1）认为我大色小（即自我概念的外延要比物质概念的外延大），所以物质在我中。（2）认为色大我小，我在色中。（3）认为色即是我。（4）认为我不是色。关于"我"与其他四蕴的关系，也分别各有类似四种观点。合起来是二十种观点。六十五种观点是考虑五蕴与"我"和"我所"的关系后形成的。首先，随取一蕴为"我"，其余四蕴为"我所"，而这四蕴"我所"中，每一蕴又可分为三类（所谓璎珞、童仆、器），合为十二种，加上"我"，共十三种。这样，五蕴中每一蕴都可作为"我",其余四蕴作为"我所",共有六十五种。

【原文】

二边执见,谓即于彼,随执断、常,障处中行[1]、出离为业。此见差别,诸见趣中,有执前际四遍常论,一分常论;及计后际有想十六,无想、俱非各有八论,七断灭论等,分别起摄。

【简注】

[1]处中行:"中"相对于两边而言,两边就是断见(认为人死后什么也不存在了)与常见(认为有一始终不变的"我"在轮回)。"处中"就是离两边,也就是非断非常。

【今译】

二是边执见,即对身见所执的"我",或执着"我"将断灭的观点,或执着"我"是始终不变的观点,障碍非断灭非始终不变的正见以及出离生死的正见,是其作用。这边执见的类别,是在各种恶见中,有的执着前际四遍常论,有的执着一分常论,有的执着后际有想十六论,有的执着无想八论,有的执着非有想非无想八论,有的执着七断灭论,等等,都属于分别所起烦恼。

【评析】

此处论述第二种恶见:边执见。此见即执着常见或断见,能障碍非常非断的中道正见。常见或断见的类别，本论中列举多种，现且举前二例作一说明。"前际四遍常论"，即四种认为"我"与世间都是永恒不变的观点。如修行者修禅定获得宿命通成就，有的能回忆起过去二十劫的情况，有的能回忆起过去四十劫的情况，有的能回忆起过去八十劫的情况，因而认为"我"与世间都是永恒不变的，这是三种"遍常论"。第四种"遍常论"是有的修行者修成天眼通，能看见一切众生死时五蕴相连续，就认为"我"与世间都是永恒不变的。"一分常论"，就是认为世间有一部分因素是永恒不变的。有四种"一分常论"：一是有众生从梵天命终后，生在我们这个世界，但有宿命通，所以认为梵王是永恒的，而我们是无常的。二是有众生听到梵王有这样的观点，认为四大种是永恒的，而心是无常的，便认梵王的说法为真理，相信世间有一部分因素是永恒的。三是有众生从戏忘天命终后，生在这个世界，并有宿命通，就认为该天的一部分众生是永恒的，而我们是无常的。四是有众生从意愤天（所在处所众说不一，有说在四天王天，有说在忉利天）命终后，生在这个世界，并有宿命通，就认为该天一部分众生是永恒的，而我们是无常的。

【原文】

　　三邪见，谓谤因果、作用、实事及非四见诸余邪执，如增上缘，名义遍故。此见差别，诸见趣中，有执前际二无因论[1]、四有边[2]等、不死矫乱[3]，及计后际五现涅槃[4]，或计自在、世主、释、梵及余物类常恒不易，或计自在等是一切物因，或有横计诸邪解脱，或有妄执非道为道，诸如是等，皆邪见摄。

【简注】

[1] 前际二无因论：指两种认为众生都是无因而生的邪见。
[2] 四有边：指关于世界有边无边的四种邪见。
[3] 不死矫乱：不死指天，因为天道众生长寿，所以古代印度有一派外道认为天人不死。"不死矫乱论"指对有关天的各种问题的胡乱回答。
[4] 后际五现涅槃：这是关于涅槃问题的五种错误回答。

【今译】

三是邪见，即毁谤因果的存在，毁谤善恶行为的作用，毁谤圣凡等现象的真实性，以及不包括在其他四种恶见中的各种错误的执着，就像增上缘［是指不包括在其他三种缘中的各种缘一样］，其名称和含义都相当宽泛。这邪见的类别，是在各种恶见中，或执着前际二无因论，或执着有边无边四种论，或执着不死矫乱论，或执着后际五现涅槃论，或认为自在、世主、帝释、梵王以及其他物类是永恒不变的观点，或认为自在天等是一切事物的原因，或固执地相信各种错误的解脱方法，或虚妄地将非道执为道，诸如此类的观点，都属于邪见。

【评析】

此处论述第三种恶见：邪见。邪见就是各种错误的见解，其名称和含义都十分宽泛，即其名称包括一切不正之见，其含义包括一切错误的见解。以关于因果的错误见解为例，此类错误见解有恒因论与无因论两种表现。恒因论是认为有某种因素是永恒不变的，是一切事物的因，如将自在天、世主、帝释、梵王等看作是这种恒因。无因论则认为众生都是无因而生。如"前际二无因论"，就是两种由于不能记起前生而认为没有前生，众生都是无因而生的邪见。一是有的众生从无想天命终后，生在这个世界，获得宿命通，但不能知道在无想天以及更早的情况，所以认为是无因而生到这个世界的，从而进一步推论，一切事物都是无因而生起的。二是在定中，通过寻伺（或粗或细的思维活动）不能回忆起前生，就认为是无因而生。此外，邪见还包括其他各种错误的看法，如关于世界"有边无边四种论"：一是认为世界从上（第四禅天）至下（地狱）是有边的。二是认为世界在东南西北四个方向上是无边的。三是认为世界从上至下是有边的，而在四个方向上是无边的。四是认为世界是非有边非无边的。还有"五现涅槃论"：一是认为现在的欲界就是涅槃，二是认为初禅是涅槃，三是认为二禅是涅槃，四是认为三禅是涅槃，五是认为四禅是涅槃。这些都属邪见。

【原文】

　　四见取，谓于诸见及所依蕴，执为最胜，能得清净。一切斗诤所依为业。

五戒禁取，谓于随顺诸见戒禁及所依蕴，执为最胜，能得清净。无利勤苦所依为业。

然有处说：执为最胜，名为见取；执能得净，名戒取者。是影略[1]说，或随转门。不尔，如何非灭计灭、非道计道，说为邪见，非二取摄？

【简注】

[1] 影略：是"影略互显"之略说，指在说明两种有关的事件时，此方所略之事由他方显发，他方所略之事由此方说明，相互补充而成为完整说明的方式。

【今译】

四是见取见，即在各种恶见[中，认取一见]及其所依托的五蕴，执着[此见及其五蕴]最为优胜，能得清净之果，[这就是见取见。]一切冲突争讼依之而生，是其作用。

五是戒禁取见，即对根据各种恶见而受的戒禁及其所依托的五蕴，执着它们最为优胜，能得清净之果，[这就是戒禁取见。]无益的勤奋辛苦依之而生，是其作用。

但有的地方说：执着最为优胜，称为见取见；执着能得清净之果，称为戒禁取见。这只是互相补充性的简略说法，或是随机权宜的说法。不然的话，为什么[执着最为优胜的]"不是寂灭认为是寂灭"以及[执着能得清净之果的]"不是道认为是道"，佛典中都说是邪见，而不说它们属于见取见或戒禁取见呢？

【评析】

此处论述最后两种恶见：见取见与戒禁取见。此二见，或执着某种恶见，或执着某种根据各种恶见而受的戒律禁令。前者导致外道无数的争斗，后者导致外道无谓的勤奋辛苦。而对于佛教徒来说，见取见能使其执着某种错误的理论，戒禁取见能使其走上一条错误的修行道路，所以二者都被佛教视为恶见而加以破斥弃除。

（三）根本烦恼的各种性质

【原文】

如是总别十烦恼中，六通俱生及分别起，任运思察俱得生故。疑后三见，唯分别起，要由恶友及邪教力，自审思察，方得生故。

边执见中通俱生者，有义：唯断，常见相粗，恶友等力方引生故。《瑜伽》等说："何边执见是俱生耶？谓断见摄。学现观[1]者，起如是怖：今者我我何所在耶？"① 故禽兽等，若遇违缘，皆恐我断而起惊怖。

有义：彼论依粗相说，理实俱生亦通常见。谓禽兽等，执我常存，炽然造集长时资具。故《显扬》等诸论皆说："于五取蕴执断计常，或是俱生，或分别起。"②

---

① 参见（唐）玄奘译《瑜伽师地论》卷第八十六，《大正藏》第30册，第779—780页。
② 参见（唐）玄奘译《显扬圣教论》卷第一，《大正藏》第31册，第482页。

"此十烦恼，谁几相应？"

贪与瞋、疑，定不俱起，爱、憎二境，必不同故；于境不决，无染着故。贪与慢见，或得相应，所爱、所陵，境非一故，说不俱起；所染、所恃，境可同故，说得相应。于五见境，皆可爱故，贪与五见，相应无失。

瞋与慢、疑，或得俱起，所瞋、所恃，境非一故，说不相应；所蔑、所憎，境可同故，说得俱起。初犹豫时，未憎彼故，说不俱起；久思不决，便愤发故，说得相应。疑顺违事，随应亦尔。瞋与二取，必不相应，执为胜道，不憎彼故。此与三见，或得相应，于有乐蕴起身常见，不生憎故，说不相应；于有苦蕴起身常见，生憎恚故，说得俱起。断见翻此，说瞋有无。邪见诽拨恶事、好事，如次说瞋，或无或有。

慢于境定，疑则不然，故慢与疑无相应义。慢与五见皆容俱起，行相展转不相违故；然与断见，必不俱生，执我断时，无陵、恃故；与身、邪见一分亦尔。

疑不审决，与见相违，故疑与见定不俱起。五见展转必不相应，非一心中有多慧故。

痴与九种皆定相应，诸烦恼生，必由痴故。

【简注】

[1] 现观：指以有漏或无漏的智慧明了地观当前的境界，并使之不退转，称为现观。按所观的境界，现观有许多种类。

【今译】

[根本烦恼有如下十种性质需加以分辨。一、属俱生烦恼或分别烦恼。]在上述由总体的六种细分而成的十种烦恼中,[贪、嗔、痴、慢、身见、边执见]六种既可以是俱生烦恼,也可以是分别烦恼,因为无论是自然而无条件地还是通过思考都会使这些烦恼生起。疑以及邪见、见取见、戒禁取见,只是分别烦恼,因为要依靠恶友以及错误教导的力量,加上自己的判断思考,这些烦恼才能生起。

关于边执见中的俱生烦恼,[有两种观点。]第一种观点认为,只有断见是俱生的,因为常见的状态明显,只是依靠恶友等力量才能引生。《瑜伽论》等论说:"为什么边执见是俱生的呢?因为它属于断见。如学习现观的人,会生起这样的恐怖:现在的我还有没有呢?如有的话,我又在哪里呢?"所以,禽兽等如果遇到不利的情况,都会唯恐自己断送性命而生起恐怖。

第二种观点[即正确的观点]认为,该论是依照常见的明显状态而说的,据理实言,俱生的边执见,[既可以是断见,]也可以是常见。如禽兽等就执着"我"是常存,而热衷于制造或采集长期的生活用品。所以,《显扬论》等许多论都说:"对五蕴执着断灭或认为始终不变,这些观念或是俱生的,或是由思辨分别而生起的。"

[二、相互相应性。问:]"这十种烦恼,哪些是相互相应的?"

贪与嗔、疑,必定不能同时生起,因为贪爱和憎恨的两种对象,必定不会相同;而疑是对对象犹豫不决,所以疑时也不会对对象生起贪爱的执着。贪与傲慢、五见的关系,[就贪与慢而言,或不相应,]或能相应,因为所贪爱的与所凌辱的,不会是同一对象,所以说不能同时生起;但所贪爱的与所自恃的[都是自己],对象可以是相同的,所以说可以相应。[就贪与见而言,]因为对五种恶见的对象,都可生起贪爱,所以,说贪与五种恶见相应,并无过错。

嗔与慢、疑的关系,[就嗔与慢而言,或不能同时生起,]或能同时生起,因为嗔所憎恨的与慢所自恃的,不会是同一对象,所以说不相应;但慢所蔑视的与嗔所憎恨的,可以是同一对象,所以说二者可以同时生起。[就嗔与疑而言,]刚犹豫时,还不会去憎恨对方,所以说二者不会同时生起;但长久地思索仍不能解决,愤恨便会发作,所以说二者可以相应。在顺利或不顺利的事情上,嗔与疑的关系也是如此,[即疑为对己有利之事,则不会生起憎恨;疑为对己不利之事,则会生起憎恨。]嗔与见取见、戒禁取见,必定不能相应,因为这两种见是将某对象执着为最优胜,就不会去憎恨此对象。嗔与身见、边执见、邪见,[或不相应,]或能相应,对能生起快乐的五蕴生起身见和常见,不会生起憎恨,所以说不相应;对能生起痛苦的五蕴生起身见和常见,会生起憎恨,所以说能够同时生起。断见与嗔,或相应或不相应的关系,正好与常见相反。邪见否定恶事有恶果、好事有善果,其与嗔的关系,也因此或无或有,[即认为不会得恶果就不会生起嗔,认为不能得善果则会生起嗔。]

慢在面对对象时呈现为一种确定的状态,疑则呈现为一种不确定的状态,所以,慢与疑没有相应的可能。慢与五种恶见都可同时生起，因为它们的现行活动作用相互之间并不冲突；但慢与断灭之见必定不能共同生起，因为执着"我"将断灭时，就不会盛气凌人，也无可自恃；慢与一部分身见、邪见的关系也是如此。

疑的活动状况是不能判断确定，与恶见相反，所以疑与恶见必定不能同时生起。五种恶见相互之间必定不能相应，因为一刹那心中不可能有多个慧［或多种见解］。

痴与九种烦恼必定都能相应，一切烦恼生起时，必定是由于痴。

【评析】

此处以下论述根本烦恼的各种性质，首先是论述第一种性质和第二种性质。第一种性质是根本烦恼与俱生烦恼、分别烦恼的关系。贪、嗔、痴、慢、身见、边执见六种，既可以是俱生烦恼，也可以是分别烦恼；疑以及邪见、见取见、戒禁取见，只是分别烦恼。此外，俱生的边执见，可以是断见，也可以是常见。

根本烦恼的第二种性质是根本烦恼的相互关系，大体有以下几种情况：(1) 痴与九种烦恼都相应（即能同时生起）。(2) 贪与嗔、疑不相应；贪与慢，或不相应，或能相应；贪与五种恶见相应。(3) 嗔与慢、疑，或不相应，或能相应；嗔与见取见、戒禁取见，不相应；嗔与身见、边执见、邪见，或不相应，或能相应。(4) 慢与疑不相应，慢与五种恶见能相应，但慢与断见必定不能共同生起。(5) 疑与恶见不相应。(6) 五种恶见相互之间不相应。

【原文】

"此十烦恼何识相应？"藏识全无；末那有四；意识具十；五识唯三，谓贪、瞋、痴，无分别故，由称量等，起慢等故[1]。

"此十烦恼，何受相应？"贪、瞋、痴三，俱生、分别，一切容与五受相应。贪会违缘，忧、苦俱故；瞋遇顺境，喜、乐俱故。

有义：俱生、分别起慢，容与非苦四受相应，恃苦劣蕴，忧相应故。

有义：俱生亦苦俱起，意有苦受，前已说故。分别慢等，纯苦趣无，彼无邪师、邪教等故；然彼不造引恶趣业，要分别起，能发彼故。

疑、后三见，容四受俱。欲疑无苦等，亦喜受俱故。二取若缘忧俱见等，尔时得与忧相应故。

有义：俱生身、边二见，但与喜、乐、舍受相应，非五识俱，唯无记故。分别二见，容四受俱。执苦俱蕴为我、我所常，断见翻此，与忧相应故。

有义：二见若俱生者，亦苦受俱。纯受苦处，缘极苦蕴，苦相应故。论说俱生一切烦恼，皆于三受现行可得，① 广说如前。余如前说。

此依实义，随粗相者，贪、慢、四见，乐、喜、舍俱；

---

① 参见（唐）玄奘译《瑜伽师地论》卷第五十九，《大正藏》第30册，第627页。

瞋唯苦、忧、舍受俱起；痴与五受皆得相应；邪见及疑，四俱除苦。

贪、痴俱乐，通下四地。余七俱乐，除欲通三；疑、独行痴[2]，欲唯忧、舍；余受俱起，如理应知。

【简注】

[1] 由称量等，起慢等故：即由称量起慢，由犹豫起疑，由推求起恶见。

[2] 独行痴：也称独行不共无明，是与第六识相应的无明。

【今译】

[三、与诸识相应性。问：]"这十种烦恼与什么识相应？"藏识完全没有这十种烦恼；末那识有[痴、见、慢、贪]四种；意识具备十种；五识只有三种，即贪、嗔、痴，因为五识没有思辨分别，所以不能通过权衡比较等生起慢等烦恼。

[四、与诸受相应性。问：]"这十种烦恼，与何种受相应？"贪、嗔、痴三种烦恼，无论是俱生的还是分别的，都可以与五种受相应。因为贪遇到不利的环境，忧受和苦受就一起生起；嗔遇到顺利的环境，喜受和乐受就同时生起。

[关于慢与受的关系，有两种观点。]第一种观点认为，俱生慢与分别慢，可以与除苦受之外的其他四种受相应，[因为即使在纯受苦的环境中，]众生也能自恃有苦劣的五蕴而生起慢，此种慢与忧受相应。

第二种观点［即正确的观点］认为，俱生慢也可与苦受共同生起，因为意识有苦受，前面已经说过。分别慢等分别烦恼，在纯受苦的恶道中是没有的，因为在那种环境中没有邪师和错误的教导等；但俱生慢等烦恼不造引生恶道的业，要由分别烦恼，才能引发那引生恶道的业。

疑以及后三种恶见，可以与［除苦受之外的］四种受共存。［问："疑怎么能与喜受共存？"］如欲界的人疑将来没有苦时，也会有喜受生起。［问："见取见和戒禁取见执着某物最为优胜或能得清净，为什么会有忧受？"］二取见之人如果接受与忧共存的某种见解或戒禁时，也会有忧受生起，［如对不能速证涅槃而感到忧虑。］

［关于身见和边执见与受的关系，有两种观点。］第一种观点认为，俱生身见和俱生边执见，只与喜受、乐受、舍受相应，因为它们不与五识共存，［所以没有苦受；］因为它们只是无记性，［所以没有忧受。］分别身见和分别边执见，可以与［除苦受之外的］四种受共存。［问："为什么该二见会与忧受共存？"］因为执着与苦共存的五蕴为"我"和"我所"，且永恒不变，［所以生起忧受；］断见正好相反，［执着与乐共存的五蕴为"我"和"我所"，且将要断灭，］所以与忧受相应。

第二种观点［即正确的观点］认为，这两种恶见如果是俱生的，也可与苦受共存。因为在纯受苦的地方，［这两种恶见］认取极苦的五蕴，就会与苦受相应。《瑜伽论》中说俱生的一切烦恼，都有现行的乐受、苦受、舍受生起，详细的解释如前文所说。由思辨分别而生起的这两种恶见，则如第一种观点所说的那样，［可以与四种受相应。］

这是按照真实的道理所作的仔细解释，若是粗略地说，贪、慢以及［五种恶见中除邪见之外的］四种恶见，与乐受、喜受、舍受共存；嗔只与苦受、忧受、舍受共同生起；痴与五种受都能相应；邪见和疑，与四种受相应，除了苦受。

与贪、痴共存的乐受，存在于欲界、初禅、二禅和三禅。与慢、疑和五恶见共存的乐受，欲界没有，从初禅到三禅都有。疑和独行痴，在欲界只有忧受和舍受。其余的苦受、喜受，以及同时生起的烦恼和所处的界地，同理可知。

【评析】

此处论述根本烦恼的第三、第四种性质。第三种性质是根本烦恼与八识的关系：第八识全无，第七识有贪、痴、慢、见四种，意识具备十种，五识只有贪、嗔、痴三种。第四种性质是根本烦恼与受心所的关系，大体有以下几种情况：（1）贪、嗔、痴与五受相应。（2）俱生慢可与五受相应，分别慢可与除苦受之外的其他四种受相应。（3）疑及邪见、见取见、戒禁取见，可以与除苦受之外的四种受共存。（4）身见和边执见与受的关系：俱生身见和俱生边执见，可与除忧受之外的四种受相应；分别身见和分别边执见，可以与除苦受之外的四种受共存。

【原文】

"此与别境，几互相应？"贪、嗔、痴、慢，容五俱起，专注一境，得有定故。疑及五见，各容四俱：疑除胜解，不决定故；见非慧俱，不异慧故。

"此十烦恼，何性所摄？"瞋唯不善，损自他故；余九通二；上二界者，唯无记摄，定所伏故。若欲界系分别起者，唯不善摄，发恶行故；若是俱生发恶行者，亦不善摄，损自他故；余无记摄，细不障善，非极损恼自他处故。当知俱生身、边二见，唯无记摄，不发恶业，虽数现起，不障善故。

【今译】

[五、与别境心所相应性。问：]"这十种烦恼与哪几种别境心所相互相应？"贪、瞋、痴、慢可以与五种别境心所共同生起。[问："为什么这四种烦恼也可以与定心所共同生起？"因为这四种烦恼]在专注于一对象时，也可以有定。疑以及五种恶见，各与四种别境心所共同生起：疑不与胜解心所共同生起，因为疑惑就不能确定；五种恶见则不与慧心所共同生起，因为它们不异于慧。

[六、根本烦恼的伦理属性。问：]"这十种烦恼，属于什么性质？"瞋只是不善，因为损害自己也损害他人。其余九种可以是不善也可以是有覆无记性。色界和无色界中的这些烦恼，只属于[有覆]无记性，因为它们已被定所制伏[不发堕恶趣业]。这些烦恼如果是系属于欲界的、由思辨分别而生起的，只属于不善，因为能引发恶行；如果是与生俱来而且引发恶行的，也属于不善，因为损害自己和他人；如果是与生俱来但不引发恶行的，那就只属[有覆]无记性，

因为这样的烦恼细微,因而不会障碍善,也不会过分损害扰恼自己和他人。要知道,俱生身见和俱生边执见,只属于[有覆]无记性,不引发恶业,虽然经常现行生起,但不障碍善。

【评析】

此处论述根本烦恼的第五、第六种性质。第五种性质是根本烦恼与别境心所的关系,大体有以下几种情况:(1)贪、嗔、痴、慢可以与五种别境心所共同生起。(2)疑与除胜解之外的其余四种别境心所共同生起。(3)五种恶见与除慧之外的其余四种别境心所共同生起。论中说恶见不异慧,这是因为恶见的主体就是污染的慧。第六种性质是根本烦恼的伦理属性。十根本烦恼中,嗔只是不善,其余九种可以是不善也可以是有覆无记性。

【原文】

"此十烦恼,何界系耶?"嗔唯在欲,余通三界。

生在下地,未离下染,上地烦恼不现在前,要得彼地根本定者,彼地烦恼容现前故。诸有漏道,虽不能伏分别起惑及细俱生,而能伏除俱生粗惑,渐次证得上根本定,彼但迷事,依外门转,散乱粗动,正障定故。得彼定已,彼地分别、俱生诸惑,皆容现前。

生在上地,下地诸惑,分别、俱生,皆容现起。生第四定中有[1]中者,由谤解脱,生地狱故。身在上地,将生下时，起下润生俱生爱故。而言生上不起下者，依多分说，或随转门。

下地烦恼亦缘上地，《瑜伽》等说："欲界系贪，求上地生，味上定故。"① 既说瞋恚憎嫉灭、道，亦应憎嫉离欲地故。总缘诸行执我我所、断常、慢者，得缘上故。余五缘上，其理极成。而有处言"贪、瞋、慢等不缘上"者，依粗相说[2]，或依别缘。不见世间，执他地法，为我等故，边见必依身见起故。

上地烦恼亦缘下地，说生上者，于下有情，恃己胜德而陵彼故；总缘诸行执我我所、断常、爱者，得缘下故。疑、后三见，如理应思。而说上惑不缘下者，彼依多分，或别缘说。

【简注】

[1] 中有：指前一世生命形态与后一世生命形态中间的一种过渡性的生命形态。

[2] 粗相说：据《述记》卷第六，指小乘的说法。

【今译】

[七、界地系属性。问：]"这十种烦恼，系属于哪一界？"瞋只在欲界；其余九种，三界都可存在。

[在三界九地中，]生在下地的众生，还未脱离下地的烦恼，则上

---

① 参见（唐）玄奘译《瑜伽师地论》卷第十九，《大正藏》第30册，第382页。

地的烦恼不会显现在前，要证得上地的根本定，该地的烦恼可以显现在前。一切有漏道，虽然不能制伏分别烦恼以及细微的俱生烦恼，但能制伏灭除粗显的俱生烦恼，逐渐证得上地的根本定，因为粗显的俱生烦恼只是使人被现象所迷惑，依外部环境而生起，使心散乱好动，根本性地障碍定。证得上地的定后，该地的各种分别烦恼和俱生烦恼，都可以显现在前。

生在上地，则下地的各种分别烦恼、俱生烦恼都可现行生起。如［欲界修得第四禅定的增上慢比丘，以为已得阿罗汉果，命终］生色界第四禅定中有身中，［由此起欲界邪见，认为佛弟子不能得涅槃，］由于毁谤解脱，转而生到地狱。又如身在上地，将要生往下地时，就会生起能在下地滋润生命的俱生爱。至于说生在上地不会生起下地的烦恼，那只是依照多数情况而说的，或是随机权宜的说法。

下地烦恼也能攀缘上地而生起，如《瑜伽论》等说的："系属于欲界的贪，会追求生往上地，这是因为贪爱上地的定。"［所以贪能攀缘上地而生起。］又如，既然说嗔能憎恨嫉妒灭谛和道谛，那也应能憎恨嫉妒脱离欲界的上地。［所以嗔能攀缘上地生起。］又如，总的将身心内外的一切事物执着为"我"和"我所"的［身见］，［还有边执见中的］断见和常见，还有慢，也可攀缘上地。其余的［痴、疑、邪见、见取、戒禁取］五种烦恼能攀缘上地而生起，其道理也完全成立。但有的地方说，贪、嗔、慢等不攀缘上地而生起，是依照［小乘的］粗浅的说法而说的，或是按照其他依据而说的。［若按其他依据，如将自身认作我，则此种身见和边执见不攀缘上地生起，］因为从未见过世间人会执着其他地方的事物为"我",[所以此种身见不会攀缘上地生起;]边执见必定依赖身见而生起,[所以此种边执见也不会攀缘上地生起。]

上地的烦恼也能攀缘下地而生起,就是说,生在上地的众生,对下地的众生,自恃有殊胜的功德,[生起傲慢]而蔑视欺凌;或者,总的将身心内外的一切事物,执着为"我"和"我所"的[身见],[还有边执见中的]断见和常见,还有贪爱,也能攀缘下地。上地的疑以及邪见、见取见、戒禁取见等烦恼,攀缘下地的情况,可按理推知。至于说上地的烦恼不攀缘下地而生起,那是根据多数情况而说的,或是按其他依据而说的。

【评析】

此处论述根本烦恼的第七种性质:界地系属性。十根本烦恼中,嗔只在欲界,其余九种可存在于三界。在通三界的九烦恼中,又有四种情况:一、下地起上地烦恼。下地众生,若未得上地根本定,则上地烦恼就不会现起;要得上地根本定,才会现起上地的俱生烦恼或分别烦恼。二、上地起下地烦恼。上地众生可现起下地俱生或分别烦恼。如得色界第四禅定的增上慢比丘,误认为自己已证得阿罗汉,故命终时,中阴身(即此世生命向下世生命过渡期中的细微的物质身)起,就会生起下地的邪见,诽谤佛教,认为没有真实的涅槃。三、下地烦恼攀缘上地。下地的十种烦恼都能攀缘上地而生起。四、上地烦恼攀缘下地。上地的九种烦恼都能攀缘下地而生起。

【原文】

"此十烦恼，学等何摄？"非学、无学，彼唯善故。

"此十烦恼，何所断耶？"非非所断，彼非染故。分别起者，唯见所断，粗易断故；若俱生者，唯修所断，细难断故。见所断十，实俱顿断，以真见道，总缘谛故。

然迷谛相，有总有别。总谓十种皆迷四谛，苦、集是彼因依处故，灭、道是彼怖畏处故。别谓别迷四谛相起，二唯迷苦，八通迷四。身、边二见唯果处起，别空非我，属苦谛故。谓疑、三见，亲迷苦理；二取执彼三见、戒禁及所依蕴为胜、能净；于自他见及彼眷属，如次随应起贪、恚、慢。相应无明，与九同迷；不共无明，亲迷苦理。疑及邪见，亲迷集等；二取贪等，准苦应知。然瞋亦能亲迷灭、道，由怖畏彼生憎嫉故。迷谛亲疏粗相如是。

委细说者：贪、瞋、慢三，见、疑俱生，随应如彼；俱生二见，及彼相应爱、慢、无明，虽迷苦谛，细难断故，修道方断；瞋、余爱等，迷别事生，不违谛观，故修所断。

虽诸烦恼皆有相分，而所仗质，或有或无，名缘有事、无事烦恼。彼亲所缘，虽皆有漏，而所仗质，亦通无漏，名缘有漏、无漏烦恼。缘自地者，相分似质，名缘分别所起事境；缘灭、道谛及他地者，相分与质不相似故，名缘分别所起名境。余门分别，如理应思。

【今译】

[八、学位属性。问：]"这十种烦恼，在有学位、无学位、非学非无学位中，属于哪一种？"不属有学位，不属无学位，因为有学位、无学位都只属于善性。[这十种烦恼只是非学非无学位。]

[九、所断位。问：]"这十种烦恼属于哪一种'所断'？"它们不是"非所断"，因为"非所断"不是污染性的。这十种烦恼，如果是分别烦恼，只属见道位所断，因为这类烦恼明显，容易断除；如果是俱生烦恼，只属修道位所断，因为这类烦恼细微，难以断除。见道位所断的十种烦恼，实际上都是[在见道时]顿时断除，因为真见道位，总体上缘四谛之真如，[就能完全断除此十种烦恼。]

然而，十种烦恼对四谛迷惑不解的状况，有总体的有局部的。总体的迷惑是指十种烦恼对四谛都迷惑不解，因为苦谛和集谛是十种烦恼赖以生存之处，灭谛和道谛是十种烦恼害怕丧失生存之处。局部的迷惑是指对四谛的某些方面迷惑不解，即身见和边执见只是不解苦谛，其余八种烦恼则对四谛都迷惑不解。因为身见和边执见只是在苦果成熟之处生起，特指不明空和无我，属苦谛。疑和身见、边执见、邪见，是直接地对苦谛之理迷惑不解；见取见和戒禁取见则执着前三种恶见[中的某一见解]、所受的戒禁，以及[上述见解和戒禁]所依的五蕴，认为它们最为优胜、能得清净；并对自己的见解生起贪，对他人的见解生起嗔，对附属于自己或他人见解的各种观点生起慢，[所以，见取见、戒禁取见以及相应的贪、嗔、慢是间接地对苦谛之理迷惑不解。]相应无明[之痴，其对苦谛迷惑的直接或间接关系，]与其余九种烦恼相同；不共无明[之痴]则是直接地对苦谛迷惑不解。疑和邪见，是直接对集谛等三谛迷惑不解；见取见和戒禁取见以及贪、嗔、慢，根据上述对苦谛的分析可知，［它们对集谛等三谛的迷惑不解也是间接的。］但嗔也能直接地对灭谛和道谛迷惑不解，因为由于害怕该二谛，就会生起嗔。十种烦恼对四谛直接或间接的迷惑不解的粗略状况就是如此。

更精细地说：贪、嗔、慢三者，［如果是与五种分别］恶见以及疑共同生起的，应该如前所说，［属见道位所断；］俱生的身见和边执见，以及与它们相应的［贪］爱、慢、无明［痴］，虽然是对苦谛迷而不解，但因细微难断，所以要到修道位才断；嗔、其余的单独生起的［贪］爱等，是对个别的事情迷而不解才生起的，［不是对理迷而不解，］不影响对四谛的观照，所以是修道位所断。

［十、其他性质。］虽然各种烦恼都有相分，但所依仗的本质，或者有或者没有，分别称为缘有事烦恼和缘无事烦恼。各种烦恼的亲所缘缘，虽然都是有漏的，但［亲所缘缘］所依仗的本质，［可以是有漏］也可以是无漏的，所以称为缘有漏烦恼和缘无漏烦恼。认取自己所在地的一切，所生起的相分与本质相似，称为缘分别所起事境；认取灭谛和道谛以及非自己所在地的一切，所生起的相分，与本质不相似，称为缘分别所起名境。其余的各种区别，可按此理而思索。

【评析】

此处论述根本烦恼的其余各种性质。

根本烦恼的第八种性质：学位属性。十根本烦恼属非学非无学，因为有学与无学都属善，都是圣者。

根本烦恼的第九种性质：所断位。简单地说，分别烦恼属见道位所断，俱生烦恼属修道位所断。

根本烦恼的其他性质，首先是有事缘和无事缘。十种烦恼现行生起所依托的本质，可以有可以无，有本质称缘有事烦恼，无本质称缘无事烦恼。根本烦恼生起所依的本质有无，与诸识生起所依的本质，说法上稍有不同。《杂集论》说："又烦恼有二种，谓缘无事及缘有事。缘无事者，谓见及见相应法，见谓萨迦耶见及边执见。所余烦恼名缘有事。"[1] 即我见（萨迦耶见）所缘的我，实际没有，这就是本质无，所以我见（还有边执见）及其相应的心和心所，称为缘无事；而其余烦恼则称为缘有事。这是从我执来区分缘有事与缘无事。

其次是有漏缘和无漏缘。十种烦恼，其相分虽属有漏，但相分生起所依托的本质，可以是有漏的也可以是无漏的，分别称为缘有漏烦恼与缘无漏烦恼。如疑、邪见、无明及与此相应而起的嗔、慢等烦恼，以无漏的灭谛、道谛为认取对象时，其相分是有漏的，但相分所依托的本质是无漏的。（但要注意，各种烦恼实际不能缘无漏，如不能缘灭谛、道谛。这里只是参照缘有事、缘无事的相分与本质的关系，而说烦恼能缘有漏、缘无漏。）

最后是缘分别所起事境和名境。十种烦恼，其相分与本质，或相似或不相似，被称为缘（分别所起）事境与缘（分别

---

[1]（唐）玄奘译《大乘阿毗达磨杂集论》卷第六，《大正藏》第31册，第723页。

所起）名境。这里的"事"即体,"名"即名称和概念。此处说的相分与本质相似或不相似,是依本质是否在自地而区分。因为唯识学认为,第八识在一世中只系属于某一地,所以,如果本质在自地,则该本质实际上是由自己的第八识变现(包括器世间、有根身、种子)或由自己第八识中的种子直接生起,此时该本质称为"事境",即有体境,相分与本质能相似。而灭谛与道谛的无漏法,以及非自地的事物,非自己的第八识变现,前类本质深远,后类本质遥远;众生只是由名称和概念得知,故称"名境",所以相分与本质不相似,即相分是由第六识变现,与本质无直接联系。

六、随烦恼心所

（一）概说

【原文】

已说根本六烦恼相,诸随烦恼,其相云何？颂曰：

"随烦恼谓忿,恨覆恼嫉悭,

诳谄与害憍,无惭及无愧,

掉举与昏沉,不信并懈怠,

放逸及失念,散乱不正知。"

论曰：唯是烦恼分位差别、等流性故,名随烦恼。此二十种,类别有三,谓忿等十,各别起故,名小随烦恼；无惭等二,遍不善故,名中随烦恼；掉举等八,遍染[1]心故,名大随烦恼。

【简注】

[1] 染：包括不善性和有覆无记性。

【今译】

已经说了六种根本烦恼的性状，那么，各种随烦恼，其性状如何呢？颂云：

"随烦恼即忿、恨、覆、恼、嫉、悭、

诳、谄、害、骄、无惭、无愧、

掉举、昏沉、不信、懈怠、

放逸、失念、散乱、不正知。"

论云：只是依据根本烦恼的不同状态而建立，与根本烦恼有相似性和关联性的烦恼，称为随烦恼。这二十种随烦恼，有三种类别，即忿等十种，各自生起，称为小随烦恼；无惭和无愧二种，普遍存在于不善心中，称为中随烦恼；掉举等八种，普遍存在于污染的心中，称为大随烦恼。

【评析】

此处以下论述随烦恼。随烦恼与根本烦恼性质相似相关，随从根本烦恼而生起，所以称随烦恼。随烦恼分为三类，共二十种，即小随烦恼十种，中随烦恼二种，大随烦恼八种。随烦恼又有两种情况：一是依据根本烦恼而假立，属假法，如十种小随烦恼以及忘念、不正知、放逸，共十三种随烦恼。二是根本烦恼的同类，即除前十三种外的其余七种随烦恼，它们虽有各自的体性，不是假法，但它们是与根本烦恼同类的污染法，随从根本烦恼而生起，所以也称随烦恼。

（二）释十种小随烦恼
【原文】

云何为忿？依对现前不饶益境，愤发为性；能障不忿，执仗为业。谓怀忿者，多发暴恶身表业故。此即瞋恚一分为体，离瞋无别忿相、用故。

云何为恨？由忿为先，怀恶不舍，结怨为性；能障不恨，热恼为业。谓结恨者，不能含忍，恒热恼故。此亦瞋恚一分为体，离瞋无别恨相、用故。

云何为覆？于自作罪，恐失利誉，隐藏为性；能障不覆，悔恼为业。谓覆罪者，后必悔恼，不安隐故。有义：此覆痴一分摄，论唯说此痴一分故，不惧当苦覆自罪故。有义：此覆贪、痴一分摄，亦恐失利誉覆自罪故。论据粗显，唯说痴分，如说掉举是贪分故，然说掉举遍诸染心，不可执为唯是贪分。

云何为恼？忿、恨为先，追触暴热，很戾为性；能障不恼，蛆[1]螫为业。谓追往恶，触现违缘，心便很戾，多发嚣暴凶鄙粗言，蛆螫他故。此亦瞋恚一分为体，离瞋无别恼相、用故。

云何为嫉？殉[2]自名利，不耐他荣，妒忌为性；能障不嫉，忧戚为业。谓嫉妒者，闻见他荣，深怀忧戚，不安隐故。此亦瞋恚一分为体,离瞋无别嫉相、用故。

云何为悭?耽着财法,不能惠舍,秘吝为性;能障不悭,鄙畜为业。谓悭吝者,心多鄙涩,畜积财法,不能舍故。此即贪爱一分为体,离贪无别悭相、用故。

云何为诳?为获利誉,矫现有德,诡诈为性;能障不诳,邪命为业。谓矫诳者,心怀异谋,多现不实邪命事故。此即贪、痴一分为体,离二无别诳相、用故。

云何为谄?为罔[3]他故,矫设异仪,险曲[4]为性;能障不谄、教诲为业。谓谄曲者,为网冒[5]他,曲顺时宜,矫设方便,为取他意;或藏己失,不任师友正教诲故。此亦贪、痴一分为体,离二无别谄相、用故。

云何为害?于诸有情,心无悲愍,损恼为性;能障不害,逼恼为业。谓有害者,逼恼他故。此亦瞋恚一分为体,离瞋无别害相、用故。瞋害别相,准善应说。

云何为憍?于自盛事,深生染着,醉傲为性;能障不憍,染依为业。谓憍醉者,生长一切杂染法故。此亦贪爱一分为体,离贪无别憍相、用故。

【简注】

[1] 蚅:《大正》本作"蛆",《藏要》本作"蚅"。"蚅",《一切经音义》卷第六十六注音为"展列反";《汉语大字典》注音为"nà",意为毒虫咬刺。而"蛆"为蝇类幼虫,不合文意,恐是与"蚅"字形近而致误。

[2] 殉：《述记》卷第六释为"求""访"。
[3] 罔：《大正》本作"网"，其校勘记云：宋、元、明、宫本作"罔"。
[4] 险曲：据《述记》卷第六，险指不实，曲指不直。
[5] 帽：《大正》本作"帽"，《述记》作"愲"。"网帽"，据《述记》卷第六释，"网于彼，或掩舍之名"，故为笼络和蒙蔽。

【今译】

什么是忿？面对当前不利于己的事或人，愤怒发作，是其自性；能障碍不忿［即无嗔］，导致执仗斗殴，是其作用。因为心怀有忿的人，大多会生起粗暴的身体动作。这忿就是以嗔的一部分为其主体，因为脱离了嗔，就不存在另外的忿的性状和作用。

什么是恨？由忿为先导，心怀恶意而不舍，与人结怨，是其自性；能障碍不恨，焦躁烦恼，是其作用。即心中怨恨缠结的人，不能含藏隐忍，永远焦躁烦恼。这恨也是以嗔的一部分为主体，因为脱离了嗔，就不存在另外的恨的性状和作用。

什么是覆？对于自己所作的罪恶，唯恐因此丧失利益和名誉而加以隐藏，是其自性；能障碍不覆，懊悔烦恼，是其作用。因为掩盖罪恶的人，其后必定懊悔烦恼，不得安宁。［关于覆的自性，即主体，有两种观点。］第一种观点认为，这覆属于痴的一部分，因为《瑜伽论》等论只说它是痴的一部分，因为它不怕将来要受苦而去掩盖自己的罪恶，［所以属于痴，而怕将来受苦报的人必定不敢掩盖自己罪恶。］第二种观点［即正确的观点］认为，这覆属于贪的一部分和痴的一部分，因为它也是唯恐会丧失利益和名誉而掩盖自己的罪恶。诸论只是根据明显的状况说它是痴的一部分，就像说掉举是贪的一部分一样，但论中也说掉举普遍存在于各种污染的心中，〔而嗔时无贪，却有掉举，〕所以不可执着掉举只是贪的一部分。

什么是恼？它以忿、恨为先导，由追忆或触景生情导致狂暴焦躁，凶狠暴戾，是其自性；能障碍不恼，刺激伤害他人，是其作用。即〔心怀恼怒之人，〕追忆过去令他愤恨的情景，遇到现在的不顺心的情景，心就凶狠暴戾，往往发出狂暴凶狠粗鄙的言辞，刺激伤害他人。这恼也是以嗔的一部分为主体，因为脱离嗔，就不存在另外的恼的性状和作用。

什么是嫉？嫉就是在求取自己名利的同时，不能容忍他人的荣耀，嫉妒是其自性；能障碍不嫉，心生忧愁悲切，是其作用。即嫉妒之人，听到或看到他人荣耀，心中深深地感到忧愁悲切，不得安宁。这嫉也以嗔的一部分为其主体，因为脱离了嗔，就不存在另外的嫉的性状和作用。

什么是悭？悭就是贪爱迷恋财物和〔教理、修行等〕法，不愿慷慨地施舍，秘藏吝啬，是其自性；能障碍不悭，一味地积蓄，是其作用。即吝啬之人，心胸狭窄，一味积蓄财物，秘藏理法，不肯施舍。这悭是以贪爱的一部分为主体，因为脱离了贪，就不存在另外的悭的性状和作用。

什么是诳？诳是为了获得利益和名誉，故意装出有德之士的样子，诡诈是其自性；能障碍不诳，以不正当的方式谋生，是其作用。即故意欺诳者，心怀密谋，总是做一些不真实、不正当的事。这诳是以贪和痴的一部分为主体，因为脱离了贪、痴，就不另外存在这诳的性状和作用。

什么是谄？谄是为了蒙蔽他人，特意设置变通方法或表现出特别的威仪，不真实、不正直，是其自性；能障碍不谄、障碍正确的教诲，是其作用。即曲意谄媚者，为了笼络或蒙蔽他人，迎合时宜，特意设置不正当的变通方法，以获取他人的欢心；或隐藏自己的过失，不能听从师友的正确教诲。这谄也是以贪和痴的一部分为主体，因为脱离了贪和痴，就不另外存在这谄的性状和作用。

什么是害？对一切众生，心中没有慈悲怜悯，损害和扰恼他人，是其自性；能障碍不害，迫害和扰恼他人，是其作用。即怀有害心的人，就会迫害和扰恼他人。这害也是以嗔的一部分为主体，因为脱离了嗔，就不另外存在这害的性状和作用。嗔和害各自的性状，可参照善心所［中的慈和悲］来理解，［即无嗔名慈，无害名悲；所以，嗔障慈，害障悲。］

什么是骄？对自己的成功之事，深深地生起贪爱和执着，陶醉于此，骄傲自大，是其自性；能障碍不骄，污染心依之而生，是其作用。即陶醉于成功而骄傲之人，就会生起和增长一切混杂污染心。这骄也是以贪爱的一部分为主体，因为脱离了贪，就不另外存在骄的性状和作用。

【评析】

此处论述小随烦恼。十种小随烦恼都无自体，而是依据贪、嗔、痴而假立。其中，依嗔假立的有：忿、恨、恼、嫉、害五心所。忿是面对当前的不顺心境而愤怒发作，恨是对先前的忿久久不能忘怀，恼是心中的忿恨在新的不顺心环境中再次发作，嫉是嫉妒他人的成功，害是伤害他人。依贪而假立的有：悭、骄。悭是吝啬，骄是对自己的成功自我陶醉而骄傲自大。依贪与痴而假立的有：覆、诳、谄。覆是掩盖自己的错误乃至罪恶，诳是伪装有德之士来欺骗他人，谄是以谄媚来取悦他人。

（三）释二种中随烦恼
【原文】

云何无惭？不顾自、法，轻拒贤善为性；能障碍惭，生长恶行为业。谓于自、法无所顾者，轻拒贤善，不耻过恶，障惭，生长诸恶行故。

云何无愧？不顾世间，崇重暴恶为性；能障碍愧，生长恶行为业。谓于世间无所顾者，崇重暴恶，不耻过罪，障愧，生长诸恶行故。

不耻过恶，是二通相，故诸圣教假说为体。若执不耻为二别相，则应此二，体无差别，由斯二法应不俱生，非受、想等有此义故。若待自他立二别者，应非实有，便违圣教。若许此二实而别起，复违论说俱遍恶心。① 不善心时，随缘何境，皆有轻拒善及崇重恶义，故此二法，俱遍恶心，所缘不异，无别起失。然诸圣教说不顾自他者，自、

---

① 参见（唐）玄奘译《瑜伽师地论》卷第五十五，《大正藏》第30册，第604页。

法名自，世间名他。或即此中拒善崇恶，于己益损，名自他故。而论说为贪等分者，是彼等流，非即彼性。①

【今译】

什么是无惭？不顾自尊和善法，蔑视贤者和排斥善法，是其自性；能障碍惭，生起和增长恶行，是其作用。即对于自尊和善法置之不顾，蔑视贤者和排斥善法，对过失和罪恶则毫无羞耻，障碍羞惭，生起和增长各种恶行。

什么是无愧？不顾世间各种规范，推崇凶暴之人，倚重恶法，是其自性；能障碍羞愧，生起和增长恶行，是其作用。即对于世间各种规范置之不顾者，推崇凶暴之人，倚重恶法，对过失和罪恶则毫无羞耻，障碍羞愧，生起和增长各种恶行。

对错误和罪恶毫无羞耻，是无惭和无愧的共性，所以各种佛典中假说这是二者的主体。如果执着这毫无羞耻是二者各自的特性，那这二者的主体应该没有差别，因此，二者应该不能共同生起，并非受、想等能共同生起的心所可以有相同的主体。如果根据依赖自己和他人之区别来建立二者各自的特性，那二者就不应是具有实体的存在，就违背了佛典的说法。如果认为此二者各有实体但分别生起，又违背了《瑜伽论》中二者都普遍存在于恶心之中的说法。[实际上，二者各自的特性分别是轻视和排斥善法、推崇和倚重恶法。]当不善心生起时，无论认取什么对象，都有轻视排斥善法、推崇倚重恶法的含义，所以

---

① 参见（唐）玄奘译《阿毗达磨大毗婆沙论》卷第三十四，《大正藏》第27册，第180页。

无惭和无愧都普遍存在于恶心之中,所认取的对象没有差异,所以没有分别生起的错误。而各种佛典中说"不顾自他",自尊和善法称作"自",世间各种规范称作"他"。或者说,针对这里的排斥善行和推崇恶行对己益和损,分别称作"自"和"他"。至于有些论说二者是贪等的一部分,是说贪等与二者属同类性质,并非说贪等就是二者的自性。

【评析】

此处论述中随烦恼。中随烦恼是无惭与无愧二种。与小随烦恼不一样,它们是有各自特性,即有独立作用的。此二心所的性质正好与善心所中的惭、愧相反。无惭是不顾自尊和善法,蔑视贤者和排斥善法;无愧是不顾世间的道德、法律、舆论等各种规范,推崇凶暴之人和倚重恶法。对错误和罪恶毫无羞耻,是二者的共性。此二心所能普遍地存在于一切恶心之中。

关于论中"或即此中拒善崇恶,于己益损,名自他故"一句,可参考善心所中的惭和愧的"评析"。

(四)释八种大随烦恼
【原文】

云何掉举?令心于境不寂静为性[1];能障行舍、奢摩他为业。

有义:掉举贪一分摄,论唯说此是贪分故,此由忆昔乐事生故。

有义：掉举非唯贪摄，论说掉举遍染心故。又掉举相，谓不寂静，说是烦恼共相摄故，掉举离此无别相故。虽依一切烦恼假立，而贪位增，说为贪分。

有义：掉举别有自性，遍诸染心，如不信等，非说他分，体便非实，勿不信等亦假有故。而论说为世俗有者，[①] 如睡眠等，随他相说。掉举别相，谓即嚣动，令俱生法不寂静故。若离烦恼，无别此相，不应别说障奢摩他。故不寂静非此别相。

【简注】

［1］不寂静为性：此句实际上并没有给出掉举的自性的定义，而下文正是要对掉举的自性展开讨论。

【今译】

什么是掉举？使心对境不能保持寂静，是其自性；能障碍行舍、障碍入定，是其作用。

［关于掉举的自性，有三种观点。］第一种观点认为，掉举属于贪的一部分，因为《瑜伽论》等论中只说它是贪的一部分，因为掉举是由回忆过去的快乐事情而生起的。

第二种观点认为，掉举并非只是属于贪，因为各种论中都说掉举普遍存在于污染的心中。此外，所谓掉举的性状是不寂静，论中说这

---

① 参见（唐）玄奘译《瑜伽师地论》卷第五十五，《大正藏》第30册，第604页。

是属于烦恼的共性，而掉举离开这一性状，就没有其他特性。虽然掉举是根据一切烦恼而假立的，但在贪的状态中更为增强，所以说它属于贪的一部分。

第三种观点［即正确的观点］认为，掉举另有独立的自性，能普遍存在于一切污染的心中，正如不信等有其自性一样，并非假说是其他心所的一部分，其主体［即自性］就不是实际存在；不然的话，不信等也变成没有实体的存在了。然而《瑜伽论》说这掉举是［没有实体的］世俗有，就像睡眠等现象，这只是根据其他性状而说的。掉举的特性［即自性］，就是躁动，使与它共同生起的心和心所不得寂静。如果在各种烦恼之外不另外存在这一特性，就不应另外说它有障碍入定的作用。所以不寂静［是包括掉举在内的一切烦恼的共性，而］不是掉举的特性。

【评析】

此处以下论述八种大随烦恼，首先是掉举，掉举就是不寂静。但关于掉举是否是实法，或者说是否有特性，则有三种观点。第一种观点认为，掉举是假法，是依贪而假立。第二种观点认为，掉举虽是假法，但不只是依据贪而假立，更主要是依据不寂静这一所有烦恼的共性而假立。第三种观点认为，掉举是实法。掉举的特性是"嚣动"，即心思亢奋，浮想联翩。心处在掉举的状态时，由于"嚣动"，从而使心不能寂静，因此而障碍入定。

【原文】

云何昏沉？令心于境无堪任为性[1]；能障轻安、毗钵舍那[2]为业。

有义：昏沉痴一分摄，论唯说此是痴分故，昏昧沉重是痴相故。

有义：昏沉非但痴摄，谓无堪任是昏沉相，一切烦恼皆无堪任，离此无别昏沉相故。虽依一切烦恼假立，而痴相增，但说痴分。

有义：昏沉别有自性，虽名痴分，而是等流，如不信等，非即痴摄。随他相说，名世俗有，如睡眠等，是实有性。昏沉别相，谓即瞢重，令俱生法，无堪任故。若离烦恼，无别昏沉相，不应别说障毗钵舍那。故无堪任，非此别相。此与痴相有差别者，谓痴于境迷暗为相，正障无痴，而非瞢重，昏沉于境瞢重为相，正障轻安，而非迷暗。

【简注】

[1] 令心于境无堪任为性：此句实际上并没有给出昏沉的自性的定义，而下文正是要讨论昏沉的自性。

[2] 毗钵舍那：意译为观，即以智慧专心观想与佛法有关的某一对象，以此求得证悟。

【今译】

什么是昏沉？使心对境时低劣无能，[不能胜任其功能，]是其自性；能障碍轻安、障碍观，是其作用。

[关于昏沉的自性，有三种观点。]第一种观点认为，昏沉属于痴的一部分，因为各种论中只说昏沉是痴的一部分，因为昏昧沉重就是痴的性状。

第二种观点认为，昏沉不只是属于痴，因为低劣无能是昏沉的性状，而一切烦恼都[有使心]低劣无能[的作用，另一方面]，在这低劣无能之外并没有另外的昏沉的性状，[所以昏沉属于一切烦恼。]虽然昏沉是根据一切烦恼而假立的，但在痴的状态中更为增强，所以只说它是痴的一部分。

第三种观点[即正确的观点]认为，昏沉另有独立的自性，虽然说它是痴的一部分，但其实是痴的同类，就像不信等[另有自性]一样，并非就是属于痴。论中只是根据其他的性状，说它是[没有实体的]世俗有，就像睡眠等一样，昏沉实有自性。这昏沉的特性[即自性]，就是昏昧沉重，使与其共同生起的心和心所低劣无能，[不能胜任它们各自的功能。]如果在各种烦恼之外没有另外的昏沉的特性，就不应另外说昏沉能障碍观。所以，低劣无能不是昏沉的特性。昏沉与痴的性状有差别：痴是以对境痴迷愚暗为其特性，正好障碍无痴，所以其特性不必是昏昧沉重；昏沉是以对境昏昧沉重为其特性，正好障碍轻安，所以其特性不必是痴迷愚暗。

【评析】

此处论述第二种大随烦恼：昏沉。关于昏沉是否属实法，也有三种观点。前两种观点认为昏沉不是实法，昏沉只是痴的一部分，或者说是使心的作用变得低劣无能。第三种观点认为昏沉是实法，昏沉的特性是懵重，即昏昧沉重、昏昏欲睡。使心的作用低劣无能，是昏沉与其他烦恼心所的共性。因此，昏沉障碍轻安，也障碍观。

【原文】

云何不信？于实、德、能不忍乐欲，心秽为性；能障净信，惰依为业。谓不信者，多懈怠故。不信三相[1]，翻信应知。然诸染法，各有别相，唯此不信，自相浑浊，复能浑浊余心、心所，如极秽物，自秽秽他。是故说此，心秽为性。由不信故，于实、德、能不忍乐欲，非别有性。若于余事[2]，邪忍乐欲，是此因果，非此自性。

【简注】

[1]不信三相：即不忍、不乐、不欲。
[2]余事：包括污染性的和无记性的事。

【今译】

什么是不信？对于真实道理、三宝功德、能成圣道等不能认可安住、乐于追求，使心污秽，是其自性；能障碍清净的信，懒惰依之而生，是其作用。即不能生起信的人，总是流于懈怠。不信的三种性状，应知与信的三种性状正好相反。然而各种污染的心所，各有自己的特性，只有这不信，自己的性状浑浊，又能浑浊其他的心和心所，就像极污秽的东西，不但自己污秽，也能污秽其他东西。因此说这不信，以使心污秽为其自性。由于不信，所以对于真实道理、三宝功德、能成圣道不能认可安住、乐于追求，并非是这不能认可安住、乐于追求另有自性，〔实际只是不信。〕如果对于污染性的事，生起错误的认可安住、乐于追求，那它们与不信是因果关系，而不是不信的自性。

【评析】

此处论述第三种大随烦恼：不信。不信的特征表现为不忍（不认可安住）、不乐、不欲。而作为唯识学的心所，不信特别表现为对佛教的道理不忍、不乐、不欲，所以是佛教信仰的大敌。不信由于具有上述特性，所以不是假法。不信的自性是使心污秽，即不信不仅自身污秽，还污秽了其他心与心所，使人懒于行善修道，所以需努力克治。此外，忍、乐、欲的主体有多种表现形式：如果是对污染性的事和无记性的事生起忍、乐、欲，其主体是欲心所和胜解心所；如果是对污染性的事不忍、不乐、不欲，其主体是信心所；如果是对真实道理、三宝功德、能成圣道不忍、不乐、不欲，其主体是不信；如果是对染法不忍、不乐、不欲，其主体是信。

【原文】

云何懈怠？于善、恶品修、断事中懒惰为性；能障精进，增染为业。谓懈怠者，滋长染故。于诸染事而策勤者，亦名懈怠，退善法故。于无记事而策勤者，于诸善品无进退故，是欲、胜解，非别有性；如于无记忍可乐欲，非净非染，无信、不信。

云何放逸？于染净品不能防修，纵荡为性；障不放逸，增恶损善所依为业。谓由懈怠及贪、瞋、痴，不能防修染净品法，总名放逸，非别有体。虽慢、疑等亦有此能，而方彼四，势用微劣；障三善根、遍策法故。推究此相，如不放逸。

【今译】

什么是懈怠？在修善断恶的过程中懒惰，是其自性；能障碍精进，增加污染，是其作用。即懈怠滋长了污染。对各种污染的事努力勤奋，也称为懈怠，因为这会使善法退步。如果是对无记性的事努力勤奋，由于它对善法无进步无退步，所以[其主体]是欲心所或胜解心所，不是离开欲和胜解另有自性；就像对无记性的事能认可安住、乐于追求，也是非清净非污染，不属信也不属不信。

什么是放逸？对污染的事不能防止，对善法不能修习，放纵、任性是其自性；能障碍不放逸，成为增恶损善的依托对象，是其作用。即由于懈怠和贪、瞋、痴，不能防止污染的事，不能修习善法，总的将这类情况称为放逸，并非放逸另有独立的主体[即自性]。虽然慢、疑等也有这种作用，但与懈怠等四者相比，势力和作用要微弱得多；因为懈怠等四者能障碍三善根，障碍一切起普遍鞭策作用的善法。要推断研究放逸的性状，可参照不放逸。

【评析】

此处论述第四、第五种大随烦恼：懈怠与放逸。懈怠是指懒于修善断恶，懒惰是其特性。但唯识学的此心所也带有浓厚的佛教色彩，即善恶分明，所以哪怕是积极地去做恶事，也属于懈怠，因为这会使善法退步。而对非善非恶的事，无论做与不做，都与懈怠无关。放逸与懈怠有相似之处，即对修善断恶不能积极地去做，而是采取放任、放纵自己的态度。此二者的区别在于，懈怠是实法；放逸则是假法，是依赖懈怠以及贪、嗔、痴而假立的。

【原文】

云何失念？于诸所缘不能明记为性；能障正念，散乱所依为业。谓失念者，心散乱故。

有义：失念，念一分摄，说是烦恼相应念故。

有义：失念，痴一分摄，《瑜伽》说此是痴分故；[①] 痴令念失，故名失念。

有义：失念，俱一分摄，由前二文影略说故。论复说此遍染心故。

云何散乱？于诸所缘，令心流荡为性；能障正定，恶慧所依为业。谓散乱者，发恶慧故。

---

① 参见（唐）玄奘译《瑜伽师地论》卷第五十五，《大正藏》第30册，第604页。

有义：散乱，痴一分摄，《瑜伽》说此是痴分故。①

有义：散乱，贪、瞋、痴摄，《集论》等说是三分故。②说痴分者，遍染心故。谓贪、瞋、痴，令心流荡胜余法故，说为散乱。

有义：散乱别有自体。说三分者，是彼等流，如无惭等，非即彼摄。随他相说，名世俗有。散乱别相，谓即躁扰，令俱生法，皆流荡故。若离彼三，无别自体，不应别说障三摩地。

"掉举、散乱，二用何别？"

彼令易解，此令易缘。虽一刹那，解缘无易，而于相续，有易义故。

"染污心时，由掉、乱力，常应念念易解易缘？"

或由念等力所制伏，如系猿猴，有暂时住。故掉与乱，俱遍染心。

云何不正知？于所观境，谬解为性；能障正知，毁犯为业。谓不正知者，多所毁犯故。

有义：不正知，慧一分摄，说是烦恼相应慧故。

有义：不正知，痴一分摄，《瑜伽》说此是痴分故；③令知不正，名不正知。

有义：不正知，俱一分摄，由前二文影略说故。论复

---

① 参见（唐）玄奘译《瑜伽师地论》卷第五十五，《大正藏》第30册，第604页。
② 参见（唐）玄奘译《大乘阿毗达磨集论》卷第一，《大正藏》第31册，第665页。
③ 参见（唐）玄奘译《瑜伽师地论》卷第五十五，《大正藏》第30册，第604页。

说此遍染心故。

【今译】

什么是失念？对于各种认取对象，不能清楚地记忆，是其自性；能障碍正念，成为散乱的依托对象，是其作用。即失念会导致心散乱。

［关于失念的自性，有三种观点。］第一种观点认为，失念属于念的一部分，因为《杂集论》说它是与烦恼相应的念。

第二种观点认为，失念属于痴的一部分，因为《瑜伽论》说它是痴的一部分；因为痴使心念丧失，所以称为失念。

第三种观点［即正确的观点］认为，失念属于念的一部分和痴的一部分，理由如上两段文字相互补充地所说的那样。此外，各种论中又说失念普遍地存在于一切污染的心中。

什么是散乱？在认取各种对象时，使心流动摇荡，是其自性；能障碍正定，成为恶慧的依托对象，是其作用。即散乱能引发恶慧。

［关于散乱的自性，有三种观点。］第一种观点认为，散乱属于痴的一部分，因为《瑜伽论》说它是痴的一部分。

第二种观点认为，散乱属于贪、嗔、痴，因为《集论》等说它属于三者的一部分。《瑜伽论》说它是痴的一部分，是因为它普遍存在于污染的心中。即贪、嗔、痴，使心流动摇荡的作用胜于其他心所，就说是散乱。

第三种观点［即正确的观点］认为，散乱另有独立的主体。说它是三者的一部分，是说它是三者的同类，就像无惭等另有主体一样，散乱并非就是属于上述三者。根据其他性状，说这散乱是［没有实体的］世俗有，［实际上它有主体。］散乱的特性［即主体］，就是躁乱纷扰，使与其共同生起的心和心所，都流动摇荡。如果散乱在贪等三者之外没有另外的独立主体，就不应该另外说散乱能障碍正定。

［问：］"掉举和散乱，二者的作用有何差别？"

掉举使能认识的心［在面对同一对象时］不断地变化，散乱使［同一心的］认识对象不断地变化。虽然在一刹那间，能认识的心和被认识的对象都没有变化，但在连续的过程中，就有变化的含义显现。

［问：］"心在污染的状态中，由于掉举和散乱力量的存在，始终应该每一瞬间都有能认识的心和被认识的对象的变化，［怎么有时能专注一境？］"

有时，由于念等心所的力量，掉举和散乱被制伏，就像猿猴被系住，所以二者暂时停止活动。所以，掉举和散乱，都普遍存在于污染的心中。

什么是不正知？对所观察的对象错误地理解，是其自性；能障碍正知，破戒犯戒，是其作用。即具有不正知的人，常常破戒犯戒。

［关于不正知的自性，有三种观点。］第一种观点认为，不正知属于慧的一部分，因为《杂集论》说它是与烦恼相应的慧。

第二种观点认为，不正知属于痴的一部分，因为《瑜伽论》说它是痴的一部分；由于使知见不正，称为不正知。

第三种观点［即正确的观点］认为，不正知是慧的一部分和痴的一部分，理由如前两段文字相互补充地所说的那样。此外，各种论中又说这不正知普遍存在于污染的心中。

【评析】

此处论述第六、七、八种大随烦恼：失念、散乱和不正知。失念也称忘念，指记忆模糊或丧失。不正知指认识错误。二者都不是实法，前者依据念与痴而假立，后者依据慧与痴而假立。散乱是指心思浮动，不能专注。散乱与掉举有相似之处，但也有区别。掉举是在某对象上心念不断地变化，如对某一问题不断地生起新的想法、新的理解；而散乱是在某一时间内认识对象在不断地变化，如由甲联想到乙、由乙联想到丙，等等。掉举、散乱与昏沉都是修禅定的重大障碍，需加以克治。

（五）建立随烦恼的依据
【原文】

"与"并"及"言，显随烦恼非唯二十，《杂事》等说贪等多种随烦恼故。[①] 随烦恼名，亦摄烦恼，是前烦恼等流性故。烦恼同类余染污法，但名随烦恼，非烦恼摄故。

唯说二十随烦恼者，谓非烦恼、唯染、粗故。此余染法，或此分位，或此等流，皆此所摄。随其类别，如理应知。

---

① 参见（唐）玄奘译《阿毗达磨法蕴足论·杂事品》，《大正藏》第26册，第494—498页。

【今译】

颂中的"与"字和"及"字，表示随烦恼不只是二十种，因为[《法蕴足论》引]《杂事经》等说有贪等多种随烦恼。要知道随烦恼的名称，也包括根本烦恼，因为随烦恼与根本烦恼具有相似性和关联性。而与根本烦恼同类的其余污染现象，只能称为随烦恼，因为它们不属根本烦恼。

这里只说二十种随烦恼，那是根据不属根本烦恼、只是污染性的、是明显的[三种性质]而说的。不属这二十种随烦恼的其余的污染现象，有的是这些随烦恼的不同形态，有的是这些随烦恼的同类，都属随烦恼的范畴。根据其类别，可按理推知。

【评析】

此处解释建立随烦恼的依据。若依据其他经论，则随烦恼的数量不止二十种。本论只建立二十种，是根据三条标准：一、不属根本烦恼，所以不包括六种或十种根本烦恼。二、只是污染性的，所以排除了邪欲、邪胜解，因为邪欲、邪胜解的主体是别境心所的欲、胜解，通三性，不只是染污性。也排除了四种不定心所，因为不定心所也是通三性的。三、是粗动而生起的，所以不包括趣向、前行等。《略纂》说："趣向、前行，谓受利养、他请等时，若在前而行也。"[1] 趣向、前行等虽也是"随"，但活动状态细微。

---

[1]（唐）窥基《瑜伽师地论略纂》卷第十六，《大正藏》第43册，第220页。

（六）随烦恼的各种性质

【原文】

如是二十随烦恼中，小十、大三，定是假有；无惭、无愧、不信、懈怠，定是实有，教理成故。掉举、昏沉、散乱三种，有义是假，有义是实，所引理教，如前应知。

二十皆通俱生、分别，随二烦恼势力起故。

此二十中，小十展转定不俱起，互相违故；行相粗猛，各为主故。中二一切不善心俱，随应皆得小大俱起。论说大八，遍诸染心，展转小中，皆容俱起。[1]有处说六遍染心者，昏、掉增时不俱起故。有处但说五遍染者，以昏、掉等违唯善故。

【今译】

［随烦恼有如下性质需加以分辨。一、假实性。］这二十种随烦恼中，小随烦恼十种、大随烦恼［放逸、失念、不正知］三种，必定是［没有实体的］假有；无惭、无愧、不信、懈怠，必定是［具有实体的］实有，因为无论是依据佛典还是依据正理，它们都能成立。掉举、昏沉、散乱三种，有种观点认为是假有，有种观点认为是实有，后者［即正确的观点］所引用的正理和佛典，如前所说。

［二、属俱生烦恼或分别烦恼。］二十种随烦恼都是既有俱生烦恼

---

[1] 参见（唐）玄奘译《瑜伽师地论》卷第五十八，《大正藏》第30册，第622页。

又有分别烦恼，随两种烦恼的势力而生起。

[三、相互相应性。] 这二十种随烦恼中，十种小随烦恼互相之间必定不能共同生起，因为它们互不相容；因为它们的现行活动作用明显且强烈，各自为主。两种中随烦恼能与一切不善心共同生起，二者相互相应且都能与小随烦恼和大随烦恼共同生起。《瑜伽论》说八种大随烦恼，普遍存在于各种污染心中，与小随烦恼和中随烦恼相互之间都能共同生起。有的地方说 [八种大随烦恼中] 只有六种普遍存在于污染心中，因为昏沉和掉举严重时，二者不能共同生起，[所以二者不能普遍存在于污染心中。] 有的地方说只有 [昏沉、掉举、不信、懈怠、放逸] 五种普遍存在于污染心中，因为这昏沉、掉举等五种只是与纯善性的心和心所不能相容。

【评析】

此处以下论述二十种随烦恼的各种性质，首先论述前三种性质。

一、假实：十种小随烦恼与放逸、失念、不正知三种大随烦恼是假，其余随烦恼是实。

二、俱生分别：二十种随烦恼都是既有俱生烦恼又有分别烦恼。

三、自类相应：小随烦恼不能共同生起，中随烦恼和大随烦恼都能各自与其他一切随烦恼共同生起。其中，属大随烦恼的昏沉和掉举，二者各有主体，虽然二者严重时不能并存，但微弱的昏沉和掉举还是能同时共存。这与没有实体的寻伺不能共存是不一样的。此外,《杂集论》认为,八大随烦恼中,只有昏沉、掉举、不信、懈怠、放逸五种普遍存在于污染心中,因为此五心所只与善法相违。而失念、不正知、散乱不是只违善法,如失念可违三性,因为念通三性。但另一方面,失念、不正知、散乱也是可以存在于污染心中的,只是因为它们不是只存在于污染心中,所以该论只说昏沉等五种普遍存在于污染心中。

【原文】

此唯染故,非第八俱。第七识中,唯有大八,取舍差别,如上应知。第六识俱,容有一切。小十粗猛,五识中无;中、大相通,五识容有。

由斯中、大,五受相应。有义:小十除三,忿等唯喜、忧、舍三受相应;谄、诳、憍三,四俱除苦。有义:忿等四俱,除乐。谄、诳、憍三,五受俱起,意有苦受前已说故。此受俱相,如烦恼说。实义如是。若随粗相,忿、恨、恼、嫉、害,忧、舍俱;覆、悭,喜、舍;余三增乐。中大随粗,亦如实义。

如是二十,与别境五,皆容俱起,不相违故。染念染慧,虽非念、慧俱,而痴分者,亦得相应故。念亦缘现曾习类境,忿亦得缘刹那过去,故忿与念亦得相应。染定起时,心亦躁扰,故乱与定,相应无失。

中二大八,十烦恼俱。小十定非见、疑俱起,此相粗动,彼审细故。忿等五法,容慢、痴俱,非贪、恚并,是瞋分故。悭、痴、慢俱,非贪、瞋并,是贪分故。憍唯痴俱,与慢解别,是贪分故。覆、诳与谄,贪、痴、慢俱,行相无违,贪、痴分故。

【今译】

[四、与诸识的相应性。]这二十种随烦恼只是污染性,所以不与[无覆无记性的]第八识共同生起。与第七识相应的只有八种大随烦恼,其取舍差别,按前文[第三章]所说,可以得知。与第六识共存的,可以有二十种随烦恼。由于十种小随烦恼活动明显,作用强烈,所以五识中没有;两种中随烦恼和八种大随烦恼可以存在于不善心和污染心中,所以,中、大随烦恼可以与五识共存。

[五、与诸受的相应性。]因此,中随烦恼和大随烦恼与五种受相应。[小随烦恼与五受的关系,有两种观点。]第一种观点认为,十种小随烦恼中,除了谄、诳、骄三种外,忿等七种只与喜受、忧受、舍受三受相应;谄、诳、骄三者,在五受中能与四种受共同生起,除了苦受。第二种观点[即正确的观点]认为,忿等七种,能与四种受共同生起,除了乐受。谄、诳、骄三者,能与五受共同生起,意识有苦受,前文已经说过。这二十种随烦恼与五受共存的状况,如同根本烦恼中所说的。实际状况就是如此。如果是根据明显的状况而言,忿、恨、恼、嫉、害五种,能与忧受和舍受共同生起;覆和悭两种,能与喜受和舍受共同生起;其余三种与前两种相比,再增加乐受。中随烦恼和大随烦恼与五受关系的明显的状况,如上文谈实际状况时所说的

那样，[即与五种受相应。]

[六、与别境心所的相应性。]这二十种随烦恼与五种别境心所，都可以共同生起，因为互相之间并非互不相容。失念[即染念]和不正知[即染慧]，虽然不与念、慧共同生起，但如果是属于痴的一部分，也可以与念、慧相应。[问："念的对象是过去，忿的对象是现在，二者为何能相应？"]念也可以缘与过去曾熟悉习惯的对象类似的现在的对象，忿的对象也可以是刚过去的一刹那，所以念与忿也可以相应。[问："定专注一境，散乱缘多境，定与散乱为何能相应？"]污染的定生起时，心中也是躁乱纷扰，所以，[就躁乱纷扰而言，]散乱与定相应，并无过失。

[七、与根本烦恼的相应性。]两种中随烦恼和八种大随烦恼，能与十种根本烦恼共同生起。十种小随烦恼必定不能与恶见、疑共同生起，因为小随烦恼的性状明显，而恶见和疑的性状细微。忿、恨、恼、嫉、害五种，可以与慢、痴共同生起，但不与贪、嗔共同生起，因为它们是嗔的一部分。悭能与痴和慢共同生起，但不与贪、嗔共同生起，因为悭是贪的一部分。骄只与痴共同生起，骄与慢的作用不同，因为骄是贪的一部分。覆、诳、谄能与贪、痴、慢共同生起，因为它们的现行活动作用没有冲突，此三者属于贪的一部分和痴的一部分。

【评析】

此处论述随烦恼的第四至第七种性质。

四、与诸识相应。第八识没有任何随烦恼，第七识有八种大随烦恼，第六识与一切随烦恼相应，前五识有中随烦恼和大随烦恼。

五、与五受相应。中随烦恼和大随烦恼与五受都相应。小随烦恼中，谄、诳、骄能与五受共同生起，其余七种与除乐受外的四受相应。

六、与别境心所相应。随烦恼都能与五别境心所相应。其中，关于失念与念的相应问题，失念是以痴、念为体，所以，与念相应的是以痴为体的那一部分失念，而不是以念为体的那一部分失念。关于不正知与慧的关系也是如此，与慧相应的是以痴为体的那一部分不正知。

七、与根本烦恼相应。中随烦恼与大随烦恼，能与十种根本烦恼相应。小随烦恼与根本烦恼的相应，情况比较复杂，详见论中所述。其中，关于骄与慢的关系，此处文中说"与慢别解"，即骄与慢的作用不同，这是指骄以自己为对象，慢也能以他人为对象。但前文曾说，"所染所恃，境可同故"，即骄与慢的对象可相同。而此处是就小随烦恼的粗相，说二者的对象不同，故作用不同。

【原文】

小七中二，唯不善摄。小三大八，亦通无记。

小七中二，唯欲界摄。诳、谄、欲、色。余通三界。

生在下地，容起上十一，耽定，于他起憍、诳、谄故。

若生上地，起下后十，邪见、爱俱容起彼故。小十生上无由起下，非正润生及谤灭故。

中二大八,下亦缘上,上缘贪等相应起故。有义:小十下不缘上,行相粗近,不远取故。有义:嫉等亦得缘上,于胜地法生嫉等故。

大八、诳、谄,上亦缘下,下缘慢等相应起故,梵于释子起诳、谄故。憍不缘下,非所恃故。

二十皆非学、无学摄,此但是染,彼唯净故。

后十唯通见、修所断,与二烦恼相应起故。见所断者,随迷谛相,或总或别烦恼俱生,故随所应,皆通四部[1];迷谛亲疏等,皆如烦恼说。

前十,有义:唯修所断,缘粗事境,任运生故。有义:亦通见、修所断,依二烦恼势力起故,缘他见等生忿等故。

见所断者,随所应缘总别惑力,皆通四部。此中有义:忿等但缘迷谛惑生,非亲迷谛,行相粗浅,不深取故。有义:嫉等亦亲迷谛,于灭、道等生嫉等故。

然忿等十但缘有事[2],要托本质方得生故。

缘有漏等,准上应知。

【简注】

[1] 四部:即四谛。指见道位所断四部,即见苦谛所断部、见集谛所断部、见灭谛所断部、见道谛所断部。

[2] 然忿等十但缘有事:此处"缘有事"与"缘无事",与根本烦恼相同,即我见(以及与我见同起的心、心所)称缘无事。而忿等小随烦恼不与我见同起,所以是缘有事。

【今译】

[八、伦理属性。]十种小随烦恼中[除了诳、谄、骄，其余]的七种和两种中随烦恼，只属于不善性。诳、谄、骄和八种大随烦恼，除了不善性，也可以是无记性。

[九、界地系属性。]十种小随烦恼中[除了诳、谄、骄，其余]的七种和两种中随烦恼，只系属于欲界。诳和谄系属于欲界和色界。骄和八种大随烦恼可以存在于三界。

生在[三界九地中的下界]下地，可以生起上地的[八种大随烦恼和骄、诳、谄]十一种随烦恼，因为[得上界定并]沉溺于定中可生起骄，并对此欲界他人生起诳[骗他人]、谄[媚他人使其听从自己]。

如果是生在上地，可以生起下地的[两种中随烦恼和八种大随烦恼共]十种随烦恼，因为[中有的]邪见可起两种中随烦恼，[润生的]贪爱可起八种大随烦恼。至于十种小随烦恼[中的诳、谄、骄]，则处在上地就没有理由生起下地[的小随烦恼]，因为[下地的小随烦恼只是不善性，而上地生下时润生的无记性的贪爱和中有中的邪见都不与不善性的小随烦恼相应，所以小随烦恼]不起润生作用，也不会毁谤灭谛，[所以上地不会生起下地的小随烦恼。]

两种中随烦恼和八种大随烦恼，下地也可缘上地而生起，因为能缘上地的贪等，与它们相应而生起。[关于小随烦恼，有两种观点。]第一种观点认为，十种小随烦恼，下地的不能缘上地而生起，因为现行活动作用明显，只能就近作用，不能相隔遥远产生作用。第二种观点认为，[下地的]嫉等小随烦恼也可缘上地而生起，因为可以对上地的殊胜现象生起嫉妒等心理。

八种大随烦恼和谄、诳，上地也可缘下地而生起，因为可以与缘下地众生而起的慢等相应而生起，如梵天对佛的弟子会有谄、诳。骄则在上地不会缘下地，因为下地现象不是上地众生自恃的对象。

[十、学位属性。] 二十种随烦恼都不属有学位或无学位，因为随烦恼只是污染的，而有学位或无学位只是清净的。

[十一、所断位属性。] 两种中随烦恼和八种大随烦恼只属见道位所断或修道位所断，[不是非所断，] 因为它们是与俱生根本烦恼和分别根本烦恼相应而生起的。属于见道位所断的随烦恼，是伴随着或总体或部分不明四谛的根本烦恼而共同生起，所以它们与所伴随的根本烦恼相应，都通见道位四部所断；其对四谛不明的直接或间接的关系，都如同在根本烦恼中所说的那样。

至于前十种小随烦恼，[有两种观点。] 第一种观点认为，小随烦恼只属修道位所断，因为它们是缘明显的对象而自然地生起。第二种观点 [即正确的观点] 认为，小随烦恼也通见道位所断和修道位所断，因为它们是依赖俱生或分别烦恼的力量而生起的，因为人们能根据他人的恶见而生起忿等烦恼，[所以也是见道位所断。]

见道位所断的小随烦恼，根据与其相应的、缘或总体或部分的根本烦恼的力量，也都通见道位四部所断。这里 [关于它们是间接地还是直接地不明四谛，有两种观点，] 第一种观点认为，忿等小随烦恼只是缘不明四谛的根本烦恼而间接地生起，不是直接地不明四谛，因为小随烦恼的现行活动作用明显，局限于表面，不能深入地认取事物。第二种观点 [即正确的观点] 认为，嫉等随烦恼也是直接地不明四谛，如对灭谛和道谛等生起嫉妒等烦恼。

[十二、所缘对象。]忿等十种小随烦恼，只缘有事，[即与我见同起的烦恼，是缘无事，因为我见的本质，即实我不存在；]忿等小随烦恼[不与我见同起，即不缘实我而起，而是]要依托本质[即实法]方得生起。[中、大随烦恼则既能缘有事也能缘无事，因为它们能与我见同起。]

二十种随烦恼缘有漏或无漏事物的情况，参照上文，可以知道。

【评析】

此处论述随烦恼的其余性质。

八、伦理属性。八种大随烦恼与小随烦恼中的诳、谄、骄三种，可以是不善也可以是有覆无记性；其余小随烦恼及两种中随烦恼只是不善。

九、界地系属。除诳、谄、骄外的其余七种小随烦恼和两种中随烦恼，只存在于欲界。诳和谄系属欲界和色界。骄和八种大随烦恼可存在于三界。此外，与根本烦恼一样，随烦恼也有下地起上地烦恼、上地起下地烦恼、下地烦恼缘上地、上地烦恼缘下地等四种关系。

十、学位属性。二十种随烦恼都属非学非无学。

十一、所断位属性。二十种随烦恼都既是见道位所断也是修道位所断。

十二、所缘对象。小随烦恼只缘有事，中随烦恼和大随烦恼既能缘有事也能缘无事。此外，二十种随烦恼的亲所缘缘虽都是有漏,但其依托的本质可以是有漏也可以是无漏。

七、不定心所

(一) 不定心所的种类和名称

【原文】

已说二十随烦恼相,不定有四,其相云何?颂曰:

"不定谓悔眠,寻伺二各二。"

论曰:悔、眠、寻、伺,于善、染等皆不定故,非如触等定遍心故,非如欲等定遍地故,立不定名。

【今译】

已经说了二十种随烦恼心所的性状,不定心所有四种,它们的性状如何呢?颂云:

"不定心所指悔、眠与寻、伺,二类各二种。"

论云:悔、眠、寻、伺四者,因为它们的性质属于善还是污染还是无记都不确定,也因为它们不像触等遍行心所那样必定普遍存在于八识心中,又不像欲等别境心所那样必定普遍存在于有寻有伺等三地中,所以建立不定心所的名称。

【评析】

此处以下论述四种不定心所。所谓"不定",是指这些心所对识、界、性来说,都不定。首先,这四种心所,不像遍行心所那样必定普遍与八识相应,而是只与第六识相应。其次,这四种心所，不像别境心所那样必定存在于三界九地（严格说是有寻有伺等三地），悔与眠只在欲界；寻存在于欲界和色界初禅；伺可存在于欲界与色界初禅，以及初禅与二禅之间的中间定。最后，这四种心所不像善恶心所那样善恶性质确定，它们通三性。

（二）释悔和眠
【原文】

　　悔谓恶作，恶所作业，追悔为性；障止为业。此即于果假立因名，先恶所作业，后方追悔故。悔先不作，亦恶作摄。如追悔言：我先不作如是事业，是我恶作。

　　眠谓睡眠，令身不自在，昧略为性；障观为业。谓睡眠位，身不自在，心极暗劣，一门转故。昧简在定，略别寤时，令显睡眠非无体用。有无心位，假立此名，如余盖缠[1]，心相应故。

　　有义：此二唯痴为体，说随烦恼及痴分故。①

　　有义：不然，亦通善故。应说此二，染痴为体，净即无痴。论依染分，说随烦恼及痴分摄。

　　有义：此说亦不应理，无记非痴、无痴性故。应说恶作，思、慧为体，明了思择所作业故；睡眠合用思、想为体，思想种种梦境相故。论俱说为世俗有故。彼染污者，

---

① 参见（唐）玄奘译《瑜伽师地论》卷第五十五，《大正藏》第30册，第604页。

是痴等流，如不信等说为痴分。

有义：彼说理亦不然，非思、慧、想缠彼性故。应说此二各别有体，与余心所行相别故。随痴相说，名世俗有。

【简注】

[1] 盖缠："盖"指能覆盖和障碍定与慧的因素。"缠"指能束缚众生，使他们不得解脱的因素。

【今译】

悔也称恶作，厌恶所做的事而追悔，是其自性；障碍止心入定，是其作用。悔心所是在果上假立因的名称，即先厌恶所做的事，后来才生起追悔。后悔先前不做某事，也属恶作。如追悔地说："我先前不做这件事，这是我后悔没做的。"

眠即睡眠，使身体不能自由活动，使心昏昧、作用微弱，是其自性；障碍观，是其作用。即在睡眠的状态中，身体不能自由活动，心极其昏暗、作用低劣，只有第六意识能活动。心昏昧区别于在定中[的清明]，作用微弱区别于醒时[五识都能活动]，二者表示睡眠并非没有其主体和作用。虽然也有论中对[无心睡眠之]无心位，假立这眠的名称，然而睡眠就像其余的"盖"和"缠"一样，[并非就是无心，而是]与心相应的心所。

[关于悔、眠的主体，有四种观点。]第一种观点认为，悔、眠二者只以痴为主体，因为《瑜伽论》说它们是随烦恼，属痴的一部分。

第二种观点认为，［上述说法］不对，［二者的主体］也可以属于善性的。应该说悔、眠，如果是污染的，是以痴为主体，清净的以无痴为主体。《瑜伽论》是根据污染的部分，说它们是随烦恼，属痴的一部分。

第三种观点认为，上述说法也不合理，因为［二者也可以属于无记性的，而］无记性的二者既不是以痴为主体也不是以无痴为主体。应该说恶作是以思的一部分和慧的一部分为主体，因为恶作是清晰地思考和判断所做过的事；睡眠是合用思的一部分和想的一部分为主体，因为睡眠能思索和构想种种梦境的情况。所以《瑜伽论》将它们都说成是［没有实体的］世俗有。二者的污染部分是痴的同类，就像将不信等说成是痴的一部分一样。

第四种观点［即正确的观点］认为，上述说法在道理上也不对，并非思与慧的一部分以及思与想的一部分具有烦恼的性质，是二者的自性［即主体］。应该说这二者各自另有实体，因为［二者的活动状态］与其余心所的活动状态有差别。《瑜伽论》只是根据痴的状态说二者为世俗有。

【评析】

悔就是后悔，即对先前做或没做某事感到后悔。这里，人们既可以对做恶事而没做善事感到后悔，也可对做善事而没做恶事感到后悔，所以其善恶性质不定。眠指睡眠或类似睡眠的状态中的心理状况。在睡眠状态中，五识活动一般停止，第六识的活动也极为简略，身体不能自由活动，意识的活动一般也属错觉或幻觉。悔与眠属于佛教所说的"五盖""十缠"。所谓"五盖"，指五种能覆盖和障碍定与慧的因素，包括：一贪欲，二嗔恚，三昏沉、睡眠，四掉举、恶作，五疑。所谓"十缠"，指十种能束缚众生，使他们不得解脱的因素，包括：一无惭，二无愧，三睡眠，四昏沉，五掉举，六恶作，七嫉妒，八悭吝，九忿，十覆。"五盖""十缠"都是佛教修行要克治的对象。悔和眠都是实法，本论对认为它们是假法的观点作了详尽的讨论和破斥。

（三）释寻伺

【原文】

寻谓寻求，令心匆遽，于意言境[1]，粗转为性。伺谓伺察，令心匆遽，于意言境，细转为性。此二俱以安、不安住身心分位所依为业，并用思、慧一分为体。于意言境，不深推度及深推度，义类别故。若离思、慧，寻伺二种体类差别，不可得故。

【简注】

[1] 意言境：指由意识所认取的名言境，通一切法，据《述记》《义演》，甚至包括涅槃等。

【今译】

寻就是寻求，它使心频繁地活动，在意识所认取的名言境［即名言一切法］上，［使心的活动］明显地生起，是其自性。伺就是仔细观察，它使心频繁地活动，在意识所认取的名言境上，［使心的活动］细微地生起，是其自性。二者都以成为身心安住或不安住状态的所依为其作用；二者都合用思的一部分和慧的一部分为主体。对意识所认取的名言境，不作深入的推断和测度［是寻］，作深入的推断和测度［是伺］，这是二者含义的差别。如果离开了思和慧，寻和伺两种主体［和作用］的类型差别就不存在了。

【评析】

此处论述寻、伺心所。关于寻、伺，本论指出，"寻谓寻求"，"伺谓伺察"。二心所的差别，按本论的说法是：寻属"不深推度"，而伺属"深推度"。此处，"寻求"与"伺察"都是观察、思索的意思，而"推度"则是推断、推理的意思。所以，此二心所的功能是判断、推理。此外，此二心所都只是与第六意识相应，所以实际上是与第六识共同形成了判断、推理等思维活动。而二心所的区别，如上所述，"寻"心所只是作浅层次的粗略的判断和推理，而"伺"心所作深层次的细微的判断和推理。

虽然寻伺心所与慧心所都具有判断推理功能，但进而探讨寻伺心所与慧心所的关系，则可知道判断推理主要是慧心所的功能。《瑜伽论》指出："当知寻伺，慧、思为性。"[①] 即寻伺心

---

① (唐) 玄奘译《瑜伽师地论》卷第五十八，《大正藏》第30册，第623页。

所是以慧心所与思心所为主体。本论也说：寻伺"并用思、慧一分为体"。《述记》进一步阐释："不深推度是寻，深推度是伺……又不深推度名思，深名惠者，此有二义：一者谓思全不推度，名不深推度……《对法论》言不推度故。二云思虽不如惠有深推度，亦浅推度故。"① 由此可见，思心所虽然某种意义上也可说具有"推度"（即判断推理）功能，但主要功能不是"推度"。能进行"推度"尤其是"深推度"的是慧心所。

此外，寻伺"并用思、慧一分为体"，窥基在《大乘百法明门论解》中解释："若令心安，即是思分；令心不安，即是慧分。盖思者徐而细故；慧则急而粗故。是知令安则用思无慧，不安则用慧无思。若通照大师释有兼正，若正用思，则急慧随思能令心安；若正用慧，则徐思随慧亦令不安。是其并用也。"②

（四）释"二各二"

【原文】

"二各二"者，有义：寻、伺各有染净二类差别。

有义：此释不应正理，悔、眠亦有染净二故。应说如前诸染心所，有是烦恼、随烦恼性，此二各有不善、无记，或复各有缠及随眠。

---

① （唐）窥基《成唯识论述记》卷第七，《大正藏》第43册，第468页。
② （唐）窥基注解，（明）普泰增修《大乘百法明门论解》卷下，《大正藏》第44册，第50页。

有义： 彼释亦不应理，不定四后，有此言故。应言二者，显二种二。一谓悔、眠，二谓寻、伺。此二二种，种类各别，故一二言显二二种。此各有二，谓染、不染；非如善、染，各唯一故。或唯简染，故说此言。有亦说为随烦恼故，为显不定义，说二各二言。故置此言，深为有用。

【今译】

关于颂中的"二各二"的说法，〔有三种观点。〕第一种观点认为，寻和伺各有污染性的和清净性的两类差别。

第二种观点认为，这一解释不符合正理，因为悔和眠也有污染性的和清净性的两类差别。应该说〔"二各二"中前一个"二"，指〕前面所说的各种污染心所〔如贪等、忿等〕，有的是根本烦恼性质，有的是随烦恼性质；〔后一个"二"，指以寻、伺为一类，以悔、眠为一类，〕这两类各有不善性和无记性，或者说各有现行的烦恼及其种子。

第三种观点〔即正确的观点〕认为，上述解释也不合理，因为颂中是在说了不定的四种心所后，再说"二各二"，〔所以"二各二"中前一个"二"，不应是说根本烦恼和随烦恼两类。〕应该说这里的"二"，是表示有两种"二"。一是悔与眠，二是寻与伺。这两个两种中，〔悔与眠不同，寻与伺不同，所以〕每一种内的两个心所类型各不相同，所以"二各二"的第一个"二"字，表示有两个两种。这不定心所的每一心所又各有两种性质，即污染性的和不染性的；不像善心所和污染的心所，每一心所都只有一种性质。或者说，只是为了区别于污染的［心所只有烦恼性，而不定心所可有三种性］，所以有这种说法。由于有的地方也说［这不定心所］是随烦恼，为了表示"不定"的意思，所以说"二各二"。因此，放上这句话，是十分有用的。

【评析】

此处解释颂中的"二各二"。此句有两层含义：一是表示四心所分两类，每类中又有两个。二是表示每一心所都有污染性与不污染性两种性质。

（五）不定心所的性质
【原文】

四中，寻、伺定是假有，思、慧合成，圣所说故。悔、眠，有义：亦是假有，《瑜伽》说为世俗有故。有义：此二是实物有，唯后二种说假有故。世俗有言，随他相说，非显前二定是假有。又如内种，体虽是实，而论亦说世俗有故。

四中，寻、伺定不相应，体类是同，粗细异故。依于寻、伺有染离染，立三地别，不依彼种现起有无，故无杂乱。俱与前二容互相应。前二亦有互相应义。

四皆不与第七、八俱，义如前说。悔、眠唯与第六识俱，非五法故。

有义：寻、伺亦五识俱，论说五识有寻、伺故；又说寻、伺即七分别[1]，谓有相等；《杂集》复言任运分别谓五识故。①

有义：寻、伺唯意识俱，论说寻求、伺察等法，皆是意识不共法故；又说寻、伺忧、喜相应，曾不说与苦、乐俱故。舍受遍故，可不待说，何缘不说与苦、乐俱？虽初静虑有意地乐，而不离喜，总说喜名。虽纯苦处，有意地苦，而似忧故，总说为忧。又说寻、伺以名身等义为所缘，非五识身以名身等义为境故。

然说五识有寻、伺者，显多由彼起，非说彼相应。《杂集》所言任运分别谓五识者，彼与《瑜伽》所说分别，义各有异。彼说任运即是五识，《瑜伽》说此是五识俱分别意识相应寻、伺。②故彼所引，为证不成。由此五识，定无寻、伺。

【简注】

[1] 七分别：一有相分别，二无相分别，三任运分别，四寻求分别，五伺察分别，六染污分别，七不染污分别。

【今译】

[不定心所有如下性质需加以分辨。一、假实性。]四种不定心所

---

① 参见（唐）玄奘译《大乘阿毗达磨杂集论》卷第二，《大正藏》第31册，第703页。
② 参见（唐）玄奘译《瑜伽师地论》卷第二，《大正藏》第30册，第279页。

中，寻和伺必定是［没有实体］的假有，因为它们是思和慧合成的，这是佛典中说的。关于悔和眠，［有两种观点。］第一种观点认为，二者也是假有，因为《瑜伽论》说它们是世俗有。第二种观点［即正确的观点］认为，这二者是具有实体的存在，只有寻、伺可以说是假有。悔和眠是世俗有的说法，是根据其他性状说的，并非表示这二者必定是假有。又如内种，主体虽是实际存在，但论中也说它们是世俗有。

［二、相互相应性。］四种不定心所中，寻和伺相互之间必定不能相应，［不能共同生起，］因为二者主体的类型是相同的，只是有明显和细微的差别。［问："如果寻和伺不能共同生起，为什么有'有寻有伺地'的说法？"这是］根据寻和伺是有染还是离染，而建立有寻有伺地、无寻有伺地、无寻无伺地，不是根据二者是否［随识］种现行生起而建立三地，所以这里并不存在混淆杂乱的错误。寻、伺都能与悔、眠相互相应。悔、眠也有相互相应的关系。

［三、与诸识的相应性。］四种不定心所都不与第七识和第八识共存，理由如前所说。悔和眠只与第六识共存，不与五识共存。

［关于寻、伺与六识的关系，有两种观点。］第一种观点认为，寻、伺［除与第六识共存外，］也与五识共存，因为《瑜伽论》中说五识有寻、伺；又说寻、伺就是七种分别，即包括有相分别［和任运分别］等的七种分别；《杂集论》也说任运分别就是五识，［所以五识有寻、伺。］

第二种观点［即正确的观点］认为，寻、伺只与意识共存，因为《瑜伽论》说寻求、伺察等，都是意识的不共法；又说寻、伺与忧受和喜受相应，从不曾说二者与苦受和乐受共存，〔所以二者不与五识共存。〕〔对方责难："不能因为论中没有说过就不能共存，论中也没有说到舍受啊。"〕舍受是普遍存在的，可以不需说，〔如果寻、伺能与苦受、乐受共存，〕那是什么缘故论中不说它们与苦受、乐受共存呢？〔对方责难："前文说意识有苦受和乐受，既然寻、伺与意识相应，为什么寻、伺不与苦受和乐受共存？"〕虽然初禅有意识的乐受，但不离喜受，所以总称为喜受。虽然纯受苦处有意识的苦受，但与忧受相似，所以总称为忧受。〔所以，说寻、伺与意识相应并无过错。〕此外，寻、伺是以名称等为认识对象，而五识并不以名称等为认识对象，〔所以二者不与五识共存。〕

然而，《瑜伽论》说五识有寻、伺，表示寻、伺大多由五识引起，并不是说它们与五识相应。而《杂集论》所谓"任运分别谓五识"，该论与《瑜伽论》所说的"分别"，含义各不相同。该论说的是"自然生起的分别就是五识"，《瑜伽论》说的是"自然生起的分别是与五识共同生起的分别意识所相应的寻和伺"。所以，他们所引的文字，要作为证据是不能成立的。因此，五识必定没有寻和伺。

【评析】

此处以下论述不定心所的各种性质，首先论述第一至第三种性质。一、假实性。悔、眠属实，寻、伺属假。二、自类相应。寻、伺不能共同生起，悔、眠能共同生起，寻、伺与悔、眠也能共同生起。三、与诸识相应。悔、眠只与第六识相应。

关于寻、伺，小乘认为寻、伺也与五识相应；但唯识学认为寻、伺不与五识相应，只与第六识相应。

论中说："依于寻、伺有染离染，立三地别，不依彼种现起有无，故无杂乱。"这里有两个问题需澄清。

一是"依于寻、伺有染离染，立三地别"，即对有寻有伺地、无寻唯伺地、无寻无伺地三地的划分，是依有寻伺染还是离寻伺染而划分。《瑜伽论》也持这个观点。① 但《瑜伽师地论释》对此问题讨论了三种观点，其中第二种观点就是依有染（有欲）还是离染（离欲），该论认为这不是正确观点，正确观点还是应该依界地划分，② 即欲界和初禅是有寻有伺地，中间定是无寻有伺地，二禅及二禅以上是无寻无伺地。窥基的《略纂》也认为正确的观点是三地应依界地立。③ 但如何看待《瑜伽论》和本论依有染离染划分三界？《瑜伽论记》认为，欲分两种：一是烦恼欲；二是自性欲，也就是诸地厌下欣上之欲。《瑜伽师地论释》批的是依有无烦恼欲立三地，而《瑜伽论》和本论是依有无自性欲立三地，所以没有问题。④

二是"不依彼种现起有无"，寻伺是假法，没有种子，这里为何说种子？《瑜伽论记》说："十明上地得起下地寻伺言。

---

① 参见（唐）玄奘译《瑜伽师地论》卷第四，《大正藏》第30册，第294页。
② 参见（唐）玄奘译《瑜伽师地论释》卷第一，《大正藏》第30册，第886页。
③ 参见（唐）窥基《瑜伽师地论略纂》卷第二，《大正藏》第43册，第24页。
④ 参见（唐）遁伦《瑜伽论记》卷第二，《大正藏》第42册，第336页。

答：由有寻伺诸识种子随逐无寻伺定，故出定已现前者。"① 所以，此处说的种子，不是寻伺的种子，而是具有寻伺的诸识种子。

【原文】

　　有义：恶作忧、舍相应，唯戚行转，通无记故。睡眠喜、忧、舍受俱起，行通欢、戚、中庸转故。寻、伺，忧、喜、舍、乐相应，初静虑中意乐俱故。有义：此四亦苦受俱，纯苦趣中意苦俱故。

　　四皆容与五别境俱，行相、所缘不相违故。

　　悔、眠但与十善容俱，此唯在欲，无轻安故。寻、伺容与十一善俱，初静虑中，轻安俱故。

　　悔但容与无明相应，此行相粗，贪等细故。睡眠、寻、伺，十烦恼俱，此彼展转不相违故。

　　悔与中、大随惑容俱，非忿等十，各为主故。睡眠、寻、伺，二十容俱，眠等位中，皆起彼故。

　　此四皆通善等三性，于无记业，亦追悔故。

　　有义：初二唯生得善[1]，行相粗鄙及昧略故。后二亦通加行善[2]摄，闻所成等，有寻、伺故。有义：初二亦加行善，闻思位中有悔、眠故。

　　后三皆通染、净无记。恶作非染，解粗猛故。四无

---

① （唐）遁伦《瑜伽论记》卷第十五，《大正藏》第42册，第675页。

记[3]中，悔唯中二，行相粗猛，非定果故。眠除第四，非定引生，异熟生心亦得眠故。寻、伺除初，彼解微劣，不能寻察名等义故。

【简注】

［1］生得善：即与生俱来的善。
［2］加行善：即通过修行获得的善。
［3］四无记：一是异熟无记，二是威仪路无记，三是工巧无记，四是变化无记。

【今译】

　　[四、与诸受的相应性。此问题上有两种观点。] 第一种观点认为，恶作与忧受和舍受相应，因为恶作只是以忧戚的状态生起，但也能以无记性的状态生起。睡眠时喜受、忧受、舍受都能生起，因为睡眠的状态可以是欢乐的、忧戚的、不忧不乐的。寻和伺与忧受、喜受、舍受、乐受相应，[至于能与乐受相应，这是] 因为在初禅中，它们可以与意识的乐受共存。第二种观点 [即正确的观点] 认为，[上述说法基本正确，只是还需补充一点，] 这四种不定心所也都与苦受共存，因为在纯受苦的恶道中，它们可以与意识的苦受共存。

　　[五、与别境心所的相应性。] 四种不定心所都可以与五种别境心所共同生起，因为这两类心所的现行活动作用和认取对象并不相违。

　　[六、与善心所的相应性。] 悔和眠只能与 [除轻安外的] 十种善心所共存，因为二者只是在欲界中存在，所以没有轻安。寻、伺可以

与十一种善心所共存，因为在初禅中可以有轻安。

［七、与根本烦恼的相应性。］悔只能与［根本烦恼中的］无明［即痴心所］相应，因为悔的现行活动作用明显，而贪等［其他根本烦恼］的现行活动作用细微，［所以悔与它们不相应。］睡眠、寻、伺能与十种根本烦恼共存，因为这些不定心所与根本烦恼彼此之间并不相违。

［八、与随烦恼的相应性。］悔与中随烦恼和大随烦恼可以共存，不与忿等十种小随烦恼共存，因为小随烦恼是各自为主的。睡眠、寻、伺，可以与二十种随烦恼共存，因为在睡眠等状态中，小随烦恼都能生起。

［九、伦理属性。］这四种不定心所，都具有善、恶、无记三性，因为即使对无记性的行为，也可以追悔。

［关于这四种心所的善的性质，有两种观点。］第一种观点认为，悔、眠两种只是生得善，因为就现行活动的作用而言，［悔］明显、低劣，［眠］昏昧、简略，［所以都不属加行善。］寻、伺两种也可属加行善，因为由闻所成、思所成、修所成三位中都有寻、伺参与。第二种观点［即正确的观点］认为，悔、眠也可以属加行善，因为在闻所成位、思所成位中也有悔、眠。

眠、寻、伺三者都可以是污染的无记性［即有覆无记性］和清净的无记性［无覆无记性］。恶作不是污染的无记性，因为它的活动明显而强烈。在［清净的无记中，即在异熟无记、威仪路无记、工巧无记、变化无记］四无记中，悔只是中间两种无记，因为它的现行活动作用明显而强烈，［所以不与由业引生的异熟无记心共同生起；］不是由定引生的果，［所以也不与变化无记心共同生起。］眠则属除第四种无记之外的其余三种无记，因为它不是由定所引生的，而异熟生的［无记性的第六识］心也有眠。寻、伺则属除了第一种无记的其余三种无记，因为异熟生心的活动微弱，不能寻求和伺察名、句、文等含义。

【评析】

此处论述不定心所的第四至第九种性质。

四、与诸受相应。悔与苦、忧、舍受相应。眠与苦、忧、喜、舍四受相应。寻、伺与五受相应。

五、与别境心所相应。四不定心所与五别境心所都能相应。

六、与善心所相应。寻、伺与十一种善心所都相应，悔、眠除轻安。

七、与根本烦恼相应。悔只与痴相应，其余三种不定心所与十种根本烦恼都相应。

八、与随烦恼相应。眠、寻、伺与二十种随烦恼相应，悔除十种小随烦恼。

九、伦理属性。四不定心所都具有善、恶、无记三种性质。其中，关于不定心所的善性，四种不定心所都通生得善和加行善。善有多种分类方法，生得善和加行善属七种善范畴。所谓七种善，包括生得善、闻善、思善、修善、学善（指有学位所起之善）、无学善（指无学位所起之善）、胜义善（指涅槃）。其中的闻、思、修善即加行善。此外，关于不定心所的染无记和净无记，其中，染是指有覆无记性，净是指无覆无记性。而净无记，即无覆无记性有四种，或称四种无记心。一是异熟生心，也称异熟无记，指由业力所感的异熟生的心，即对十二处自然地加以认取的心。二是威仪路心，也称威仪路无记，即支配各种身体动作的心。三是工巧处心，也称工巧无记，即掌握各种艺术、技巧等的心。四是能变化心，也称变化无记，即能在定中变化出宫殿等各种物质现象的心。不定心所所属的无记：悔属威仪路无记和工巧无记，眠属前三种无记，寻、伺属后三种无记。

【原文】

恶作、睡眠，唯欲界有。寻、伺在欲及初静虑，余界地法皆妙静故。悔、眠生上，必不现起。寻、伺上下亦起下上，下上寻、伺能缘上下。有义：悔、眠不能缘上，行相粗近，极昧略故。有义：此二亦缘上境，有邪见者，悔修定故，梦能普缘所更事故。

悔非无学，离欲舍故。睡眠、寻、伺，皆通三种。求解脱者有为善法，皆名学故；学究竟者有为善法，皆无学故。

悔、眠唯通见、修所断，亦邪见等势力起故，非无漏道亲所引生故，亦非如忧深求解脱故。若已断故，名非所断，则无学眠，非所断摄。

寻、伺虽非真无漏道，而能引彼，从彼引生，故通见、修、非所断摄。有义：寻、伺非所断者，于五法[1]中，唯分别摄，《瑜伽》说彼是分别故。①有义：此二亦正智摄，说正思惟是无漏故，彼能令心寻求等故；又说彼是言说因故。未究竟位，于药、病等未能遍知，后得智中，为他说法，必假寻、伺，非如佛地无功用说。故此二种，亦通无漏。虽说寻、伺必是分别，而不定说唯属第三，后得正智中，亦有分别故。

余门准上，如理应思。

【简注】

[1] 五法：指相、名、分别、正智、真如。相指一切事物，名指一切事物的名称，分别指三界心和心所，正智指契合真如的智慧，真如就是一切事物的本性。

【今译】

［十、界地系属性。］悔、眠，只在欲界存在。寻、伺存在于欲界和色界初禅，［伺还存在于初禅与二禅之间的中间定，］其余各界各地的心和心所都寂静殊妙，［所以不存在寻伺心所。］生在上二界［即色界、无色界］的众生，其悔、眠心所必定不能现行生起。至于寻、伺心所，则在上地［即色界、无色界］或下地［即欲界］的众生，也能生起下地或上地的相应心所，因为下地或上地的寻、伺，能缘上地或下地的对象。［至于悔、眠的上下地关系，有两种观点。］第一种观点认为，［欲界众生的］悔、眠不能缘上地的对象，因为悔的现行活动

---

① 参见（唐）玄奘译《瑜伽师地论》卷第一，《大正藏》第30册，第280页。

作用明显，局限于近处，[不能远缘上界；]眠的现行活动作用极其昏昧简略。第二种观点[即正确的观点]认为，这两种心所也能缘上地的对象，如有邪见的人会后悔修习定，又如做梦时能梦到一切经历过的事[包括各种上界的事或定]。

[十一、学位属性。]悔不属无学位，因为[三果圣者]离了欲界后就舍弃了悔心所。睡眠、寻、伺，都通有学位、无学位、非学非无学位三位。凡是求解脱者的有为善法，都称为有学；有学最终完成者的有为善法，都称为无学。

[十二、所断位属性。]悔、眠只属见道位所断和修道位所断，[不是非所断。小乘认为悔和眠只是修所断，但大乘认为]悔和眠也可以是由邪见等力量引起，[所以也属于见道位所断。][眠]不是由无漏道直接引生的，[所以，不属非所断。][悔]不同于[二乘无学回心向大乘者的]忧，[那种忧是]深深地追求解脱，[所以悔不是非所断。]如果[无学位在一切有漏法]已经断除后，[仍有眠，这种眠]称为非所断，[但不是从求无漏或由无漏直接引生而说眠是非所断，只是从无学位仍有眠而说，]所以，无学位中的眠，属于非所断。

寻、伺虽然不是真正的无漏道，但能引生无漏道，也能被无漏道引生，所以，它们可以属见道位所断，可以属修道位所断，可以属非所断。[关于非所断寻、伺的属性，有两种观点。]第一种观点认为，非所断的寻、伺，在[名、相、分别、正智、真如]五法中，只属[第三]分别，因为《瑜伽论》说它是分别。第二种观点[即正确的观点]认为，寻、伺也可属[第四]正智，因为[《显扬论》]说正思维是无漏，正思维能使心生起寻求等活动；又说正思维是言说因。又因为还未到究竟位时，对于众生的病和对治的药还未能完全知道，在后得智中，为他人说法，必须借助寻、伺，还不能像在佛地那样无功用而说法。所以，寻、伺也可以是无漏的。虽说寻、伺必定是分别，但不是说它们必定只属于第三［有漏的思辨分别］，因为后得正智中，也有［无漏的智慧］分别。

其余的性质，与前文所说相仿，可按理思索。

【评析】

此处论述不定心所的其余性质。

十、界地系属。悔、眠只是欲界存在；寻、伺存在于欲界和色界的初禅（伺还可存在于初禅至二禅的中间定）。此外，四心所也有上地下地相起与相缘的各种情况。

十一、学位属性。悔只属有学和非学非无学，其中，有学只指初果与二果，三果就没有悔。眠、寻、伺通有学、无学及非学非无学。

十二、所断位。悔、眠只属见道位所断和修道位所断，不是非所断。但无学位的眠是非所断。寻、伺可以是三种所断。此外，寻、伺可以属有漏的分别，也可以属无漏的正智。

八、六类心所与心非即非离

【原文】

"如是六位诸心所法，为离心体有别自性，为即是心分位差别？"

设尔何失。二俱有过。若离心体有别自性，如何圣教说唯有识？又如何说心远独行？染净由心？士夫六界？《庄严论》说，复云何通？如彼颂言："许心似二现，如是似贪等；或似于信等，无别染善法。"①

若即是心分位差别，如何圣教说心相应？他性相应，非自性故。又如何说心与心所俱时而起，如日与光。《瑜伽论》说，复云何通？彼说心所，非即心故。如彼颂言："五种性不成，分位差过失，因缘无别故，与圣教相违。"②

应说离心有别自性，以心胜故，说唯识等。心所依心势力生故，说似彼现，非彼即心。又识心言，亦摄心所，恒相应故。唯识等言，及现似彼，皆无有失。此依世俗，若依胜义，心所与心，非离非即。诸识相望，应知亦然。是谓大乘真俗妙理。

【今译】

[问：]"这样的六类各种心所，到底是脱离心的主体另有自体，还是就是心的不同状态？"

---

① 参见（唐）波罗颇蜜多罗译《大乘庄严经论》卷第五，《大正藏》第31册，第613页。又《成唯识论演秘》卷第六云："《论》'《庄严论》许心似二现'等者，按隋所译论第五云：能取及所取，此二唯心光。贪光及信光，二光无二法……准此，疏云能取、所取名似二现，文理相顺。"《大正藏》第43册，第929页）

② 参见（唐）玄奘译《瑜伽师地论》卷第五十六，《大正藏》第30册，第609页。

即使同时承认这两个答案又有什么过失？但应该说这里的两种说法都有过失。如果脱离心的主体，心所另有自体，怎么佛典中说只存在识？又怎么说只有心能远行、独行？又怎么说污染和清净都由心？又怎么说只存在众生的地、水、火、风、空、识六界，〔而不说存在心所？〕此外，《庄严论》的说法又怎么说得通？如该论的颂云："承认心能以似乎实在的善、污染二类法显现，这就是似乎实在的贪等污染法，或是似乎实在的信等善法，除此之外就没有别的污染法或善法了。"

如果心所就是心的不同状态，那怎么佛典中说心所与心相应？因为只有不同的主体，才能说相应，不能说自己与自己相应。又怎么说心和心所同时生起，如日与日光？此外，《瑜伽论》的说法，又怎么说得通？该论说心所并不就是心。如该论的颂云："〔如果说心所就是心，〕那么五蕴就不能成立，〔因为这样的话，受、想、行三蕴就是识蕴了。〕说心所是心的不同状态也有过失，因为那样的话，因缘的差别就不存在了，这就与佛典相违背。"

应该说心所脱离心另有自体，因为心的作用突出，〔所以佛典中只〕说唯识等。心所是依托心的力量而生起的，〔所以《庄严论》〕说有似乎实在的污染法或善法出现，并不是说那些污染法或善法就是心。此外，凡是说到识心，也必定包括心所，因为心所与心永远相应。所以，说唯识等，或者说现起似乎实在的心所，都没有过失。这是依照世俗的说法，〔说心所另有自体，〕如果是依照胜义的说法，那么，心所与心，并非脱离心而有自体，也并非就是心。八识相互之间，要知道也是〔非离非即〕。这就是大乘的真俗妙理。

【评析】

　　此处讨论心所与心是一是异的问题。本论指出，简单地说心所与心是一或是异都不能被认为是正确的。应该说，心所确实在发挥一些独特的作用，所以应该承认它们有独立的主体。但这是依据世俗谛而说的，不是依据胜义谛而说的。唯识学将世俗谛与胜义谛都分为四种。若依据第二世俗谛来说，心所有独立主体，因为五蕴中，受蕴、想蕴、行蕴不同于识蕴。但若依据第二胜义谛来说，则因与果不即不离，心王为因，心所为果（即心所由第八识中的自种而生起），所以不即不离。若依据第三胜义谛来说，八识本身也是不即不离，何况心所。而若依据第四胜义谛来说，一切语言和思维都已绝迹，哪里还有什么即离？

第三节　六识的现行活动状态

一、六识的共同依托对象

【原文】

　　已说六识心所相应，云何应知现起分位？颂曰：
　　"依止根本识，五识随缘现，
　　或俱或不俱，如涛波依水。
　　意识常现起，除生无想天，

及无心二定，睡眠与闷绝。"

论曰：根本识者，阿陀那识，染净诸识生根本故。依止者，谓前六转识，以根本识为共、亲依。

【今译】

已经说了与六识相应的心所，那么六识现行生起的状态又是如何呢？颂云：

"依托根本识，前五识根据各种条件的和合而现行生起，

［此五识］或是共同生起，或不是共同生起，

［它们依赖各种条件，］就像波涛依赖水一样。

意识则能经常现行生起，除非是生到无想天，

或是处在二种无心定、极重睡眠或严重昏迷中。"

论云：颂中的"根本识"是指阿陀那识，它是污染的或清净的各种识生起的根本。"依止"是指前六种转识以根本识为共同的依托，［并以根本识中各自的种子为］直接的依托。

【评析】

此处以下论述六识的活动状况，首先论述六识共同的依托对象。六识是以根本识为共同的依托（即俱有依），根本识就是第八识，第八识有许多名称，其中在一切状态（包括众生状态与成佛状态）中都能通用的名称是阿陀那识。六识是依第八阿陀那识中各自的种子而生起，所以阿陀那识也是六识各自的直接依托（即因缘依）。

二、六识的活动与间断

【原文】

　　五识者，谓前五转识，种类相似，故总说之。随缘现言，显非常起；缘谓作意、根、境等缘。谓五识身，内依本识，外随作意、五根、境等，众缘和合，方得现前。由此或俱或不俱起，外缘合者有顿渐故。如水涛波，随缘多少。此等法喻，广说如经。

　　由五转识行相粗动，所藉众缘时多不具，故起时少，不起时多。第六意识虽亦粗动，而所藉缘无时不具，由违缘故，有时不起。第七、八识行相微细，所藉众缘一切时有，故无缘碍，令总不行。

　　又五识身，不能思虑，唯外门转，起藉多缘，故断时多，现行时少。第六意识，自能思虑，内外门转，不藉多缘，唯除五位，常能现起，故断时少，现起时多，由斯不说此随缘现。

【今译】

　　颂中的"五识"是指前五种转识，由于种类相似，所以总的放在一起说。所说的"随缘现"，表示并非一直现行生起；其中的"缘"指作意、根、境等各种条件。即五识是在内依托第八识，在外根据作意心所、五根、五境等，由各种条件的和合，才得以现行生起。因此，五识或者共同生起，或者不共同生起，是因为外部条件的和合，有顿时［即各种条件顿时具备］，有逐渐［即各种条件非顿时具备］。就像由水所起的波涛［有高有低，所生起的五识也］随和合的条件而有多有少。这类比喻性的说法，经中有详细叙述。

由于五种转识的现行活动是粗显的活动，所依赖的各种条件经常不具备，所以五识生起的时候少，不生起的时候多。第六识的现行活动虽然也是粗显的活动，但所依赖的条件无时不具备，只是由于阻碍性条件的出现，所以有时不生起。第七识和第八识的现行活动细微，所依赖的各种条件一切时间中都存在，所以没有什么阻碍性的条件能使它们不现行生起。

此外，五识不能思维，只是向外活动，其生起需依赖众多条件，所以中断的时间多，现行生起的时间少。第六识自己能思维，能向内、外两方面活动，不需依赖众多的条件，只是除了五种状态［不能生起，其他状态下］总能现行生起，所以中断的时间少，现行生起的时间多，因此颂中不说第六识"随缘现"。

【评析】

此处论述六识生起与间断的状况。其中，前五识的生起需依赖众多条件，由于所需的外部条件较多，并非总能具备，所以五识并非能始终生起，而是生起的时间少，间断的时间多。第六识的生起，除非遇到障碍性的情况，否则总能生起。这是符合人们的经验的。五种感觉活动并非是始终在进行，往往是在进行一种感觉活动时，其他感觉活动就停止了。而即使人们在闭目养神因而各种感觉活动都停止时，人的脑子还是静不下来，浮想联翩，故而意识活动仍在进行。而按本论的说法，意识活动只有在五种状态下才会停止，下文将详作论述。此外，在八识中，第八识与第七识生起所依赖的条件始终具备，不存在什么阻碍性的条件，所以能始终不断地生起。

三、第六识的五位间断

（一）第六识在无想天间断

【原文】

五位者何？生无想等。无想天者，谓修彼定厌粗想力，生彼天中。违不恒行心及心所，想灭为首，名无想天。故六转识，于彼皆断。

有义：彼天常无六识，圣教说彼无转识故，说彼唯有有色支故，又说彼为无心地故。

有义：彼天将命终位，要起转识，然后命终，彼必起下润生爱故。《瑜伽论》说："后想生已，是诸有情从彼没故。"① 然说彼无转识等者，依长时说，非谓全无。

有义：生时亦有转识，彼中有必起润生烦恼故。如余本有初，必有转识故。《瑜伽论》说："若生于彼，唯入不起。其想若生，从彼没故。"② 彼本有初，若无转识，如何名入？先有后无，乃名入故。《决择分》言："所有生得心、

---

① 参见（唐）玄奘译《瑜伽师地论》卷第五十六，《大正藏》第30册，第607页。
② 参见（唐）玄奘译《瑜伽师地论》卷第十二，《大正藏》第30册，第340页。

心所灭，名无想故。"① 此言意显：彼本有初，有异熟生转识暂起，宿因缘力，后不复生。由斯引起异熟无记分位差别，说名无想。如善引生二定名善。不尔，转识一切不行，如何可言唯生得灭？故彼初位，转识暂起。

彼天唯在第四静虑，下想粗动，难可断故；上无无想异熟处故。即能引发无想定思，能感彼天异熟果故。

【今译】

[使第六识不能现行生起的]五种状态是什么呢？即生到无想天等。所谓无想天，是由于在修无想定时生起了厌恶明显思想活动的力量，所以生到该天中。而该天不容一切不能始终活动的心及其心所，其中以想心所的停止活动为首，因此称无想天。所以六种转识在无想天中都停止了活动。

[关于无想天是否始终没有六识，有三种观点。]第一种观点认为，该天[的众生]始终没有六识，因为佛典中说该天没有转识，说该天只有色身，又说该天为无心地。

第二种观点认为，该天众生在即将命终时，要生起转识，然后才命终，因为他们必须生起能滋润下地新生命的爱欲。《瑜伽论》说："当最后时刻想心所生起后，无想天的众生从该天消逝。"而说他们没有转识等的说法，是根据长时间没有而说的，不是说自始至终完全没有。

---

① 参见 (唐) 玄奘译《瑜伽师地论》卷第五十三,《大正藏》第30册，第592页。

第三种观点［即正确的观点］认为，［不但在命终时有转识生起，］刚生在该天时也有转识活动，因为生往该天的众生的中有身，必须生起能滋润新生命的爱欲，［既然中有身有爱欲的转识活动，所以刚生在该天时也有转识活动；］就像生在其余禅天最初的本有身必定有转识活动一样。《瑜伽论》说："如果生在无想天，就只有入定而不出定。该天众生的想心所如果生起，他们就会从该天消逝。"该天众生的本有身在最初时如果没有转识，怎么称为入定？先有转识活动，后来没有，才能称为入［无想］定。该论的《摄决择分》说："所有由生而得的心和心所消失，称为无想。"这句话的意思是要表示：该天众生的本有身在最初时，有异熟生的转识暂时生起，但由于过去修习无想定的因缘的力量，后来转识就不再生起。由此异熟生识灭引起了异熟无记的无心状态，称之为无想。就像由加行时的善根所引生的无想定和灭尽定可以称为善一样，［异熟生无记心灭所引生的无想定，也可称为无记］。不然的话，如果无想天中转识的一切活动都没有，怎么能说只有"由生而得的心和心所都消失"呢？所以在刚生到无想天时，转识能够暂时生起。

无想天只是在第四禅天［的第三天］处，因为在此处以下，想心所明显地活动，难以断除；而在此处之上［的五净居天和无色界中］没有这无想的异熟之处。就是由能引发无想定的思心所，能招感无想天的异熟果。

【评析】

此处以下论述第六识在五种状态中间断，这五种状态是：

无想天、无想定、灭尽定、极重睡眠与严重昏迷。此处论述无想天的状况。无想天在色界四禅天中。色界的天，有各种说法，有说十七天，有说十八天等。其中，初禅有三天，二禅三天，三禅三天，这都是一致的说法。四禅，或说八天，或说九天，其中，第三天是广果天，若依八天说，无想天在广果天的高处（并非独立的一天，本论前文说，无想天和无想定、灭尽定都是心不相应行法，是假法，就是不承认无想天为独立的一天）；若依九天说，无想天居九天中的第四天。广果天或无想天之上是五净居天，是证声闻三果圣者的居住处。无想天是修无想定的异熟果报，即众生如果前生修无想定获得成功，命终时能入此天。此天众生在绝大部分时间中都没有六识及其相应心所的活动，只是在刚生时及命终时有六识及其相应心所的活动。

（二）第六识在无想定中间断
【原文】

"及无心二定"者，谓无想、灭尽定，俱无六识，故名无心。

无想定者，谓有异生，伏遍净贪，未伏上染，由出离想作意为先，令不恒行心、心所灭，想灭为首，立无想名；令身安和，故亦名定。

修习此定，品别有三。下品修者，现法必退，不能速疾还引现前；后生彼天，不甚光净、形色广大，定当中天。

中品修者，现不必退，设退速疾还引现前；后生彼天，虽甚光净、形色广大，而不最极，虽有中天而不决定。上品修者，现必不退；后生彼天，最极光净、形色广大，必无中天，穷满寿量，后方殒没。

此定唯属第四静虑。又唯是善，彼所引故。下、上地无，由前说故。四业[1]通三，除顺现受。

有义：此定唯欲界起，由诸外道说力起故，人中慧解极猛利故。有义：欲界先修习已，后生色界，能引现前，除无想天至究竟[2]故。此由厌想，欣彼果入，故唯有漏，非圣所起。

【简注】

[1]四业：指顺现受业、顺生受业、顺后受业、不定受业。
[2]究竟：即色究竟天，是色界的最高天。

【今译】

颂中所说的"及无心二定"，是指无想定和灭尽定，该二定都没有六识活动，所以称为"无心"。

所谓无想定，指如果有凡夫已制伏［色界三禅第三］遍净天的俱生贪，还未制伏第四禅以上的贪，以脱离三界［进入涅槃］的想法及作意追求为先导，使不能始终活动的六识及其心所息灭，［而入的定。］［由于此定］以息灭想心所为首，所以建立无想的名称；由于能使身体安稳和谐，所以也称为定。

修习无想定，有三种品位差别。下品修习者，这一生中，所修的法必定会退失，退失后不能迅速恢复；以后生到无想天中，其形体不能十分光明、清净、广大，必定会中途夭折。中品修习者，这一生中，所修的法不是必定会退失，即使退失也能迅速恢复；以后生到无想天中，虽然形体比较光明、清净、广大，但还未达到极点，虽然也可能中途夭折，但不是必然如此。上品修习者，这一生中，所修的法必定不会退失；以后生到无想天中，形体极其光明、清净、广大，必定不会中途夭折，要享满寿数后才殒殁。

无想定只属于第四禅天。此外，无想定又只是善，因为它是由第四禅的善定所引生。无想定在四禅以下和四禅以上都没有，理由如前所说。无想定在［顺现受业、顺生受业、顺后受业、不定受业］四种业中，具有后三种业，不具有顺现受业。

［关于无想定的生起，有两种观点。］第一种观点认为，无想定只是在欲界最初生起，因为它是由各种外道说教的力量而引起的，也是因为人类的理解力极强。第二种观点［即正确的观点］认为，欲界先修习无想定，以后生在色界，［无论何地何处都］能引导此定现行生起，除［作为无想定之果的］无想天［以及五净居天的无烦天］直至色究竟天［不生起无想定］。因为无想定是由于厌恶思想活动、喜欢此定所能招感的无想天的异熟果，而入此定，所以只是有漏，不是［五净居天的］圣者所生起的定。

【评析】

此处论述使第六识中断的第二种状态：无想定。无想定属第四禅，其特征是使六识及其相应心所停止活动。无想定的修习开始于欲界，后一世生到色界中，则在色界中的任何天（除无想天和五净居天）都能现行生起此定。无想定的修习成就有三种品位，三品修习者，此一世的修习功力各不相同，以后获得的无想天果报也各不相同。而无想天果报获得的迟与速，又与业有关。按业所受报的时间分，业有顺现受业、顺生受业、顺后受业、不定受业四种。顺现受业是以明确而勇猛的心所作的善恶业，能使现世就招苦乐报应。顺生受业是以上品心所作的善恶业，能使下一生就招报应。顺后受业是以中品心所作的善恶业，能使此后二三生乃至千百生才受报应。不定受业是以下品心所作的善恶业，由于业力微弱，所以是否受报不一定。无想定修行者的业，不属第一种顺现受业，而是属后三种业。此外，《观心法要》说：下品修者有后三种业，中品修者只有第二、第三种业，上品修者只有第二种业。①

（三）第六识在灭尽定中间断
【原文】

　　灭尽定者，谓有无学或有学圣，已伏或离无所有[1]贪，上[2]贪不定；由止息想作意为先，令不恒行、恒行染污心、心所灭，立灭尽名；令身安和，故亦名定。由偏厌受、想，亦名灭彼定。

---

① 参见（明）智旭《成唯识论观心法要》卷第七，《卍新续藏》第51册，第390页。

修习此定，品别有三。下品修者，现法必退，不能速疾还引现前。中品修者，现不必退，设退速疾还引现前。上品修者，毕竟不退。

此定初修，必依有顶[3]游观无漏[4]为加行入，次第定中，最居后故。虽属有顶，而无漏摄。若修此定已得自在，余地心后，亦得现前。

虽属道谛，而是非学非无学摄，似涅槃故。

此定初起，唯在人中，佛及弟子说力起故，人中慧解极猛利故。后上二界亦得现前，《邬陀夷经》是此诚证，无色亦名意成天故。①于藏识教未信受者，若生无色，不起此定，恐无色、心成断灭故。已信生彼，亦得现前，知有藏识不断灭故。

【简注】

[1] 无所有：指无色界四天中的第三天，无所有处天。
[2] 上：指无色界第四天，即非想非非想天。
[3] 有顶：指非想非非想天，因为此天是三界九地的最后一地（天），处于诸天之顶。
[4] 游观无漏：指根本智和后得智中不断烦恼的无漏心。

【今译】

　　所谓灭尽定，指那些无学圣人或有学圣人，已经制伏或脱离[四

---

① 参见（唐）玄奘译《阿毗达磨俱舍论》卷第五，《大正藏》第29册，第25页。

无色处中的第三］无所有处的俱生贪，［所入的定，］而在此之上［的第四非想非非想处天］的贪是否制伏或脱离则不一定；由于此定最先是止息想的作意，使不始终活动的心及其心所［即六识及其心所］，以及始终活动的污染心及其心所［即染污的第七识及其心所］消失，所以建立灭尽的名称；又因为此状态使身体安稳和谐，所以也称为定。由于此定偏重于厌恶受和想，所以也称为灭受想定。

　　修习灭尽定，有三类品位差别。下品修习者，这一生中，所修的法必定退失，而且退失后不能迅速恢复。中品修习者，这一生中，所修的法不是一定会退失，即使退失也能迅速恢复。上品修习者，无论如何不会退失。

　　灭尽定最初的修证，必须依赖非想非非想天的不断烦恼的无漏心作辅助修行而入此定，因为此定在九次第定中，位居最后。此定虽仍在非想非非想天，但属无漏。如果修习此定已经获得自在，那在非想非非想天之外的［色界与无色界的］其他［七］地的心生起之后，此定也能现行生起。

　　灭尽定虽然属于道谛，但属非有学非无学，因为它与涅槃相似，［此定止息无进取，所以不属有学；非真涅槃，所以不属无学。］

　　灭尽定最初的生起，只能在人类中，因为它是由佛及其弟子的说教的力量而生起的，也因为人类的理解力极强。［如在人类中先修成，］其后生在欲界以上的色界和无色界也能现行生起，《邬陀夷经》是这一说法的最好证明，［该经说"意成天身能入灭尽定"，不仅色界称为意成天，］无色界也称为意成天。但对于不能相信和接受主张藏识存在的唯识学说的人，如果生在无色界，则不会生起灭尽定，因为他们唯恐没有物质没有心，会成断灭。已经相信唯识学说的人生在无色界，灭尽定也能现行生起，因为他们知道有藏识，不会断灭。

【评析】

此处以下论述使第六识中断的第三种状态：灭尽定。此定与无想定有相似之处，即能使六识及其相应心所均停止活动，但不同处是此定使染污第七识及其相应心所也不现行（此时有无漏第七识及其心所存在）。此定是二乘圣者（第三果以上）所证入的定，初地到七地菩萨也能证入，而佛与八地以上菩萨对此定已得自在，能自由地出入此定。灭尽定与无想定的区别在第三章已作说明。此定的修习，也有三品之别，修习功力各不相同。此定的最初生起是在人类中，修习成就后，在色界和无色界也能现行生起。而证入此定须依赖非想非非想天的"游观无漏"作为加行。即入此定是依靠不思维一切相及正思维无相两种因缘作为加行，但此二者是不断烦恼的无漏心，称为"游观无漏"。

【原文】

要断三界见所断惑，方起此定，异生不能伏灭有顶心、心所故。此定微妙，要证二空，随应后得所引发故。

有义：下八地修所断惑中，要全断欲，余伏或断，然后方能初起此定。欲界惑种，二性繁杂，障定强故。唯说不还、三乘无学及诸菩萨，得此定故，彼随所应，生上八地，皆得后起。

有义：要断下之四地修所断惑，余伏或断，然后方能初起此定，变异受俱烦恼种子，障定强故。彼随所应生上五地，皆得后起。

"若伏下惑能起此定，后不断退生上地者，岂生上已却断下惑？"

断亦无失，如生上者，断下末那俱生惑故。然不还者，对治力强，正润生位，不起烦恼，但由惑种润上地生。虽所伏惑，有退、不退，而无伏下生上地义，故无生上却断下失。

若诸菩萨，先二乘位已得灭定，后回心者，一切位中能起此定。若不尔者，或有乃至七地满心，方能永伏一切烦恼，虽未永断欲界修惑，而如已断，能起此定，论说已入远地菩萨，方能现起灭尽定故。有从初地即能永伏一切烦恼，如阿罗汉，彼十地中皆起此定，经说菩萨前六地中亦能现起灭尽定故。

【今译】

[关于灭尽定与见道位所断烦恼的关系，]要断灭三界见道位所断的一切烦恼种子，才能生起此定，[因此只有圣者能入此定，]因为凡夫不能制伏和断除非想非非想天见道所断的心和心所的现行和种子。灭尽定极为微妙，要证得我空和法空，然后[二乘依证我空的根本智所引后得智，菩萨和佛依证我空和法空的根本智所引后得智，即]依

各自相应的后得智而引发此定。

[关于此定与修道位所断烦恼的关系，首先是关于二乘的此种关系，有两种观点。]第一种观点认为，在[三界九地中]下八地的修道位所断的烦恼中，[二乘]要全部断除欲界[即第一地]烦恼的现行和种子，其余七地的烦恼或制伏现行或断除种子，然后才能最初生起灭尽定。因为欲界的烦恼种子，有两种性质[即不善性和有覆无记性]，种类繁多杂乱，障碍定的力量特别强。所以佛典中只说获得不还果的人、三乘无学人以及所有菩萨，可得灭尽定，他们生在欲界以上的八地中的任何一地，其后都能生起此定。

第二种观点[即正确的观点]认为，[二乘]要断除[九地中]下四地的修道位所断烦恼的现行和种子；上五地的修道位所断烦恼，或制伏现行或断除种子，然后才能生起此定，因为与忧受、喜受、苦受、乐受这些有变化的受心所共同存在的烦恼种子，障碍定的力量特别强。这些断除下四地修道位所断烦恼的二乘人，生往相应的上五地，其后都能生起此定。

[问：]"如果制伏[非想非非想天以]下某一地的现行烦恼就能生起灭尽定，那么，其后[将命终时]不[以无漏道]断除这些烦恼种子，也不退而现行生起这些烦恼，命终生往[非想非非想]上地，难道是生上地后却断除下地的烦恼种子？"

即使生上地后断除下地烦恼种子，也没有错，就像生到上地证得无学的圣者也是最后顿时断除与第七识共存的下地烦恼种子。但证得第三不还果之人的对治力强，在滋润新生命的状态中，不现行生起烦恼，而是由烦恼种子润生，生往上地。虽然所制伏的烦恼，有的会退而现行生起，有的不会退而现行生起，但并不是靠断下地的烦恼种子而生往上地，[生往上地时，润生的烦恼种子犹存，]所以也没有生上地后却断除下地烦恼种子的过失。

[其次是菩萨。]如果有些菩萨，先是在二乘位中已经修成灭尽定，后来回心向大乘，那就能在其后的一切位次中生起此定。如果是未修成灭尽定先回心向大乘者，有的或许要到七地圆满，才能永远制伏一切现行烦恼，这时虽然还未永远断除欲界的修道位所断的烦恼种子，但像已经断除一样，能生起灭尽定。所以《瑜伽论》说，已经入第七远行地的菩萨，才能现行生起灭尽定。有的或许从初地就能永远制伏一切现行烦恼，像阿罗汉一样，他们在十地中都能生起此定，所以《楞伽经》等经说，菩萨在[十地的]前六地中也能现行生起灭尽定。

【评析】

此处论述入灭尽定与断除烦恼的关系问题。首先是见道位所断的烦恼，其现行和种子须被全部断除才能入灭尽定。其次是修道位所断的烦恼，二乘要断除三界九地中下四地的修道位所断的烦恼种子，其余五地的烦恼则或制伏现行或断除种子，才能入此定。菩萨则有多种情况，一般在七地圆满都能入此定，而有的在初地到七地也能入此定。至于文中所说的"岂生上已却断下惑"的问题，即生上地后却断除下地的烦恼种子，也无不可。但对于获得第三果，即不还果的圣者来说，他们不是以现行烦恼润生（即帮助生往该地），而是以烦恼种子润生，所以不属"伏下生上"，所以也无"生上断下惑种"的过失。

（四）第六识在极重睡眠、严重昏迷中间断

【原文】

"无心睡眠与闷绝"者，谓有极重睡眠、闷绝，令前六识皆不现行。疲极等缘所引身位，违前六识，故名极重睡眠。此睡眠时，虽无彼体，而由彼似彼，故假说彼名。风、热等缘所引身位，亦违六识，故名极重闷绝。或此俱是触处少分。

除斯五位，意识恒起。

"正死生时，亦无意识，何故但说五位不行？"有义：死生"及""与"言显。彼说非理。"所以者何？"但说六时名无心故。谓前五位，及无余依。应说死生即闷绝摄，彼是最极闷绝位故。说"及"与"言"，显五无杂。此显六识断已，后时依本识中自种还起，由此不说入无余依。

此五位中，异生有四，除在灭定；圣唯后三，于中如来、自在菩萨，唯得有一，无睡、闷故。

【今译】

颂中的"无心睡眠与闷绝"，指极重睡眠或严重昏迷，使前六识都不能现行生起，［所以也得到无心的名称。］即由极其疲劳等因素所引起的身体昏沉状态，不容前六识活动，就称为极重睡眠。处在这极重睡眠时，［因是无心位，所以没有相应的眠心所，但］虽没有眠心

所的实体，却是由它所引起并与它相似，所以假说眠的名称。由风、热等因素所引起的身体昏迷状态，也不容前六识活动，所以称为严重昏迷。或者也可认为，这处于无心的睡眠、昏迷，都是[身体感受的一部分，是以触处为体，是]触的一小部分。

除了无想天、无想定、灭尽定、极重睡眠、严重昏迷这五种状态，意识永远能现行生起。

[问：]"刚死或刚生时，也没有意识，为什么只说上述五种状态意识不活动？"[在这一问题上，有两种观点。]第一种观点认为，死时和生时就包括在颂中的"及"和"与"之中。[第二种观点，即正确的观点认为]上述说法没有道理。[问：]"为什么呢？"因为佛典中只将六种状态称为无心，即上述五种状态，再加上无余依涅槃。应该说，死时和生时就包括在昏迷之中，因为此二者是昏迷至极端的状态。颂中说"及"和"与"，是为了表示五种状态互不混杂。[而颂中只说五种状态，不说六种状态，]这是为了表示六识在这五种状态中断后，以后还能根据第八识中自己的种子再生起，因此不说入无余依涅槃。

这五种状态中，凡夫有四种，除了灭尽定；圣者只有[灭尽定、极重睡眠、严重昏迷]三种，而其中的如来以及八地以上菩萨只有灭尽定一种，因为他们没有极重睡眠和严重昏迷。

【评析】

此处论述使第六识中断的最后两种状态：无心睡眠与闷绝。无心睡眠又称极重睡眠，指由极其疲劳等因素所引起的身体昏沉状态，不同于眠心所。眠心所是一种具有实体的心所，而无心睡眠仅是一种状态，没有实体，但此无心睡眠又是由眠心所所起的睡眠所引，与其相似。此外，严重的昏迷，也能使前六识停止活动，而生时与死时都可归入严重昏迷的状态中。除上述五种状态外，使第六识或前六识停止活动的，还有无余依涅槃。

第四节　八识相互关系总结

一、八识的共同生起性质答疑

【原文】

是故八识，一切有情，心与末那，二恒俱转；若起第六，则三俱转；余随缘合，起一至五，则四俱转；乃至八俱。是谓略说识俱转义。

"若一有情多识俱转，如何说彼是一有情？"若立有情依识多少，汝无心位，应非有情。又他分心现在前位，如何可说自分有情？然立有情，依命根数，或异熟识，俱不违理，彼俱恒时唯有一故。

"一身唯一等无间缘，如何俱时有多识转？"既许此一引多心所，宁不许此能引多心？又谁定言此缘唯一？说多识俱者，许此缘多故。又欲一时取多境者，多境现前，宁不顿取？诸根、境等和合力齐，识前后生，不应理故。又心所性，虽无差别，而类别者，许多俱生，宁不许心异类俱起？又如浪、像，依一起多，故依一心，多识俱转。又若不许意与五俱，取彼所缘，应不明了，如散意识，缘久灭故。

"如何五俱，唯一意识，于色等境，取一或多？"如眼等识，各于自境取一或多。此亦何失？相、见俱有种种相故。

"何故诸识同类不俱？"于自所缘，若可了者，一已能了，余无用故。

"若尔，五识已了自境，何用俱起意识了为？"五俱意识，助五令起，非专为了五识所缘。又于彼所缘，能明了取，异于眼等识，故非无用。由此圣教说彼意识名有分别，五识不尔。

"多识俱转，何不相应？"非同境故。设同境者，彼此所依，体、数异故，如五根识，互不相应。

【今译】

因此一切众生的八识中，第八心和第七末那，二者永远共同生起；如果再生起第六识，这就是三者共同生起；其余五识根据条件的和合，生起一至五种不等，这就是四种识共同生起，以至八种识共同生起。这是大略说了各种识共同生起的状况。

〔问：〕"如果一众生有多个识共同生起，怎么说他是一众生？"如果建立众生的概念是根据识的多少，那你处在无心状态时，应该不是众生。此外，〔如果是欲界众生，〕当其他界地的心识〔如色界或无色界定］现行生起时，怎么能说他还是自界［即欲界］的众生呢？应该说建立众生的概念，是根据命根的数目，或是根据异熟识，这样说都没有不合理之处，因为这二者在任何时间中都只有一个。

［问：］"一身只有一个等无间缘，怎么能同时有多个识生起？"既然同意这一个等无间缘能引生多个心所，为什么不同意这等无间缘能引生多个心？此外，谁说这等无间缘必定只有一个？说多个识共同生起，就是承认这等无间缘有多个。此外，要想同一时间认取多个对象，那当多个对象显现在前时，为什么不是多个识同时生起，一下子认取，［而要多个识前后生起，分别认取？］既然各种根、境等和合的力量是相同的，说识是前后生起的，就不合理了。此外，虽然都是心所，但善恶类别不同，既然同意心所可以多个共同生起，为什么不同意不同类别的多个心能共同生起？此外，就像依一水体能起层层波浪、依一镜面能映现多个像一样，依据一根本识也能生起多个识。此外，如果不承认意识能与五识共同生起，认取五识的对象，那此意识应不能明了对象，［就不是五俱意识，］而是像独散意识那样只是认取早已消失的对象。

［问：］"为什么与五识共同生起的只有一个意识，但对颜色、声音等对象，却能或认取一个或同时认取多个，［即为什么不是同时生起多个意识？一个意识怎么能同时认取多个对象？］"就像一个眼识［或耳识］等，各自对自己的认识对象，能认取一个［如青］或能同时认取多个［如青黄赤白］一样，一个意识能同时认取多个对象又有什么过失？要知道相分和见分都有种种相。

［问：］"是什么原因同类的识［如两个眼识］不能共同生起？"

各种识对于各自的认识对象，如果能够了别的话，一个已经够了，多了也没有用处。

［问：］"如果是这样，五识已经能各自了别各自的对象，何必要用同时生起的意识来了别？"与五识同时生起的意识，是帮助五识，使之生起，并非是专门为了了别五识的认识对象。此外，［五俱］意识［虽是现量，但］对于五识的认识对象能明了并深取境相，这是与［现量］五识不同的地方，所以意识并非是无用之物。因此，佛典中称意识为"有分别"，对五识则不这样称呼。

［问：］"多个识能共同生起，为何不相应？"因为它们各自认取的是不同的对象。［问："意识与五识认取的是共同的对象，为什么不相应？"］即使认取共同的对象，彼此所依的种类和数目都不相同，所以这与依五根的五识，由于所依根不同，也互不相应是一样的。

【评析】

此处论述八识的共同生起问题，并回答由此而产生的种种疑问。八种识中，第八识与第七识是永恒存在的，所以永远共同生起，六识则根据条件是否具备，而或多或少地与第八、第七识共同生起。其后在回答疑问时，本论的主要思想如下。

一、作为众生，其主体是第八识，由作为异熟果的此识决定了一众生在三界九地中生在何界何地，在六道中生于哪一道，在胎生、卵生、湿生、化生四生中取何种生命方式。

二、在诸识共同生起的问题上，每一识的生起都有一个等无间缘，此等无间缘在引生后一识时，也同时引生了与该识相应的多种心所。

三、第六识中的五俱意识能同时明了五境，就像眼识能同时明了青黄赤白多种现象一样。

四、诸识各有分工，在各自的分工范围内，在同一时间中只需一个识就能履行职能，无需同时生起两个或多个同类识。

五、就五识与第六识的关系来看，五识虽能履行自己的职能，明了各自的认识对象，但第六识能使五识的认识更趋深入；同时第六识还有帮助五识生起的作用。所以在六识的认识活动中，第六意识的作用是最为重要的。

六、关于诸识不相应的问题。首先，诸识所缘的是不同的境（即认识对象不同）。其次，即使诸识缘相同境，如五俱意识与五识，但俱有依不同，如五识俱有依有四种，即五根（同境所依）、第六识（分别所依）、第七识（染净所依）和第八识（根本所依）；而意识的俱有依是第七识和第八识。论中的"彼此所依，体、数异故"，有两种解释。《述记》是按俱有所依解释的："此所依根有二异。一体异，眼等根体各别故。二数异，四、三依别故。"[1]即诸识的所依根有两种不同，一是"体异"，如眼根、耳根等的体不同；二是"数异"，即俱有依的数目不同，其中的"四、三"，按《义演》所说，应该是"四、二"，[2]即五识俱有所依是四种，意识俱有所依是二种。而《成论》的其他一些注书则解释为："所依"是诸识所依的根（如眼根、

---

[1]（唐）窥基《成唯识论述记》卷第七，《大正藏》第43册，第485页。
[2]（唐）如理《成唯识论疏义演》卷第八，《卍新续藏》第49册，第706页。

耳根等），"体"是诸识自证分，"数"是诸识的相应心所。本书取前解。

二、八识非一非异

【原文】

八识自性，不可言定一，行相、所依、缘、相应异故，又一灭时余不灭故，能、所熏等相各异故。亦非定异，经说八识如水波等无差别故，定异应非因果性故，如幻事等无定性故。

如前所说识差别相，依理世俗，非真胜义；真胜义中，心言绝故。如伽他说："心意识八种，俗故相有别，真故相无别，相所相无故。"①

【今译】

八识各自的主体，不能说必定同一，因为八个识的现行活动作用、所依的根、所缘的境以及相应的心所都不相同，因为［六识中的］一个识消失时其余识并不消失，因为存在着前七识是能熏、第八识是所熏的差别。［但八识各自的主体］也并非必定相异，因为《楞伽经》说八识的关系就像水与波一样并无差别，［第八识如水，前七识如波；］也因为如果必定相异，八识之间就不应存在因果性；也因为八识都如虚幻的现象，所以没有必定相异的性质，［因此八识相互

---

① 参见（刘宋）求那跋陀罗译《楞伽阿跋多罗宝经》卷第一，《大正藏》第16册，第484页。

之间不一不异。]

如前所说的三类能变识、六类心所的差别状况，是根据世俗谛而说的，并非根据真胜义谛而说；因为在真胜义谛中，[要想把握真实，]思维和语言都已不能胜任。正如《楞伽经》颂中所说的那样："心、意、识的八个识，按俗谛来说有现象上的差别，按真谛来说没有现象的差别，因为按真谛而言，能表现现象的主体和所表现的现象都不存在。"

【评析】

此处论述八识的相互关系。此处的说法，又体现了护法或玄奘观点的特色，即八识的实有性，在最高胜义谛即第四真胜义谛中，不能说有也不能说无，因为最高胜义谛是超越语言和思维的。但在较低层次的胜义谛或世俗谛中，八识是有种种差别的，就这种差别来说，不能认为八识是同一物；但也不能把八识看作截然不同的东西，因为八识间存在着因果关系，如第八识的种子生起诸转识，而诸转识又在第八识中熏成自己的种子。故而简单地或截然地说八识定一或定异，都不合正理。

第五章 论一切唯识

【题解】

本章详论唯识之理。《三十颂》的第一颂首先阐明假我假法由识变现，能变现的识有三类。自第二颂至第十六颂详述三类能变识。本章则阐释第十七颂至第二十五颂，详述唯识之理，并以唯识理解释识之缘起、生死相续以及三自性和三无性等问题。

本章首先对三类识变现一切现象作了总结，进而依教依理对唯识说之成立进行了论证，援引佛典的说法，解释唯识说与日常经验的矛盾，并回答对唯识说的各种疑问。其后，本章对识之缘起作了唯识学之解释，指出无需心外实在事物作为缘，只要由现行识以及不离识的一切事物相互作缘，就能使心和心所生起。具体地说，以第八识中的心和心所种子作为因缘，以现行识和心所及其相分、见分等作为等无间缘、所缘缘、增上缘，就能使心和心所持续地生起。至于众生生死相续不断的原因，也在于第八识内的业种子和二障种子，即由有漏业和无漏业的种子为因，以烦恼障和所知障的种子为缘，就能使众生生死相续不断，所以也无需外界实在的事物作为缘。至于三自性和三无性，也都不离识。即识、心所及其相分、见分等都是依他起自性；将依他起的相分、见分等执着为实我实法，这就是遍计所执自性；而圆成实自性是一切事物的本性，如果能对依他起的事物不生起执着，如实地认识，从而远离遍计所执性，就能证入圆成实自性。而三无性只是依三自性而假立，按唯识学的观点属"不了义"的说法，即只是权宜的说法。

第一节　论唯识所变

一、唯识说的基本含义

【原文】

已广分别三能变相为自所变二分所依，云何应知依识所变，假说我法，非别实有，由斯一切唯有识耶？颂曰：

"是诸识转变，分别所分别，

由此彼皆无，故一切唯识。"

论曰：是诸识者，谓前所说三能变识及彼心所，皆能变似见、相二分，立转变名。所变见分，说名分别，能取相故；所变相分，名所分别，见所取故。由此正理，彼实我法，离识所变，皆定非有，离能、所取，无别物故；非有实物离二相故。是故一切有为、无为，若实若假，皆不离识。唯言为遮离识实物，非不离识心所法等。

或转变者，谓诸内识转似我、法外境相现。此能转变，即名分别，虚妄分别为自性故，谓即三界心及心所；此所执境名所分别，即所妄执实我、法性。由此分别，变似外境假我、法相。彼所分别实我、法性，决定皆无，前引教理，已广破故。是故一切皆唯有识，虚妄分别有极成故。唯既不遮不离识法，故真空等亦是有性。由斯远离增减二边，唯识义成，契会中道。

【今译】

前文已经详细辨明了三类能变识［的自证分］是它们自己所变现的相分和见分的"所依"，还应知道是何道理，依赖识所变现的一切，只是假说为"我"和"法"，并非离识另有实体存在，因此一切事物中只有识真实存在。颂云：

"是诸识转变，分别所分别，

由此彼皆无，故一切唯识。"

论云：颂中的"是诸识"，指前文所说的三类能变识及其相应心所，它们都能变现似乎实在的见分和相分，称为"转变"。所变现的见分，称为"分别"，因为它们能认取现象；所变现的相分，称为"所分别"，因为它们是被见分所认取的现象。根据这一正理，那所谓真实的自我和心外具有实体的事物，离开识的变现，肯定都不存在，因为离开能认取的和被认取的就没有别的东西了；因为并没有什么实在的东西离开相分和见分而独立存在。因此，一切或有为或无为的现象，或有独立主体的"实有"，或无独立主体的"假有"，都不离识。颂中说的"唯识"，只是否定脱离识的实在的东西，但不否定不脱离识的心所［以及见分、相分、色法、真如］等一切。

或者说，所谓"转变"，是指各种内在的识转生出似乎实在的自我或事物、作为外部现象而显现。这能转变的，就称为"分别"，因为虚妄分别是其本性，它们就是三界内的心和心所；它们所执着的对象称为"所分别"，即被虚妄执着的实在的自我和事物的主体。由这种分别，变现出作为似乎实在的外境的虚假的自我或事物的形相。那"所分别"的实在的自我或事物的主体，肯定都不存在，前文所引用的教理，已作了详尽的破除。因此，一切事物中只有识真实存在，各种现象只是由虚妄分别而有，这一说法是完全成立的。"唯识"的"唯"既然不否定不离识的现象，所以［不脱离识的］真如［和心所］等，也是真实存在。这样就远离了增加没有的和减去应有的两种边执见，唯识的道理得以成立，完全符合中道。

【评析】

此处以下论述唯识之理。此理表现在《三十颂》的第十七颂中。此处是对该颂的解释，据《述记》，解释中包含了两种见解，前一自然段是安慧和护法的见解，后一自然段是难陀的见解。但《藏要》的校勘认为，前一自然段的见解与安慧无关，安慧的见解与第二自然段相似。

考察护法、安慧、难陀的见解，三家都是用心识结构说来进行解释，其中，护法持"四分说"，安慧持"一分说"（或者说，安慧是形式上的"三分说"，实质上的"一分说"）。在解释识变的问题上，护法和安慧两家有一致处，即都认为，识变就是识的自证分转生或显现见分和相分，见分是能取，相分是所取。而两家的不同处是，护法认为见分与相分都是依他起性，这样，能取和所取也是依他起性，是有；而安慧认为见分和相分都是遍计所执性，这样，能取和所取都是遍计所执性，是无。

难陀则持"二分说"，认为心识结构只有二分，即见分和相分，识体是见分，诸识现行时，见分生相分，同时，相分似外境显现。这样，见分和相分是依他起性，是有；外境是遍计所执性，是无。

安慧与护法上述观点的差异，被近代学者称为是唯识古学与今学的差异，或者是无相唯识与有相唯识的差异。中国的唯识宗，一直以护法观点为正义（即正确学说）。但近代以来，唯识古学或无相唯识被中外学术界高度重视，甚至有人认为此说保留了无著、世亲唯识学的原貌，是唯识学的正统。

唯识古学或无相唯识，在中国唯识宗中一直没被重视，对其展开更充分的学术研究，当然无可厚非。但如果认为此说保留了无著、世亲唯识学的原貌，那就值得商榷了。

以能取所取的有无为例，最能说明此问题的是无著的《中边论》，包括玄奘翻译的《辩中边论》和真谛翻译的《中边分别论》。那么，在此问题上，究竟是护法还是安慧的观点符合《中边论》？

《辩中边论》的颂说："虚妄分别有，于此二都无。"其长行解释是："虚妄分别有者，谓有所取能取分别。于此二都无者，谓即于此虚妄分别，永无所取能取二性。"①

因此，据此论的颂，可说"二取无"；但据此论的长行，则是"二取性无"。"二取性"，即执着二取有实性，也就是遍计所执性。那么，到底是"二取无"，还是"二取性无"？

还是《辩中边论》，此论认为："此蕴等十，各有三义。""蕴等十"即蕴、界、处等一切法，其中色蕴的三义："一、所执义色，谓色之遍计所执性。二、分别义色，谓色之依他起性，此中分别以为色故。三、法性义色，谓色之圆成实性。"②即色法有三类：遍计色（"所执义色"）、依他色（"分别义色"）、圆成色（"法性义色"）。

《中边分别论》也是同样的说法："色阴有三种。一、分别色，色处分别性。二、种类色，色处依他性种类。云何名依他？此立五法中体性不同故，立别种类名色。三、法然色，色处真实性，色通相故。"③所以，此论也说色法有遍计色（即分别色）、依他色（种类色）和圆成色（即法然色）。

以此分析，该论认为，色法既有遍计色，也有依他色。色法属所取，那也就是说，所取也不只是遍计所执性，也有依他起性。依他起性的色法不能说是无，因此，在二取问题上，不应是"二取无"，而应是"二取性无"。具体说，能取和所取本身是依他起性，但能取有遍计所执（即《摄论》和《成论》

---

① （唐）玄奘译《辩中边论》卷上，《大正藏》第31册，第464页。
② （唐）玄奘译《辩中边论》卷中，《大正藏》第31册，第470页。
③ （陈）真谛译《中边分别论》卷上，《大正藏》第31册，第456页。

说，第七识和第六识有遍计所执），遍计所执的能取执着所取实有体性（即实我实法），就是遍计所执性的所取。

回到见分和相分（即能取和所取）上，护法认为此二分是依他起性，符合《中边论》的立场；而安慧认为此二分是遍计所执性，不符合《中边论》的立场。

关于护法与安慧两者观点的优劣高下，玄奘法师早就作出抉择。近代以来学者的新论，虽能在语言学上找到一定的依据，但在义理的全面性上，毕竟不足。安慧的无相唯识立场，作为一种唯识观，当然能够成立，但要说这就是无著、世亲唯识学的原貌，恐难使人信服。

二、唯识说的理论依据

【原文】

"由何教理，唯识义成？"岂不已说。"虽说未了。非破他义，己义便成，应更确陈，成此教理。"

如契经说："三界唯心。"[①] 又说："所缘唯识所现。"[②] 又说："诸法皆不离心。"[③] 又说："有情随心垢净。"[④] 又说："成就四智菩萨，能随悟入唯识无境。一相违识相智，谓于一处，鬼、人、天等，随业差别，所见各异。境若实有，

[①] （唐）实叉难陀译《大方广佛华严经》卷第五十四，《大正藏》第10册，第288页。
[②] （唐）玄奘译《解深密经》卷第三，《大正藏》第16册，第698页。
[③] 《述记》认为此句为《楞伽经》文。
[④] 参见（唐）玄奘译《说无垢称经》卷第二，《大正藏》第14册，第563页。

此云何成？二无所缘识智，谓缘过、未、梦境像等非实有境，识现可得。彼境既无，余亦应尔。三自应无倒智，谓愚夫智，若得实境，彼应自然成无颠倒，不由功用，应得解脱。四随三智转智：一随自在者智转智，谓已证得心自在者，随欲转变地等皆成。境若实有，如何可变？二随观察者智转智，谓得胜定修法观者，随观一境，众相现前。境若是真，宁随心转？三随无分别智转智，谓起证实无分别智，一切境相皆不现前。境若是实，何容不现？菩萨成就四智者，于唯识理，决定悟入。"① 又伽他说："心意识所缘，皆非离自性，故我说一切，唯有识无余。"② 此等圣教，诚证非一。

【今译】

［问：］"依据什么教理，唯识的道理得以成立？"前文不是已经说过。［问：］"虽然已经说过，但仍未说透。并非破除了别人的说法，自己的说法就能成立，应作更为明确的陈述，使这教理成立。"

如《华严经》说："三界唯心。"又如《解深密经》说："一切认识对象都是识所变现。"又如《楞伽经》说："一切法都不离心。"又如《说无垢称经》说："众生是污秽还是清净取决于其心是污秽还是清净。"又如《大乘阿毗达磨经》说："修成四种智慧的菩萨，便能随即悟入'唯识无境'的道理。［这四种智慧：］一是相违识相智，即

---

① 《述记》认为此处为《大乘阿毗达磨经》文。
② 《述记》认为此处为《厚严经》中的偈颂。

在同一地方，鬼、人、天等，由于业的差别，所见境界各不相同。境界如果是真实存在，怎么会出现这种情况？二是无所缘识智，即认取过去、未来、梦境等并非真实存在的境界，可以生起现行活动的识。既然那些境界不是真实存在，［识认取那些境界是"唯识无境"，］那么，其余的境界［如现前的境界］也应如此，［识认取这些境界也是"唯识无境"。］三是自应无倒智，即如果愚夫的智慧能认识真实的境界，他们的智慧应该自然就成为无颠倒智慧，不用做任何功夫，就可以获得解脱。四是随三智转智：［所谓三智，］第一是由自在者智而生之智，即已经证得心自在的圣者［如八地以上菩萨，或十地中任一地菩萨］，随心所欲地转变地等［成为金银等］境界，都能成功。如果境界是真实存在的，怎么可以随心所欲地转变呢？第二是由观察者智而生之智，即二乘等得殊胜的定［与空观或四谛观相应］后，观五蕴等法，他们随便观察一个境界，境上空、无常等各种相都能显现在前。境界如果是真实存在的，怎么能随心观察而现空、无常等相？第三是由无分别智而生之智，即能证真实的无分别智生起时，一切境相都不再现行生起。境界如果是真实存在的，怎么会不再现行生起呢？所以，菩萨证得以上四智后，对于唯识的道理，必定能悟入。"又如《厚严经》的颂中说："心、意、识的认识对象，都不离诸识的自体，所以我说一切事物中，只有识是真实存在，此外就没有其他东西了。"这样的佛典教导，可以证明绝不在少数。

【评析】

　　此处以下论述唯识成立的佛典依据和理论依据。此处引用了《华严经》《解深密经》《楞伽经》等经中的文字，从佛典有关论述来论证唯识之理的成立。所引《大乘阿毗达磨经》中四种智的第一种智是相违识相智，其意思是说：不同众生面对同一境界时所见不同。佛典中常用的一个例子是，人所见的清清河水，鱼等水中动物所见是窟宅，天道众生所见是庄严宝地，鬼所见则是血水脓河。

三、唯识说成立的四比量

【原文】

极成[1]眼等识，五随一故，如余，不亲缘离自色等。

余识，识故，如眼识等，亦不亲缘离自诸法。

此亲所缘，定非离此，二随一故，如彼能缘。

所缘法故，如相应法[2]，决定不离心及心所。

此等正理，诚证非一。

故于唯识，应深信受。我、法非有，空[3]识非无，离有离无，故契中道。慈尊依此，说二颂言：

"虚妄分别[4]有，于此二[5]都无，

此中唯有空，于彼亦有此[6]。"

"故说一切法，非空非不空[7]，

有无及有故[8]，是则契中道。"

此颂且依染依他说，理实亦有净分依他。

【简注】

[1] 极成：即公认成立的，为各派共同承认的。

[2] 相应法：据《述记》卷第七，这里是指心和心所，而不单单指心所。

[3] 空：此处指真如。真如是空性，依空所显。

[4] 虚妄分别：指三界心和心所。

[5] 二：指遍计所执的能取、所取，或我、法。

[6] 于彼亦有此："彼"，指空性；"此"，指妄分别。

[7] 非空非不空："非空"，因为有真俗二谛；"非不空"，指遍计所执的所取、能取或我、法。

[8] 有无及有故：前一"有"指妄分别有；"无"指遍计所执的二取、我法无；后一"有"，指在妄分别中有真空，在真空中也有妄分别。

【今译】

［以上是根据佛典成立唯识的道理，如根据正理而言，有以下四个推论。第一个推论是：］公认存在的眼识［以及耳识、鼻识、舌识、身识］，这五识中的任何一识都如其余四识，不直接认取脱离自体的色［以及声、香、味、触］等事物，［所以唯识的道理成立。］

［第二个推论是：］五识之外的其余识，［包括公认成立的第六识，也包括小乘不承认的第七识和第八识，］因为是识，［所以也与五识具有同样的性质，］如眼识等五识，也不直接认取脱离自体的事物，［所以唯识的道理成立。］

［第三个推论是：］诸识的直接认取对象，必定不脱离诸识，因为相分和见分二分中的任何一分［都不离识，所以诸识的直接认识对

象］应如同那能缘的见分，［其主体或者就是识，或者不离识，唯识的道理于是成立。］

［第四个推论是：］一切认识对象，［由于是心与心所的认识对象，所以］与心和心所不离识一样，必定不离心和心所，［所以唯识的道理成立。］

这样的正理，可用于证明的，绝不在少数。

所以，对于唯识的道理，应该深信和接受。所谓的自我和心外一切事物并非有，真如和识并非无，这样地远离有和远离无，才契合中道。弥勒尊者因此说了两首颂：

"存在着虚妄分别［即心和心所，］

在这虚妄分别心中，实我和实法并不存在，

在这妄心中真实存在的只有空［性所显的真如］，

而在那空［性所显的真如上］也有这妄心显现。"

"所以说有为、无为一切事物，并非空也并非不空；

［应该说，］虚妄的分别心有，

实我实法无，

妄心中有真如，真如上有妄心，这样说就契合中道。"

这两首颂只是根据污染的依他起性说的，按理而言，实际上也有清净的依他起性。

【评析】

此处以下是据理分析唯识之理的成立，共分九层。此处第一层分析，是据四比量（四推理）。四比量中的第一比量是说五识不能认取自识之外的事物；第二比量是说第六识（包括第七、第八识）不能认取自识之外的事物；第三比量是说诸识的直接认识对象，即相分，与见分一样不离识；第四比量是说诸识的一切认识对象不离识。故而唯识的道理无论是从认识的主体还是从认识的对象来分析，都一样成立。

在第一个比量中，推理的前提是"极成"五识，即各学派公认成立的五识。至于非极成五识，即非共同承认或未被完全证明成立的五识（如大乘说的"他方佛眼识"、小乘说的"佛非无漏眼识"等），不能作为推理的依据。

第二个比量也是如此，公认成立的是第六识，故而此比量的直接结论也是关于第六识的，但实际上此结论对唯识学所说的第七识和第八识也同样成立。

第三个比量中的"亲所缘"，就是亲所缘缘。小乘等只有所缘缘的概念，唯识学区分了亲所缘缘和疏所缘缘，如前所说，疏所缘缘相当于本质，亲所缘缘就是相分。关于相分、见分与自证分的关系，自证分是识主体，相分与见分都由自证分变现，是心识结构的"三分"或"四分"之一，所以，相分与见分一样不离识（即不离自证分）。

第四个比量中，一切识与心所的认识对象（"所缘法"）必定不离识，这包括相分的本质、他心和无为法等。如五识相分的本质是色声香味触，它们是第八识的相分，所以不离识。他心是自心的疏所缘缘，在认识时，自心变现他心的形相作为亲所缘缘而加以认识，所以在认识中，他心也不离自心。此外，无为法（真如）是一切法本性，所以真如不是在一切法外独立存在，而就在一切法中；一切法不离识，所以真如也不离识。

此外，"虚妄分别有"等二颂，是《辩中边论》中的颂，其中"于此二都无"的"二"，在该论中指"二取性"，即能取和所取的实有体性，也就是遍计所执的二取。《述记》则说，"二"也可以指"我、法二"。"我、法"与二取有相通处，即"我"是能取，"法"是所取。在本论的语境中，用"我、法"可以更好地连接上下文，所以本书取此释。

四、释唯识说与经验的矛盾

【原文】

"若唯内识似外境起，宁见世间情、非情物，处、时、身、用，定、不定转？"

如梦境等，应释此疑。

【今译】

［问：］"如果只有内识生起的似乎实在的外部境界，为什么在看世间的众生与无生命的物体时，会产生地点确定、时间确定、随身体状况的不同而所见不确定、作用不确定等状况？"

这一切都如梦境一样，这应该能解释上述疑问。

【评析】

此处是成立唯识的第二层据理分析。这里，外人提出了四个难题,即处定、时定、身不定、作用不定。一、处定:如南山在南面,识不能使它在北面。所以不是唯识。二、时定:如认取山的识生起时,山存在;而认取山的识消失时,山也存在。所以不是唯识。三、身不定:如多人同看灯光,有眼病的人看到灯光五色重叠,当然是虚假的,可以说是唯识;但其余没有眼病的人看到的都是清光,应该是真实的景象。所以不是唯识。四、作用不定:此中又有三难。一、有眼病的人幻见的绳等物,因是虚幻,所以没有作用,可说是唯识;而眼睛正常的人所见的绳等物,是实物,能有作用,怎么能说唯识?二、如梦中所得的饮食等物,没有真实作用,可说是唯识;而醒时所得的饮食等物,能有真实作用,怎么能说是唯识?三、海市蜃楼中的城墙,没有真实作用,可说是唯识;砖土城墙,有真实作用,怎么能说是唯识?上述四个难题,都是基于生活经验,而唯识说恰恰与这些经验发生了矛盾。

对这四难,本论只有一句话:"如梦境等。"《唯识二十论》《宗镜录》等所作的解答要比本论详细。其颂云:"处时定如梦,身不定如鬼,同见脓河等,如梦损有用。"[1]

第一句答"处定、时定"之难。意思是说,梦中也可看到山在南面,而再看北面时,山也依旧在南面。这一现象在醒时被解释为山在心外,难道梦中的山也真在梦中心之外?推论是:梦中并无山真实地存在于心外,所以醒时也没有真实的山

---

[1] 参见(唐)玄奘译《唯识二十论》,《大正藏》第31册,第74页。

存在于心外。关于"时定"的解答大体与此相仿。梦中见有山，梦中心看山时，山存在；不看山时，山仍存在。难道真有山在梦中之心外？

第二、三句答"身不定"。意思是说，如人所见的河，饿鬼由于其业报，见到的则是脓河。虽是众多饿鬼都见到脓河，但难道真有脓河？所以，虽然没有眼病的人看到的都是清光，乃至看到山河大地、日月星辰，难道这些就是真实的存在？此处，以饿鬼与人类的视觉形象差别来说明问题，是因为论辩双方乃至当时人都相信六道的存在。现代人不大能相信饿鬼之类的存在，但此处的例子可换成动物所见的差别。如鸭见水则喜，鸡见水则惧，难道鸡鸭对水的视觉形象就没有差别？广而言之，人与一切动物对同一物体的视觉形象就没有差别？可见视觉的对象都是因人而异、因物类而异，因此是由识所变现。

第四句答"作用不定"。意思是说，梦中所见的饮食等没有真实作用，但梦见男女交媾则会遗精（即"梦损"），这是真实的作用。既然有无真实作用，都属梦境，那怎么能用此来判断是否唯识？

五、释唯识说与教义的矛盾

【原文】

"何缘世尊说十二处？"

依识所变，非别实有。为入我空说六二法[1]，如遮断见说续有情；为入法空复说唯识，令知外法亦非有故。

【简注】

[1] 六二法：即十二处。

【今译】

［问：］"是什么缘故，世尊要说十二处？［这难道不是表明十二处是真实的存在吗？］"

十二处也是依识而变现，并非［离识］另有它们的真实存在。世尊是为了使人们证入我空而说十二处，就像为了否定断见而说众生的连续性一样。进而为了使人们证入法空，世尊又说唯识的道理，这是为了使人们知道心外的一切事物也不是真实存在。

【评析】

此处是成立唯识的第三层据理分析，论述唯识学与佛教教义某些说法的表面矛盾。如世尊在经中明明说有十二处，而十二处中的眼、耳、鼻、舌、身五根与色、声、香、味、触五境，按常识来说，显然是在心外，这样，唯识说怎么说得通？本论指出，十二处也是由识所变现，或者说不离识，即第八识变现出构成有根身的五根与构成器世间的五境，五根五境都是第八识的相分；意处本身就是识（如意根，或是唯识学说的第七识，或是小乘说的前灭意，即前一瞬间的六识），所以也说是不离识；法处是由第六识变现，是第六识的相分，所以也不离第六识。而世尊说唯识，正是要人们明白法空之理，即并不存在心外之境。

六、释唯识不成空

【原文】

"此唯识性,岂不亦空?不尔,如何?"

非所执故。谓依识变,妄执实法,理不可得,说为法空;非无离言正智所证唯识性故,说为法空。此识若无,便无俗谛;俗谛无故,真谛亦无,真俗相依而建立故。拨无二谛,是恶取空,诸佛说为不可治者。应知诸法有空、不空,由此慈尊说前二颂。

【今译】

[问:]"这唯识的[识,其]本性[即主体],难道就不是空?不然的话,又该怎么理解呢?"

因为识并不是遍计所执性。即将由识变现的一切事物虚妄地执着为实在的事物,据理分析,实际不可得,所以说这些事物是空,即"法空";但并非指脱离言语的正智所证得的识的主体也不存在,而说是"法空"。这些识如果没有,就没有俗谛;没有俗谛,真谛也就不存在,因为真谛与俗谛是相互依赖而建立的。否定二谛的存在,是恶取空,一切佛将这类人称为不可救药者。要知道一切事物有的空、有的不空,因此弥勒尊者说了前面的两首颂。

【评析】

此处是成立唯识的第四层据理分析,论述识的自体不空。

诸识所变现的一切，不能将它们执着为离识实有的事物，所以说是空，这是法空。但诸识有依他起的自体，不能认为是空。而说诸识有自体，此处明言，是世俗谛。虽是世俗谛，但也不能不正视其意义，因为没有世俗谛也就没有真谛（即胜义谛）。而否定二谛，就是恶取空，这是佛教坚决反对的。这意味着，按唯识学的观点，在胜义谛中，诸识的自体这类问题，也只能说是无法用语言来表述的，因为胜义谛中的一切都是超越语言和思维的，但这并不应被表达为"在胜义谛中，诸识自体是空"。当然这是唯识学的观点，不同于空宗的观点。

七、释一切物质以识为本体

【原文】

"若诸色处，亦识为体，何缘乃似色相显现，一类坚住相续而转？"

名言[1]熏习势力起故。与染净法为依处故。谓此若无，应无颠倒，便无杂染，亦无净法。是故诸识亦似色现，如有颂言：

"乱相[2]及乱体[3]，应许为色识[4]，

及与非色识[5]，若无余亦无。"①

---

① 参见（唐）玄奘译《摄大乘论本》卷中，《大正藏》第31册，第138页。

【简注】

[1] 名言：即语言，具体指名称或概念，第六识借各种物质的名称或概念熏成各种物质种子。

[2] 乱相：此处指色声香味触五境。"相"指因，"乱"指妄识，以五境为因能生起妄识，所以五境是"乱相"。

[3] 乱体：此处指诸识。

[4] 色识：此处指五境色法。

[5] 非色识：此处指诸识。

【今译】

[问：]"如果各种物质也是以识为主体，怎么会以似乎实在的物质形象显现，并保持同类性质，稳定地存在，连续地生起？"

[这是由于无量时间来第六识借]名言熏习[成各种物质的种子，由种子]的力量生起[了似乎实在的各种物质现象]。[而这物质现象是]一切污染的与清净的事物的依存之处。即这物质现象如果没有，那就不会有[诸识认取物质而生起的]颠倒的虚妄执着，因而也就没有[烦恼、业等]污染现象；[没有烦恼、业等，]那也就没有清净法。所以，一切识也变现出似乎实在的物质形象，正如[《摄论》中]有首颂说的：

"使识虚妄颠倒的色法，以及虚妄颠倒的诸识，

应该承认它们就是色识与非色识，

如果没有所变的、作为虚妄颠倒之因的色识，

那能变的、颠倒妄执的非色识也就不存在。"

【评析】

此处是成立唯识的第五层据理分析，论述诸色处（即色法，此处主要指五境）以心为体。此处所讨论的问题是：如果各种物质实际上都是识，那怎么会以似乎实在的形体、障碍等物质性质显现？换言之，这些以识为主体的各种物质，应该像识一样，没有物质性的形体，互相间不形成障碍。本论的回答是："名言熏习势力起故。"此处的"名言"，指各种物质的名称或概念。名言不是能熏，本身不能熏成种子，物质种子实际是由第六识借名言而熏成。此句《述记》注为："妄习色相一类等，故有此相现，非真实有。""谓由无始名言熏习住在身中，由彼势力，此色等起相续而转。"[①] 即这些形体、障碍等物质性质，是众生（第六识）无始来始终执着的妄想，而此妄想又不断地熏习第八识形成其种子，由这些种子的力量，颜色等物质现象连续不断地生起。据《述记》注，这一说法，世亲等的解释中都没有出现。故而可以认为，这是本论的观点，即护法或玄奘的观点。

另外，本论此处引用的《摄论》中一首颂，其中，"乱相"指色法（此处指五境），能引生虚妄颠倒的诸识；"乱体"指虚妄颠倒的诸识。"色识"，此处不是指眼识，而是指诸色，因其是识的相分，是识的一部分，所以称之为"色识"。"色识"就是"乱相"，其中"相"作因解，即以色为因，心生颠倒。"非

---

① 参见（唐）窥基《成唯识论述记》卷第七，《大正藏》第43册，第492页。

色识"指诸识,也就是"乱体"。"非色识"是真正的识,因与"色识"相对,所以称为"非色识"。

八、释五境的现量性与非心外实有性

【原文】

"色等外境,分明现证,现量所得,宁拨为无?"

现量证时,不执为外,后意分别,妄生外想。故现量境,是自相分,识所变故,亦说为有。意识所执,外实色等,妄计有故,说彼为无。

又色等境,非色似色,非外似外,如梦所缘,不可执为是实外色。

【今译】

[问:]"颜色等五种身外之境,分明可由五识直接证知,能由现量方式来认识,怎么可以否定,说它们不存在?"

以现量证得时,不将它们执着为外部存在,其后由于意识的思辨分别作用,虚妄地生起它们是在外部的想法。所以,现量的对象是识自己的相分,因为是由识所变现,所以也可说是"有"。至于意识所执着的外部实在的颜色等各类物质,因为是虚妄地认为它们存在,所以说它们是"无"。

此外,色[声香味触]等各类境,[是依他起性,]非遍计所执色,却似乎是遍计所执色,因为实际非在心外,却似乎在心外,就像梦中所缘境[不可执为真实],[色等境也]不可执为是真实的心外色等境。

【评析】

此处是成立唯识的第六层据理分析,论述五境的现量性与非心外实有性的关系。外人在此产生的疑问是:五境是五识的现量境,现量境应该是真实不谬的,因此五境作为外境,也应该是真实不谬的。本论指出,五识对五境的认识确实是现量的,现量的认识也应是真实不谬的。但五识认识的五境只是五识的相分,五识并不将它们认作外境,将它们认作外境的是第六识。第六识将五境认作外境时的认识不是现量的,而是非量的(即属错误认识)。

此处两自然段,前段是破,即说明五识现量不执五境为外境,是后起的意识执着为外境;后段是正面阐述,五识所缘的相分色,本来就不是遍计色,不在识外。

九、释未觉悟时如同梦境

【原文】

"若觉时色,皆如梦境,不离识者;如从梦觉,知彼唯心,何故觉时,于自色境,不知唯识?"

如梦未觉,不能自知,要至觉时,方能追觉;觉时境色,应知亦尔。未真觉位,不能自知;至真觉时,亦能追觉。未得真觉,恒处梦中,故佛说为生死长夜,由斯未了色境唯识。

【今译】

［问：］"如果醒时见到的各类物质，都如同梦中所见，实际上不离识；那么，就像从梦中醒来，可知道梦中所见只是心理作用一样，为什么醒时对于自己所见的各类物质境像，不知它们只是识所变现？"

就像梦未醒时，自己不能知道是梦，要到梦醒时，才能反思而知道一样；醒时的各类物质境像，要知道也是如此。在还未真正觉悟的状态，自己不能知道是怎么回事；到真正觉悟时，也能反思而知道。还未获得真正觉悟时，永远是处在梦中，所以佛说这是生死长夜，因此不能明白各类物质境像只是识所变现。

【评析】

此处是成立唯识的第七层据理分析，论述未觉悟时众生如同处于梦境之中。外人对唯识说的疑问是：如果真像唯识学所说的，物质世界如同梦境，非真实有，那为什么我们在醒时不能觉知此是梦境？本论指出，众生由于无始来始终处于生死梦境之中，所以一直不能了知；要到真正觉悟时，方能了知物质世界以及众生身心、行为均属梦境。

十、释认识他心不违唯识

【原文】

"外色实无，可非内识境；他心实有，宁非自所缘？"

谁说他心非自识境？但不说彼是亲所缘。谓识生时，无实作用,非如手等亲执外物,日等舒光亲照外境,但如镜等似外境现,名了他心,非亲能了。亲所了者,谓自所变。故契经言:"无有少法能取余法,但识生时,似彼相现,名取彼物。"① 如缘他心,色等亦尔。

【今译】

[问:]"作为外境的各类物质实际上没有,可以不是内识的认识对象;其他众生的心实际存在,怎么不是自识的认识对象?"

谁说其他众生的心不是自识的认识对象?但不说这是直接的认识对象。[即在认识其他众生的心时,]在自心中有与之相似的识的相分生起,这识的相分没有实际作用,不像手等能直接拿外部的东西,不像日光等舒展的光芒能直接地照耀外部的环境,[这与他心相似的识的相分,]只是像镜面中反映的与外部景物相似的形象,这称为认识其他众生的心,但不说是直接地能认识。直接地被认识的,是由自己的识所变现的相分。所以,《解深密经》说:"没有任何事物能认取其他事物,只是在识生起时,有与其他事物相似的现象显现,称为认取该物。"认识其他众生的心是如此,认识各类物质境像也是如此,[所认取的只是自识中由识所变现的相分。]

【评析】

此处是成立唯识的第八层据理分析,论述认识他人之心不

---

① 参见(唐)玄奘译《解深密经》卷第三,《大正藏》第16册,第698页。

违唯识之理。他人之心识，对自心来说，是疏所缘缘。自心在认识他人之心时，以此为疏所缘缘（即本质），变现自心中的亲所缘缘（即相分）进行认识，所以此认识的直接对象，仍是自识的相分，不违唯识之理。实际上，认识他心与认识物质现象是相同的性质。认识物质现象时，对五识来说，基本的物质现象是第八识变现的，所以对五识也是疏所缘缘，五识以此为本质，变现相分进行认识，所以与认识他心是一样的道理。

十一、释唯识不是独识

【原文】

"既有异境，何名唯识？"奇哉固执，触处生疑。岂唯识教，但说一识？"不尔，如何？"汝应谛听，若唯一识，宁有十方凡圣、尊卑、因果等别？谁为谁说？何法何求？故唯识言，有深意趣。识言总显一切有情各有八识、六位心所、所变相见、分位差别，及彼空理所显真如；识自相故，识相应故，二所变故，三分位故，四实性故。如是诸法，皆不离识，总立识名。唯言但遮愚夫所执定离诸识实有色等。

若如是知唯识教意，便能无倒，善备资粮，速入法空，证无上觉，救拔含识生死轮回，非全拨无恶取空者，违背教理，能成是事。故定应信一切唯识。

【今译】

[问：]"既然有不同于自识的其他众生的心存在，怎么能称为唯

识?"真是奇怪啊！竟然如此固执，在每一点上都会产生疑问。难道关于唯识，佛典中说过只有一个识？［问：］"不然的话，又应怎样理解呢？"你们应该仔细听着，如果只有一个识，怎么会有十方世界的凡夫与圣人、尊贵者与卑贱者，以及因果等差别呢？又是谁为谁在说法？又有什么法可求、什么人在求？所以，唯识的说法，有很深的意趣。唯识的"识"，总的表示一切众生都有各自的八识，六类心所，所变现的见分和相分，心、心所、色法三者的不同状态，以及由那空理所显示的真如；因为八识［即识法］是识的主体，六类心所［即心所法］与识相应，见分和相分是由识所变现，心不相应行法是心、心所、色法三类法的不同状态，无为法［真如］是前四类法的真实本性。上述各类法都不离识，所以总的称为识。唯识的"唯"，只是要否定愚夫所执着的必定有脱离一切识而真实存在的物质等。

如果这样来理解佛典中唯识教法的含义，就能没有颠倒，充分准备了资粮，迅速悟入法空，证得无上正觉，拯救众生跳出生死轮回；这不是否定一切的恶取空者、违背教理所能做到的。所以一定要相信"一切唯识"的道理。

【评析】

此处是成立唯识的第九层据理分析，是重申唯识的含义。在此人们可能产生的疑问是：既然如上所述，他人的识也存在，那又怎么能说唯识？本论重申了唯识的含义：首先，他人之识是存在的，因此，唯识绝不是主张独识。十方世界有无数众生，也有无数圣者，他们都有自己的八识。其次，唯识也不是说只有识存在，除识之外，心所、相分、见分、色法、心不相应行法，乃至真如，都存在。所谓"唯识"，只是说上述一切都不离识。所以，唯识只是要否定离识的心外实有法，并不否定不离识的诸法。

另外，本论在此处主要依五位百法阐述了"一切法唯识"的道理。依五位百法来说：一是心法，包括八识，这是唯识分类中识的自体。二是心所法，包括五十一种心所，这是与识相应之法。三是色法，包括五根、五境、法处所摄色十一类基本物质，它们是识所变现之法。以上三类法都属实法，当然这是就类别而言，如果一一仔细分析，则心所与色法中都有假法。四是心不相应行法，包括二十四种法，它们是以心、心所、色法为基础而建立的假法。五是无为法，包括六种无为，它们是上述四类法的本性。这样地分析，上述五类法，或是识自体，或不离识，这就是唯识的含义。

此外，本论此处还用"四分说"来阐述了"一切法唯识"的道理。论中说到"所变相见"，这既包括了五位法中的色法（色法属相分），也超出了五位法体系。世亲的《百法论》只是说了五位法，之后，陈那等提出了见分和相分等心识结构说，而玄奘一系唯识论将由护法发展出的"四分说"作为自己理论体系的基础概念，用"四分说"以及见分和相分等概念来说明一系列唯识论问题，从而发展了唯识理论。用"所变相见"来阐述"一切法唯识"，即一切法只是由识自体（自证分）变现出的相分和见分，相分和见分就可以代表一切法，所以，一切法唯识。甚至更狭义地说，相分就可以代表一切法，相分由识变现，所以一切法唯识。

第二节 论识之缘起

一、释颂文

【原文】

"若唯有识，都无外缘，由何而生种种分别？"颂曰：
"由一切种识，如是如是变，
以展转力故，彼彼分别生。"

论曰：一切种识，谓本识中能生自果功能差别。此生等流、异熟、士用、增上果故，名一切种。除离系者，非种生故，彼虽可证，而非种果，要现起道，断结得故。有展转义，非此所说，此说能生分别种故。此识为体，故立识名；种离本识，无别性故。种识二言，简非种识。有识非种，种非识故。又种识言，显识中种，非持种识，后当说故。

此识中种，余缘助故，即便如是如是转变，谓从生位，转至熟时。显变种多，重言"如是"。谓一切种，摄三熏习[1]、共不共[2]等识种尽故。

展转力者，谓八现识及彼相应、相见分等。彼皆互有相助力故。

即现识等，总名"分别"，虚妄分别为自性故。分别类多,故言"彼彼"。

此颂意说:虽无外缘,由本识中有一切种转变差别,及以现行八种识等展转力故,彼彼分别而亦得生,何假外缘,方起分别?

诸净法起,应知亦然,净种现行为缘生故。

【简注】

[1] 三熏习:指名言熏习、我执熏习、有支熏习,详见下文。
[2] 共不共:指共相种与不共相种。共相指由众人共业所感、共同受用的现象,如山河大地等。不共相指非共业所感、只能自己受用的现象,如自身中的五根(指净色根)。能生起共相的种子称为共相种,能生起不共相的种子称为不共相种。

【今译】

[问:]"如果只有识真实存在,全无心外条件存在,又是由什么而生起种种分别[即心和心所]?"颂云:

"由一切种识[即第八识中的各类种子作为因],

不断地转变[而生起现行的识以及不离识的一切事物],

由这些现行识和事物相互间的作用[作为缘],

种种分别[即心和心所]得以生起。"

论云:"一切种识"是指第八识中能生起自己的果的不同功能[即各类种子]。这些功能能生起等流果、异熟果、士用果、增上果,所以称为"一切种"。这些果中不包括离系果,因为离系果不是由种子而生的,那离系果虽可证得,但不是由种子所生的果,要到现行生起无漏道，断除烦恼的束缚而证得此果。[那无漏种子能生无漏道，无漏道能证离系果，所以无漏种子相对离系果而言，]有展转相生的含义，但不是此颂所要说明的，此颂要说的是能生起分别[即凡夫的心与心所]的种子。这些能生起心与心所的种子是以识为主体，所以也称之为识[即一切种识]；因为种子离了本识，不再有其他主体。"种识"二字，有别于非种非识。因为现行的识不是种子，而物质世界的种子不是识。此外，"种识"的说法，是要表示本识中的种子，而不是指保持种子的识，这一差别，后文要加以说明。

这第八识中的种子[是因缘]，它们依靠[现行识、心所以及不离识的一切事物作为]等无间缘、所缘缘、增上缘的帮助，就不断地转变，即从种子刚生起的状态，转变到种子成熟生起现行。为了表示转变的种子之多，颂中重复使用了"如是"。所谓"一切种"，包括三种熏习的种子、共相种和不共相种等全部种子。

颂中说的"展转力"，指八种现行识以及与它们相应的心所、相分、见分等。它们相互之间都有能帮助生起的作用。

[颂中最后一句中的"分别"，指从种子生起的]现行识以及相应心所，总称为"分别"，因为虚妄分别是它们的自性。由于分别的种类很多，所以颂中说"彼彼"。

此颂的意思是说，虽然没有心外事物作为缘，但依靠本识中所具有的一切种子的不同转变，以及现行八识及其相应心所等相互之间的帮助力量，各种心和心所就得以生起，何必要借助心外的缘，才能生起心和心所呢？

各种清净的心和心所的生起，应该知道也是如此，即以清净的种子以及现行识等为缘从而得以生起。

【评析】

此处以下论述唯识学的缘起学说，首先是总论心与心所生起的缘。对唯识的说法，通过以上论述，人们往往还会产生的一个疑问是：如果完全没有心外条件，那心、心所又怎么能生起？此处通过对颂文的解释，回答了这个问题。即唯识学认为，事物的生起有因也有缘。所以，识的生起也有其因和缘。如上所说，唯识并不排除不离识的各种事物，包括现行活动的八识、心所、见分、相分等，这些就是心和心所生起的缘，而心、心所生起的因就是自己的种子。这样，因缘和合，就生起了识。广而言之，心所、色法等的生起，也都是如此，即以自己的种子为因，以不离识的一切存在为缘。进一步说，不但污染的事物是如此，清净的事物也是如此。

二、释四缘

【原文】

所说种现缘生分别，云何应知此缘、生相？

缘且有四。一因缘，谓有为法亲办自果。此体有二：一种子，二现行。

种子者，谓本识中善染无记、诸界地等功能差别，能引次后自类功能，及起同时自类现果。此唯望彼，是因缘性。

现行者，谓七转识及彼相应，所变相、见、性、界、地等，除佛果善、极劣无记[1]，余熏本识生自类种。此唯望彼，是因缘性。第八心品，无所熏故。非简所依，独能熏故。极微、圆故，不熏成种。

现行同类展转相望，皆非因缘，自种生故。一切异类展转相望，亦非因缘，不亲生故。有说异类同类现行展转相望为因缘者，应知假说，或随转门。有唯说种是因缘性，彼依显胜，非尽理说，圣说转识与阿赖耶展转相望为因缘故。

【简注】

[1]极劣无记：指四无记心中的异熟生心。参见前文注。

【今译】

上文说了以种子和现行事物为缘，生起了种种心和心所，进一步还应知道这些缘以及它们如何生起心和心所？

缘可以分为四种。第一是因缘，指一切有为事物中能直接生起自己的果的事物。因缘的主体有两种：一是种子，二是[具有因缘性质的]现行[事物]。

所谓种子，是指第八识中能生起善性的、污染性的、无记性的事物的功能以及能生起三界九地中各界各地的功能[包括有漏、无漏，色、非色，果报、非果报等功能]，这些不同的功能[即种子]，能引生其后的自类功能[即自类种子]，也能生起同时的自类的现行果。

这些不同的功能只是相对于其后的自类功能以及同时的自类现行果，具有因缘的性质。

所谓［具有因缘性质的］现行［事物］，是指前七转识及其相应心所［的自体］，以及它们变现的相分和见分，善、恶、无记性［的事物］，三界九地等；除了极善的佛果和四无记心中力量极其微劣的异熟生心外，其余的一切事物都能熏第八识而生起自类的种子。这些转识以及事物只是相对于自类种子，具有因缘性质。［问："为什么作为因缘的现行不包括现行的第八识及其相应心所？"］第八识［只是所熏，若将其视作能熏，］那样就没有所熏了。［问："如果是这样的话，第八识的相应心所应是能熏，因为有第八识作为所熏。"］并非相应心所脱离了所依托的心王而能独立地熏习种子。［问："为什么第八识心王脱离心所单独就可作为所熏，而心所不能脱离心王单独作为能熏？"因为心王有独立自主的性质，而心所没有。］［问："为什么第八识以及六识中的异熟生心不能作为能熏？"］因为它们的力量极其微弱。［问："为什么佛果中的第八识不作为能熏？"］因为佛果极其圆满，［并非逐渐增长。］所以［异熟生心与佛果的第八识］都不再熏成种子。

现行的同类转识等前后相对而言，都不是因缘的性质，因为现行的转识都由自己的种子生起，［而不是前识生起后识。］一切不同类型的现行转识等相互相对而言，也不是因缘性质，因为它们相互之间不能直接地生起对方。有的地方说不同类型或同类的现行转识等前后或相互相对而言是因缘性质，要知道这是假说，或是随顺其他教派而作的权宜说法。有的地方只说种子是因缘的性质，这是因为种子的因缘性质比现行更为显著更为优胜，但这种说法并未完全说清道理，因为佛典中说前七转识与阿赖耶识［中的种子］相互相对而言是因缘性质。

【评析】

此处以下详细论述四种缘，首先论述因缘。因缘指能直接生起自己的果的有为法。因缘包括两种：种子与现行。种子，如前所述，指第八识中能生起各种事物的功能。种子能生起后时的自类种子，也能生起同时的现行果。现行有因缘性的现行和非因缘性的现行。因缘性的现行包括前七识及其相应心所、相分和见分等，当然，这些事物只是相对于它们的种子而言是因缘。而现行的第八识及异熟生的前六识属非因缘性的现行。此外，现行的七识，同类前后间及异类互相间也只是非因缘性的现行。

【原文】

二等无间缘，谓八现识及彼心所，前聚[1]于后自类无间，等而开导[2]，令彼定生。多同类种，俱时转故，如不相应，非此缘摄。由斯八识非互为缘。心所与心，虽恒俱转，而相应故，和合似一，不可施设离别殊异，故得互作等无间缘。入无余心，最极微劣，无开导用，又无当起等无间法，故非此缘。云何知然？论有诚说："若此识等无间，彼识等决定生，即说此是彼等无间缘故。"①

---

① 参见（唐）玄奘译《瑜伽师地论》卷第三，《大正藏》第30册，第292页。

【简注】

［1］聚：指八种现行识与各自相应心所形成的聚合。
［2］开导：开路引导，参见第三章"开导依"注。

【今译】

二是等无间缘，即八种现行识与各自相应心所［组成的聚合］，前一聚合无间隔地为同类的后一聚合开路并引导，使后一聚合肯定能生起，［这样，前一心与心所的聚合相对于同类的后一聚合，就是等无间缘。］众多的同类种子同时生起，相互之间与不相应的事物一样，所以不属这等无间缘。由此可知，异类的八识相互之间也不属等无间缘。心所与心，虽然永远同时生起，但相互相应，和合似一体，不能将它们分离从而认为它们完全不同，所以可以相互作为等无间缘。入无余涅槃的最后一刻的心，最为微劣，没有开路和引导的作用，又没有将要无间隔地生起的心，所以不是等无间缘。怎么知道这样的说法是正确的呢？《瑜伽论》等论中有明确的说法："如果前识及其相应心所的聚合无间隔地、必然地生起同类后识及其心所的聚合，就说前一聚合是后一聚合的等无间缘。"

【评析】

此处以下论述等无间缘，首先论述等无间缘的含义。论中所述的含义中有两点需注意。一、等无间缘是以心为主的，心所不能独立地作为等无间缘，而是依附于心，与心组成一"聚"，共同地被前一聚"开导"，或"开导"后一聚。二、"等无间缘"或"等而开导"的"等",表明在上述过程中,前一聚与后一聚所包含的同类心与心所的数量是相等的,不像物质或不相应法能以一生多或以多生一。

【原文】

即依此义,应作是说:阿陀那识,三界九地,皆容互作等无间缘,下上死生,相开等故。有漏无间,有无漏生,无漏定无生有漏者;镜智起已,必无断故。善与无记,相望亦然。

"此何界后引生无漏?"或从色界,或欲界后。谓诸异生求佛果者,定色界后引生无漏,彼[1]必生在净居天[2]上大自在宫,得菩提故。二乘回趣大菩提者,定欲界后引生无漏,回趣留身,唯欲界故;彼虽必往大自在宫方得成佛,而本愿力所留生身是欲界故。有义:色界亦有声闻回趣大乘愿留身者,既与教理俱不相违,是故声闻第八无漏色界心后亦得现前。然五净居无回趣者,经不说彼发大心故。

第七转识,三界九地亦容互作等无间缘,随第八识生处系故。有漏无漏容互相生,十地位中得相引故。善与无记,相望亦然。于无记中,染与不染亦相开导,生空智果前后位中得相引故。此欲、色界,有漏得与无漏相生,非无色界,地上菩萨不生彼故。

第六转识,三界九地有漏无漏、善不善等,各容互作等无间缘,润生位等,更相引故。初起无漏,唯色界后,决择分[3]善唯色界故。

眼、耳、身识，二界二地，鼻、舌二识，一界一地，自类互作等无间缘。善等相望，应知亦尔。有义：五识有漏无漏，自类互作等无间缘，未成佛时容互起故。有义：无漏有漏后起，非无漏后容起有漏，无漏五识非佛无故，彼五色根定有漏故，是异熟识相分摄故。有漏不共必俱同境根[4]，发无漏识，理不相应故，此二于境明昧异故。

【简注】

[1] 彼：《藏要》本作"后"。《大正》本作"彼"，其注云："宋、元、明、宫本作'后'。"又《成唯识论掌中枢要》（以下简称《枢要》）卷下云："彼必生在净居天大自在宫得菩提故。"
[2] 净居天：也称五净居天，指色界中第四禅的八天中的后五天，包括无烦天、无热天、善现天、善见天、色究竟天。
[3] 决择分：即顺决择分，指修道五位中的加行位。
[4] 有漏不共必俱同境根：即有漏五根。其中，"不共"指有漏五根是有漏五识的不共所依，不像第八识是无漏识和有漏识的共依；"必俱"指有漏五根与有漏五识必定同时存在，这排除了五根作五识的等无间缘；"同境"指有漏五根与有漏五识认取共同对象。

【今译】

正是根据上述意思，应当这样说：阿陀那识[即第八识]在三界九地都可相互作为等无间缘，因为众生无论是在下地还是在上地的生时还是一期生命结束时，此识都能为其后同类识的生起起开路和引导作用。有漏的第八识及其心所的聚合，可以无间隔地生起无漏的同类聚合，但无漏第八识的聚合必定不能生起有漏的同类聚合；因为大圆镜智生起后，必定不会间断。善性的第八识与无记性的第八识［即异熟识］，相互之间的关系也是如此，［即无记性第八识能生善性第八识，善性第八识不生无记性第八识。］

［问：］"这无记性的异熟识在哪一界后能引生无漏第八识？"或从色界后，或从欲界后，［但不是无色界。］即一切欲求佛果的凡夫，定能在色界后引生无漏第八识，他们必定生在净居天上的大自在宫证得菩提。二乘回心趋向大菩提者，定是在欲界后引生无漏第八识，因为回心趋向大菩提者所留下的身体，只能是在欲界；他们虽然也必须往大自在宫才能成佛，但其由本愿力量所留存的身体是在欲界。有种观点认为，色界也有声闻乘人回心趋向大乘并由这愿力留下身体的，既然与佛典和正理都不相违，所以声闻的无漏第八识在色界有漏第八心后也能现行生起。［这样说法也是正确的。］但到五净居天中就没有回心趋向大乘的了，因为经中没有说五净居天的众生能发大心愿回向菩提。

第七转识在三界九地都可互相作为等无间缘，因为第七识是随第八识所生之处而系缚于该处。有漏的第七识与无漏的第七识可以互相引生，因为在菩萨十地位中二者能相互引生。善性的第七识与无记性的第七识，相互之间也可互相引生。在无记性的第七识中，有覆无记与无覆无记也可互相开路和引导，在出入"我空"观的前后状态中也可相互引生。在欲界和色界，有漏的第七识可［作为等无间缘］引生无漏的第七识，但不在无色界，因为初地以上的菩萨不会生在无色界。

至于第六转识，三界九地中的有漏与无漏、善与不善等的第六识，都可互相作为等无间缘；在帮助生往某一地的状态中，第六识更能前后相互引生。最初生起无漏的第六识，只是在色界［加行位之］后，因为能引发第六识的暖等四种加行位善根的只是在色界。

［五识中，］眼识、耳识、身识三识在欲界五趣杂居地和色界的离生喜乐地，鼻识和舌识在欲界五趣杂居地，各以自类识相互作为等无间缘。善、恶、无记性的五识自类相互之间也是如此。［关于有漏五识与无漏五识相互间的关系，有两种观点。］第一种观点认为，有漏五识与无漏五识，其自类识相互之间可作等无间缘，因为未成佛时它们可以相互引导而生起。第二种观点［即正确的观点］认为，无漏五识是在有漏五识之后生起，并非无漏五识后可以有有漏五识生起，因为无漏五识不到成佛是不会有的，因为未成佛的众生的五根必定是有漏的，因为众生的五根属于有漏的异熟识的相分，［所以由有漏的五根所引生的五识也必定是有漏的。］［问："有漏的五根引生无漏的五识，为何不可？"］有漏的五根，引生无漏五识，这一说法不能与正理相应。［问："有漏第六识依托有漏第七识，无漏第六识也依托有漏第七识，为什么无漏五识依托有漏五根的说法与正理不相应？"］因为第六识与第七识不同境，而五识与五根同境。无漏五识与有漏五根，］二者在认取对象时，一明晰，一暗昧，全不相同，［所以有漏五根不能作为无漏五识的依托。］

【评析】

此处继续论述等无间缘，是讨论各种识作等无间缘的情况。阿陀那识即第八识，无论何时何地都能作后识的等无间缘，有漏的第八识聚能作后识聚的等无间缘，也能引生无漏的第八识聚，无漏则不能引生有漏。第七识聚也总能作同类后识聚的等无间缘，且有漏与无漏能相互引生，如菩萨初地见道后，可生起无漏的平等性智，但其后出观，第七识仍属有漏。第六识聚与第七识聚的情况相同。五识的情况则与第八识相同，有漏的能引生有漏的，也能引生无漏的，但无漏五识生起后不会再引生有漏五识。因为无漏的第八识和无漏的前五识都要成佛后才生起，而成佛后不会再生起有漏的第八识和前五识。

【原文】

　　三所缘缘。谓若有法[1]，是带己相[2]，心或相应所虑所托。

【简注】

[1] 有法：严格地说是指有体法，即实法；宽泛地说包括某些类型的假法。
[2] 带己相：指带有该事物（"有法"）的形相。

【今译】

　　三是所缘缘。即如果某一存在的事物，是带有该事物形相的心或心所的认识对象和依托对象，［那该事物就是所缘缘。］

【评析】

　　此处以下论述所缘缘，首先阐明所缘缘的定义。所缘缘须具备两个条件：一是能成为"所缘"，即是心和心所的认识对象；二是能成为"缘"，即是心与心所生起的条件。此定义中的"有法"，就是成为"缘"的条件；"带己相"，就是成为"所缘"的条件。对定义中的"有法"的界定，据《述记》，有几种观点。一是认为"有法"只指实法，如色中的青、黄等显色。二是认为"有法"主要是实法，也可以包括某些假法，如色中的长短等形色。对这两种观点，《述记》在卷第二阐述所缘缘时指出，前一种观点更为妥善；[①]但在卷第七阐述此段文字时，不强调一定须是实法，只要不是遍计所执的事物就可以（遍计所执事物不是"有法"，可说是假，也可说是非实非假）。因为遍计所执的事物没有主体，不能作为"缘"，生起识及心所。[②]另外，"带相"也有二义，一是变带形相，即变现出相分作为所缘，古印度的唯识学者就是持这种观点。但后有小乘经量部学者对此提出责难，大意如下：按大乘所说，无分别智不会变现与真如相似的相分，这样，真如就不是无分别智的所缘缘，或者说无分别智不能认识真如。此责难曾难到所有印度的大乘唯识学者，后来玄奘大师作了答复："汝不解我义。带者是挟带义，相者体相，非相状义。谓正智等生时，挟带真如之

[①] 参见（唐）窥基《成唯识论述记》卷第二，《大正藏》第43册，第272页。
[②] 参见（唐）窥基《成唯识论述记》卷第七，《大正藏》第43册，第500页。

体相起，与真如不一不异，非相非非相。"① 这就是带相的第二义，即挟带体相。无分别智认识真如属挟带。此外，自证分认取见分，以及自证分与证自证分相互认取，都属挟带。

【原文】

此体有二：一亲，二疏。若与能缘，体不相离，是见分等内所虑、托，应知彼是亲所缘缘。若与能缘，体虽相离，为质能起内所虑、托，应知彼是疏所缘缘。

亲所缘缘，能缘皆有，离内所虑、托，必不生故。疏所缘缘，能缘或有，离外所虑、托，亦得生故。

【今译】

所缘缘按主体分，有两类：一是亲所缘缘，二是疏所缘缘。如果[此所缘缘的主体]与能认取的见分等的主体不脱离，该主体就是见分等内在的认识对象和依托对象，要知道这就是亲所缘缘。如果[此所缘缘的主体]与能认取的见分等的主体虽相分离，但此主体作为本质，能生起[相分，成为识和心所]内在的认识对象和依托对象，要知道这就是疏所缘缘。

亲所缘缘是能认取的心生起时都具有的，因为没有了内在的认识对象和依托对象，能认取的心必定不能生起。至于疏所缘缘，能认取的心生起时或许有此缘[或许没有此缘]，因为即使没有外在的认识

---

① （唐）窥基《成唯识论述记》卷第七，《大正藏》第43册，第500页。

对象和依托对象，能认取的心也能生起。

【评析】

此处继续论述所缘缘，是论述两种所缘缘：亲所缘缘与疏所缘缘。按本论定义，亲所缘缘"与能缘体不相离"。通常所说的亲所缘缘就是诸识的相分；但精细地分析，则除见分缘相分外，自证分缘见分、自证分与证自证分互缘，乃至无分别智缘真如，所缘也都"与能缘体不相离"。如上所说，这里有变带和挟带两种情况，见分缘相分是变带，而自证分缘见分等三种情况，都属挟带。

疏所缘缘与能缘不同体，需是实法，这有两种情况：一是以自身中自识外的其他识（主要是第八识）所变现物，作为疏所缘缘。如五识认取外部世界时，外部世界是自己第八识的相分，与五识属于不同的主体，五识以外部世界，即五境为本质，生起相似的相分，所以五境是五识的疏所缘缘。二是其他众生的识以及识所变现物，作为自识的疏所缘缘。如自己的前六识尤其是第六识在认取他人的识、他人的身体时，就是以此为本质，变现自识中的相分而进行认识，所以他人的识、他人的身体等都是自己前六识的疏所缘缘。

此外还可讨论的是：第六识缘无（如缘龟毛兔角）时的所缘缘问题。此时没有疏所缘缘，各家并无歧义，因为无法（如龟毛兔角）根本不存在。但另一方面，按唯识论的观点，亲所缘缘即相分是必定存在的。此相分由何而来？应该说是由独散意识变现，或者说，与独散意识的见分种同种生起。那么，此相分有没有本质？对此有不同意见。有一派认为，相分必有本质，缘无法时，相分的本质就是名，独散意识依名为本质而生起相分，如《述记》说："或以名教而为本质，起自心相。"①

【原文】

　　第八心品，有义：唯有亲所缘缘，随业因力任运变故。有义：亦定有疏所缘缘，要仗他变质，自方变故。有义：二说俱不应理。自他身土，可互受用，他所变者为自质故。自种于他无受用理，他变为此不应理故，非诸有情种皆等故。应说此品，疏所缘缘，一切位中有无不定。

　　第七心品，未转依位，是俱生故，必仗外质，故亦定有疏所缘缘；已转依位，此非定有，缘真如等，无外质故。

　　第六心品，行相猛利，于一切位，能自在转，所仗外质，或有或无；疏所缘缘，有无不定。

　　前五心品，未转依位，粗钝劣故，必仗外质，故亦定有疏所缘缘；已转依位，此非定有；缘过、未等，无外质故。

【今译】

　　关于第八识及其相应心所等［的所缘缘，有三种观点］。第一种观点认为，只有亲所缘缘，因为第八识是根据业力和因［自种］力自

---

① 参见（唐）窥基《成唯识论述记》卷第一，《大正藏》第43册，第250页。

然地变现［相分境］。第二种观点认为，［除了有亲所缘缘，］也必定有疏所缘缘，因为要依托他心变现的东西作为本质，自己的第八识才变现［相分境］。第三种观点［即正确的观点］认为，以上两种说法都不合理。自己与他人的身体和国土，可以互相受用；因为他人所变现的［身体和国土］，可以作为自己所认识和依托的本质；［所以是疏所缘缘，因而第一种观点认为只有亲所缘缘是不正确的。］自己的第八识中的种子，他人是不能受用的，如果说自己的种子是由他心变现的，那是不合理的；［况且，众生有五类种性的差别，因此，］并非一切众生的种子数量都相等，［数量少的怎么能变出数量多的？所以各自的种子只是各自第八识的亲所缘缘，因而第二种观点认为必定也有疏所缘缘，也是不正确的。］应该说第八识及其相应心所，其疏所缘缘，在各种状态中，或有或无是不一定的。

第七识及其相应心所，在未转变污染依止清净时，由于是与生俱来的，［自然而有，没有力量，］所以必定要依托第八识［作为外在的本质，才能变现出自心中的相分，］因而也必定有疏所缘缘；转变污染依止清净后，疏所缘缘并非必定有，因为第七识在认取真如［或虚空、过去、未来的事物］时，就没有外在的本质，［所以没有疏所缘缘，而认取当下的有为法时，有外在的本质。］

第六识及其相应心所，由于［第六识］现行活动的作用极强有力，在未转依或已转依等一切状态中都能自在地生起；所依托的外在的本质，或有或没有；所以疏所缘缘有或没有也不一定。

前五识及其相应心所，在未转依时，［前五识］现行活动的作用极为粗显、迟钝、低劣，必定要依托外在的本质，所以也是必定有疏所缘缘；转依后，疏所缘缘并非必定有，因为认取过去和未来等状态时，就没有外在的本质。

【评析】

此处继续论述所缘缘，是论述八识在各种状态下的所缘缘。八识在各种状态下都有亲所缘缘，至于疏所缘缘，则诸识情况并不相同。第八识的疏所缘缘，在未转依与转依后，有无不定。在未转依，即未成佛时，众生的身体和所处的物质世界，是众生共同变现的，可以共同受用，所以，自己的第八识在变现自己的身体和物质世界时，也依托他人对自身和此物质世界的变现，所以有疏所缘缘。而五根（即净色根）、种子等相分境，则纯属自己变现，不依赖他人，所以无疏所缘缘。在成佛后，第八识能认取一切现存的事物，这样就有疏所缘缘；同时第八识也能认取无为法或过去、未来的事物，这样就没有疏所缘缘。至于五遍行心所，则完全依赖心王，所以有无疏所缘缘，与相应心王相同。第七识及其相应心所的疏所缘缘，在未转依时必定有；转依后有无不定，如认取真如等就无，而认取当前有为事物时就有。第六识及其相应心所，能在一切状态中进行认识活动，所以疏所缘缘有无不定。前五识及其相应心所在各种状态下的疏所缘缘，与第七识大体相同，但转依后的成所作智只是后得智，所以不缘真如（但也可以说缘真如，只是后得智不是亲证真如，而是变真如影像而缘）。

【原文】

四增上缘,谓若有法,有胜势用,能于余法或顺或违。虽前三缘,亦是增上,而今第四,除彼取余,为显诸缘差别相故。此顺违用,于四处转,生住成得四事别故。

然增上用,随事虽多,而胜显者,唯二十二,应知即是二十二根。前五色根,以本识等[1]所变眼等净色为性。男女二根,身根所摄故,即以彼少分为性。命根但依本识亲种分位假立,非别有性。意根总以八识为性。五受根如应各自受为性。信等五根,即以信等及善念等而为自性。

未知当知根体,位有三种。一根本位,谓在见道,除后刹那[2],无所未知可当知故。二加行位,谓暖、顶、忍、世第一法,近能引发根本位故。三资粮位,谓从为得谛现观[3]故,发起决定胜善法欲,乃至未得顺决择分所有善根,名资粮位,能远资生根本位故。于此三位信等五根、意、喜、乐、舍,为此根性。加行等位,于后胜法求证悕戚,亦有忧根,非正善根,故多不说。前三无色有此根者,有胜见道傍修得故。或二乘位回趣大者,为证法空,地前亦起九地[4]所摄生空无漏,彼皆菩萨此根摄故。菩萨见道,亦有此根,但说地前,以时促[5]故。

始从见道最后刹那,乃至金刚喻定,所有信等无漏九根,皆是已知根性。未离欲者,于上解脱求证悕戚,亦有忧根,非正善根,故多不说。

诸无学位无漏九根,一切皆是具知根性。有顶虽有游观无漏,而不明利,非后三根。二十二根自性如是,诸余门义,如论应知。①

【简注】

[1] 等:指五根种子。
[2] 后刹那:小乘俱舍宗观四谛十六行相有十六心,其中十五心属见道,最后第十六心属修道。大乘唯识宗十六心都属真见道后的相见道。
[3] 谛现观:小乘是以无漏智观四谛,称圣谛现观。大乘是以有漏、无漏智观现前境明了,并资助使之不退转,称谛现观,包括思现观、信现观、戒现观等六种。上文中的"谛现观",《述记》卷第七解释是指信现观。
[4] 九地:《述记》卷第七注为:"九地者,六色界,三无色。"其中,"六色界"指未至定、中间定和四根本定;"三无色"指无色界的前三处。
[5] 时促:据《述记》卷第七,菩萨的初地有三个阶段,即入地、住地、出地(实际十地都是如此)。这里说菩萨见道的时间短促,是指入地的时间短促,因为入地是见道位,而住地和出地已属修道位。

【今译】

四是增上缘,即如果某一现实中存在的事物,有很强的力量和作用,能对其他事物或帮助或阻碍,[那就是增上缘。]虽然上述三种缘[也有同样作用,]也可以认为是增上缘,但这第四种缘是包括

---

① 参见(唐)玄奘译《瑜伽师地论》卷第九十八,《大正藏》第30册,第863页。

除去前三种缘以外的其他一切缘，那是为了表示各种缘的性能有所区别。这帮助或阻碍的作用，表现在以下四方面，即对［有为法的］生起、形成、暂时稳定存在，［以及无为法及圣位等的］证得，起到作用。

而能起到增上缘作用的，虽有众多的事物，但作用突出的，只有二十二种，要知道这就是二十二种根。其中，眼根、耳根、鼻根、舌根、身根这五根，是以第八识及其种子所变现的眼等清净的［细微］物质作为主体。男根和女根，因为属于身根范畴，即以身根的一小部分为其主体。命根只是依据直接生起第八识的种子形态而假立的，并非另有主体存在。增上缘的意根，总的以八种识为主体。苦根、乐根、忧根、喜根、舍根这五受根，各以五受中相应的受为主体。信根、精进根、念根、定根、慧根这五善根，各以善心所中的信、精进和别境心所中的善念、善定、善慧为其主体。

未知当知根的主体，存在于［修道五位的］三位中。一是在根本位，这是在见道［八忍八智十六心的前十五心中，但不包括最后的第十六心这一刹那］，因为在这最后一刹那中，没有什么未知而需要知道的东西了。二是在加行位，就是暖位、顶位、忍位、世第一法位，因为这些阶段能直接引发根本位的见道心。三是在资粮位，即从为了得圣谛观观，引发生起毫不动摇的、对殊胜善法的欲求开始，直至还未获得加行位所具有的善根为止的所有阶段，都称为资粮位，因为这些阶段能间接帮助生起根本位的见道心。在这三位中的信等五善根、意根、喜根、乐根、舍根，是这未知当知根的主体。加行等位中，由于对以后的殊胜的法，十分希望证得，也会生起忧愁，也有忧根，但这不是真正的善根，所以一般不说。四无色处中的前三处［即空无边处、识无边处、无所有处］，有这未知当知根，［因为］有［修行者在见道前曾修得前三无色定及相应的世俗智，由此］胜［缘，］见道后兼修［并长养此世俗智种子，此世俗智种子］得［名未知当知根，所以前三无色处也有这未知当知根。］此外，二乘中回心趋向大乘者，为证得法空，在入初地前也生起六色界和三无色处所属的无漏我空，此无漏我空［虽在二乘是已知根、具知根，但顺应菩萨观，所以］都说成是属菩萨的未知当知根。菩萨在见道位中也有这未知当知根，但一般只说菩萨在初地前有此根，这是因为菩萨的见道时间短暂。从见道的最后一刹那开始，直至金刚喻定，所有无漏的信根［等五根与意根、喜根、乐根、舍根］等九根，都是已知根的主体。尚未脱离欲界者，对上界的解脱求证时，仍会生起忧愁，也有忧根，但这不是真正的善根，所以一般不说这忧根是已知根。

所有无学位的九种无漏根，都是具知根的主体。［无色界的第四处，即］非想非非想天的修行者，虽然也有不断烦恼的无漏状态，但不清晰有力，所以不属未知当知根、已知根、具知根。

二十二根的主体就是如此，其余的各种含义，如《瑜伽论》中所说。

【评析】

此处论述增上缘。增上缘的范围较宽泛，凡不属前三种缘的均可归入此缘。因为增上缘就是对其他事物起到帮助或阻碍作用的事物,而一切事物可认为都处在普遍的联系之中,是相互作用相互影响的,故而都可相互作增上缘。但严格地说,唯识学的增上缘有三个条件:一是"有法",对此宽泛的理解是排除了遍计所执性的事物,因为此类事物纯属虚幻;而较为严格地说则要排除假法,这样就是专指实法,不包括假法。《述记》似取前解,故本书译文也取较为宽泛的说法。二是"有胜势用",即能对结果产生显著作用。三是"能于余法或顺或违",即对后起的其他事物起或帮助或障碍作用,所以不同于等无间缘,后者是对后起的自类事物起开路和引导作用。此增上缘的作用表现在四方面:一是有为法的生起;二是有为法的形成;三是有为法保持相对稳定的存在,这也包括观点的证成或世俗事业的成就等;四是无为法的证得,也包括有为法中圣位的证得等。能作增上缘的事物,唯识学称为二十二根,它们是:五根(眼、耳、鼻、舌、身),男女二根,命根,增上缘的意根,五受根(苦受、乐受、忧受、喜受、舍受),五善根(信、精进、念、定、慧),三无漏根(未知当知根、已知根、具知根)。

三、释十因与二因

【原文】

如是四缘,依十五处义差别故,立为十因。云何此依十五处立?

一语依处,谓法、名、想所起语性,即依此处立随说因。谓依此语,随见闻等说诸义故。此即能说为所说因。有论说此是名想见,由如名字取相执着,随起说故。[1] 若依彼说,便显此因,是语依处。

二领受依处,谓所观待[1]能、所受[2]性,即依此处立观待因。谓观待此,令彼诸事或生或住或成或得,此是彼观待因。

三习气依处,谓内外种未成熟位,即依此处立牵引因,谓能牵引远自果故。

四有润种子依处,谓内外种已成熟位,即依此处立生起因,谓能生起近自果故。

五无间灭依处,谓心、心所等无间缘。六境界依处,谓心、心所所缘缘。七根依处,谓心、心所所依六根。八作用依处,谓于所作业作具作用,即除种子余助现缘。九士用依处,谓于所作业作者作用,即除种子余作现缘。十真实见依处,谓无漏见,除引自种,于无漏法能助引证。总依此六立摄受因,谓摄受五,办有漏法;具摄受六,办无漏故。

十一随顺依处,谓无记、染、善现种诸行,能随顺同类胜品诸法,即依此处立引发因。谓能引起同类胜行,及能引得无为法故。

十二差别功能依处[3],谓有为法,各于自果有能起、

---

[1] 参见(唐)玄奘译《大乘阿毗达磨集论》卷第三,《大正藏》第31册,第671页。

证差别势力，即依此处立定异因。谓各能生自界等果，及各能得自乘果故。

十三和合依处，谓从领受乃至差别功能依处，于所生住成得果中有和合力，即依此处立同事因。谓从观待乃至定异，皆同生等一事业故。

十四障碍依处，谓于生住成得事中能障碍法，即依此处立相违因。谓彼能违生等事故。

十五不障碍依处，谓于生住成得事中不障碍法，即依此处立不相违因。谓彼不违生等事故。

【简注】

[1] 观待：即依赖。
[2] 能、所受：据《述记》卷第八，"今于能受唯取受数……其所受中通一切法，但除种子因缘之法"，即能受指受心所，所受指除种子外的一切事物。
[3] 差别功能依处：据《述记》卷第八，此依处不仅指种子，还指现行，如："谓善业定引人、天第八识，非恶趣，以相称故。"

【今译】

以上四种缘，依据十五处的不同含义，可分为十种因。这十种因是如何依据十五处而建立的呢？

一是语依处，指由法［事物］、名［事物的名称］、想［由名而形成的认识］所生起的语言［表达，这语言的主体就是语依处］，就依托此处建立随说因。即依托语言，随所见所闻等诠说诸法的含义。

这就是将能说的语言作为所说诸法含义的因。《集论》说此语依处是"名、想、见",即按照名称来认识对象,并执着于这种认识,根据这种认识进行言说。如果按照这种说法,就表示此因(名、想、见)是语依处,〔与上述《瑜伽论》的语性是语依处的说法不同。两论各取不同角度,互不相违,如《瑜伽论》的说法通所有法,《集论》的说法只指染法。〕

二是领受依处,这是指互相依赖而成立的能受和所受的主体,正是依据此处建立观待因。即依赖这些事物,使另一些事物或生起、或暂时稳定存在、或成就、或证得,这些事物就是那些事物的观待因。

三是习气依处,这是指第八识内的种子与外部物质世界的种子的未成熟状态,正是根据此处建立牵引因,因为此类种子能牵引将来自己的果。

四是有润种子依处,这是指第八识内的种子与外部物质世界的种子的成熟状态,正是根据此处建立生起因,因为已润的种子能生起当下自己的果。

五是无间灭依处,这是指心与心所的等无间缘。六是境界依处,这是指心与心所的所缘缘。七是根依处,这是指心与心所所依托的六根。八是作用依处,这是指在所作的业中一切起辅助作用的条件,也就是除了种子外的其余一切起辅助作用的现实条件。九是士用依处,这是指在所作的业中一切起能动作用的条件,也就是除了种子外的其余一切起能动作用的现实条件。十是真实见依处,这是指无漏见,这无漏见除了引生自己的种子〔不算真实见依处〕外,对一切无漏法能帮助引生和证得，[都是此依处。] 总的依据这六种依处建立摄受因，即具有前五种依处，能形成有漏的事物；包括第六种依处在内，能成就无漏的事物。

十一是随顺依处，这是指无记性的、污染性的、善性的现行及其种子等一切事物，它们能使各自同类的、功能更强的事物随之而顺利生起，[这就称为随顺依处，] 正是依据此处建立引发因。即上述现行和种子能引而生起各自同类的功能更强的事物，并且，[善性的现行和种子] 还能引而证得无为法。

十二是差别功能依处，这是指有为的事物，[它们的种子和现行] 对于各自的果，都有能生起、能证得的各自相应的力量，[这就称为差别功能依处，] 正是据此处建立定异因。即 [有为的事物，] 各能生起三界中自界等的果，乃至各能证得三乘中自乘的果。

十三是和合依处，这是指从领受依处直至差别功能依处，对所生起、所形成、所成就、所证得的果中有和合的力量，[这就称为和合依处，] 正是依据此处建立同事因。即从观待因直至定异因，都共同地生起、形成、成就、证得某一事业。

十四是障碍依处，这是指在生起、暂时稳定存在、成就、证得的过程中，能起障碍作用的事物，正是依据此处建立相违因。即它与上述生起等现象相违背。

十五是不障碍依处，这是指在生起、暂时稳定存在、成就、证得的过程中，不会起障碍作用的事物，正是依据此处建立不相违因。即它与上述生起等现象不相违背。

【评析】

此处是根据十五依处建立十因。

一是根据语依处建立随说因，即以能说之语作为所说之事物的因，此因实际上是增上缘。

二是根据领受依处建立观待因，即依赖一些事物产生另一些事物，前者就是后者的因。此因仍是增上缘。所谓"领受依处，谓所观待能、所受性"，其中，"所观待"即所依赖，但作为观待因的所依赖，是间接的所依赖，不是直接的所依赖。直接的所依赖属引发因和牵引因等。而观待因包括能受与所受。能受指受心所，所受则指除种子外的一切事物。二者所呈现的关系：有以能受为因，能受为果，如期待苦尽得乐；有以能受为因，所受为果，即由某种感受产生另一现象（如思想）；有以所受为因，能受为果，如某一事物引起某种感受；有以所受为因，所受为果，如以脚为因，产生走路的动作等（如前所说，所受指一切事物）。

三是根据习气依处建立牵引因，即以未成熟的种子作为自己将来果的因。此因属因缘。

四是根据有润种子依处建立生起因，即以成熟的种子作为当下自己果的因。此因也属因缘。

五是根据无间灭依处等六种依处建立摄受因，即以帮助种子成就有漏或无漏事物的六种因素作为因。此因属等无间缘、增上缘和所缘缘三种缘。六种依处中，作用依处与士用依处的区别，以谷种生芽为例，土、水和人都起作用，土和水的作用就是作用依处，人的作用就是士用依处。

六是根据随顺依处建立引发因，即以能引生各自同类的功能更强的事物乃至引而证得无为法的事物作为因。此因属因缘或增上缘。

七是根据差别功能依处建立定异因，即以能生不同果的不同种子作为因，此因也属因缘或增上缘。至于称为"定异因"（或"定别因"），《瑜伽论》说："种种异类，各别因缘，名定别因。"[1]《述记》说："差别势力自性相称名定，不共他故名异也。"[2]

八是根据和合依处建立同事因，即以能共同生起事物的因素作为因。此因属四种缘。

九是根据障碍依处建立相违因，即以对事物的形成起障碍作用的因素作为因。此因属增上缘。

十是根据不障碍依处建立不相违因，即以对事物的形成不起障碍作用的因素作为因。此因属四种缘。

而上述十因与四缘的关系，都是就各因的主要作用而言，详见下文。

【原文】

如是十因，二因所摄：一能生，二方便。《菩萨地》

---

[1] （唐）玄奘译《瑜伽师地论》卷第三十八，《大正藏》第30册，第501页。
[2] （唐）窥基《成唯识论述记》卷第八，《大正藏》第43册，第506页。

说:"牵引种子,生起种子,名能生因;所余诸因,方便因摄。"① 此说牵引、生起、引发、定异、同事、不相违中诸因缘种,未成熟位,名牵引种;已成熟位,名生起种。彼六因中诸因缘种,皆摄在此二位中故。虽有现起是能生因,如四因中生自种者,而多间断,此略不说。或亲办果,亦立种名,如说现行谷麦等种。所余因谓初、二、五、九及六因中非因缘法,皆是生、熟因缘种余,故总说为方便因摄。非此二种,唯属彼二因,余四因中有因缘种故。非唯彼八名所余因,彼二因亦有非因缘种故。

《有寻》等地说:"生起因是能生因,余方便摄。"② 此文意说:六因中,现、种是因缘者,皆名生起因,能亲生起自类果故;此所余因,皆方便摄。非此生起,唯属彼因,余五因中有因缘故。非唯彼九,名所余因,彼生起因中有非因缘故。

或《菩萨地》所说牵引、生起种子,即彼二因;所余诸因,即彼余八。虽二因内有非能生因,而因缘种胜,显故偏说。虽余因内有非方便因,而增上者多,显故偏说。《有寻》等地说生起因是能生因,余方便者,生起即是彼生起因,余因应知即彼余九。虽生起中,有非因缘种,而去果近,亲显故偏说。虽牵引中,亦有因缘种,而去果远,

---

① (唐) 玄奘译《瑜伽师地论》卷第三十八,《大正藏》第30册,第501页。
② 参见(唐) 玄奘译《瑜伽师地论》卷第五,《大正藏》第30册,第302页。

亲隐故不说；余方便摄，准上应知。

【今译】

　　以上十种因，又可归属于两类因：一是能生因，二是方便因。[关于这两类因与十种因的关系，有两种观点。第一种观点，]如《瑜伽师地论·菩萨地》说："牵引种子、生起种子，称为能生因；其余的各种因，属于方便因。"这是说在牵引因、生起因、引发因、定异因、同事因、不相违因等六种因中所有的因缘种子，在未成熟状态，就是论中所说的"牵引种子"；已成熟状态，就是论中所说的"生起种子"。上述六种因中的一切因缘种子，都包括在这两类种子中。虽然有现行能生起种子，也是能生因，如十因中的其余四因中也有能生起自己种子的现行，但因这些现行经常间断，[不像种子那样始终不断，]所以上述引文中略而不说。或者说，对能直接生起自己果的，也称之为种子，如将物质世界中现行谷麦的因称为种子。[上述引文中所说的]"所余诸因"，指第一因[即随说因]，第二因[即观待因]，第五因[即摄受因]，第九因[即相违因]，以及上述六因中的非因缘性的现象，它们都不属生起因缘和成熟因缘的种子，所以总的将它们归之于方便因。并非论中所说的"牵引种子"和"生起种子"，只是指十因中的牵引因和生起因，因为[在六因中的引发因等外，]其余四因中也有因缘种子。也不是[十因中]只有八种因称为"所余因"，因为牵引因和生起因中也有非因缘种子，[所以该二因中也有"所余因"。]

　　该论的《有寻有伺地》中说："生起因是能生因，其余属于方便因。"这段话的意思是说：在上述六种因中，现行的事物及其种子相互间是因缘，都称为生起因，因为能直接生起同类的果；在此之外的其余的因，都属于方便因。并非这里所说的生起因只是十因中的生起因，因为［上述六因中除生起因外的］其余五因也有因缘种子。也并非十因中只有九种因称为"所余因"，因为十因中的生起因中也有非因缘种子。

［第二种观点认为，］该论的《菩萨地》中所说的"牵引种子"和"生起种子"，就是十因中的牵引因和生起因；"所余诸因"就是指其余八种因。虽然牵引因和生起因中也有不属能生因［的业种等］，但其中的因缘种子的作用突出，所以根据这一显著特点而只说它们是能生因。虽然其余八种因中也有不属方便因［的因缘种］，但这八种因起增上缘作用的居多，所以根据这一显著特点而只说它们是方便因。而该论的《有寻有伺地》说生起因是能生因，其余属方便因，其中的生起因就是十因中的生起因，其余因可知就是其余九种因。虽然生起因中也有非因缘种子［的业种等］，但这些非因缘种子［已被润生，相对牵引种子来说，］与果的关系接近，直接生起的作用显著，所以论中只说它们是生起因。虽然牵引因中也有因缘种子，但这些因缘种子［尚未被润生，］与果的关系疏远，直接生起的作用隐微，所以论中不说它们是生起因。至于其余因属于方便因，按照上述说明是不难理解的。

【评析】

此处论述十因与二因的关系。二因指能生因和方便因。此处有两种观点,第二种观点比较简单,属一般认同的观点;第一种观点即本论的观点,与以往的观点有较大不同之处。据第一种观点,属能生因的是牵引因、生起因、引发因、定异因、同事因、不相违因等六种因中所有的因缘种子,而属方便因的则是其余四因再加上上述六因中的非因缘种子。而第二种观点则认为,牵引因与生起因属能生因,其余八因属方便因。

四、四缘与十五依处、十因、二因的相互关系

【原文】

所说四缘,依何处立?复如何摄十因、二因?论说:"因缘依种子立,依无间灭立等无间,依境界立所缘,依所余立增上。"①

此中种子,即是三、四、十一、十二、十三、十五,六依处中因缘种摄。虽现四处亦有因缘,而多间断,此略不说。或彼亦能亲办自果,如外麦等亦立种名。或种子言,唯属第四。亲疏隐显,取舍如前。

言无间灭、境界处者,应知总显二缘依处,非唯五、六,余依处中亦有中间二缘义故。或唯五、六,余处虽有,而少隐故,略不说之。

论说:"因缘能生因摄,增上缘性即方便因,中间二缘

---

① 参见(唐)玄奘译《瑜伽师地论》卷第三,《大正藏》第30册,第292页。

摄受因摄。"① 虽方便内，具后三缘，而增上多，故此偏说。余因亦有中间二缘，然摄受中显故偏说。初能生摄，进退如前。

【今译】

　　上文所说的四种缘，是根据什么处而建立？这四种缘与十因、二因的所属关系又是如何？《瑜伽论》等论说："因缘是根据种子依处而建立，此外，根据无间灭依处建立等无间缘，根据境界依处建立所缘缘，根据其余的依处建立增上缘。"

　　上述"种子依处"中的种子，[有两种观点。第一种观点认为，]是指第三习气依处、第四有润种子依处、第十一随顺依处、第十二差别功能依处、第十三和合依处、第十五不障碍依处这六种依处中的因缘种子。虽然［上述后］四种依处的现行也有因缘的含义，但经常间断，所以这里略而不说。或者说，这四种依处也能直接生起自己的果，如物质世界中的麦种等，也可称为种子。[第二种观点认为，] 这里所说的种子，只是指第四有润种子依处中的种子。至于该依处的种子与果，相对于其余依处的种子与果，二者关系是直接还是间接、作用是隐微还是显著，可按前文所说的那样进行分析。

　　[关于等无间缘与所缘缘，也有两种观点。第一种观点认为，]上文所说的无间灭依处和境界依处，要知道是总的表示等无间缘和所缘

---

① （唐）玄奘译《瑜伽师地论》卷第三十八，《大正藏》第30册，第501页。

缘的依处，不是说只有第五无间灭依处和第六境界依处是这两种缘的依处，因为其余依处〔即领受依处、和合依处及不障碍依处等三依处〕中也有这两种缘的含义。〔第二种观点认为，这两种缘〕也可认为只是指第五、第六两种依处，其余依处中虽也有这两种缘的含义，但数量稀少作用隐微，所以略而不说。

〔关于四缘与十因、二因的相互所属关系，〕《瑜伽论》说："因缘属于能生因，增上缘的主体就是方便因，等无间缘和所缘缘属于十因中的第五摄受因。"虽然方便因中也具有其余三种缘，但增上缘居多，所以这里只说它是增上缘。虽然〔摄受因外的〕其余因也有等无间缘和所缘缘，但在摄受因中这两种缘尤为显著，所以只说摄受因包括这两种缘。至于能生因包括因缘，或广义地包括六因或狭义地只有二因，也如前所说。

【评析】

此处论述四种缘与十五依处、十因、二因的相互关系。

一、四缘与十五依处：首先是因缘的依处。有两种观点，其中第二种是一般的说法，第一种是本论的说法。按第一种观点，因缘是依种子而立。这里说的种子，在十五处中，是指习气依处、有润种子依处、随顺依处、差别功能依处、和合依处、不障碍依处等六处的因缘种子。其次是等无间缘和所缘缘的依处。也有两种观点，而按本论的观点，这两种缘的主要依处分别是无间灭依处和境界依处，但在领受依处、和合依处及不障碍依处等三依处中，也都有这两种缘的含义。最后是增上缘，此缘的依处是十五处中除上述三种缘的依处之外的其余依处。

二、四缘与十因、二因的关系：若从二因来看，因缘是能生因，其余三种缘都属方便因。而若将三缘与方便因再作细分，则等无间缘与增上缘属方便因中的摄受因，而增上缘属其余方便因。当然，这都是根据这些因的主要作用而说的。

五、释五果

【原文】

"所说因缘，必应有果。此果有几？依何处得？"

果有五种。一者异熟，谓有漏善及不善法，所招自相续异熟生无记。二者等流，谓习善等所引同类，或似先业后果随转。三者离系，谓无漏道断障，所证善无为法。四者士用，谓诸作者，假诸作具所办事业。五者增上，谓除前四，余所得果。

【今译】

[问：]"上述因缘，必定应该有果。那么，这果有几种？它们是依据何处而得？"

果有五种。一是异熟果，这是指[由前六识所作的]有漏的善事及不善事，所招致的自己的、连续生起的[真异熟和]异熟生的无记性果，[总称为异熟果。]二是等流果，这是指由先前所作的善、恶、非善非恶的事所引生的其后的同类性质的事，或者是指由前世的业所生的后世相似的果。三是离系果，这是指由无漏道的我空观和法空观断除烦恼障和所知障，所证得的纯善的无为法。四是士用果，这是指士农工商等一切人借助于各种工具所做成的一切事、造的一切业；〔或一切因，借助于一切缘，生起的各种果。〕五是增上果，这是指除了前四种果外，所获得的其余的一切果。

【评析】

此处以下论述因与果的关系，首先论述因缘所得的果。果共有五种：一、异熟果，如前所述，包括真异熟和异熟生。二、等流果，据《宗镜录》，有两种。一是真等流果，如前世习善，后世也习善；前世习恶，后世也习恶，即文中所云"习善等所引同类"。二是假等流（或似等流）果，如前世慈心不害，后世长寿健康；前世损害众生，后世短命多病等，即文中所云"似先业后果随转"。[1]如《述记》说："实增上果，然假名等流。"[2] 三、离系果，指众生由修行而证得的无为法。离系果属无为果，严格地说，此果非因缘生，因为无为法不生不灭，但相对于无漏种来说，此果也有从无漏种展转相生的含义，故本论也将此果归入十因所生之列。四是士用果。本论的定义为："谓诸作者，假诸作具所办事业。"对此定义可作两种理解。一是狭义的，其中，"作者"指一切人或一切众生，"作具"指一切工具或物件。故此定义为"一切众生借助于一切工具所做的

---

[1] （唐）玄奘译《瑜伽师地论》卷第三十八，《大正藏》第30册，第502页。
[2] （唐）窥基《成唯识论述记》卷第八，《大正藏》第43册，第509页。

事"。二是广义的，其中，"作者"指因，或者是指实法，如心与心所；"作具"指一切应用的条件。即由"因"借助于一切条件生起的果。五是增上果，指上述四种果外的一切果。

【原文】

《瑜伽》等说："习气依处得异熟果，随顺依处得等流果，真见依处得离系果，士用依处得士用果，所余依处得增上果。"①

习气处言，显诸依处感异熟果一切功能。随顺处言，显诸依处引等流果一切功能。真见处言，显诸依处证离系果一切功能。士用处言，显诸依处招士用果一切功能。所余处言，显诸依处得增上果一切功能。不尔，便应太宽太狭。

或习气者唯属第三，虽异熟因余处亦有，此处亦有非异熟因，而异熟因去果相远，习气亦尔，故此偏说。随顺唯属第十一处，虽等流果余处亦得，此处亦得非等流果，而此因招胜行相显，随顺亦尔，故偏说之。真见处言，唯诠第十，虽证离系余处亦能，此处亦能得非离系，而此证离系相显故偏说。士用处言，唯诠第九，虽士用果余处亦招，此处亦能招增上等，而名相显，是故偏说。所余唯属余十一处，虽十一处亦得余果，招增上果余处亦能，而此

---

① 参见（唐）玄奘译《瑜伽师地论》卷第五，《大正藏》第30册，第302页。

十一多招增上，余已显余，故此偏说。

如是即说，此五果中，若异熟果，牵引、生起、定异、同事、不相违因，增上缘得。若等流果，牵引、生起、摄受、引发、定异、同事、不相违因，初、后缘得。若离系果，摄受、引发、定异、同事、不相违因，增上缘得。若士用果，有义，观待、摄受、同事、不相违因，增上缘得；有义，观待、牵引、生起、摄受、引发、定异、同事、不相违因，除所缘缘余三缘得。若增上果，十因四缘一切容得。

【今译】

《瑜伽论》等论说："习气依处得异熟果，随顺依处得等流果，真见依处得离系果，士用依处得士用果，其余的依处得增上果。"

［关于上文的理解有两种观点。第一种观点认为，］上文中所说的"习气依处"，是表示各依处中能感招异熟果的一切功能，［并非单指习气依处。］所说的"随顺依处"，是表示各依处中能引生等流果的一切功能，［并非单指随顺依处。］所说的"真见依处"，是表示各依处中能证得离系果的一切功能，［并非单指真见依处。］所说的"士用依处"，是表示各依处中能招致士用果的一切功能，［并非单指士用依处。］所说的"其余的依处"，是表示各依处中能获得增上果的一切功能，［并非就是其余十一种依处。］否则的话，就会使上述说法失之太宽或太狭。

［第二种观点认为，］上文中所说的"习气依处"只是指十五依

处中的第三习气依处，虽然其余依处也有异熟因，这习气依处也有非异熟因，但异熟因与果的状态相隔遥远，习气依处与果也相隔遥远，[二者有共同性，]所以这里只说第三习气依处。所说的"随顺依处"只是指第十一随顺依处，虽然其余处也可获得等流果，这随顺依处也可获得非等流果，但引发因招致同类事物的作用突出，随顺依处也是如此，[二者有共同性，]所以这里只说第十一依处。所说的"真见依处"只是指第十真见依处，虽然其余依处也能证得离系果，这真见依处也能获得非离系果，但真见依处证得离系果的作用突出，所以这里只说第十依处。所说的"士用依处"只是指第九士用依处，虽然其余依处也可招致士用果，这士用依处也可招致增上等果，但由于此依处的名称与果的名称相同的特点，所以这里只说这第九依处。所说的"所余依处"只是指其余的十一种依处，虽然这十一种依处也可获得其余果，其余依处也可招致增上果，但这十一种依处主要是招增上果，而其余四种依处已经用来表示其余四种果，所以这里只说这十一种依处。

这样就可以说，这五种果中，如果是异熟果，则是由牵引因、生起因、定异因、同事因、不相违因共五种因和增上缘而得。如果是等流果，则是由牵引因、生起因、摄受因、引发因、定异因、同事因、不相违因共七种因以及因缘、增上缘两种缘而得。如果是离系果，则是由摄受因、引发因、定异因、同事因、不相违因共五种因和增上缘而得。如果是士用果，[有两种观点，]第一种观点认为，是由观待因、摄受因、同事因、不相违因共四种因和增上缘而得；第二种观点[即正确的观点]认为，是由观待因、牵引因、生起因、摄受因、引发因、定异因、同事因、不相违因共八种因以及除了所缘缘之外的其余三种缘而得。如果是增上果，则可由所有十种因和四种缘而得。

【评析】

此处论述五果与四缘、十因的关系。即异熟果是由牵引因等五种因和增上缘所得，等流果是由牵引因等七种因和因缘、增上缘所得，离系果是由摄受因等五种因和增上缘所得，士用果是由观待因等八种因和三种缘（除所缘缘）所得，增上果可由十因、四缘所得。

六、释从缘而生

【原文】

傍论已了，应辨正论。本识中种，容作三缘生现分别，除等无间。谓各亲种，是彼因缘；为所缘缘，于能缘者；若种于彼有能助力，或不障碍，是增上缘。生净现行，应知亦尔。

现起分别，展转相望，容作三缘，无因缘故。谓有情类自他展转，容作二缘，除等无间。

自八识聚展转相望，定有增上缘，必无等无间。所缘缘义，或无或有。八于七有，七于八无，余七非八所仗质故。第七于六，五无一有；余六于彼，一切皆无。第六于五无，余五于彼有，五识唯托第八相故。

自类前后，第六容三，余除所缘，取现境故。许五后见缘前相者[1]，五、七前后亦有三缘。前七于八所缘容有，能熏成彼相、见种故。

同聚异体展转相望，唯有增上；诸相应法所仗质同，不相缘故。或依见分，说不相缘；依相分说，有相缘义。谓诸相分互为质起，如识中种，为触等相质；不尔，无色彼应无境故。设许变色，亦定缘种；勿见分境，不同质故。

同体相分，为见二缘；见分于彼，但有增上。见与自证，相望亦尔。余二展转俱作二缘。此中不依种相分说，但说现起互为缘故。

净八识聚，自他展转皆有所缘，能遍缘故。唯除见分非相所缘，相分理无能缘用故。"既现分别缘种现生，种亦理应缘现种起。现种于种，能作几缘？"

种必不由中二缘起，待心、心所，立彼二故。现于亲种，具作二缘；与非亲种，但为增上。种望亲种，亦具二缘；于非亲种，亦但增上。

依斯内识互为缘起，分别因果，理教皆成。所执外缘，设有无用，况违理教，何固执为？虽分别言，总显三界心及心所，而随胜者，诸圣教中多门显示。或说为二、三、四、五等[2]。如余论中具广分别。

【简注】

[1]许五后见缘前相者：这是陈那的观点。

[2] 或说为二、三、四、五等：参见下文"释三种自性"。

【今译】

引申的议论已经讲完，现应说明正文。第八识中的种子可以作为三种缘生起现行的分别［即心和心所］，除了作为等无间缘。即八识及其心所各有自己的种子，它们是八识及其心所的因缘；种子作为所缘缘，只是相对于能认取者［包括一切时的第八识见分和某些时刻的第六识见分］而说的；如果这些种子对各种识的生起有帮助的力量，或不产生障碍，它们就是增上缘。种子对于生起清净的现行识的作用，要知道也是如此。

现行生起的分别［即心与心所］，相互之间可作为三种缘，但不能作为因缘。［这三种缘与心和心所的相互关系，又有以下差别。一是］众生自己与他人的八识相互之间可以作为增上缘和所缘缘，但不能作为等无间缘。

［二是］每一众生自己八识［的每一识］及其相应心所的聚合，相互之间必定能作为增上缘，但必定不能作为等无间缘。［至于八识相互间作为］所缘缘，则或许不能或许能。即第八识对于前七识可作为所缘缘，前七识对第八识则不是所缘缘，因为前七识并非第八识生起所依托的本质。第七识对前六识来说，第七识对前五识不是所缘缘，对第六识是所缘缘；而前六识对于第七识都不是所缘缘。第六识对于前五识不是所缘缘，前五识对于第六识是所缘缘，因为五识只是依托第八识的相分，［不依托第六识，所以不以第六识为所缘缘。］

[三是] 每一识前后相对而言，第六识可以有 [除了因缘之外的] 三种缘；其余七种识 [除了没有因缘，] 还要除去所缘缘，因为这七种识只是认取现行的对象，[不认取前一瞬间的自识。] 如果同意 [陈那在《观所缘缘论》中的说法，即] 五识的每一识，其后识的见分可认取其前识的相分，那么，五识以及第七识的前后识之间 [也与第六识一样，] 有三种缘。[如果后念以前念为所缘缘，则自身八识互相之间，] 前七识对第八识也可以是所缘缘，因为前七识的现行识能熏成第八识的相分种和见分种。

[四是] 同一聚合中的心与相应心所相互之间，[有两种观点。第一种观点认为，] 只有增上缘；[由于各有主体，所以不能作为等无间缘。] 虽然同聚的心与相应心所的生起所依托本质相同，但 [心与心所相互间] 不能相互认取，[所以不能作所缘缘。][第二种观点认为，] 根据见分来说，同一聚合的心与心所不能相互认取；若根据相分说，它们也有相互认取的含义。即各自的相分都能相互作为本质而生起其他心和心所的相分，就像第八识中的种子，可作为本质生起触等五种遍行心所的相分；不然的话，无色界中 [没有身体和物质世界，如果不依托种子，那么，与第八识相应的] 触等五心所就没有认取对象了。即使假设无色界第八识也能变现下界的物质，触等心所也应与第八识一样，认取的是种子；否则的话，第八识及其相应心所的见分认取的相分对象，就具有不同的本质了。

[五是] 依托同一主体 [即自证分] 的相分 [与见分之间，相分] 可作为见分的增上缘和所缘缘；见分对于相分，只作为增上缘。见分和自证分相互之间的关系，也是如此，[即见分对自证分可作为

两种缘，自证分对见分，只是增上缘。]自证分和证自证分相互之间，也可作为增上缘和所缘缘。但这里［相分作为见分的增上缘和所缘缘的说法，］不是根据种子这类相分来说的，而是根据现行生起的现象相互作为缘来说的，［因为种子还可作为因缘。］清净的八识与它们相应心所的聚合，每一聚合与其他聚合相互之间，都能作为所缘缘，因为这时的任何一识及其相应心所都能普遍地认取一切事物。但见分不是相分的所缘缘，因为按理而言，相分不能有认取的作用。

［问：］"既然现行的分别心是依赖种子与现行而生起，种子也理应能依赖现行和种子而生起。那么，现行和种子对于种子来说，能作为哪几种缘？"

种子必定不由等无间缘和所缘缘生起，因为要依赖现行的心和心所作为果，才有这两种缘，［种子不是现行，所以不会作为这两种缘的果。］现行的心和心所对于自种，可以作为因缘和增上缘；对于非自种，只是作为增上缘。种子对于自种，也可作为因缘和增上缘，对于非自种，也只是作为增上缘。

就这样，依内识［的现行和种子］相互作为缘而生起，分别［即心和心所］或作为因或作为果，按正理按佛典，都得以成立。所执着的心外的条件，即使有也没有用处，况且又违背正理和佛典，何必要固执地坚持？虽然分别的说法，总的表示三界内的心和心所，但根据其突出的特点，各种佛典中有多种说法。或说是两类，或说是三类，或说是四类，或说是五类，等等，正如《瑜伽论》等其他论中详细辨明的那样。

【评析】

此处总结八识及不离识的一切事物相互为缘，故而无需外缘。一切事物相互为缘，可分为以下四种情况：

一、种子对现行，可作除等无间缘之外的其他三种缘，即种子对由其生起的现行事物是因缘，对第八识（还有某些时刻的第六识）见分是所缘缘，对其他种子和现行事物是增上缘。

二、现行对现行，相互间可作为除因缘外的三种缘。此中又有以下差别：（1）众生自己与他人的心和心所相互之间可作增上缘和所缘缘，但不作等无间缘。（2）每一众生自己的八识聚（即每一识及其相应心所的聚合），相互之间必定能作增上缘；但不能作等无间缘；能否作疏所缘缘则不一定，只有第八识对前七识、第七识对第六识、前五识对第六识能作疏所缘缘。（3）每一识前识对于后识，第六识可以有等无间缘、所缘缘和增上缘，其余识只有等无间缘和增上缘，不能作为所缘缘，因为除第六识外，其余识都只能认取现在的事物，不能认取过去的事物。但陈那有个观点，认为五识能认取前瞬间自识。他认为前念五识现行相分可作为能熏，引生相分种子，生起后念五识相分。这样，前念五识的相分有能力生起后识的见分，所以有缘的含义；后念之识带有前相分的形相，所以是所缘；故而前念五识相分可作后念五识见分的所缘缘。这样也可说第七识前识可作为后识的所缘缘，乃至前七识对第八识也可作所缘缘。（4）在同一聚中，识与心所可相互作增上缘，不能作所缘缘。但另一种观点认为，若根据见分，可说识与相应心所不能作所缘缘；但若根据相分，也可说识与相应心所能互作所缘缘，因为识与相应心所"同一所缘"，就意味着有相同的本质。对此两种观点，《述记》似倾向于取第一种观点，《述记》说："又唯识之境，取心内境，若待外质方生，良恐理乖唯识。"① (5) 同一识或心所的四分中，相分对见分、见分对自证分，还有自证分与证自证分相互间，能作增上缘和所缘缘；而见分对相分、自证分对见分，只作增上缘。(6) 无漏八识聚，相互之间都能作增上缘和所缘缘。但见分不作相分的所缘缘。

三、现行对由其所熏成的种子，作因缘和增上缘；对非由其熏成的种子，只作增上缘。

四、种子对种子，同类种子，前种作后种的因缘和增上缘；非同类种子，只作增上缘。

第三节　论众生生死相续的原因

一、第一种观点

【原文】

"虽有内识而无外缘，由何有情生死相续？"颂曰：

"由诸业习气，二取习气俱，

前异熟既尽，复生余异熟。"

论曰：诸业谓福、非福、不动，即有漏善、不善思业。

---

① （唐）窥基《成唯识论述记》卷第八，《大正藏》第43册，第513页。

业之眷属，亦立业名，同招引、满[1]异熟果故。此虽才起无间即灭，无义能招当异熟果，而熏本识，起自功能，即此功能说为习气，是业气分熏习所成，简曾现业，故名习气。如是习气展转相续，至成熟时招异熟果。此显当果胜增上缘。

相见、名色、心及心所、本末，彼取皆"二取"摄。彼所熏发，亲能生彼本识上功能，名二取习气。此显来世异熟果心及彼相应诸因缘种。"俱"谓业种、二取种俱，是疏、亲缘互相助义。业招生显，故颂先说。

"前异熟"者，谓前前生业异熟果。"余异熟"者，谓后后生业异熟果。虽二取种受果无穷，而业习气受果有尽。由异熟果，性别难招；等流、增上，性同易感。由感余生业等种熟，前异熟果受用尽时，复别能生余异熟果。由斯生死轮转无穷，何假外缘方得相续？

此颂意说：由业、二取，生死轮回，皆不离识，心、心所法，为彼性故。

【简注】

[1]引、满：即引业和满业。参见第一章注。

【今译】

[问：]"虽然只有内识并无真实的心外条件存在，但众生又是依靠什么而生死相续？"颂云：

"依靠诸业习气，以及同时存在的二取习气，

先前的异熟果结束后，又生起了其后的异熟果。"

论云：[在这一问题上有四种观点，四种观点都有道理，但尤以第四种观点最为完善。第一种观点认为，]颂中的"诸业"是指善业、不善业以及[招色界、无色界异熟果的]不动业，就是由有漏的善性的思心所或不善性的思心所所造的业。此外，业的各种伴属现象，也称为业，因为它们同样能招致引业和满业的异熟果。业虽然刚生起就消失，没有能招致将来异熟果的含义，但业熏第八识，生起自己的功能[即种子]，就将这功能称为习气，它是由业的气分熏习而成，有别于过去的业和现行业，所以称为习气。这样的习气展转相续，到成熟时就招致异熟果。这表示善恶等业的种子是将来异熟果的殊胜的增上缘。

[颂中的"二取"，]或是指相分和见分，或是执取五蕴中的色蕴和其余四蕴，或是执取心和心所，或是执取本识和其余转识，这些能认取、所认取[或执取]，都属于"二取"范畴。由这些现行的二取所熏习和引发，就能直接生起第八识上的功能，[这些功能]称为"二取习气"。这"二取习气"就是能生来世异熟果的心及其相应心所的各种因缘种子。颂中的"俱"，是指业的种子与二取种子共同存在，业种是间接的缘，[即增上缘，]二取种是直接的缘，[即因缘，]二者互相扶助。而业种[虽是间接的缘，但]招致果生起的作用较为明显，所以颂中先说。

颂中的"前异熟"，是指前一生乃至前无数生中由业力所生的异熟果。颂中的"余异熟"，是指后一生乃至后无数生中由业力所生的

异熟果。虽然二取种子所生的果是无穷的，但业的种子所生的果是有限的。["为什么业种生的果是有限的？"]因为[一者，业与]异熟果，[果属无记性，业有善恶性，]性质有区别；[二者，异熟果要后世才成熟，]果难以招致。[所以业种所生的果有限。]["为什么二取种所生的果是无穷的？"]因为[一者，二取种子所感招的]等流果、增上果，[其果与因的]性质相同；[二者，]果易于感应。[所以二取种子所生的果是无穷的。]依靠感招来世的业种等种子的成熟，前世的异熟果受用完时，又能另外生起后世的异熟果。由此生生死死轮转无穷，何必要借助心外的缘，生死才能相续？

这首颂的意思是说：依靠各种业和二取为缘为因，所以生死轮回都不脱离识，[因为业和二取不离心和心所而得相续，所以]心和心所是生死因果的主体。

【评析】

此处以下论述众生生死相续的原因。上文虽解决了"无需外缘，识与不离识的一切事物能连续不断地生起"，但还没有回答众生生生死死相续不断的原因。对此问题，《三十颂》中的第十九颂作了回答。但对此颂的理解，有四种观点，四种观点都有合理性，而以第四种观点最为完善。此处是第一种观点，其要点是：以善、不善、不动业的种子为增上缘，以能取和所取的"二取"种子为因缘，使世世代代的异熟果连续不断地生起，从而使众生生生死死相续不断。这里所说的"二取"包括相分和见分，这是真正的二取，即见分是能取，相分是所取。而其他的，如五蕴中的色蕴和其余四蕴，或心和心所，或第八识和前七识，都是指被执取。

关于执取心与心所，《述记》解释："一切五蕴法，不离此二故。"①即五蕴中，识蕴是心；受、想、行蕴是心所；而色蕴为心、心所变现，不离心、心所。

关于执取"本末"，《述记》解释："谓取现果。第八识是诸异熟之根本，故名之为本。余识中异熟，名之为末，是第八识之末果故。即取二异熟也，谓爱乐执取缘取也。或第八识总报品名本，余识别报品名末，摄一切法尽，唯简异熟，以极狭故。"②即执取"本末"，有两种解释。一是从现行的异熟果来说，第八识是真异熟，是"本"；六识中有异熟生，是"末"（第七识不是异熟）。二是从业报来说（不从异熟来说），第八识是总报，即决定生到三界九地及六道的某界某地某道，是"本"；其余转识是别报，即形成某道众生的具体状况，是"末"。

二、第二种观点

【原文】

复次，生死相续由诸习气。然诸习气总有三种。

一名言习气，谓有为法各别亲种。名言有二：一表义

---

① （唐）窥基《成唯识论述记》卷第八，《大正藏》第43册，第515页。
② （唐）窥基《成唯识论述记》卷第八，《大正藏》第43册，第515页。

名言，即能诠义音声差别；二显境名言，即能了境心、心所法。随二名言所熏成种，作有为法各别因缘。

二我执习气，谓虚妄执我、我所种。我执有二：一俱生我执，即修所断我、我所执；二分别我执，即见所断我、我所执。随二我执所熏成种，令有情等自他差别。

三有支[1]习气，谓招三界异熟业种。有支有二：一有漏善，即是能招可爱果业；二诸不善，即是能招非爱果业。随二有支所熏成种，令异熟果善恶趣别。

应知我执、有支习气，于差别果是增上缘。此颂所言"业习气"者，应知即是有支习气；"二取习气"，应知即是我执、名言二种习气，取我、我所，及取名言而熏成故，皆说名"取"。"俱"等余文，义如前释。

【简注】

[1]有支："有"指三有，即三界。"支"，即因。"有支"，即三界之因。

【今译】

其次，[第二种观点认为，]生死相续是由于各种习气。而各种习气总共有三类。

一是名言习气，即直接生起各种有为事物的种子。名言有两种：一是表义名言，即能表示意义的各种声音[如名称和概念等]；二是显境名言，即能认识对象的心和心所。由两种名言熏成的种子，是有为事物的各自因缘。

二是我执习气,即虚妄执着"我"和"我所"的种子。我执有两种:一是俱生我执,即修道位所断的对"我"和"我所"的执着;二是分别我执,即见道位所断的对"我"和"我所"的执着。由两种我执熏成的种子,使众生将自己与他人作了区分。

三是有支习气,即招致三界异熟果的业的种子。有支有两种:一是各种有漏善,就是能招致使人喜爱果的业;二是各种不善,就是能招致不使人喜爱果的业。由于两种有支熏成的种子的不同,形成了善道和恶道的异熟果的差别。

要知道我执习气和有支习气,对于形成不同异熟果来说,是起增上缘的作用。此颂所说的"业习气",要知道就是有支习气;"二取习气",要知道就是我执习气和名言习气,由于它们是认取"我"和"我所",以及认取名称概念而熏成的,都称为"取"。颂中的"俱"等其他文字,其意义如前一种观点所释。

【评析】

此处是对第十九颂的理解,即对生死相续原因解释的第二种观点。此观点对"诸业习气"与"二取习气"的阐释与第一种观点不同。第一种观点认为,"诸业习气"是善恶业等的习气(种子),"二取习气"是能取和所取的习气。此观点则用三种习气来阐释,其中,"业习气"是有支习气。"二取习气"是"名言习气"和"我执习气"。三种习气中,"名言习气"起因缘作用,余二习气起增上缘作用。这样,因缘与增上缘相互作用,使众生生生死死连续不断。

关于三类习气中的"名言习气","名言"有两种:"表义名言"和"显境名言"。其中,"表义名言"实际上就是语言所表达的名称和概念,而语言本身只是高低起伏的声音,就其体是声来说,属色法。此外,从熏种来说,表义名言也是名言,而名言属心不相应行法,本身不能熏成种子。因为能熏的四条性质中,第二条是"有胜用",包括"能缘胜用"和"强盛胜用"。心不相应行法不是能缘,所以无此胜用。因此,"表义名言"的种子实际上还是由心熏成,准确地说是由第六意识熏成,如《述记》指出:"然因名故,心随其名,变似五蕴、三性法等,而熏成种。因名起种,名名言种。"[①](色法的相分熏种,实际也是借见分之力而熏成。)另一方面,真正能熏成种子的是"显境名言",这就是七识及其相应心所。将七识及心所称为显境名言,《述记》也有解释,大意是:七识及心所本身不是名言,但"能显所了境",与言说名显所诠法相似,因此将它们称为"显境名言"。[②]

三、第三种观点

【原文】

　　复次,生死相续,由惑、业、苦。发业润生烦恼名惑,能感后有诸业名业,业所引生众苦名苦。惑、业、苦种,

---

① (唐) 窥基《成唯识论述记》卷第八,《大正藏》第43册,第516页。
② 参见 (唐) 窥基《成唯识论述记》卷第八,《大正藏》第43册,第517页。

皆名习气。前二习气，与生死苦为增上缘，助生苦故。第三习气，望生死苦能作因缘，亲生苦故。颂三习气，如应当知。惑、苦名取，能、所取故。取是着义，业不得名。"俱"等余文，义如前释。

【今译】

其次，[第三种观点认为，]生死相续的原因在于惑、业、苦。引发业的烦恼和滋润新生命的[贪爱]烦恼，称为惑；能感招后世生命的各种业，称为业；业所引生的各种苦，称为苦。惑、业、苦的种子，都称为习气。惑、业两种习气，对于生死之苦来说，是增上缘，因为它们是帮助生起苦。苦的习气，对于生死之苦来说，能作因缘，因为它是直接地生起苦。颂中的三种习气，要知道与这三习气相对应。[其中，]惑与苦称为二取，因为惑是能取，苦是所取。取是执着的意思，业不能称为取。颂中的"俱"等文字，其意义如前所释。

【评析】

此处以下是对第十九颂的理解，即对生死相续原因解释的第三种观点。此观点的要点分三部分。一、简述自己的论点：生死轮回的原因在于惑、业、苦。二、说明惑、业、苦就是十二支，并对十二支作了详释。三、论述惑、业、苦与十二支的关系，从而证明生死轮回的原因在于惑、业、苦。此处是第一部分，简述自己的论点，即生死轮回的原因在于惑、业、苦。颂中的"二取习气"就是惑、苦种子。惑、业、苦中，苦种子为因缘，余二种子为增上缘。

【原文】

　　此惑、业、苦，应知总摄十二有支，谓从无明乃至老死，如论广释。

　　然十二支，略摄为四。一能引支，谓无明、行，能引识等五果种故。此中无明，唯取能发正感后世善恶业者；即彼所发，乃名为行。由此一切顺现受业、别助当业[1]，皆非行支。

　　二所引支，谓本识内亲生当来异熟果摄识等五种，是前二支所引发故。此中识种，谓本识因。除后三因，余因皆是名色种摄。后之三因，如名次第，即后三种。或名色种总摄五因，于中随胜立余四种。六处与识，总别亦然。

　　《集论》说识亦是能引，识中业种名识支故。异熟识种，名色摄故。经说识支通能、所引，业种、识种，俱名识故。识是名色依，非名色摄故。

　　识等五种，由业熏发，虽实同时，而依主伴、总别、胜劣、因果相异，故诸圣教假说前后。或依当来、现起分位有次第故，说有前后。由斯识等亦说现行，因时定无现行义故。复由此说生、引同时，润、未润时必不俱故。

　　三能生支，谓爱、取、有，近生当来生、老死故。谓缘迷内异熟果愚，发正能招后有诸业为缘，引发亲生当来生、老死位五果种已；复依迷外增上果愚，缘境界受，发起贪爱；缘爱复生欲等四取；爱、取合润能引业种及所引因，转名为有，俱能近有、后有果故。有处唯说业种名有，此能正感异熟果故。复有唯说五种名有，亲生当来识等种故。

四所生支，谓生、老死，是爱、取、有近所生故。谓从中有至本有中，未衰变来，皆生支摄；诸衰变位，总名为老；身坏命终，乃名为死。

【简注】

[1] 别助当业："当业"指能引生将来果报的业，"别"指"别报"，即次要果报。所以，"别助当业"相当于满业，能招满业果。

【今译】

　　这惑、业、苦，要知道是总的包括十二有支，即从无明支到老死支，如各种论中所作的详细解释那样。

　　而十二支，可简略地归纳为四类。一是能引支，包括无明、行二支，因为它们能引生其后的识、名色、六处、触、受五种果的种子。这里说的无明，只是取能引发感招后世主要果报的善恶业的无明，由此无明所引发的业就称为行。因此，一切能引发感招现世受报的业和能引发感招后世次要果报的善恶业，都不属行支。

　　二是所引支，指第八识内能直接生起属于将来异熟果的识［和名色、六处、触、受］等五支的种子，因为它们是无明、行二支所引发的。这五支中识支的种子，就是直接生起第八识的因。除了［识种以及六处、触、受这]后三支的因[即种子]外,[五蕴中]其余的[色蕴和四蕴中的]因缘种子都属于名色的种子。六处等后三支的因,就像按照它们名称排列的次序那样,就是后来六处等三种现象的种子。或者也可说,名色的种子总的包括这五支的种子,只是根据不同的特点在名色的种子中建立其余四种种子。六处支与识支,[六处包括意处,识支的第八识属意处,因此]也可说六处支是总体,识支是部分。

《集论》中说识支也是能引,这是因为该论将第八识中的业的种子称为识支。[问:"那么,第八异熟识的自己种子属于何支?"]异熟识[自己]的种子,[该论认为]属名色支,[因为名色的范围大。]《缘起经》中说识支既是能引,也是所引,因为该经将业的种子和识的种子都称为识;但该经认为识种是名色支的所依,而不属于名色支。

[问:"这五支的种子是前后熏习引发,还是同时熏习引发?"是同时熏习引发。"那为什么说五支有前后?"]

识、名色、六处、触、受五支的种子,由业熏习引发,虽然它们实际上是同时生起,但识支是主,其余四支是伴;名色支是总体,后三支是部分;六处作用突出,触、受作用微弱;触是因,受是果;五支有着这种种差异,所以各佛典中假说五支有前后。或是根据将来生起的状态或现在已经生起的状态,说有前后。因此,根据将要生或现已生的含义,识等五支也可说是现行[不是指种子],因为在作为因的[种子]状态中必定没有上述现行的含义。此外,根据这一道理,也可说能生起的种子与所引发的果是同时的,[因为种子与现行必定是同时的；如果按识等五支最初熏习和引发的状态而言，不能说能生起的种子与所引发的果是同时的，因为最初熏习时果必不能生起，要经过润生，即滋润新生命状态，果才能生起，]而润生与未润生这两个状态必定不是同时的。

　　三是能生支，指爱、取、有三支，因为它们能直接生起将来的生支和老死支。即［上述所引支的最后一支是受支。受有两种：内异熟受和外境界受。受内异熟时，]由迷内异熟果的无明，引发能感招后世主要果报的各种业，以此为缘，引发能直接地生起将来生和老死的识等五支的种子；又由迷外增上果的无明，依托境界受，引发和生起贪爱；以贪爱为缘，又生起欲取［和见取、戒禁取、我语取］四取；贪爱和四取合而润生能引的业种子以及被引的五支种子，转而称为有支，因为它们都能在现世与后世有相应的果。有的地方只将业的种子称为有支，这是因为它能感招主要的异熟果报。又有的地方只将五支的种子称为有支，因为它们是直接生起将来识等五支的种子。

　　四是所生支，指生支和老死支，它们是爱支、取支、有支直接生起的。即从最初的中有身直至本有身，只要在还未衰变的状态中，都属于生支；在各种衰变状态中，总称为老；身坏命终，就称为死。

【评析】

　　此处是对生死相续原因解释的第三种观点的第二部分，论述十二有支。第三种观点认为惑、业、苦可用十二有支来说明。十二有支，也称十二因缘、十二缘起等，佛教用以说明人生之缘起或生死流转的过程。小乘和大乘都讲十二有支，但观点有所不同，下文将作说明。此处本论将十二有支分为四支：能引支、所引支、能生支、所生支。能引支包括"无明"与"行"。"无明"就是痴心所。"行"就是众生所做的善恶业。由无明而作善作恶，就引生了所引支。所引支包括"识""名色""六处""触""受"五类种子。其中，"识"种指入胎的识种，小乘只承认六识，而唯识学认为此"识"种是第八识种。此处"名色"，通俗地说就是胎儿的身心。"名色"支包括除能生第八识的"识"种以及"六处"种、"触"种、"受"种之外的一切五蕴种子。"六处"也称"六入"，"六处"种就是眼等六根的种子。小乘以所引支的五支解释了众生从入胎、出生至婴幼儿的整个过程。即"识"支是指受胎成为众生的一刹那，从受胎开始的第二刹那起，六根尚未完备，称为"名色"。在胎内六根具足，即将出胎，称为"六处"。出胎后至二三岁，只有接触感觉，尚不能识别苦乐，叫做"触"。四五岁至十四五岁，对事物渐能识别苦乐，叫做"受"。小乘的上述说法是基于十二支是三世二重因果的观点，但本论认为十二支是二世一重因果，所以上述用五支来说明胎儿、婴儿、幼儿生长过程的说法不是大乘的观点。按本论的观点，所引支的五支都是种子而不是现行。此后，所引支又引生能生支。能生支包括"爱""取""有"。"爱"就是贪爱。"取"指执持、执取，共有四取：（1）欲取，指对欲界的五欲之境所生起的贪执；在欲界诸烦恼中，执取除五恶见和戒禁取外的其他各种烦恼。（2）见取，指执取五恶见中的身见、边见、邪见、见取见四见，即执着错误的见解为真实。(3)戒禁取，指执取五恶见中的戒禁取见，即执着非正因、非正道为正因、正道。(4)我语取，指执取色界、无色界的贪、慢、无明、疑等烦恼。"有"指由爱和四取共同润生的能引的业种子以及被引的五支种子。最后是所生支："生"和"老死"。大乘说十二支是二世一重因果，即以前十支为因，后二支为果。所以，所生支的"生"和"老死"都是果，而前十支是因。

【原文】

老非定有，附死立支。"病何非支？"不遍、定故。老虽不定，遍故立支。诸界趣生除中夭者，将终皆有衰朽行故。

"名色不遍，何故立支？"定故立支。胎、卵、湿生者，六处未满，定有名色故。又名色支，亦是遍有，有色化生初受生位，虽具五根而未有用，尔时未名六处支故；初生无色，虽定有意根而不明了，未名意处故。由斯论说："十二有支，一切一分上二界有。"

"爱非遍有，宁别立支？生恶趣者，不爱彼故。"定故别立。不求无有，生善趣者，定有爱故。不还润生，爱虽不起，然如彼取，定有种故。又爱亦遍，生恶趣者，于现我境亦有爱故。依无希求恶趣身爱，经说非有，非彼全无。

"何缘所生立生、老死，所引别立识等五支？"因位难知差别相故，依当果位，别立五支。谓续生时，因识相显；

次根未满，名色相增；次根满时，六处明盛；依斯发触；因触起受；尔时乃名受果究竟。依此果位，立因为五。果位易了差别相故，总立二支，以显三苦。然所生果，若在未来，为生厌故，说生、老死；若至现在，为令了知分位相生，说识等五。

"何缘发业，总立无明；润业位中，别立爱、取？"虽诸烦恼，皆能发、润，而发业位，无明力增，以具十一殊胜事[1]故，谓所缘等，广如经说。于润业位，爱力偏增，说爱如水，能沃润故，要数溉灌，方生有芽；且依初、后，分爱、取二。无重发义，立一无明。虽取支中摄诸烦恼，而爱润胜，说是爱增。

诸缘起支，皆依自地。有所发行，依他无明，如下无明，发上地行。不尔，初伏下地染者所起上定，应非行支，彼地无明犹未起故。

"从上、下地生下、上者，彼缘何受而起爱支？"彼爱亦缘当生地受，若现若种，于理无违。

【简注】

[1] 十一殊胜事：见《缘起经》。该经说无明有十一种突出作用，如所缘胜，即无明能普遍地缘染净一切法，等等。

【今译】

[一问："老与死为何共同立为一支？"]老并非必定会有，所以

依附于死而立为一支。[问：]"病为何不立为一支？"因为病不是普遍存在[于三界六道中，即使可能具有病的某些生命形态中]，也不是[一生中]必定会有病。老虽然不是必定会有，但普遍存在；三界、六道、四生的众生，除了中途夭折者，临近命终时都有衰朽的现象。

[二问：]"名色不是普遍存在，为何立为一支？"由于必定具有，所以立为一支。因为胎生、卵生、湿生者，在六根未完全形成时，必定有名色。此外，名色支也是普遍存在，如欲界、色界众生在化生受生的最初状态，虽然具有五根，但还不能发挥作用，这时不能称为六处支，[只能称为名色支；]在生到无色界的最初状态时，虽然必定有意根，但没有认识作用，这时不能称为意处，[只有名色支存在，所以名色支是普遍存在。]因此，《瑜伽论》中说："十二有支的所有支，至少是其一部分，在色界和无色界中都有。"[如果没有名色支，怎么能有以上说法？]

[三问：]"爱并非普遍存在，为何要单独立为一支？如生在恶道中，就不会爱恶道。"由于必定有，所以单独立为一支。只要不是追求脱离生死轮回，[即只要还追求其后生命的存在，那么，如果其后]生在善道中，必定有爱。[即使获得圣位第三果的]不还圣者，在润生位中，虽不生起爱，然而就像有取的种子一样，必定有其爱的种子。此外，爱也是普遍存在，即使生在恶道中，对于第八识的见分这种现行的"我"也有爱。根据不希望不追求有恶道身的爱，《缘起经》中才说恶道中没有爱，实际上并不是爱完全没有。

[四问：]"是何缘故对所生只是建立生和老死二支，而对所引另

外建立识等五支？"这是由于因的状态中的差别状况难以了解，只能根据将来的果的状态，另外建立五支。即在最初［入胎］接续新生命时，作为因的识的性状首先显现；其次，在五根尚未完全形成时，名色的性状在逐渐增长；再次，当五根完全形成时，六处的性状趋于成熟；由六处引发触；因触而生起感受；这时才能说生起了完全成熟的果。依据这果的状态，建立上述五种因。而果的状态中的差别状况是容易了解的，总的建立二支，以显示行苦、坏苦、苦苦三类苦。然而所生的果，如果是未来的果，为使人们生起厌恶，说是生和老死；如果是现在的果，为使人们了解各阶段相生的道理，就说是识等五支。

[五问：]"是何缘故在引发业的状态中，只是总的建立无明一支；而在滋润业的状态中，另外建立爱和取二支？"虽然一切烦恼都有引发业和滋润业的作用，但在引发业的状态中，无明的力量增强，因为无明具有十一种突出作用，如普遍地缘染净一切法等，详细的解释如《缘起经》中所说。而在滋润业的状态中，爱的力量特别增强，所以说爱就像水，因为它能肥沃滋润业，要经常灌溉，才能生起"有支"的芽；再根据滋润业的前后状态，分为爱和取二支。[而在引发业的状态中，业被引发后，]没有再被引发的道理，所以只是建立无明一支。此外，虽然取支之中包括了各种烦恼，但爱的滋润作用突出，所以说是爱增强。

[六问："各种作为缘而生起其他事物的支，只是与自己所在地的其他支相互作为缘，还是能与三界九地中的其他地的其他支相互作为缘？"]由各种缘生起支时，都是依靠自己所在地的缘。但也有所引发的行支，是依靠其他地无明的，如下地的无明可以引发上地的行。

不然的话,刚制伏下地的污染而生起上地的定,应该不属于行支,因为上地的无明还未生起。

〔七问:〕"从上地生往下地,或从下地生往上地,是依靠什么地的受而生起爱支?"那爱支也要依靠将要生往地的受而生起,此受可以是同时的现行受也可以是先时的种子受,都不违理。

【评析】

此处仍是对生死相续原因解释的第三种观点的第二部分,是回答对十二支的各种问题。一、建立"老死"支的原由。老无必然性(即可能中途夭折),但有普遍性,所以依附于死共立一支。二、建立"名色"支的原由。"名色"支有必然性和普遍性,四生(生命形成的四种方式)中乃至无色界中都有"名色"。三、"爱"支建立的原由。爱有必然性和普遍性,即使恶道众生也有爱,即第七识对第八识见分的爱。四、所生只立"生""老死"二支而所引有"识"等五支的原由。这是因为所生的状况易知而所引的状况难知。五、发业只立"无明"一支而润业立"爱""取"二支的原由。这是因为在引发业的状态中,无明的力量强,故只立一支;而滋润业的状态可分两个阶段,先是由爱滋润业,后即执取,故立二支。六、各支相互作缘时是否有界地的限制?一般来说,有界地的限制,即同一界地的各支相互作缘。但"无明"引发"行"时并不完全受此限制,即下地的"无明"能引发相邻上地的"行",如欲界"无明"能引发初禅未到地定"行"支,但不能越位，即欲界"无明"不能引发初禅根本定"行"，更不必说引发二禅近分定"行"。此外，上地"无明"也不能引发下地"行"支。七、关于"受缘爱"（即由受生起爱），如下地生到上地，或上地生到下地时，生起爱的受应是何地的受？回答是：总的来说，是依同地受。若从上地生下地，即缘将要生的下地的受而起爱；若从下地生上地，即缘将要生的上地的受而起爱。

【原文】

此十二支，十因二果，定不同世。因中前七与爱、取、有，或异或同。若二、三、七，各定同世。

如是十二，一重因果，足显轮转及离断常。施设两重，实为无用，或应过此，便致无穷。

【今译】

［问："各支是同世的，还是异世的？"］这十二支中，前十支是因，后二支是果，必定不是同世。在十种现在的因中，前七支与爱、取、有三支，可以是异世也可以是同世。至于生和老死二支必定同世，爱、取、有三支必定同世，其余七支必定同世。

［问："有的地方说十二支是三世二重因果，为何这里说是一重因果？"］这十二支，一重因果就足以显示轮回流转，并远离断见和常见。设置二重因果，实在没有必要。如果说一重因果不够，而需设置二重，那也可能二重不够，更需设置三重，以至需设置无穷重。

【评析】

此处仍是对生死相续原因解释的第三种观点的第二部分，是论述十二有支的时间与因果关系。小乘的十二有支是三世二重因果。即"无明"与"行"是过去世的因，"识"等五支是现在世的果，"爱""取""有"是现在世的因，"生""老死"是未来世的果。而本论对十二有支，立二世一重因果。即前十支是因，后二支是果，故是一重因果；因果必不同世，故是二世。但前十支中，前七支与"爱""取""有"可以同世，可以异世。如果是顺生受业（即下一生受报的业），则现世由"无明"发"行"，熏成业种及"识"等五果的种子，又起"爱""取"，滋润引发业种与"识"等五种，所以前七支与"爱""取""有"三支同世。如果是顺后生业（即第二生及以后受报的业），则现世造业，虽熏成种，但要到受果报的前一世，才起"爱""取"，滋润引发"有"支，所以，前七支与"爱""取""有"三支必定异世。此外，本论的十二有支虽是二世一重因果，但此二世，或前十支是过去、后二支是现在，或前十支是现在、后二支是未来，所以因果实际还是通三世。所以一重因果即显三世俱有，建立轮回，并能破除断常二执。就是说，有十支因，就破常见（若常无需因）；有二支果，就破断见（若断则无果）。所以，不必像小乘那样建立三世二重因果。

【原文】

此十二支义门别者，九实三假。已润六支，合为有故；

即识等五,三相位别,名生等故。

五是一事[1],谓无明、识、触、受、爱五,余非一事。

三唯是染,烦恼性故。七唯不染,异熟果故;七分位中,容起染故,假说通二。余通二种。

无明、爱、取,说名独相,不与余支相交杂故。余是杂相。

六唯非色,谓无明、识、触、受、爱、取,余通二种。

皆是有漏,唯有为摄,无漏、无为非有支故。

无明、爱、取,唯通不善、有覆无记。行唯善恶。有通善、恶、无覆无记。余七唯是无覆无记,七分位中亦起善、染。

虽皆通三界,而有分有全。

上地行支能伏下地,即粗苦等六种行相[2],有求上生而起彼故。

一切皆唯非学、无学。圣者所起有漏善业,明为缘故,违有支故,非有支摄。由此应知,圣必不造感后有业,于后苦果不迷求故。杂修静虑,资下故业,生净居等,于理无违。

【简注】

[1] 事:即主体。

[2] 六种行相:指粗行相、苦行相、障行相、静行相、妙行相、离行相。

【今译】

这十二支在性质上的差别是：[一、假实性。] 九支有实体，三支只是假立。即 [由爱和取] 润生的行、识、名色、六处、触、受六支，合为有支，[所以有支是假立；] 这识至受五支的种子在现行生起时有生、异、灭三种状态的差别，就称为生、老、死，[所以生支和老死支也是假立。]

[二、主体是否具有单一性。] 五支是单一的主体，即无明、识、触、受、爱五支，其余支不是单一的主体。

[三、污染性。] 无明、爱、取三支只是污染性的，因为它们以烦恼为主体。识、名色、六处、触、受，以及生和老死七支只属于不污染性的，因为它们都是无覆无记性的异熟果；但这七支在现行生起的状态中，可以生起污染性的，所以，[虽然体非染，]《瑜伽论》[还是] 假说它们具有污染性与不污染性两种性质。剩下的行支和有支，都可以是污染性或不染污性的，[而有支还可以是无记性的。]

[四、纯杂差别。] 无明、爱、取三支，称为纯粹的状态，因为它们不与其他支相混杂。其余九支称为混杂的状态。

[五、色心差别。] 六支只是心法不是色法，即无明、识、触、受、爱、取六支，其余支可以是心法或色法。

[六、有漏性。] 十二支都是有漏，只属于有为，因为无漏、无为不属十二有支。

[七、三性差别。] 无明、爱、取三支只属于不善性和有覆无记性。行支只属于善性和恶性。有支可以是善性、恶性，以及无覆无记性。其余七支只是无覆无记性，但这七支在现行生起的状态中也可生

起善性和污染性。

［八、三界差别。］虽然十二支都可以在三界中存在，但在色界和无色界十二支是［每一支都只有］一部分存在，在欲界十二支都能完整地存在。

［九、对治法门。］上地的行支能制伏下地一切支，［什么是上地的行支？］即粗行相、苦行相等六种行相，有追求生往上界的欲望就能生起上地的行支。

［十、学位差别。］十二支都不是有学和无学的圣者所具有的。因为圣者所生起的有漏的善业，是依托于无漏明，与有支相违，所以不属于有支。由此可知，圣者必定不造能感招后世果报的业，因为他们对于后世的苦果不迷不求。至于不还果等圣者以有漏和无漏前后杂修第四禅，资助四禅天中下三天以往的业，以求生往第四禅天中的五净居天，［这是凡夫时已造生下三天的业，非圣者新造，不是圣者的有支，所以］并不违理。

【评析】

此处仍是对生死相续原因解释的第三种观点的第二部分，以下论述十二支的各种性质。其中的大多性质都较简单易解，现对部分性质作些说明。

二、主体是否具有单一性。十二支中，"无明""识""触""受""爱"五支是单一主体，如"无明"支只以无明为主体，"识"支只以第八识种为主体，等等。五支外的其余支不是单一的主体，如"行"支通色、心，即"行"支的主体一部分是物质一部分是心。具体地说,"行"支中身业和语业是物质性的,意业以思心所为主体。

四、纯杂差别。这是指各支的表现形态是纯粹的还是混杂的。如"行"支和"识"等五支转化为"有"支,此外,"识"等五支转化为"生"支和"老死"支,所以这九支有两种或两种以上的表现形态,表现形态是混杂的。而"无明""爱""取"三支,不与其余支交杂,所以表现形态是纯粹。

八、三界差别。十二支在色界和无色界每一支都只有一部分存在。以色界十二支的部分支为例,如"无明"支,只有胜义愚,无世俗愚;无不善性,只有有覆无记性。如"行"支,只有纯善性的不动行,没有福行和非福行。若在初禅中,有身语意三业;二禅以上,只有意业。如"识"支,在五趣四生中,只有天趣,只是化生。等等。

九、对治法门。上地"行"支能制伏下地一切支,这就是观六种行相:粗行相、苦行相、障行相(此三观属无间道),与静行相、妙行相、离行相(此三观属解脱道)。这六种行相通色界、无色界,称为上地"行"支。即为求生上二界,而观下界即欲界十二支为粗、苦、障,这是由下地"无明"所发上地的"行"支,能生对下地的厌恶心,对治下地一切支;观上界一切为静、妙、离,由此"行"支而求生上地。

【原文】

有义:无明唯见所断,要迷谛理,能发行故,圣必不造后有业故。爱、取二支，唯修所断，贪求当有而润生故；九种命终心[1]，俱生爱俱故。余九皆通见、修所断。

有义：一切皆通二断。论说"预流果已断一切一分有支，无全断者"故。若无明支唯见所断，宁说预流无全断者？若爱、取支，唯修所断，宁说彼已断一切支一分？又说："全界一切烦恼，皆能结生。往恶趣行，唯分别起烦恼能发。"不言润生唯修所断，诸感后有行皆见所断发。由此故知，无明、爱、取三支，亦通见、修所断。

然无明支，正发行者，唯见所断；助者不定。爱、取二支，正润生者，唯修所断；助者不定。

又染污法，自性应断[2]，对治起时，彼永断故。一切有漏不染污法，非性应断，不违道故。然有二义，说之为断。一离缚故，谓断缘彼杂彼烦恼[3]。二不生故，谓断彼依，令永不起。依离缚断，说有漏善、无覆无记，唯修所断。依不生断，说诸恶趣、无想定等，唯见所断。说十二支通二断者，于前诸断，如应当知。

十乐、舍俱，受不与受共相应故；老死位中，多分无乐及客舍[4]故。十一苦俱，非受俱故。

十一少分，坏苦所摄。老死位中，多无乐受，依乐立坏，故不说之。十二少分，苦苦所摄，一切支中有苦受故。十二全分，行苦所摄，诸有漏法，皆行苦故。依舍受说，十一少分，除老死支，如坏苦说。实义如是，诸圣教中，随彼相增，所说不定。

皆苦谛摄，取蕴性故。五亦集谛摄，业、烦恼性故。

诸支相望，增上定有；余之三缘，有无不定。契经依定，唯说有一。爱望于取，有望于生，有因缘义。若说识支是业种者，行望于识，亦作因缘。余支相望，无因缘义。而《集论》说无明望行有因缘者，依无明时业习气说，无明俱故，假说无明，实是行种。《瑜伽论》说诸支相望无因缘者，依现爱、取、唯业有说。无明望行，爱望于取，生望老死，有余二缘。有望于生，受望于爱，无等无间，有所缘缘。余支相望，二俱非有。此中且依邻近顺次不相杂乱实缘起说。异此相望，为缘不定，诸聪慧者，如理应思。

【简注】

[1] 九种命终心：如欲界命终时，或起生欲界心，或起生色界心，或起生无色界心。同样，色界、无色界命终时，也都可起三种心，总合为九种心。

[2] 自性应断：指根本烦恼、随烦恼以及诸不善业，因为它们的本性污染，所以应断。

[3] 缘彼杂彼烦恼：缘彼烦恼，指缘不染污法（即善法或无覆无记法）的烦恼。杂彼烦恼，指第七识的烦恼，由于第七识的烦恼，善性和无覆无记性法也成有漏；若第七识的烦恼被暂时制伏（十地中）或永远断除（佛地），善性等法就不受其束缚，不成有漏。

[4] 客舍：据前注，即客识之舍受，非主识之舍受。此处，主识即第八识，客识即各转识。

【今译】

[十一、断除位。关于十二支何时能断除的问题，有两种观点。]第一种观点认为，无明仅是见道位所断，因为要迷惑于四谛之理的无明，才能引发行支；而进入圣位后必定不会再造引生后世果报的业了。爱、取二支，只是修道位所断，因为该二支贪恋追求后世的果报而滋润将来的生命；而在三界中命终生起九种心时，都有俱生爱共同存在。其余九支则可以是见道位所断或修道位所断。

第二种观点[即正确的观点]认为，所有十二支都可以是见道位所断或修道位所断。因为《瑜伽论》说："预流果已经断除了十二支的每一支的一部分，但没有一支是全部断除的。"如果无明支仅是见道位所断，怎么能说预流没有一支是全部断除的？如果爱、取二支只是修道位所断，怎么能说预流已经断除了每一支的一部分？此外，论中又说："三界每一界的一切烦恼，都能润生并感招下一世生命。生往恶道的行支，只是由分别而生起的烦恼所引发。"论中不说润生烦恼只是修道位所断，[而说一界内所有的见道和修道所断烦恼都能润生；]也不说一切感招后世的行支都由见道位所断的烦恼而引发，[而说生恶趣的是见道位所断的分别烦恼。]由此可知，无明、爱、取三支，也都属见道位所断或修道位所断。而无明支，属根本性地引发行支的，只是见道位所断；属辅助性地引发行支的，属见道位所断还是修道位所断则不一定。爱、取二支，属根本性地润生的，只是修道位所断；属辅助性地润生的，究竟是见道位所断还是修道位所断则不一定。

[问："那么，断的意义应如何理解？"]一切污染的事物属自性应

断，因为当对治的出世道最初生起时，这些污染的事物就永远地断除了。一切有漏的不污染的事物［即善性与无覆无记性事物］，不是自性应断，因为它们并不与出世道相违背。这里有两种含义，可称之为断除。一是由离缚，即断除缘不污染事物的烦恼，以及断第七识的烦恼。二是由不生，即断除有漏事物所依赖的因，使它们永不生起。根据离缚意义的断除，《瑜伽论》说有漏善和无覆无记的事物，只是修道位所断。根据不生意义的断除，该论及《对法论》则说一切恶道以及无想定等，只是见道位所断。至于说十二支可以是见道位所断或修道位所断，根据前面所说的自性断、离缚断和不生断，可以对应地推知。

　　［十二、三受同起。十二支中，除了受与老死二支，］十支与乐受、舍受共存，因为受支不会与受相应，［即受本身之外没有受；］而在老或死的状态中，大多没有乐受和各转识的舍受。十一支都能与苦受共存，但受支不与苦受共存。

　　［十三、三苦差别。十二支中，除了老死支，］十一支的每一支的一小部分属于坏苦。由于老死状态中，大多没有乐受，而坏苦的建立是依据乐受［的消失，老死支既然大多没有乐受，］所以这里不说老死支属坏苦。十二支的每一支的一小部分属于苦苦，因为一切支中都有苦受。十二支的全部，都属于行苦，因为一切有漏的事物都属于行苦。如果是根据舍受［是行苦］来说，则十一支的一小部分属于行苦，即除了老死支，［老死支不属行苦，］正如老死支不属坏苦一样。真实的道理就是如此，在各种佛典中，根据十二支的某种状态的增强，说法则不一定。

　　［十四、四谛属性。］十二支都属苦谛，因为它们都是以五蕴为主

体。其中，无明、爱、取、行、有支五支也属集谛，因为行支和有支是业，而其余三支以烦恼为主体。

[十五、四缘属性。]十二支相互之间，必定能作为增上缘；能不能作其余三种缘，则不一定。《缘起经》根据肯定有的增上缘，只说有一种缘。此外，爱支对于取支，有支对于生支，有因缘的含义。如果将识支看作是业的种子，则行支对于识支，也可作因缘；[如果将识支看作是第八识的种子，则行支不是识支的因缘。]其余各支相互之间，没有因缘的含义。而《集论》说无明支对于行支有因缘的含义，是根据与无明状态共存的思业的习气而说的，因为[这思业习气]与无明共存，所以假说无明[种子是行支的种子]，实际上[思业习气]是行支的种子。《瑜伽论》说各支相互之间[可作其他三种缘，但]不作因缘，这是根据现行的爱支、取支，[不是根据爱、取支的种子，]以及根据作为业种子的有支，[不是根据作为识等种子的有支]而说的。无明支对于行支、爱支对于取支、生支对于老死支，可作等无间缘和所缘缘。有支对于生支、受支对于爱支，不作等无间缘，但可作所缘缘。其余各支相互之间，这两种缘都不存在，[只有增上缘。]这里都是根据十二支中相邻的、按照次序的、不杂乱的、真实的生起关系而说的。如果不是按照这四种关系来说，则相互之间作什么缘就不一定了。一切聪明人应按此理而思维。

【评析】

此处仍是对生死相续原因解释的第三种观点的第二部分，继续论述十二支的性质。其中，关于十二支的断除位，应该说十二支都通见道位所断和修道位所断。而就断的意义来看，可分三断或四断。四断为：一、自性断，指根本烦恼、随烦恼以及诸不善业，因为它们的本性污染，所以应断。二、相应断，指与烦恼共同生起的有漏的八识等，由于它们本性并非污染，所以称为相应断。三、离缚断，指一切有漏善性或无覆无记性的事物。四、不生断，即断三恶趣、无想定、无想天等生起之依，使之不生。三断就是将自性断与相应断合为一断。据三断大略地说，十二支中，"无明""爱""取"三支，主要是自性断。"行"支有一小部分通自性断、离缚断、不生断，即见道位所断与修道位所断中属污染的"行"支，是自性断；而非污染的"行"支，通不生断和离缚断。"识"等七支，只是离缚断和不生断，不是自性断。

此外，圣者断十二有支，《义演》说："初二果断欲界一切一分有支。不还果断欲界一切有支。罗汉断三界一切有支尽。"[①] 即初果和二果的有学圣者，断除欲界各支的一部分。第三果的有学圣者，则进而将欲界有支全部断尽；色界和无色界的各支能断多少，则不确定，取决于他对色界和无色界的烦恼断至何地。第四果阿罗汉，则将三界的一切有支都断尽。

【原文】

惑、业、苦三摄十二者，无明、爱、取，是惑所摄；

---

① （唐）如理《成唯识论疏义演》卷第十，《卍新续藏》第49册，第794页。

行、有一分，是业所摄；七、有一分，是苦所摄。有处说业全摄有者，应知彼依业有说故。有处说识，业所摄者，彼说业种为识支故。惑、业所招，独名苦者，唯苦谛摄，为生厌故。

由惑、业、苦即十二支，故此能令生死相续。

【今译】

惑、业、苦三者可包括十二支，即无明支、爱支、取支，属惑的范畴；行支的全部以及有支的一部分，属业的范畴；其余七支以及有支的另一部分，属苦的范畴。有的地方说有支完全属于业，要知道那是根据属于业的那部分有支而说的，［不是按照包含识等种子的那部分有支而说的。］有的地方说识是由业所包括，那是将业的种子说成是识支。由惑、业所招致的识等七支，单独称为苦，是因为它们只属于苦谛，也是为了使众生生起厌离之心。

由于惑、业、苦就是十二支，所以它们［不由外缘而］能使生死相续。

【评析】

此处是对生死相续原因解释的第三种观点的第三部分，是总结惑、业、苦与十二支的关系。本论指出，惑、业、苦正是众生生死相续的根本原因。因为从小乘开始，已经确认，十二有支是众生生死流转的过程，也是众生生死轮回的原因。而此处将十二有支与惑、业、苦三者结合，证明惑、业、苦就是十二支，故而惑、业、苦就是生死轮回的根本原因。

四、第四种观点

【原文】

复次，生死相续由内因缘，不待外缘，故唯有识。因谓有漏、无漏二业，正感生死，故说为因。缘谓烦恼、所知二障，助感生死，故说为缘。所以者何？生死有二。

一分段生死，谓诸有漏善、不善业，由烦恼障缘助势力，所感三界粗异熟果。身命短长，随因缘力，有定齐限，故名分段。

二不思议变易生死，谓诸无漏有分别业，由所知障缘助势力，所感殊胜细异熟果。由悲愿力，改转身命，无定齐限，故名变易。无漏定愿正所资感，妙用难测，名不思议。或名意成身，随意愿成故，如契经说："如取为缘，有漏业因，续后有者而生三有。如是无明习地[1]为缘，无漏业因，有阿罗汉、独觉、已得自在菩萨生三种意成身。"亦名变化身，无漏定力，转令异本，如变化故。如有论说："声闻无学，永尽后有，云何能证无上菩提？依变化身证无上觉，非业报身。"故不违理。

"若所知障，助无漏业，能感生死，二乘定姓，应不永入无余涅槃，如诸异生拘烦恼故[2]。如何道谛实能感苦？"谁言实感？"不尔，如何？"无漏定、愿，资有漏业，令所得果相续长时，展转增胜，假说名感。如是感时，由所知障为缘助力，非独能感。然所知障，不障解脱，无能发业、润生用故。"何用资感生死苦为？"自证菩提，利乐他故。谓不定姓独觉、声闻，及得自在大愿菩萨，已永断伏烦恼障故，无容复受当分段身，恐废长时修菩萨行，遂以无漏胜定、愿力，如延寿法，资现身因，令彼长时与果不绝。数数如是定、愿资助，乃至证得无上菩提。

"彼复何须所知障助？"既未圆证无相大悲，不执菩提、有情实有，无由发起猛利悲愿。又所知障，障大菩提，为永断除，留身久住。又所知障，为有漏依，此障若无，彼定非有，故于身住，有大助力。若所留身，有漏定、愿所资助者，分段身摄，二乘、异生所知境故；无漏定、愿所资助者，变易身摄，非彼境故。由此应知，变易生死，性是有漏异熟果摄，于无漏业，是增上果。有圣教中说为无漏出三界者，随助因说。

【简注】

[1] 无明习地：即"无明住地"，指三界的一切无明。
[2] 如诸异生拘烦恼故：据《述记》卷第八，此句有三解。一、此句为论主对上述问题的回答。二、此句与上文均是论主假设性的问题。三、此句与上文均是小乘的责难。《述记》认为，第一解有《瑜伽论》等论的文字作为依据，第二解也有合理性，第三解则与下文紧扣，所以都有合理性。本书译文据第三解。

【今译】

另外，[第四种观点认为，]生死相续是依赖内在的因和缘，不依赖心外的缘，所以只有识[存在]。这里说的因，就是有漏和无漏的两种业，它们是根本性地感招生死，所以说是因。这里说的缘，就是烦恼障和所知障，它们是辅助性地感招生死，所以说是缘。为什么这样说呢？因为生死有两种。

一是分段生死，它是以各种有漏的或善或不善的业为因[即主要力量]，由烦恼障的辅助力量，所感招的三界内粗显的异熟果。众生生命的长短，随上述因和缘的力量，有确定的期限，所以称为分段生死。

二是不可思议的变易生死，它是以由各种无漏后得有分别业为因，由所知障的辅助力量，所感招的殊胜的细微的异熟果。这类众生由大悲的愿力，将身体改秽为净，将生命转短为长，没有确定的期限，所以称为变易生死。由于这类生死主要是由无漏的定力和愿力所资生和感招，妙用难测，[不为凡夫和二乘所知，]所以称为不可思议。这变易生死身又可称为意成身，因为是根据大悲意愿而形成的，正如《胜鬘经》说的："如以烦恼障为缘，以有漏的业为因，使后世生命得以连续，就成为生在三界内的众生。如以无明习地为缘，以无漏的业为因，有阿罗汉、独觉、已得自在菩萨生成相应的三种意成身。"这变易生死身也可称为变化身，是由无漏的定力所转变，使之不同于原来的身，就像经历了变化之后获得的。如《显扬论》中说："声闻乘的无学，已经永远灭尽其后身体的存在，为什么能证无上菩提呢？就是依靠变化身证无上觉，而不是依靠业报身。"所以，并不违理。

　　[问:]"如果所知障资助无漏的业,能感招变易生死,那定性二乘应该永远不能入无余涅槃,而要像所有凡夫那样被烦恼所束缚。[此外,无漏的有分别业属道谛,]怎么道谛能真实地感招变易生死之苦?"谁说是真实地感招? [问:]"不然的话,又是怎么回事?"这只是由无漏的定力和愿力资助有漏的业,使所得的果长期连续,相继作用而逐渐增强,就假说是感招。这样地感招时,无漏的业是以所知障为辅助力量,并非是无漏的业独自能够感招。但所知障对二乘人来说,不障碍解脱,因为所知障没有引发业和润生的作用。[问:]"那么,资助感招变易生死之苦,又有什么作用呢?"这是为了自己证得菩提,并使众生获得利益和安乐。即不定性的独觉、声闻以及获得大自在的大愿菩萨,由于已经永远制伏和断除烦恼障,不能再接受将来的具有分段生死的身体,唯恐废弃长期所修的菩萨行,就以无漏的殊胜的定力和愿力,像运用延长寿命的方法那样,资助获得现在身体的以往的业因,使那业因与作为果的现在的身体长期存在,不致绝灭。就这样经常地依靠定力和愿力的资助,直至证得无上菩提。

　　[问:]"[既然是以无漏的定力和愿力资助,]那又何须所知障来资助?"既然回向的二乘还未圆满证得无相大悲,如果不执着菩提和众生是真实存在,就不能发起强烈的大悲心愿。此外,所知障障碍大菩提,为了永远断除所知障,所以[回向的二乘和大菩萨]需要长期留存身体。而所知障是有漏现象之依托,这所知障如果不存在,那有漏现象也必定不存在,所以对于长期留存身体来说,所知障有很大的助力。所留存的身体,如果是由有漏的定力和愿力所资助,属分段

身，这是二乘和凡夫所知道的境界；如果是由无漏的定力和愿力所资助，属变易身，那就不是二乘和凡夫所知道的境界了。由此可知，变易生死的主体，属于有漏的异熟果；对于无漏的业，它是增上果。有的佛典中说这变易身是无漏的、跳出三界的，那是根据无漏的业这一助因而说的。

【评析】

此处以下是对第十九颂的理解，即对生死相续原因解释的第四种观点。此处首先对生死相续的原因作了简要说明，然后论述了两种生死。关于生死相续的原因，此观点认为，无需外缘，内因内缘就足以使生死相续不断。这内因就是有漏业和无漏业，内缘就是烦恼障和所知障。上述内因内缘感招两种生死：分段生死和变易生死。即有漏业和烦恼障感招分段生死，无漏业和所知障感招变易生死。分段生死就是凡夫的生死，每一期的生命有确定的期限，每一期的生命都是先前业的异熟果报，一期果报结束后又受业力的驱使进入另一期生命，接受另一期业力成熟后的果报。变易生死不同于分段生死，这是二乘无学圣者（即阿罗汉和辟支佛）以及八地以上大菩萨等的境界，本不属生死，其生存状态能长期延续下去，没有终止的期限；说它是由无漏业和所知障感招，也是假说，并非真的感招。变易生死的存在称为变易生死身，或称意成身，或称变化身。此身的意义在于自利利他，也就是使上述三类圣者能证佛的大菩提，并能利乐众生。此意成身，是以无漏业为因，以无明习地为缘。所谓无明习地,与"无明住地"相通,为"五住地惑"之一。"五住地惑"出自《胜鬘经》,它们是:(1)见一处住地,即三界的见道位所断烦恼;(2)欲爱住地,即欲界的修道位所断烦恼;(3)色爱住地,即色界的修道位所断烦恼;(4)有爱住地,即无色界的修道位所断烦恼;(5)无明住地,即三界的一切无明,是一切烦恼的根本。所谓三类圣者的意成身以无明住地为缘,就是以三界的无明为缘,因为三界众生被无明缠缚,圣者要度众生,其意成身就应与众生相似。但这变易生死,仍属于有漏的异熟果,还不是真正的无漏果,真正的无漏果位是三乘无学。但二乘无学如回心修菩萨道,仍需借助这变易生死身。

此外,关于变易生死,本论只说了阿罗汉、独觉,以及八地以上菩萨能得,窥基的《义林章》等著作中又作了补充,结合《成论》所说,共分为四类:(一)二乘无学圣者回向大乘得涅槃后,即得变易身。(二)二乘有学圣者回向大乘,初地后也得变易身。(三)悲增菩萨,八地得变易身。(四)智增菩萨,初地即可得变易身,八地必得变易身。①

【原文】

颂中所言"诸业习气",即前所说二业种子;"二取习

---

① 参见(唐)窥基《大乘法苑义林章》卷第七,《大正藏》第45册,364页。另见(唐)栖复《法华经玄赞要集》卷第十二,《卍新续藏》第34册,第448页。

气",即前所说二障种子,俱执着故。"俱"等余文,义如前释。

变易生死,虽无分段前后异熟别尽别生,而数资助,前后改转,亦有前尽余复生义。虽亦由现生死相续,而种定有,颂偏说之。或为显示真异熟因果,皆不离本识,故不说现。现异熟因,不即与果,转识间断,非异熟故。

前中后际生死轮回,不待外缘,既由内识,净法相续,应知亦然。谓无始来依附本识,有无漏种,由转识等数数熏发,渐渐增胜,乃至究竟得成佛时,转舍本来杂染识种,转得始起清净种识,任持一切功德种子。由本愿力,尽未来际起诸妙用,相续无穷。由此应知,唯有内识。

【今译】

颂中所说的"诸业习气",就是前面所说的有漏业和无漏业的种子;"二取习气",就是前面所说的烦恼障和所知障的种子,因为该二障的特点都是执着,[所以称为"二取"。]颂中的"俱"等文字,其含义如前面各种观点所说。

[颂中说:"前异熟既尽,复生余异熟。"]变易生死虽然没有分段的前后异熟,以及前异熟结束后异熟又生起等状况,但由于无漏的定力和愿力的经常资助,变易身前后有改变转化,所以也有前异熟结束后异熟又生起的含义。

虽然也可由现行的二业和现行的二障导致生死相续,但[现行的二业和二障并不是必定有的，且有间断；而］其种子必定具有，［始终延续，］所以颂中只说种子，［即"由诸业习气，二取习气俱"。］或者，为了表示真异熟的因［就是业种子］与果［就是第八识，二者］都不离第八识，所以颂中不说现行。此外，现行异熟因［即一切现行的善恶等事物］，并不立即生起果，而前六转识有间断，不是真异熟，［而是异熟生，所以颂中不说它们，而只说种子。］

既然过去、现在、未来的生死轮回，不依赖外界的缘，而是依靠内在的识，那么，清净的现象相连续，要知道也是如此。即无量时间来，一直有无漏的种子依附于第八识，由于各转识经常地熏习和引发，无漏的种子的作用逐渐增强，直至最后成佛时，转变和舍弃了原来具有混杂污染种子的第八识，转变并获得刚生起的完全是清净种子的第八识，由该识保持一切功德种子。由于本愿的力量，这些功德种子在未来无穷的时间中生起各种妙用，并无穷地延续下去。由此可知，只有内识存在。

【评析】

此处仍是对生死相续原因解释的第四种观点，是结合颂文论述生死相续的原因。上文已明确了使生死相续不断的内因是有漏业和无漏业，内缘是烦恼障和所知障。此处再明确，颂中的"诸业习气"，就是有漏业和无漏业的种子；"二取习气"，就是烦恼障和所知障的种子。由这些种子为因为缘，使分段生死和变易生死相续不断。此外，清净现象的相续不断，也无需外缘，也是依靠内识。所以，唯识的道理是普遍成立的。

第四节　论三自性与三无性

一、释三自性

【原文】

"若唯有识，何故世尊处处经中说有三性？"应知三性亦不离识。"所以者何？"颂曰：

"由彼彼遍计，遍计种种物[1]。

此遍计所执，自性无所有。

依他起自性，分别缘所生。

圆成实于彼，常远离前性。

故此与依他，非异非不异，

如无常等性。非不见此彼。"

【简注】

[1]物：《述记》卷第九注："物者，体也。"

【今译】

［问：］"如果只有识存在，为何世尊在各种经中都说有三种自性？"要知道三种自性也不离识。[问：］"为什么呢？"颂云：

"由种种能遍计心，

遍计种种事物。

由此形成的遍计所执自性，

实际并不存在。

而属于依他起自性的,

是虚妄分别[的心和心所,及其所变的见分和相分],

它们都由众缘所生。

圆成实性就是在依他起性上,

永远远离了遍计所执性。

所以圆成实性与依他起性,非异非不异,

就像无常、无我等性质与一切事物非异非不异一样。

并非没有证见圆成实性就能明了依他起性[如幻]。"

【评析】

此处以下论述三自性与三无性。对于至此为止本论的论述,外人会产生的问题是:《解深密经》等经中明说有遍计所执、依他起、圆成实三自性,还说了三无性。如果真的如本论所说是唯识无境,那怎么会有三自性?进而,如果有三自性,那三无性又是怎么回事?此处对前一问题作了简略的回答,即三自性也不离识,进而用三首颂对三自性的含义及相互关系作了说明,而有关的论述则由下文展开。

此三首颂的第一颂和第二颂,如下文所说,都有两种观点,本书都依其中的第二种观点译解。如第一颂,据《摄论》,第一句指能遍计心,第二句指所遍计境,第三和第四句表示遍计所执自性不存在。再如第二颂,依护法观点,属依他起性的,不但是虚妄分别(即心和心所),实际还有心和心所变现的见分和相分。

【原文】

论曰：周遍计度，故名"遍计"；品类众多，说为"彼彼"。谓能遍计虚妄分别，即由彼彼虚妄分别，遍计种种所遍计物，谓所妄执蕴、处、界等若法若我自性差别[1]。此所妄执自性差别，总名遍计所执自性。如是自性，都无所有，理教推征，不可得故。

【简注】

[1] 自性、差别：《因明义断》认为，关于自性与差别，有"依诸经论"和"直据因明"两种说法。依诸经论，"总有四对。一、体义对。五蕴等法，名为自性；苦、无常等，名为差别。如《佛地论》等说。二、总别对。泛名为色，即是自性；如有漏色、无漏色等，名为差别。即前第一体之与义，俱有总别……三、诠非诠对。非诠对者，名为自性；名言诠者，即名差别。即《唯识》等云，诸法自性，假智及诠俱非境故。亦通前二，若名言诠皆名共相，非名言诠即名自相。四、名句对。名所诠者名为自相，句所诠名为差别。即《唯识》等云，名诠自性，句诠差别。亦通初二，诠体诠总名诠自性，诠义诠别名诠共相。望第三对，名及句身并诠共相，以所增相可通于余，非二自相，故名为共。""直据因明"说也有四对，前二与"依诸经论"大体相同。

对此略作说明。第一"体义对"，即一法与其属性相对而言，此法的自相是自性，共相是差别。如文中介绍，以色蕴为例，色蕴是自性，苦、无常等是差别。第二"总别对"，即一法与各种类别相对而言，此法是自性，各种类别是差别。以色法为例，色法是自性，有漏色、无漏色等是差别。第三"诠非诠对"，即无法用语言诠释表达的是自性，能用语言诠释表达的是差别。第四"名句对"，用名称表达的概念是自性，用句子表达的概念属性是差别。

【今译】

论云：对一切事物进行普遍的思量推测，所以称为"遍计"。[这些思量推测的心]种类繁多，所以说是"彼彼"。即[存在着]能遍计的虚妄分别，正是由于它们的种种虚妄的思辨分别，遍计存在种种被遍计所妄执的事物的主体，即被虚妄地执着的五蕴、十二处、十八界等各种"法的自性""我的自性""法的差别""我的差别"。这些被虚妄地执着的不同的自性和差别，总的称为"遍计所执自性"。这样的自性，完全不存在，因为无论从正理探究还是从佛典寻求，都不能得到[这样的自性]。

【评析】

此处以下是对三首颂进行论述。首先是对第一颂，即遍计所执自性作了阐述，有两种观点。此处是第一种观点，是难陀等学者的观点。此观点认为，本颂只说了能遍计和所遍计。颂的第一句讲的是能遍计，第二、三、四句讲的是所遍计。能遍计是虚妄的心，所遍计的是事物都有自性，属实我实法。但这样的自性实际上完全不存在。

【原文】

或初句显能遍计识，第二句示所遍计境，后半方申遍计所执若我若法自性非有，已广显彼不可得故。

初能遍计，自性云何？有义：八识及诸心所有漏摄者，皆能遍计，虚妄分别为自性故，皆似所取、能取现故。说阿赖耶以遍计所执自性妄执种为所缘故。有义：第六、第七心品执我、法者，是能遍计，唯说意、识能遍计故，意及意识名意、识故，计度分别能遍计故。执我、法者，必是慧故。二执必与无明俱故，不说无明有善性故，痴、无痴等不相应故。不见有执导空智故，执有达无不俱起故。曾无有执非能熏故。有漏心等不证实故，一切皆名虚妄分别，虽似所取、能取相现，而非一切能遍计摄。勿无漏心亦有执故，如来后得应有执故。经说佛智，现身土等种种影像，如镜等故，若无缘用，应非智等。虽说藏识缘遍计种，而不说唯，故非诚证。由斯理趣，唯于第六、第七心品有能遍计。识品虽二，而有二三四五六七八九十等遍计不同[1]，故言"彼彼"。

"次所遍计，自性云何？"《摄大乘》说是依他起，遍计心等所缘缘故。"圆成实性，宁非彼境？"真非妄执所缘境故。依展转说，亦所遍计。遍计所执，虽是彼境，而非所缘缘，故非所遍计。

【简注】

［１］"而有二三"句：《述记》卷第九详述了自二遍计至十遍计的各种说法。如二遍计，有自性计和差别计等多种说法。三遍计，有计我、计法、计用等多种说法。等等。

【今译】

或者说，颂中的第一句表示能遍计的识，第二句表示所遍计的对象，后半首颂才说明遍计所执的"我的自性"或"法的自性"等并不存在，因为前文已经详细地说明了它们是不存在的。

首先是能遍计，其自性是什么呢？［这里有两种观点。］第一种观点认为，八识及各种相应心所，凡是属于有漏范畴的，都是能遍计，因为虚妄分别是它们的自性，因为它们都是以似乎实在的所取和能取的性状显现。此外，《瑜伽论》等论中说阿赖耶识以"遍计所执自性妄执种"［即由诸识妄执遍计所执自性熏成的种子］为认取对象。

第二种观点［即正确的观点］认为，第六识和第七识及其相应心所具有我执和法执，是能遍计，因为《摄论》中只说"意"与"识"是能遍计，而第七意和第六意识被称为"意"和"识"；并且该二识能思量推测和思辨分别，所以是能遍计。［第八识和前五识不能思量推测和思辨分别，所以不是能遍计。对方辩解："粗显的思量和分别，第八识和前五识没有，但细微的思量和分别，第八识和前五识还是可以有。"］执着自我和事物的，必定是慧心所，［而第八识没有慧心所相应，前五识只有微劣的慧心所相应，怎么会有我执和法执？如果说，第八识和前五识没有粗显的慧心所，但都有细微的慧心所，那怎么慧心所不是遍行心所？此外，并非一切有漏的心和心所都是能遍计，能遍计必定是具有我执和法执的心和心所。]而这我执和法执必定与无明共同存在，[有漏的善心和善性心所中就没有我执和法执，因为它们不与无明共存。][对方责难："如小乘说，寻与伺可以共同生起，那么，善心与无明为何不能共同生起？"]没有佛典说无明有善性。[对方责难："一切有漏心都称不善，说它们中有些是善，只是那些有漏心的不善的作用较为轻微。"][但性质相反的事物不能共同生起，如惭与无惭就不能共同生起，所以]痴[即无明]与无痴[善心所]也不可能相应[而共同生起]。[此外，如果有漏心都有法执，那加行智也属有漏，也应有法执，这样的话，加行智又怎能导向空智？]从不曾见过存在执着但能导向空的智慧，因为执着"有"[之法执]与通达"无"[之智]是不能共同生起的。[此外，如果有漏心都有法执，那么，具有法执之心必有熏习的力量，]从来也没有存在执着的事物却不是能熏，[那样的话，异熟心也是有漏心，也应是能熏，所以第八识也应是能熏。但这种说法显然是错误的。][对方责难："那么为什么《楞伽经》等经中说八识都有虚妄的分别呢？"]一切有漏的心和心所都不能证得真实的理性，所以都称为虚妄分别。[对方责难："如果有漏心有非执着，那为什么它们有所取和能取相显现？"]虽然它们都以似乎实在的所取和能取的状况显现，但并非都属于能遍计。否则的话，[如果有能取和所取就有执着，则]无漏心[也有能取和所取，也应称为能遍计，]也变成有执着了，那样的话，如来的后得智也应有执着了。《佛地经》说，佛的后得智，显现佛身和佛土等种种影像，就像镜面显现物体一样，如果没有能认取等作用，就不应是佛智。虽然经中说藏识能认取遍计的种子，但并不是说只认取遍计的种子，所以不能作为确切的证明。根据上述道理，只有第六识和第七识及其相应心所是能遍计。虽然能遍计的只有两种识，但由能遍计心生起的遍计类型却有两种、三种、四种、五种、六种、七种、八种直至九种、十种之多，所以颂中说"彼彼"。

［问：］"其次，所遍计［即被遍计的对象］，其自性是什么？"《摄论》说是依他起性，因为所遍计是能遍计的心与心所的所缘缘。［问：］"圆成实性难道就不是能遍计心等的认取对象？"真实的存在不是虚妄执着的对象，但如果根据间接的认识来说，圆成实性也可以是所遍计。遍计所执［的对象］，虽然也是能遍计心的认取对象，［但由于没有实体，所以］不能作为所缘缘，故而不是所遍计。

【评析】

此处以下论述对遍计所执自性的第二种观点，而第二种观点又分两种见解，《述记》认为，此处的第一种见解是安慧的，第二种见解是护法的。①但《藏要》的校勘指出，安慧的注释本中并无此处的文字，不知《述记》的说法有何依据。

第二种观点，如本论所说，实际出自《摄论》，其与上述第一种观点的差别在于：第一种观点对遍计所执问题只分能遍计以及由能遍计心起遍计所执性两要素来讨论；而第二种观点分三要素，即能遍计、所遍计，以及（由能遍计心在所遍计境

———

① 参见（唐）窥基《成唯识论述记》卷第九，《大正藏》第43册，第541页。

上起的）遍计所执性。第二种观点认为，本颂的第一句明能遍计，第二句明所遍计，第三、四句明遍计所执性。此处论述能遍计和所遍计。

关于能遍计的识，有两种见解。第一种见解认为八识都是能遍计，而第二种见解认为只有第六识和第七识是能遍计。关于"遍计"，有四种区别：一是"遍而非计"，这是指无漏识以及有漏善识，它们能普遍地认取事物但不计度不执着。二是"计而非遍"，这是指有漏的第七识，该识能计度，但并非对一切事物计度，而只是将第八识的见分计度为"我"。三是"亦遍亦计"，这是指有漏的第六识。四是"非遍非计"，这是指有漏的五识与第八识。此处，虽然只有第六识能周遍计度，但第七识也有计度，与第六识同类，所以也归入"能遍计"。

其次是所遍计。关于所遍计，护法依《摄论》，认为必须与遍计所执加以区分。即能遍计是心与心所，而心与心所的认识对象要分为所遍计境和遍计所执境。所遍计境是依他起性，是有法，所以能成为心与心所的所缘缘。遍计所执境是虚幻之物，如空中幻花等，本论称为非假非实之法，它们虽也是能遍计的心与心所的境，是所缘（即认识对象），但不是所缘缘。至于圆成实性，由于凡夫妄心不能缘此真实，所以也不是凡夫心和心所的所遍计境。但如果是间接地说，圆成实性也可以是凡夫心和心所的所缘境，因为圆成实性是依他起一切法的本性。

【原文】

"遍计所执,其相云何?与依他起,复有何别?"

有义:三界心及心所,由无始来虚妄熏习,虽各体一,而似二生,谓见、相分,即能、所取。如是二分,情有理无,此相说为遍计所执。二所依体,实托缘生。此性非无,名依他起,虚妄分别缘所生故。云何知然?诸圣教说:虚妄分别,是依他起,二取名为遍计所执。

有义:一切心及心所,由熏习力所变二分,从缘生故,亦依他起。遍计依斯妄执定实有无、一异、俱不俱等[1]。此二方名遍计所执。诸圣教说:唯量、唯二、种种[2],皆名依他起故。又相等四法、十一识[3]等,论皆说为依他起摄故。不尔,无漏后得智品二分,应名遍计所执。许应圣智不缘彼生,缘彼智品应非道谛。不许应知有漏亦尔。又若二分是遍计所执,应如兔角等,非所缘缘;遍计所执,体非有故。又应二分不熏成种,后识等生应无二分。又诸习气是相分摄,岂非有法能作因缘?若缘所生内相、见分非依他起,二所依体,例亦应然,无异因故。

由斯理趣,众缘所生心、心所体,及相、见分,有漏无漏,皆依他起,依他众缘而得起故。

【简注】

[1] 有无、一异、俱不俱等:诸书对此有不同解释。《述记》《义演》
　　等的解释是:妄执相分和见分是有是无,是一是异,是亦有亦无,

是非有非无。另外，本论下文说："横执我法有无、一异、俱不俱等。"所以一些《成论》注书，也解释此处是妄执我法是有是无等。本书译文依第一种解释。

[2] 唯量、唯二、种种：《摄论》为"唯识、二、种种"，可知此处"量"即识或识自体。"唯量"即唯识，或唯识无境。"二"或"唯二"指有相分和见分。"种种"指有种种行相。

[3] 十一识：见《摄论》。

【今译】

[问：]"遍计所执性，其性状如何？它与依他起性，又有什么区别？"

[在这一问题上有两种观点。]第一种观点认为，三界内有漏的心和心所，由于无量时间来虚妄的熏习，虽然各自只有一个主体，却有似乎实在的两种成分生起，即见分和相分，也就是能取和所取。这两种成分，从现象上看存在，从正理看却不存在。这能取和所取两种状态就说是遍计所执。相分和见分所依赖的主体[即自证分]，实际上是依托一定的条件而生起。这主体并非没有，称为依他起性，它是由虚妄分别的种子而生起。怎么知道是这样的呢？各种佛典都说，虚妄分别是依他起，能取和所取称为遍计所执。

第二种观点认为，一切有漏或无漏的心及心所，由熏习的力量所变现的相分和见分，都是依据一定的条件而生起，[所以此相见二分与心和心所一样，]也是依他起。能遍计的心依此相见二分虚妄地执着[二分]必定实有或必定实无，以及[二分]或一或异、或亦有亦无或非有非无、或亦一亦异或非一非异，等等。这些虚妄执着的相见二分，才称为遍计所执。各种佛典中说，识自体、识所变的见分和相分、识所生的种种行相，这些都称为依他起。此外，相、名、分别、正智四法，十一识等，《瑜伽论》《摄论》等论中都说属依他起。不然的话，无漏后得智的相分和见分［就不是依他起］，而应称为遍计所执。如同意这样的说法［即相见二分是遍计所执］，那圣者的智慧应该不是依据依他起的相分和见分而生起，或者说依据上述相分和见分而生起的智慧应该不是道谛。如不同意无漏的相分和见分是遍计所执，那么可知有漏的相分和见分也不是遍计所执，［而是依他起。］此外，如果相分和见分是遍计所执，那应该像兔角一样子虚乌有，不是所缘缘；因为凡是遍计所执的东西，就没有实体。这样的话，相分和见分就不能熏成种子，以后的识和相应心所生起时，就没有相分和见分。此外，一切种子都属第八识的相分，［如果相分是遍计所执，］那么子虚乌有的东西岂能作为因缘［而生起其他事物］？此外，从缘而生的内在的相分和见分如果不是依他起，那二分所依赖的主体［即自证分］，按例也应如此，［是遍计所执，］因为自证分的生起也［是从缘而生，］没有别的原因。

按照上述道理，由各种缘而生起的心和心所的主体，以及相分和见分，无论有漏无漏，都是依他起，即依靠其他的各种缘而得以生起。

【评析】

此处论述遍计所执自性，及其与依他起自性的关系，并解释第二颂的第一句。关于遍计所执和依他起，按安慧的观点，相分和见分是遍计所执性，自证分是依他起性。即相分和见分是自证分变现，没有实体，所以属遍计所执性。而自证分是依种子而生起，所以是依他起性。而按护法的观点，相分、见分与自证分等都是依他起性，在依他起事物上生起的执着，即执着存在心外实有的事物等，此类我执和法执的对象，就是遍计所执性。对相分等是依他起性，本论引证了佛典的说法，并据理进行分析。其中关于"又应二分不熏成种，后识等生应无二分"之说，是根据对方的观点而提出的责难。对方认为相分和见分生起时，只有自证分的现行是依他起性，相分和见分都是遍计所执性。所以本论提出这里的责难。故而《述记》指出："此文是逐他义，非谓极成。"[1] "非谓极成"，即不是普遍成立的道理。因为按护法的观点，见分与自证分总是同种，而相分与自证分或同种或异种。所以，相分并非都有自己的种子，也并非都无自己的种子。

【原文】

颂言"分别缘所生"者，应知且说染分依他。净分依他，亦圆成故。或诸染净心、心所法，皆名分别，能缘虑故。是则一切染净依他，皆是此中依他起摄。

二空所显圆满成就诸法实性，名圆成实，显此遍常，体非虚谬，简自、共相、虚空、我等。无漏有为[1]，离倒

---

[1] （唐）窥基《成唯识论述记》卷第九，《大正藏》第43册，第544页。

究竟，胜用周遍，亦得此名。然今颂中，说初非后。

此即于彼依他起上，常远离前遍计所执，二空所显真如为性。说"于彼"言，显圆成实与依他起，不即不离。"常远离"言，显妄所执能、所取性，理恒非有；"前"言义显不空依他；"性"显二空非圆成实，真如离有离无性故。

由前理故，此圆成实与彼依他起，非异非不异。异应真如非彼实性；不异此性应是无常，彼此俱应净、非净境，则本、后智用应无别。

"云何二性非异非一？"如彼无常、无我等性，无常等性与行等法，异应彼法非无常等；不异此应非彼共相。由斯喻显此圆成实与彼依他，非一非异，法与法性，理必应然，胜义世俗，相待有故。

非不证见此圆成实，而能见彼依他起性。未达遍计所执性空，不如实知依他有故。无分别智证真如已，后得智中方能了达依他起性如幻事等。虽无始来，心、心所法已能缘自相、见分等，而我、法执恒俱行故，不如实知众缘所引自心、心所虚妄变现，犹如幻事、阳焰、梦境、镜像、光影、谷响、水月，变化所成，非有似有。依如是义，故有颂言："非不见真如，而能了诸行，皆如幻事等，虽有而非真。"

此中意说，三种自性皆不远离心、心所法。谓心、心所及所变现，众缘生故，如幻事等，非有似有，诳惑愚夫，一切皆名依他起性。愚夫于此横执我法有无、一异、俱不俱等，如空华等，性相都无，一切皆名遍计所执。依他起上，彼所妄执我法俱空，此空所显识等真性，名圆成实。是故此三不离心等。

【简注】

[1] 无漏有为：指道谛中的一切法。而无漏无为指真如、涅槃等。

【今译】

颂中说的"分别缘所生"，要知道说的是污染的那部分依他起性。清净的那部分依他起性，也就是圆成实性。或者说，一切污染的或清净的心和心所，都称为"分别"，因为都有思维作用。这样，一切污染的和清净的依他起，都包括在颂中所说的"依他起"中了。

我空和法空所显示的圆满的、成就［即不生不灭］的、一切事物的真实本性，称为圆成实性，表示这本性普遍存在、始终不变，自体真实而非虚谬，不同于事物自相［诸法自相局限于自体，不通余法］，也不同于共相、虚空、我等［共相等无实体］。无漏的有为法，脱离颠倒而获究竟，有普遍的妙用，也可称圆成实性。但现在颂中说的圆成实性，是指前者［即无漏无为法］，而不是后者［即无漏有为法］。

这圆成实性就是在那依他起上，永远脱离上述遍计所执性，以我空和法空所显示的真如为其本性。颂中说的"圆成实于彼"中的"于彼"，是表示圆成实性与依他起性，并非同一也不脱离。颂中说的"常远离前性"中的"常远离"，表示虚妄执着的能取和所取的本性，按理而言，永远不存在；"前"的含义是表示依他起性不空；"性"是表示我法二空并非就是圆成实性，二空所显的真如［才是圆成实性，而真如离言，故］离有性也离无性。

按照上述道理，这圆成实性与那依他起性，非异非不异。如果二者相异，那么真如应该不是依他起的真实本性；如果二者不异，那么圆成实性应该也是无常，并且二者都应是清净与不清净共同存在的境界，这样一来，根本智与后得智的作用也应没有区别了。

［问：］"为何圆成实性与依他起性非异非一？"就像无常、无我等性质一样，无常等性质与一切事物，如果相异，那一切事物就不应是无常的；如果不异，那无常就［应是各事物本身，而］不应是一切事物的共性。由这譬喻可知，这圆成实性与那依他起性，也非一非异，一切［依他起的］事物与其本性［即圆成实性］，在道理上必然如此；胜义谛的圆成实性与世俗谛的依他起性，相互依赖才能存在。

除非证见这圆成实性，否则就不能证见那依他起性［如幻事］。未能通达遍计所执的本性是空，就不能如实地知道依他起是有。在无分别智证得真如后，要到后得智中才能透彻了解依他起性犹如［魔术或魔法］幻变所现的各种事物。虽然无量时间来，心和心所一直能认取自己的相分和见分等，但我执和法执也一直都在活动，所以不能如实地知道由各种条件引导自己的心和心所虚妄地变现的东西，就像幻变所现的事物、沙漠或旷野中的幻象、梦境、镜中像、光影、山谷中的响声、水中月一样，是由变化所形成的，非有似有。按这一道理而言，就像一首颂中所说的："并非没有证见真如，就能明了一切事物，都如同幻变所现的事物，虽然有但并不真实。"

上述几首颂的意思是说，[遍计所执性、依他起性、圆成实性，这]三种自性都不远离心和心所。即心、心所以及它们所变现的一切，都是由各种条件生起的，就如幻变所现的事物等一样，非有似有，欺骗迷惑愚夫，这一切都称为依他起性。愚夫在此硬要执着自我和事物或有或无、或一或异、或亦有亦无或非有非无、或亦一亦异或非一非异等，实际上如空中幻花，其本性和现象都不存在，这一切都称为遍计所执。在依他起上，把那被虚妄地执着的自我和事物都空了，这空所显示的识和心所的真实的本性，称为圆成实性。因此，这三种自性都不离心和心所。

【评析】

此处解释三首颂的其余部分，论述依他起自性与圆成实自性的关系，以及三自性的相互关系。依他起性指一切有为法，包括心法、心所法、色法、心不相应行法，都依赖众缘而生起。其中，色法依赖因缘和增上缘两种缘，心法和心所法依赖因缘、所缘缘、等无间缘和增上缘四种缘，心不相应行法则是由第六识在心法、心所法和色法上安立，也是依缘而起。圆成实自性则是一切依他起性的本性，所以此二自性不一不异。遍计所执自性就是对依他起的事物生起种种执着而成，若把这些执着都断除，则能证得由二空所显的真如本性，这就是圆成实性。这是三种自性的相互关系。

此外，心法、心所法、色法和心不相应行法都不离心和心所，这是依他起自性不离识。遍计所执自性是第六识和第七识所起的执着，当然不离第六识和第七识，所以遍计所执自性也不离识。圆成实自性是一切有为法即依他起性的本性，依他起自性不离识，圆成实自性也不离识。这样，三自性也都不离识，或者说，三自性唯识。因此，三自性并不违背唯识道理，而是进一步印证了唯识道理。

二、释三自性与各种现象的相互关系

【原文】

"虚空、择灭、非择灭等，何性摄耶？"三皆容摄。心等变似虚空等相，随心生故，依他起摄。愚夫于中妄执实有，此即遍计所执性摄。若于真如，假施设有虚空等义，圆成实摄。有漏心等，定属依他。无漏心等，容二性摄，众缘生故，摄属依他；无颠倒故，圆成实摄。

"如是三性，与七真如，云何相摄？"七真如者，一流转真如，谓有为法流转实性；二实相真如，谓二无我所显实性；三唯识真如，谓染净法唯识实性；四安立真如，谓苦实性；五邪行真如，谓集实性；六清净真如，谓灭实性；七正行真如，谓道实性。此七实性，圆成实摄，根本、后得二智境故。随相摄者，流转、苦、集三，前二性摄，妄执杂染故。余四皆是圆成实摄。

"三性六法，相摄云何？"彼六法中，皆具三性，色、受、想、行、识及无为，皆有妄执、缘生、理故。

"三性五事，相摄云何？"诸圣教说，相摄不定。

谓或有处说：依他起摄彼相、名、分别、正智，圆成实性摄彼真如，遍计所执不摄五事。彼说有漏心、心所法，变似所诠，说名为相；似能诠现，施设为名；能变心等，立为分别；无漏心等，离戏论故，但总名正智，不说能、所诠。四从缘生，皆依他摄。

或复有处说：依他起摄相、分别，遍计所执唯摄彼名，正智、真如圆成实摄。彼说有漏心及心所相分名相；余名分别；遍计所执，都无体故，为显非有，假说为名；二无倒故，圆成实摄。

或有处说：依他起性唯摄分别，遍计所执摄彼相、名，正智、真如圆成实摄。彼说有漏心及心所相、见分等，总名分别，虚妄分别为自性故。遍计所执能诠、所诠，随情立为名、相二事。

复有处说：名属依他起性，义属遍计所执。彼说有漏心、心所法相、见分等，由名势力，成所遍计，故说为名；遍计所执，随名横计，体实非有，假立义名。

诸圣教中所说五事，文虽有异，而义无违。然初所说，不相杂乱。如《瑜伽论》广说应知。

"又圣教中说有五相，与此三性相摄云何？"所诠、能诠，各具三性。谓妄所计，属初性摄；相、名、分别，随其所应所诠、能诠，属依他起；真如、正智，随其所应所诠、能诠，属圆成实，后得变似能诠相故。二相属相，唯初性摄，妄执义、名，定相属故。彼执着相，唯依他起，虚妄分别为自性故。不执着相，唯圆成实，无漏智等为自性故。

【今译】

[一、问：]"虚空无为、择灭无为、非择灭无为等，属于何种自性？"都可属三种自性。心和心所变现似乎实在的虚空无为等的性状，由于是依据心而生起，所以属于依他起性。愚夫在此中虚妄地执着它们是真实的存在，这就属于遍计所执性。如果是在我空和法空所显示的真如上，由假说建立虚空无为等含义，就属于圆成实性。有漏的心和心所，以及所变的虚空无为等，必定属于依他起性。无漏的心和心所，以及所变的虚空无为等，可以属于两种自性，即由于它们是依据各种条件而生起，所以属于依他起性；由于它们没有颠倒，所以属于圆成实性。

[二、问：]"这三种自性，与七种真如，相互所属关系如何？"所谓七种真如，一是流转真如，即一切有为法生灭流转的真实本性；二是实相真如，即人无我与法无我所显示的真实本性；三是唯识真如，即一切污染事物和清净事物唯识的真实本性；四是安立真如，即苦谛的真实本性；五是邪行真如，即集谛的真实本性；六是清净真如，即灭谛的真实本性；七是正行真如，即道谛的真实本性。这七种真实本性，属于圆成实性，因为它们是根本智与后得智的境界。但如果根据现象来归类，生灭流转的真实本性、苦谛的真实本性、集谛的真实本性这三种，属于遍计所执性或依他起性，即虚妄执着的三种是遍计所执性，混杂污染的三种是依他起性。其余四种都属于圆成

实性。

[三、问：]"这三种自性与五蕴和无为法，相互所属关系如何？"这六类现象都可以属三种自性，因为色、受、想、行、识以及无为法，都可以被虚妄地执着，[这就是遍计所执性；] [五蕴] 是从缘而生起，[无为法可由心缘而变现影像，这就是依他起性；] [五蕴和无为法都有真如] 理性，[这就是圆成实性。]

[四、问：]"三性与相、名、分别、正智、真如这五事的相互所属关系如何？"按各种佛典的说法，它们相互所属的关系不确定。

如《瑜伽论》《显扬论》中说：属于依他起性的有相、名、分别、正智，属于圆成实性的有真如，遍计所执性不包括这五事。按这些论中的说法，有漏的心和心所，变现出似乎实在的所诠，称之为相；变现出似乎实在的能诠，称之为名；能变现的心和心所，称之为分别；无漏的心和心所，由于摆脱了戏论，所以总称为正智，而不再说有能诠和所诠。以上四事都是由各种缘而生起，都属于依他起性。

又如《辩中边论》中说：属于依他起性的有相和分别，属于遍计所执性的只有名，而正智和真如属于圆成实性。该论说，有漏的心和心所的相分称为相；其余的见分和自证分等，称为分别；遍计所执的对象，完全没有实体，为了表示并不存在，假说为名；正智和真如，都没有颠倒，属于圆成实性。

又如《楞伽经》中说：属于依他起性的只是分别，属于遍计所执性的是相和名，正智和真如则属圆成实性。该论说，有漏的心和心所的相分和见分等，总称为分别，因为它们是以虚妄分别为自性。遍计所执的能诠和所诠，随遍计称为名和相。

又如《摄论》中说：名属于依他起性，义［即名所诠的境，也就是相和分别］属遍计所执性。该论说，有漏的心和心所的相分和见分等，由于名的力量，成为所遍计，所以称为名。［如前所说，所遍计是依他起性，所以名是依他起性。］而遍计所执，依据名而虚妄地遍计，［妄执名所诠的境有实体，］其所执对象实际不存在，只是假称为义。

各种佛典中说的五事，文字上虽有差异，但意义并不互相违背。而第一种说法，其表达没有杂乱，［最为妥善，］在《瑜伽论》中有详细的解释，应该知道。

［五、问：］"此外，佛典中说有［所诠相、能诠相、二相属相、执着相、不执着相］五相，它们与三种自性相互所属关系如何？"所诠相和能诠相，各自具有三种自性。即虚妄思量的所诠和能诠，属于遍计所执性；与相、名和分别各自相应的所诠和能诠，属依他起性；与真如和正智各自相应的所诠和能诠，属圆成实性，因为后得智在说法时也变现似乎实在的能诠的形相。二相属相，只属于遍计所执，因为它虚妄地执着事物的意义与名称必定相互关联。那执着相，只属依他起性，因为它是以虚妄的分别为自性。不执着相，只属圆成实性，因为是它以无漏智等为自性。

【评析】

此处以下论述三自性与佛学理论中其他范畴的关系。大多论述较简单易解。现对其中第五点三自性与五相的关系，作一简释。

五相指"所诠相""能诠相""二相属相""执着相""不执着相"。其中,"所诠相",一般指被表达的事物。"能诠相",一般指能表达的名称。"二相属相":"二"指所诠与能诠,"相属"即相互关联;"二相属相"即执着事物与其名称必定相互关联(即有内在联系)。

三自性与五相的关系,还涉及"相、名、分别、正智、真如"五事。五事中的"相"与"名",一部分属所诠相,一部分属能诠相,因为"名"(名称)本来是能诠,但"名"本身也需被诠释,此时就成了所诠。"相"(事物)本来是所诠,但"名"也是一类"相",所以"相"的一部分也就是能诠。由此来分析"所诠相""能诠相"与三自性的关系:一、纯属虚妄计度的"所诠相""能诠相",属遍计所执性;因为此时的二相,其生起并不依实体。二、与部分的"相""名"还有全部的"分别"(即心和心所)相应的"所诠相""能诠相",属依他起性;因为此时的二相都有依之而起的实体。三、与正智和真如相应的"所诠相""能诠相",属圆成实性。此中的真如完全属"所诠相";而正智则一部分属"所诠相",一部分属"能诠相",因为后得智在说法时也以"能诠相"显现。

所以,"所诠相""能诠相"通三自性。而五相中的其余三相("二相属相""执着相""不执着相")与三自性的关系,如文中所说,较易理解。

【原文】

"又圣教中说四真实，与此三性相摄云何？"世间、道理所成真实，依他起摄，三事摄故。二障净智所行真实，圆成实摄，二事摄故。《辩中边论》说：初真实唯初性摄，共所执故。第二真实，通属三性，理通执、无执，杂染、清净故。后二真实，唯属第三。

"三性、四谛相摄云何？"四中一一皆具三性。且苦谛中，无常等四各有三性。无常三者：一无性无常，性常无故；二起尽无常，有生灭故；三垢净无常，位转变故。苦有三者：一所取苦，我法二执所依取故；二事相苦，三苦相故；三和合苦，苦相合故。空有三者：一无性空，性非有故；二异性空，与妄所执自性异故；三自性空，二空所显为自性故。无我三者：一无相无我，我相无故；二异相无我，与妄所执我相异故；三自相无我，无我所显为自相故。

集谛三者：一习气集，谓遍计所执自性执习气，执彼习气，假立彼名。二等起集，谓业、烦恼。三未离系集，谓未离障真如。

灭谛三者：一自性灭，自性不生故。二二取灭，谓择灭二取不生故。三本性灭，谓真如故。

道谛三者：一遍知道，能知遍计所执故。二永断道，能断依他起故。三作证道，能证圆成实故。然遍知道亦通后二。

七三三性，如次配释。今于此中，所配三性，或假或实，如理应知。

【今译】

[六、问：]"此外，佛典中说的［世间所成真实、道理所成真实、烦恼障净智所行真实、所知障净智所行真实］四种真实，与三种自性相互所属关系如何？"世间所成真实和道理所成真实，属依他起性，因为它们包括相、名、分别。烦恼障净智和所知障净智所行真实，属圆成实性，因为它们包括正智和真如。《辩中边论》说：世间所成真实，只属遍计所执性，因为它是众生共同的执着。道理所成真实，可以具有三种自性，因为按理而言，它可以是有执着的，[能执属依他起性，所执属遍计所执性；]可以是没有执着的，[属依他起性或圆成实性，其中，]混杂污染的[属依他起性，]清净的[属圆成实性。]烦恼障净智和所知障净智所行真实，只属圆成实性。

[七、问：]"三种自性与四谛相互所属关系如何？"四谛中每一谛都可以有三种自性。且说苦谛中，无常、苦、空、无我四种又各有三种自性。无常与三种自性的关系：一是无性无常，即永远无体的无常，[属遍计所执性；]二是起尽无常，即有为法的生灭无常，[属依他起性；]三是垢净无常，[真如虽不变，但有生死位与解脱位，假说有从垢到净的]位次转变，[此垢净转变的无常属圆成实性。]苦与三种自性的关系：一是所取苦，即能执心依我执和法执所取的苦，[我执法执所取的实我实法本无，故此苦非有，属遍计所执性；]二是事相苦，即苦苦、坏苦、行苦三种苦，[属依他起性；]三是和合

苦，即真如与一切有漏有为苦的和合之苦，[此苦非实，依真如说此和合苦属圆成实性。]空与三种自性的关系：一是无性空，[即遍计所执的]自性并不存在；二是异性空，[即依他起自性的有]与虚妄地执着的自性[的无]不同；三是自性空，[即圆成实性以]我空和法空所显[的真如]为自性。无我与三种自性的关系：一是无相无我，[即遍计所执的]我相并不存在；二是异相无我，[即依他起的我相]与虚妄地执着的我相并不相同；三是自相无我，[即圆成实性以]"人无我"和"法无我"所显示之性为自相。

集谛与三种自性的关系：一是习气集，即对遍计所执自性执着熏成的习气[即种子]，就根据那遍计所执的习气，假立习气集的名称。[此习气集，体是依他起性，由种子来源假立遍计所执名。]二是等起集，指业和烦恼，[属依他起性。]三是未离系集，指尚未脱离烦恼障和所知障的真如，[属圆成实性。]

灭谛与三种自性的关系：一是自性灭，即遍计所执的自性不生。二是二取灭，即依[他]择灭力使[依他起的]能取和所取不生。三是本性灭，这就是真如，[属圆成实性。]

道谛与三种自性的关系：一是遍知道，能知遍计所执。二是永断道，能断染分依他起。三是作证道，能证得圆成实性。但遍知道也可以有后两种自性。

苦谛的无常、苦、空、无我四种，与集谛、灭谛、道谛相加共七种，每种各有三类情况，它们与三种自性依次配合的关系，解释如上，[即第一类情况属遍计所执性，第二类情况属依他起性，第三类情况属圆成实性。]现在在这里所配的三种自性，有假有实，可按理思索而得知。

【评析】

此处继续论述三自性与各种范畴的关系。大多论述较简单易解，现对部分内容作一简释。

第六，三自性与四种真实的关系，关于其中的世间极成真实，有两种说法。《瑜伽论》说："世间所成真实、道理所成真实，三事所摄。"① 其中，"三事"就是相、名、分别。此"三事"在该论中是依他起性，所以世间所成真实属依他起性。而《辩中边论》说："若事世间共所安立，串习随入觉慧所取，一切世间同执此事，是地非火、色非声等，是名世间极成真实。此于根本三真实中，但依遍计所执而立。"② 即世间极成真实"依遍计所执而立"，所以，在《辩中边论》中，世间所成真实，只属遍计所执性。

对此有不同说法，《述记》说："一切世间多共依此一处执故。体即依他，假名所执。"③ 所以窥基认为，《辩中边论》说世间极成真实是遍计所执性，是因为世人大多依世间极成真实而生起执着（即本论说的"共所执故"）。所以，此真实的体是依他（即实际是依他），而说它是遍计所执只是假名。

本论和《述记》说法的合理性，或许可在《辩中边论》中

----

① （唐）玄奘译《瑜伽师地论》卷第七十三，《大正藏》第30册，第702页。
② （唐）玄奘译《辩中边论》卷中，《大正藏》第31册，第469页。
③ （唐）窥基《成唯识论述记》卷第九，《大正藏》第43册，第551页。

找到。如该论说色法有三种性，即有遍计色、依他色和圆成色。一切世间法都是如此，每一世间法都有三性（详见上文）。色法或世间法正是属于世间极成真实，色法或世间法有依他起性，那么世间极成真实就不必定是遍计所执性。而说此真实是遍计所执性，只是就世间法三性中的遍计所执性而说。

而道理真实，《瑜伽论》说是依他起性，《辩中边论》说通三性，大体也是所依不同。即前说是据凡夫而说，后说则通凡夫与圣者。圣者的道理极成真实是圆成实性，凡夫的道理极成真实除了是依他起性，还可因执着而成遍计所执性。

第七，三自性与四谛的关系，本论说无常可属三自性，但圆成实性怎么也会有无常呢？《述记》指出，这是"约诠为论"。[①] 即圆成实性本非无常，只是"约诠"（即为了作肯定性的表述而）说有无常。下文苦等有三自性，均应如此理解。

【原文】

"三解脱门[1]所行境界，与此三性相摄云何？"理实皆通，随相各一。空、无愿、相，如次应知。缘此复生三无生忍[2]，一本性无生忍，二自然无生忍，三惑苦无生忍。如次此三是彼境故。

"此三云何摄彼二谛？"应知世俗具此三种，胜义唯是圆成实性。世俗有三[3]：一假世俗，二行世俗，三显了

---

① 参见（唐）窥基《成唯识论述记》卷第九，《大正藏》第43册，第551页。

世俗，如次应知即此三性。胜义有三：一义胜义，谓真如，胜之义故。二得胜义，谓涅槃，胜即义故。三行胜义，谓圣道，胜为义故。无变无倒，随其所应，故皆摄在圆成实性。

"如是三性，何智所行？"遍计所执，都非智所行，以无自性，非所缘缘故。愚夫执有，圣者达无，亦得说为凡圣智境。依他起性，二智所行。圆成实性，唯圣智境。

"此三性中，几假几实？"遍计所执，妄安立故，可说为假；无体相故，非假非实。依他起性，有实有假，聚集、相续、分位性故，说为假有；心、心所、色从缘生故，说为实有。若无实法，假法亦无，假依实因而施设故。圆成实性，唯是实有，不依他缘而施设故。

"此三为异，为不异耶？"应说俱非，无别体故，妄执、缘起、真义别故。

如是三性，义类无边，恐厌繁文，略示纲要。

【简注】

[1] 三解脱门：即空解脱门、无相解脱门、无愿解脱门，指得解脱证涅槃的三种法门。

[2] 三无生忍：即本性无生忍、自然无生忍、惑苦无生忍。无生忍指真智安住于真如的实相理体。

[3] 世俗有三：三世俗的含义，一、假世俗，指遍计所执的事物，只有假名，没有实体。二、行世俗，指依他起性的事物，有实体，但随缘生灭。三、显了世俗，指圆成实性，即断除了污染的依他起性和遍计所执性后所显的真如。

【今译】

［八、问：］"空解脱门、无愿解脱门、无相解脱门所行的境界，与这三种自性相互所属关系如何？"据理实言，三解脱门实际上三种自性都有，但根据现象来说，则三解脱门各有一种自性。即空解脱门对应遍计所执性，无愿解脱门对应依他起性，无相解脱门对应圆成实性。依此三解脱门，又生三种无生忍，一是本性无生忍，二是自然无生忍，三是惑苦无生忍。此三解脱门分别是那三种无生忍所行的境界。

［九、问：］"这三种自性与真、俗二谛的相互所属关系如何？"要知道，世俗谛有这三种自性，胜义谛只是圆成实性。世俗有三种：一是假世俗，二是行世俗，三是显了世俗，依次对应三种自性。胜义有三种：一是义胜义，指真如，即真如是最殊胜之义。二是得胜义，指涅槃，即殊胜就是其义。三是行胜义，指圣道，即以殊胜为其义。［这三种胜义谛，］无论何时何处，都没有变化没有颠倒，所以都属于圆成实性。

［十、问：］"这三种自性，是什么智的所行境？"遍计所执性，完全不是智的所行境，因为遍计所执的对象没有自性，不是所缘缘。愚夫对此执着为有，圣者了达其无，所以也可说是凡夫智和圣者智的所行境。依他起性，也是凡夫智和圣者智的所行境。圆成实性，只是圣者智的所行境。

［十一、问：］"这三种自性中，几种是假有？几种是实有？"遍计所执性，由于此类事物是虚妄地设立的，可以说是假有；由于此类事物没有实体也没有形相，也可说是非假非实。依他起性，有实有假，［诸如身体和物质世界等］物质的聚集，心和心所的连续，由物

质、心与心所的不同状态而形成的不相应行，可以说是假有；心、心所、物质是从各种缘而生起，可以说是实有。如果没有实有的事物，假有的事物也不存在，假有是依据实有而设立的。圆成实性只是实有，因为它们不是依据其他缘而设立的。

〔十二、问：〕"这三种自性是相异还是不异？"应该说非异非不异，因为这三种自性并没有不同的主体，〔所以不异；〕但三者中，一是虚妄地执着，一是从缘而生起，一是真实的道理，所以三者有差别，〔故非不异。〕

这三种自性的意义有无量无边，恐怕人们厌恶繁复的文字，所以只是略示纲要。

【评析】

此处继续论述三自性与各种范畴的关系。大多论述较简单易解，现对部分内容作一简释。

第八，三解脱门与三自性的关系，与前述关系有所不同，此处是对应的关系，而不是所属的关系。三门大意为：空解脱门是观一切法空，无相解脱门是观一切差别相不可得，无愿解脱门是于三界无所愿求。由此三门能得自在，称三解脱门。三解脱门与三自性的关系具体表现如下：一、空解脱即能了知遍计所执是空。二、无愿解脱即对依他起的事物无所愿求。三、无相解脱即证得圆成实性，离有相离无相。由此可见，此处的空解脱，本身并非遍计所执，只是所证的内容与遍计所执有关。其余二解脱与二自性的关系，也是如此。而在三解脱基础上形成的三无生忍，也是唯识宗的一种特有理论，是依三自性而立。无生忍，也称无生法忍，指真如的实相理体远离生灭，称无生法；真智安住此理而不动，称为无生法忍。三无生忍与三自性的关系：一、本性无生忍，即菩萨观遍计所执的一切事物全无自体。二、自然无生忍，即菩萨观依他起的一切事物都由因缘所生。三、惑苦无生忍，即菩萨证知一切事物的本性为真如法性。所以，三无生忍与三自性的关系也是对应关系，而不是所属关系。

第十二，三自性是异是不异，本论认为是"非异非不异"。关于"非异"，论中说是"无别体"，就此笼统地说，就是三自性"无别体"。但细说的话，实际只是遍计所执性与依他起性"无别体"，因为遍计所执性无体，只是执着依他起性而成，所以非离依他起性另有自体；而圆成实性实际有体，但因为是依他起性的真实本性，所以与依他起性"非异"。但另一方面，三自性也是"非不异"，即遍计所执性是妄执而起，实际是无；依他起性是缘起，虽有而幻；圆成实性则是真实有，所以三者也"非不异"。

三、释三无性

【原文】

若有三性，如何世尊说一切法皆无自性？颂曰：

"即依此三性，立彼三无性。

故佛密意说，一切法无性。

初即相无性，次无自然性，
后由远离前，所执我法性。
此诸法胜义，亦即是真如，
常如其性故，即唯识实性。"

【今译】

如果有三种自性，为何世尊说一切法都无自性？颂云：

"正是根据这三自性，建立那三无性。

所以佛另含密意地说，一切法无自性。

首先是［根据遍计所执性而建立的］相无性，

其次是［根据依他起性而建立的］无自然性［即生无性］，

最后是由远离如前所说［被遍计心］所执着的实我实法，

呈现的圆成实性，［根据圆成实性而建立胜义无性。］

这胜义无性，是一切法的胜义，也就是真如。

在一切状态中永远保持本性不变，

这就是唯识的真实本性。"

【评析】

此处以下论述三无性。前文论证了唯识及三自性，但那样的话，为什么《般若经》等经典说"一切法无自性"？此处引《三十颂》中的第二十三、二十四、二十五颂三首颂对此问题进行论述。其中，前二颂是正面解答此问题，第三颂即第二十五颂是论述"唯识性"，而在此颂之前的二十四首颂都是论述"唯识相"。或者说，前二十四颂是论述世俗谛，第二十五颂是论述胜义谛。

【原文】

论曰：即依此前所说三性，立彼后说三种无性，谓即相、生、胜义无性。故"佛密意说一切法皆无自性"，非性全无，说密意言，显非了义。谓后二性，虽体非无，而有愚夫于彼增益，妄执实有我法自性，此即名为遍计所执。为除此执，故佛世尊于有及无，总说无性。

"云何依此而立彼三？"

谓依此初遍计所执，立相无性[1]，由此体相毕竟非有，如空华故。

依次依他立生无性[2]，此如幻事，托众缘生，无如妄执自然性故，假说无性，非性全无。

依后圆成实立胜义无性[3]，谓即胜义，由远离前遍计所执我法性故，假说无性，非性全无；如太虚空，虽遍众色，而是众色无性所显[4]。

虽依他起非胜义故，亦得说为胜义无性，而滥第二，故此不说。

【简注】

[1] 相无性："相"，指体相，即主体。遍计所执的事物没有主体，所以称"相无性"。

[2]生无性：由众缘所生的事物无自然性，所以称"生无性"。

[3]胜义无性：圆成实自性是"胜义"，因其远离遍计所执自性，假说"无性"，所以称胜义无性。

[4]"如太虚空"三句：《解深密经疏》卷第四云："《对法》《瑜伽》，喻色无处说为虚空。依《佛地论》及《成唯识》，五蕴无处说为虚空。"

【今译】

论云：就是根据前文所说的三种自性，建立那后面所说的三种无性，也就是相无性、生无性、胜义无性。所谓"佛另含密意地说，一切事物都没有自性"，并非指性完全没有，"密意"这一说法，就是表示这并非是彻底究竟的说法。即后两种自性，虽然其主体并非没有，但有愚夫对此更是有所增添，虚妄地执着真实地存在我与心外法的主体，这就称为遍计所执。为了断除这种执着，所以佛对［依他起性、圆成实性的］有和［遍计所执性的］无，都说是无性。

［问：］"如何根据这三种自性来建立那三种无性？"

即根据这最初的遍计所执性，建立相无性，因为这遍计所执性的主体和形象根本就不存在，就像空中幻花一样。

根据其次的依他起性，建立生无性，因为这依他起的事物，犹如魔术幻变所现的事物，只是依托各种缘而生起，并不存在如被虚妄执着的自然性［即自然而有的主体］，因此而假说无性，但并非其性完全没有，［因为有缘生性。］

根据最后的圆成实性，建立胜义无性，就是说，这胜义无性由于远离如前所说的遍计所执的我和法的自性，而假说无性，并非其自性完全没有；就像虚空，虽然普遍存在于一切物质中，但只是在一切物质消失时，才显示虚空的存在，［圆成实真如也是在一切相消隐时才显现。］

虽然依他起性［有体］但非胜义，也可称为胜义无性，只是怕第三胜义无性［即依圆成实性而立的胜义无性］与第二［依依他起性而立的］生无性相混淆，所以不说依他起性是胜义无性。

【评析】

此处论述三无性的本质及建立旨趣、三无性与三自性的关系，以及三无性的含义。三无性（即"一切法无自性"）的本质，在唯识学看来，属"非了义说"，即非彻底究竟的说法；而三自性属"了义说"。这是相宗的立场，但不能为空宗接受。空宗的看法正好相反，他们认为三无性是"了义说"，而三自性是"非了义说"。这一争论自古延续至今，一直不能有一致的结论。唯识学正是据此立场，阐述三无性的含义。即根据三自性建立的三无性，其核心是依他起自性。在依他起自性上建立"生无自性性"或"生无性"。按唯识学的说法，"生无性"就是指由众缘所生的一切事物（即依他起性）无自然性，也就是说，事物都是由缘而生，非自然而有，故无自然而有的自性。若对由众缘所生起的事物执着实有自性（即实我实法），这就是遍计所执自性。由于这类自性根本不存在，无体无相，所以称为"相无性"。"相无性"是三种无性中真正的无性。而在依他起性上去除了遍计所执性，那就是圆成实性。圆成实性属胜义，又远离了遍计所执的自性，所以称为"胜义无性"。

三无性中，真正无性的是"相无性"，即遍计所执性。而"生无性"和"胜义无性"并非真正无性，只是假说无性，即"生无性"无自然性，但有缘生性；"胜义无性"也属假说，因为其真如体性并非不存在。

【原文】

此性即是诸法胜义，是一切法胜义谛故。然胜义谛，略有四种。一世间胜义，谓蕴、处、界等。二道理胜义，谓苦等四谛。三证得胜义，谓二空真如。四胜义胜义，谓一真法界。此中胜义，依最后说，是最胜道所行义故。为简前三，故作是说："此诸法胜义，亦即是真如。"真谓真实，显非虚妄；如谓如常，表无变易。谓此真实，于一切位常如其性，故曰真如，即是湛然不虚妄义。"亦"言显此复有多名，谓名法界，及实际等，如余论中，随义广释。

此性即是唯识实性。谓唯识性，略有二种：一者虚妄，谓遍计所执；二者真实，谓圆成实性。为简虚妄，说实性言。复有二性：一者世俗，谓依他起；二者胜义，谓圆成实。为简世俗，故说实性。

【今译】

这胜义无性就是各种事物的殊胜之理，是一切事物的胜义谛。而胜义谛大略有四种：一是世间胜义，即蕴、处、界等。二是道理胜义，即苦、集、灭、道四谛。三是证得胜义，即我空和法空所显示的真如。四是胜义胜义，即一真法界。颂中说的"胜义"，是根据最后一种胜义而说的，就是最殊胜的道所证得的理。为了区别于前三种胜义，所以这样说："此诸法胜义，亦即是真如。""真如"的"真"就是真实，表示并非虚妄；"如"就是如同恒常，表示没有变化。即这真实，在一切状态中永远保持其不变的本性，所以称真如，就是寂静安然、不虚妄的意思。颂中的"亦"表示真如又有多种名称，如称为法界以及实际等，就如在其他论中根据其意义而作的详细解释那样。

这胜义无性，就是唯识的真实本性。所谓"唯识性"，大略有两种：一是虚妄的"唯识性"，即遍计所执性；二是真实的"唯识性"，就是圆成实性。为了区别于虚妄的"唯识性"，所以有圆成实性的实性之说。此外，又有两种"唯识性"：一是世俗的"唯识性"，即依他起性；二是胜义的"唯识性"，即圆成实性。为了区别于世俗的"唯识性"，所以有圆成实性的实性之说。

【评析】

此处论述上述第三颂，即《三十颂》的第二十五颂，以说明"唯识性"。此颂首先说明了第三无性，即胜义无性与胜义谛的关系。本论指出有四种胜义谛，这是唯识学的颇具特色的理论。而此理论的特色，是与四种世俗谛联系在一起的。四种世俗谛是：第一世间世俗，第二道理世俗，第三证得世俗，第四胜义世俗。因此在名称上，四种世俗与四种胜义正好对应；但在内涵上，第二世俗就是第一胜义，第三世俗就是第二胜义，第四世俗就是第三胜义，所以此三世俗与此三胜义都属亦真亦俗。只有第一世俗（如瓶、衣等物和我、有情）等是真正的世俗，只有第四胜义是真正的胜义。这样，许多问题都能既从世俗谛上说明又能从胜义谛上说明。而纯粹的世俗谛（第一世俗谛）的存在与纯粹的胜义谛（第四胜义谛）的存在，又保留了世俗谛与胜义谛的确切分界。如第一世俗谛指的是世间虽存在却无实体的事物，即假法（虚幻的事物则不属谛的范畴），而最高胜义谛则无法用语言诠表，无法以思维推测。如心与心所的实有性，就不属第四胜义谛，因为在最高胜义谛中，说有说无都属戏说。

此外，本论指出，胜义无性是指第四胜义谛，即胜义胜义，按文中所说，胜义胜义应是一真法界；但下文又说这胜义无性是指真如，而按文中所说，真如属第三胜义谛，即证得胜义。那么，这里是否存在矛盾呢？或者说，应该怎么理解这里似乎矛盾的说法呢？这涉及世俗谛与胜义谛区分的依据。按唯识学的理论，第一世俗谛与第一胜义谛的区分，在于假法与实法（即世俗属假，胜义属实，第二以上的世俗与胜义均属实法）；第二世俗谛与第二胜义谛的区分，在于事与理；第三世俗谛与第三胜义谛的区分，在于理浅与理深；第四世俗谛（即第三胜义谛：真如）与第四胜义谛（即一真法界）的区分，在于依诠（即能诠释表述）与废诠（即无法诠释表述）。这意味着：说真如还是在用语言诠释，而一真法界已无法言诠，连一真法界的名称也是无名而强名。所以，胜义无性应是第四胜义，实属无可言诠；但既然要说，就只能以依诠的真如来说了。因此，本论指出，真如，也名法界、实际等。故而此处的一真法界也就是真如。

这胜义无性，本是依圆成实自性而假立，可认为就是圆成实性，所以，此性就是唯识实性。说此唯识性是"实"，因为此性不同于虚妄的唯识性，即遍计所执性；此外，说此唯识性是"实"，也因为它不同于世俗的唯识性，即依他起性。

【原文】

三颂总显诸契经中说"无性"言，非极了义。诸有智者，不应依之总拨诸法都无自性。

【今译】

这三首颂总的表示：各种佛经中说的"无性"，并非是最为充分透彻的道理。一切有智者，不应根据这种说法而作出全面否定，认为各种事物都没有自性。

【评析】

此处对三无性的本质作了总结，再次明确指出，无性非"了义"，所以不要以三无性来否定三自性，或者说，不要否定事物在现象上的依他起性和在本质上的圆成实性。如前所说，对于事物有自性和无自性，唯识学与中观学、相宗与空宗的立场是完全不同的。后世学者对此二学派的说法作了许多调和性的解释，力图使二者的说法能够圆融。但这类调和性的解释虽有各自的道理，却未必符合本论的原意，此段文字可作明证。这也就是说，玄奘大师尽管也对唯识和中观二宗的理论作了许多圆融的工作，但还是有其基本的唯识宗的立场。当然，后世的各种调和性的解释，也并非无意义，因为此类观点虽不是正宗的唯识学的观点，却也是众多佛学流派中的一派，甚至可以说是中国佛学的主流，他们的努力对佛学的发展也起到了积极的作用，作出了不菲的贡献。

第六章　论修行证果

【题解】

　　本章阐述唯识学的修行理论及所证果位。修行理论是唯识学理论的归宿，这是唯识学与其他佛教理论的一致之处，同时，唯识学的修行理论也有自己的特色。唯识学将修行分为五个阶段，即资粮位、加行位、通达位、修习位、究竟位。资粮位是准备性和初步修行的阶段，是为了积聚修行的资粮，所作的修行主要是六种或十种波罗蜜多。加行位是为求见道而作有针对性的加力修行阶段，所作的修行主要是暖、顶、忍、世第一法，或按唯识论的特定说法，是以四寻思四如实智来观能取和所取无。通达位是见道的阶段，分真见道和相见道，此阶段生起的根本无分别智能认识唯识性，生起的后得智能认识唯识相。修习位是为求圆满果位而继续修行的阶段，也就是菩萨十地，此阶段是要修十胜行、断十重障、证十真如。此阶段修行圆满，便证入究竟位，即佛果位，此位证得大涅槃和大菩提两种转依果。本论对究竟位的四种涅槃和四智心品、佛身佛土等作了详尽论述。

第一节　论修行明道

一、修行证果概说

【原文】

　　如是所成唯识相、性，谁于几位、如何悟入？谓具大乘二种姓者，略于五位，渐次悟入。

　　何谓大乘二种种姓？一本性住种姓[1]，谓无始来依附本识法尔所得无漏法因。二习所成种姓，谓闻法界等流法[2]已，闻所成等熏习所成。要具大乘此二种姓，方能渐次悟入唯识。

　　何谓悟入唯识五位？一资粮位，谓修大乘顺解脱分。二加行位，谓修大乘顺决择分。三通达位，谓诸菩萨所住见道。四修习位，谓诸菩萨所住修道。五究竟位，谓住无上正等菩提。

　　云何渐次悟入唯识？谓诸菩萨于识相性资粮位中，能深信解；在加行位，能渐伏除所取、能取，引发真见；在通达位，如实通达；修习位中，如所见理，数数修习，伏断余障；至究竟位，出障圆明，能尽未来化有情类，复令悟入唯识相性。

【简注】

　　[1] 本性住种姓：《述记》卷第九："性者体也，姓者类也。"

［2］法界等流法："等流"，意思是相似流出。"法界等流法"，指从法界而出、与法界的真实相似之理，即关于法界的真理。

【今译】

对以上所成立的唯识相和唯识性，究竟是什么人、要经过哪几个阶段、用怎样的方法才能悟入？那就是：要具有大乘的两种种姓，大略经过五个阶段，逐步悟入。

什么是大乘的两种种姓？一是本性住种姓，即无量时间来依附于第八识的自然就有的无漏法的种子。二是习所成种姓，即听到关于法界的真理后，由闻慧［和思慧、修慧］等熏习［原有无漏种子，使之增长］而成的种子。要具备这两种大乘种姓，才能逐步悟入唯识真理。

什么是悟入唯识的五个阶段？一是资粮位，即修大乘的顺解脱分。二是加行位，即修大乘的顺决择分。三是通达位，即一切菩萨所住的见道位。四是修习位，即一切菩萨所住的修道位。五是究竟位，即住于无上正等菩提。

怎样逐步悟入唯识真理？即一切菩萨在修习悟入唯识的相和性的资粮位中，能深深地相信和理解；在加行位中，能逐渐制伏灭除所取和能取，引发真见；在通达位中，如实地通达唯识的相和性；在修习位中，根据所通达的道理，反复修习，制伏灭除剩余的障；到究竟位，本性脱离一切障而圆满明净，能尽未来的无穷时间教化各类众生，使他们也悟入唯识的相和性。

【评析】

　　此处以下论述唯识学的修行理论。前五章解释了《三十颂》的前二十五颂，论述了"唯识相"和"唯识性"。但这只是明理，即知道了唯识的道理。而要证得这唯识理，还需经过长期艰苦的修行。所谓长期，一般说是三大阿僧祇劫。但具体地说，三大阿僧祇劫中修行者又会经历一些不同的阶段。此下要解释《三十颂》的后五颂，就是论述"唯识位"，即按唯识道理修行所需经历的阶段以及各阶段所获的果位。"唯识位"共有五位：资粮位、加行位、通达位、修习位、究竟位。其中，资粮位与加行位为第一阿僧祇劫，通达位至修习位的七地终为第二阿僧祇劫，从第八地至第十地满为第三阿僧祇劫。

　　但要能最终证得佛的无上菩提，首先要有大乘种姓。这是因为唯识学认为众生有五类种姓，先天地决定了众生能不能修成佛果。这五种性是：声闻乘定姓、独觉乘定姓、如来乘定姓、三乘不定种姓、无种姓。其中，二乘定姓与无种姓不能修成佛果。这是唯识学的特定理论，传到中国后，大多数中国佛教学派不能接受。此处说到大乘的两种种姓，其中，"本性住种姓"，就是本来就有的大乘种姓（即具有大乘种子的一类众生）；而"习所成种姓"，并不是指新生的大乘种姓，因为按唯识学的五种性理论，大乘种姓，即如来乘种姓是本来具有的，不是由修习而成的。那么，这"习所成种姓"又是什么呢？《述记》指出："此闻正法以去，令无漏旧种增长，名习种姓……非必新生方名为成，令种增长亦名成故。"① 因此，"习所成种姓"是指使原有的大乘种姓增长。所以，两种种姓的含义就是：首先要具有本有的大乘种子，然后通过对佛法的闻、思、修，使本有的大乘种子不断增长直至圆满，从而最终证道成佛。

二、释资粮位

【原文】

初资粮位，其相云何？颂曰：

"乃至未起识，求住唯识性，

于二取随眠，犹未能伏灭。"

论曰：从发深固大菩提心，乃至未起顺决择识，求住唯识真胜义性，齐此皆是资粮位摄。为趣无上正等菩提，修集种种胜资粮故。为有情故，勤求解脱，由此亦名顺解脱分。

此位菩萨，依因、善友、作意、资粮四胜力故，于唯识义，虽深信解，而未能了能、所取空，多住外门，修菩萨行，故于二取所引随眠，犹未有能伏灭功力，令彼不起二取现行。

此"二取"言，显"二取"取，执取能取、所取性故。二取习气，名彼随眠，随逐有情，眠伏藏识；或随增过，

---

① （唐）窥基《成唯识论述记》卷第九，《大正藏》第43册，第556页。

故名随眠。即是所知、烦恼障种。

烦恼障者，谓执遍计所执实我萨迦耶见[1]而为上首百二十八根本烦恼[2]，及彼等流诸随烦恼，此皆扰恼有情身心，能障涅槃，名烦恼障。

所知障者，谓执遍计所执实法萨迦耶见而为上首见、疑、无明、爱、恚、慢等，覆所知境无颠倒性，能障菩提，名所知障。此所知障，决定不与异熟识俱，彼微劣故，不与无明、慧相应故，法空智品与俱起故。七转识内，随其所应，或少或多，如烦恼说。眼等五识，无分别故，法见、疑等，定不相应；余由意力，皆容引起。此障但与不善、无记二心相应，论说无明唯通不善、无记性故，痴、无痴等，不相应故。

烦恼障中，此障必有，彼定用此为所依故。体虽无异，而用有别。故二随眠，随圣道用有胜有劣，断或前后。

此于无覆无记性[3]中，是异熟生，非余三种。彼威仪等势用薄弱，非覆所知，障菩提故。此名无覆，望二乘说，若望菩萨，亦是有覆。

"若所知障有见、疑等，如何此种，契经说为无明住地？"① 无明增故，总名无明，非无见等。如烦恼种，立见一处、欲、色、有爱四住地[4]名，岂彼更无慢、无明等？

如是二障，分别起者，见所断摄；任运起者，修所断

---

① 窥基《成唯识论述记》说此处"契经"指《胜鬘经》。

摄。二乘但能断烦恼障，菩萨俱断。永断二种，唯圣道能；伏二现行，通有漏道。

菩萨住此资粮位中，二粗现行，虽有伏者，而于细者及二随眠，止观力微，未能伏灭。

【简注】

［１］萨迦耶见：也称身见，包括我执和我所执。实我萨迦耶见即人我见，实法萨迦耶见即法我见。

［２］百二十八根本烦恼：指属见道位所断的欲界四十种（十根本烦恼障苦集灭道四谛，共四十种）、色界和无色界各三十六种（除去嗔的九种根本烦恼障四谛，共三十六种），以及属修道位所断的十六种（欲界贪、嗔、痴、慢、身见、边见，色界和无色界在上述六种烦恼中各除去嗔，共十六种），共一百二十八种。

［３］无覆无记性：共有四种，即异熟生无记、威仪无记、工巧无记、变化无记。详见前注。

［４］四住地：指见一切住地、欲爱住地、色爱住地、有爱住地。若再加上无明住地，则称为五住地。详见前注。

【今译】

第一是资粮位，其性状如何？颂云：

"只要还未生起加行位的顺决择识，

以求得安住唯识真实的本性，［都属资粮位。］

此位菩萨对能取和所取的种子，

还未能制伏灭除。"

论云：从发起深入坚固的大菩提心起，直至还未生起加行位的顺决择识，以求得安住唯识真正胜义的本性，到此范围都属资粮位。因为此阶段都是为了趋向无上正等菩提，而修习和集聚种种殊胜的资粮。此外，这期间的修习也都是为了帮助众生觉悟，而勤奋地追求自己的解脱，因此也称为顺解脱分。

这资粮位中的菩萨，由于依靠大乘种姓的因力、遇见并侍奉无量佛的缘力、已得决定胜解的作意力、已修习和聚集诸善根而修福德智慧的资粮力这四种殊胜的力量，对唯识道理，虽然能深入地相信和理解，但还未能明了能取和所取的本性空，大多处散心位作粗显的事相观而修菩萨行，[较少入定作真如观，]所以对于能取和所取所引生的种子，还没有能制伏灭除的功力，使之不再生起现行的能取和所取。

颂中"二取"的说法，是指"二取取"[即对"二取"的执取]，执着能取和所取有真实的体性。"二取"的种子，称为"二取"随眠，即追随众生、眠伏在藏识之中；或是随之增加过失，所以称随眠。它们就是所知障和烦恼障的种子。

所谓烦恼障，即以执着遍计所执性实我的萨迦耶见为首的一百二十八种根本烦恼，以及与它们同类的各种随烦恼，它们都能扰乱恼害众生身心，并能障碍涅槃，所以称烦恼障。

所谓所知障，即以执着遍计所执性实法的萨迦耶见为首的恶见、疑、无明、爱、恚、慢[及相应随烦恼]等，它们覆蔽了被认识对象的无颠倒的本性，能障碍菩提，所以称所知障。这所知障，必定不与异熟识共存，因为异熟识微细而弱，[所知障相对粗而强；]因为异熟识[只与五遍行心所相应，]不与无明、慧等心所相应，[而所知障必定与无明、慧相应；]因为[第六识的]法空智品能与异熟识共同生起，［而法空智品不与法执共存，由此可知异熟识没有法执，也就是没有所知障。］七种转识中，各识根据与其相应的烦恼等心所的或少或多，所知障也有少有多，其数量与各识具有的烦恼等心所的数量相同。而眼识等五识，［自己］并无思辨分别的作用，所以法见、法疑［及其随烦恼］等的所知障，必定不与五识相应，［但五识的烦恼不但有修习位所断，也通见道位所断，所以］其余的［法贪、法嗔、法痴及其随烦恼等分别］所知障都可由第六意识的力量而引发生起。这所知障只与不善心和无记心相应，［不与善心相应，］因为《瑜伽论》说无明只有不善性和无记性，［而所知障必与无明之痴共存，］痴不与无痴等善心相应，［所以所知障不与无痴等善心相应。］

烦恼障中，必定有这所知障，因为烦恼障必定以这所知障作为依托对象。这两种障的主体虽没有不同，［都是无明等，］但［烦恼障执着实"我"，所知障执着实"法"，二者］作用有差别。所以，二障种子，随三乘圣道作用的强弱不同，［二障种子］断除也或前或后。

所知障在四种无覆无记性中，只是属于异熟生无记，不属其余三种，因为那威仪、工巧、变化三种无覆无记，势力和作用薄弱，不会覆盖所知之理、障碍菩提。所知障的属性称为无覆［即不起覆盖障碍作用］，只是对二乘而言，如果是对菩萨，那也是有覆。

［问：］"如果所知障有恶见、疑等，为何对它的种子，《胜鬘经》中说是无明住地？"那是因为无明的力量增强，所以总称为无明，并非没有恶见等。就像对烦恼障的种子，只是建立见一处住地烦恼、欲爱住地烦恼、色爱住地烦恼、有爱住地烦恼这样四种名称，难道它们就没有慢、无明等？

这两种障，如果是由思辨分别而生起的，属见道位所断；如果是自然而生起的，属修道位所断。二乘人只能断除烦恼障，菩萨则两种障都能断除。要永远断除二障的种子，只有［初地以上的］圣道能做到；但如果仅是制伏二障的现行，那［初地前的］有漏道也能做到。

菩萨在这资粮位中，对于由思辨分别而生起的二障明显的现行，虽然也有能制伏的，但对于二障细微的现行以及二障的种子，由于止观的力量微弱，还未能制伏灭除。

【评析】

此处以下论述资粮位，即前期的准备和修行阶段。此处是解释关于资粮位的颂文。资粮位是菩萨修行的第一个阶段，目的是修集种种殊胜的福德智慧，以作证道成佛的资粮。菩萨修行阶位之区分，有多种说法，一般采用《菩萨璎珞本业经》的五十二位之说，即十信位、十住位、十行位、十回向位、十地位、等觉、妙觉。而唯识学则为四十一位，即将五十二位中最初的十信位归入十住中的初住，将等觉归入十地位中第十地圆满成就之时，此外，中间各位的名称与五十二位相同，但具体划分上也有差别。这样的四十一位又分为资粮位等五位，其中资粮位占四十一位中的前三十位。十住的第一住是发心住，发心住就是原五十二位中的十信位，包括信心、愿心等十心。所以，生起信心、发大愿心是菩萨修行的开始。这里说的菩萨，是广义的菩萨，即凡夫只要按发心住的要求，对佛教生大信心，发大愿心等，开始长期不退心的修行，就是资粮位的菩萨了。但五十二位中的十住位或四十一位中十住位的第二位，就是一个相当高的阶位。十信位是外凡；十住开始是内凡位，包括十住、十行、十回向；而一般说的菩萨，是指通达位（即见道位）和修道位的十地菩萨。

资粮位直至修习位的根本任务是对治烦恼障和所知障。烦恼障就是以我见为首的各种根本烦恼和随烦恼。所知障的主体，实际上也就是烦恼，而不是离烦恼等心所另外生起的障。所以，诸识所具有的所知障的数量，与诸识所具有的烦恼等心所的数量相同。即第七识有四种根本烦恼和八种随烦恼；第六识有一切根本烦恼和随烦恼；前五识有三种根本烦恼以及十种随烦恼。相应地，第七识、第六识和前五识也具有同样数量的所知障。但此二障虽主体无差别，作用却不一样。烦恼障执着实我，所知障执着实法；烦恼障障我空，所知障障法空；烦恼障使众生不能脱离生死轮回，所知障使众生不能证佛果。资粮位能制伏大多数二障明显的现行，但不能制伏二障细微的现行，更不能断除二障的种子。

【原文】

此位未证唯识真如，依胜解力，修诸胜行，应知亦是解行地摄。

所修胜行，其相云何？略有二种，谓福及智。诸胜行中慧为性者，皆名为智，余名为福。且依六种波罗蜜多，通相皆二，别相前五说为福德，第六智慧。或复前三唯福德摄，后一唯智，余通二种。复有二种，谓利自他，所修胜行，随意乐力，一切皆通自他利行。依别相说，六到彼岸菩提分等，自利行摄；四种摄事，四无量等，一切皆是利他行摄。如是等行，差别无边，皆是此中所修胜行。

此位二障，虽未伏除，修胜行时，有三退屈，而能三事练磨其心，于所证修，勇猛不退。一闻无上正等菩提广大深远，心便退屈，引他已证大菩提者，练磨自心，勇猛不退。二闻施等波罗蜜多甚难可修，心便退屈，省己意乐能修施等，练磨自心，勇猛不退。三闻诸佛圆满转依极难可证，心便退屈，引他粗善，况已妙因，练磨自心，勇猛不退。由斯三事，练磨其心，坚固炽然，修诸胜行。

【今译】

资粮位的菩萨还未证得唯识实性，即真如，他们根据［对真如的］胜解力而作各种殊胜的修行，要知道这也是属于解行地。

资粮位所作的殊胜的修行，其性状如何？大略有两种，即福与智。各种殊胜的修行中，凡以慧心所为体者，都称为智，其余称为福。再按六种波罗蜜多来说，如果是就共性而言，那福德与智慧，六种波罗蜜多都具备；如果是就特性而言，那么前五波罗蜜多为福德，第六波罗蜜多为智慧。或者说，前三种波罗蜜多只是属于福德，最后一种只是属于智慧，中间两种则通福德和智慧。此外，还有两种殊胜的修行方法，即自利与利他，也就是所作的一切殊胜的修行，随意愿力，都能通向自利行和利他行。依照特性说，六种到彼岸的菩提分法等，都属于自利行；［布施、爱语、利行、同事］四种摄事，［慈、悲、喜、舍］四种无量心等，都是属于利他行。诸如此类的方法，形形色色，无量无边，都是资粮位中所作的殊胜的修行。

虽然资粮位中由于二障还未制伏灭除，作殊胜的修行时会有三种退却，但同时也能在这三种境况中磨炼其心，对于所证所修勇猛不退。一是听闻无上正等菩提广大深远，便心生退却，这时应引用其他已证大菩提菩萨的例子，以此来磨炼自心，勇猛不退。二是听闻布施等波罗蜜多很难修成，便心生退却，这时应反省自己，使自己乐于作布施等修行，以此来磨炼自心，勇猛不退。三是听闻诸佛的圆满转依极难证得，便心生退却，这时应将他人障碍未尽的善［所得的可爱的果］与自己已经具有的殊妙的因作比较，［坚信自己能获圆满的果，］以此来磨炼自心，勇猛不退。由这三种境况，磨炼其心，使之坚固热切，从而作各种殊胜的修行。

【评析】

此处论述资粮位的地位和修行。《摄论》将菩萨修行位分为四地：胜解行地、见道、修道、究竟道。所以，资粮位和加行位都属解行地。资粮位的修行，主要是修福德和智慧，修行的方法有自利行和利他行。自利行主要是六波罗蜜多。波罗蜜多意思是"到彼岸"，即跳出生死轮回，到达涅槃的彼岸。六波罗蜜多，包括布施、持戒、忍辱、精进、禅定、智慧。其中的布施等实际上兼具自利和利他。而纯属利他的修行，有四摄事、四无量心。四摄事即布施、爱语、利行、同事，指菩萨引导众生进入佛道的四种方法。其中，布施指施舍财物、佛理、修行方法等。爱语是指根据众生的状况对其善言劝慰，使其对菩萨生亲近心，乐意跟随菩萨学道。利行指行身、口、意善行，利益众生，使他们对菩萨生亲近心，乐意跟随菩萨学道。同事指亲近众生，同其苦乐，即以法眼观察众生根性，根据对方的喜好，变现出相应的身形，与其共同做事，与其共享利益，以此方法使其入道。四无量心指慈、悲、喜、舍四心，修行方法是在定中，观无量众生，思维使他们能得欢乐，称慈无量心；思维使他们能离痛苦，称悲无量心；思维无量众生能离苦得乐而内心深感喜悦，称喜无量心；思维无量众生一切平等，无有怨亲之别，称舍无量心。

三、释加行位

【原文】

次加行位，其相云何？颂曰：

"现前立少物，谓是唯识性，

以有所得故，非实住唯识。"

论曰：菩萨先于初无数劫，善备福德智慧资粮，顺解脱分既圆满已，为入见道住唯识性，复修加行伏除二取，谓暖、顶、忍、世第一法，此四总名顺决择分，顺趣真实决择分[1]故；近见道故，立加行名，非前资粮无加行义。

暖等四法，依四寻思、四如实智初、后位[2]立。四寻思者，寻思名、义、自性、差别，假有实无。如实遍知此四离识及识非有，名如实智。名、义相异，故别寻求；二二[3]相同，故合思察。

依明得定，发下寻思，观无所取，立为暖位。谓此位中，创观所取名等四法，皆自心变，假施设有，实不可得。初获慧日[4]前行相故，立明得名。即此所获道火前相，故亦名暖。

依明增定，发上寻思，观无所取，立为顶位。谓此位中，重观所取名等四法，皆自心变，假施设有，实不可得。明相转盛，故名明增；寻思位极，故复名顶。

依印顺定，发下如实智，于无所取，决定印持；无能取[5]中，亦顺乐忍。既无实境离能取识，宁有实识离所取境？所取、能取相待立故。印顺忍时，总立为忍。印前顺后，立印顺名；忍境识空，故亦名忍。

依无间定，发上如实智，印二取空，立世第一法。谓前上忍，唯印能取空。今世第一法，二空双印，从此无间必入见道，故立无间名；异生法中，此最胜故，名世第一法。

如是暖、顶，依能取识，观所取空；下忍起时，印境空相；中忍转位，于能取识如境是空，顺乐忍可；上忍起位，印能取空；世第一法，双印空相。

【简注】

[1]真实决择分：指见道位生起的出世间的无漏无分别智。

[2]四寻思、四如实智初、后位:"初、后位"即下寻思、上寻思,以及下如实智、上如实智。

[3]二二:指名和义的自性和差别。

[4]慧日:以日喻智慧,所以就是慧。下文"道火"也是如此,以火喻道,实际就是道。

[5]能取:《藏要》作"取能",《大正》本和《述记》等均为"能取"。据此,此处应为"能取"。

【今译】

第二是加行位,其性状如何?颂云:

"现前确立了少许东西[即心变的真如相],

便把这称为'唯识性',

但因为这还是有所得,

实际上并不是真实地安住于唯识性。"

论云:菩萨已在先前的第一个漫长的劫中,完善地准备了福德和智慧的资粮,顺解脱分既然已修圆满,为进入见道位、安住唯识实性,又修加行以制伏灭除"二取",这些修行方法就是暖、顶、忍、世第一法,这四种方法[或四个阶段]总称为顺决择分,因为顺之能趋向真见道出世间无漏智;也因为与见道位更接近,所以称为加行道,并非此前的资粮位中没有加行的含义。

暖等四种方法,是根据四种寻思、四种如实智的前后状态而建立。所谓四种寻思,就是对名[即事物的名称]、义[即名称所指的对象]、[名和义的]自性、[名和义的]差别四者进行寻思[即思索],认识到它们都是假有,实际并不存在。这样如实地透彻了解这四者脱离了识并不存在，[而能认取这四者的]识也不存在，称为如实智。[在四者中，]名和义的性状有不同之处，所以应该分别寻求；二者的自性与二者的差别的性状有相同之处，所以可以合并思索考察。

依靠"明得定"，引发初步的寻思，观察所认取的对象实际上不存在，[在这一境界上]建立暖位。即在这一阶段中，初步观察所认取的名等四者，都由自心变现，假立为有，实际不可得。这是初步获得智慧之日在现前运行的景象，所以建立"明得定"的名称。根据这一阶段所获得的道火的初步景象，所以也称为"暖"。

依靠"明增定"，引发深入的寻思，观察所认取的对象实际上不存在，[在这一境界上，]建立顶位。即在这一阶段，继续深入观察所认取的名等四者，都由自心变现，假立为有，实际不可得。[这一阶段中，]光明景象愈来愈强盛，所以称为"明增定"；寻思的状态也达到了极点，所以又称为"顶"。

依靠"印顺定"，引发初步的如实智，对"所认取的对象实际上不存在"这一结论，作出确认和把握；对于"能认取的识也不存在"这一结论，也能顺应而乐于认可承受。既然不存在脱离能认取识的真实对象，又怎么会有脱离被认取对象的真实的识？因为被认取的对象与能认取的识是相互依赖而成立的。[这一阶段的]确认、顺应、认可承受等状态，总称为"忍"。先确认"被认取的对象是空"，后顺应"能认取的识也是空"，建立"印顺"的名称；认可承受认识对象和识都空，所以也称为"忍"。

依靠"无间定"，引发深入的如实智，确认所取和能取都空，建立"世第一法"。即在上阶段认可承受的状态中，只是确认能取为空，此阶段"世第一法"中，所取空和能取空同时确认，就此无间隔地必定进入见道位，所以称为"无间"；在凡夫的方法中，这一方法最为优胜，所以称为"世第一法"。

就这样，暖位和顶位，依靠能取的识，观察被认取的对象为空；下忍生起时，确认被认取的对象为空；转变到中忍状态，对于能认取的识与所认取的对象一样是空，能够顺应并乐于认可承受；上忍生起的状态中，确认能取为空；世第一法时，能同时确认所取和能取为空。

【评析】

此处以下论述加行位。加行位在四十一位中，指十回向中第十回向的满心位，即资粮位已开始修十回向，而加行位是第十回向的圆满状态。所以，资粮位与加行位密切相关，同属第一阿僧祇劫。再从此二位的作用看，"加行"，意思是加力修行，是与"正行"相对之称，指"正行"之前的准备性修行。但资粮位也有"加行"之义，那么，加行位与之有何区别呢？从作用上看，资粮位是修集资粮，以通达唯识性，即见道；而加行位是直接作通达唯识性的修行，以求见道。也就是说，资粮位具足了资粮，加行位便加力修行以见道。

加行位的修行位次，是暖、顶、忍、世第一法，主要任务是确认所取（被认识的对象）和能取（能认识的识）都空。上述四种方法也是四个阶段，通过这四个阶段的如理寻思、如实证知，使所悟的境界不断地深化，最终得以见道。

加行位的修行方法是四寻思四如实智。据《述记》，四寻思的自体不是寻心所，而是慧心所。[①]但四寻思只是有漏智（智即慧），是加行智。而四如实智通有漏智和无漏智，包括加行智、根本智和后得智，即加行智（包括加行位的加行智，还有初地到七地的加行智）只是有漏，而见道位和修道位根本智和后得智是无漏。（此外，加行位的四寻思和四如实智都是加行智，如《疏抄》说："若四寻伺，唯用加行智为体。若在四善根如实智，亦唯由加行智为体。"[②]）

四寻思和四如实智的所观，都是名、义、自性、差别。关于此四者，唯识典籍中有众多论述，显得非常复杂。现笔者以尽量简化的方式来加以说明。

"名"是一切法的名称，体现了诸法的存在性（包括存在的法和不存在的法），如地水火风、青黄赤白，乃至龟毛兔角，等等。

"义"的含义比较复杂，简单地说，义就是指由名所表示的五蕴、十二处、十八界等一切法。

"自性"就是诸法的本质属性，如地水火风，地为坚性，坚是地的自性；水为湿性，湿是水的自性；等等。而有些法，如红、黄等色，很难在传统含义中定义其自性，但用现代科学就能很清楚地定义其自性，如红色是波长范围为

[①] 参见（唐）窥基《成唯识论述记》卷第九，《大正藏》第43册，第565页。
[②] （唐）灵泰《成唯识论疏抄》卷第十六，《卍新续藏》第50册，第466页。

625～740 nm 的光波，黄色是波长范围为570～585 nm 的光波，等等。此外，唯识学中，自性也被称为自体，这里的"体"，主要指诸法的存在性，如青，不同于黄、赤、白，这种独特存在性就是青的"体"。这里的"体"，不能理解为青有实体（即心外独立存在的体），那样的理解就是法执。唯识学所说的"体"或"实法""实体"，都不指这种独立于心的实体，而是指不同于其他法的独特存在性。

"差别"有多种含义，包括诸法除本质属性外的其他属性，如苦、空、无常等；还有诸法自性的各种类别，如有色无色、有见无见、有对无对、有漏无漏、有为无为等。（关于自性和差别更详尽更复杂的表述，参见第五章"释三自性"的注释。）

名、义、自性、差别是所取，能取则是识（即第六识。传统说法，分别生能取所取，分别包括八识，但实际只有第六识能缘名等）。四寻思是了知所取四者"假有实无"，四如实智是如实遍知所取四者离识非有，同时能取识也非有。了知所取四者非有（所取空），是在加行位的暖位和顶位；进而如实遍知所取和能取都空，是在忍位和世第一法位。此时的四寻思和四如实智都是有漏智，继而引发无漏智生起，这就是见道位。

同时《述记》强调，观名、义等无，只是观遍计所执的名、义等无，不是观依他起性的名、义等无："此中唯观妄情所执能诠、所诠唯意言性，意言之中依他文义不说无故。"[①] 此

---

① 参见（唐）窥基《成唯识论述记》卷第九，《大正藏》第43册，第565页。

中的"能诠、所诠",名就是能诠,义就是所诠。"妄情所执"就是遍计所执。遍计所执的名与义只是"意言性",即只是第六识所执的由名言安立而来的自性(即诸法的名言自性),这样的自性是"无";但这种遍计所执的自性("意言性")是在依他起性的名与义上所起的执着,而依他起性的名与义并非"无"。

【原文】

皆带相故,未能证实,故说菩萨此四位中,犹于现前安立少物,谓是唯识真胜义性,以彼空有二相未除,带相观心,有所得故,非实安住真唯识理,彼相灭已,方实安住。依如是义,故有颂言:

"菩萨于定位,观影唯是心。

义想既灭除,审观唯自想。

如是住内心,知所取非有;

次能取亦无,后触[1]无所得。"

此加行位,未遣相缚,于粗重缚亦未能断[2],唯能伏除分别二取,违见道故。于俱生者及二随眠,有漏观心有所得故,有分别故,未全伏除,全未能灭。

此位菩萨于安立谛、非安立谛[3],俱学观察,为引当来二种见[4]故,及伏分别二种障故。非安立谛是正所观,非如二乘唯观安立。

菩萨起此暖等善根,虽方便时通诸静虑,而依第四方得成满，托最胜依入见道故。唯依欲界善趣[5]身起，余慧、厌心非殊胜故。此位亦是解行地摄，未证唯识真胜义故。

【简注】

[1] 触：即触证。《瑜伽论》卷第五十五："言触证者，是现见义。"故触证也就是现量证得。

[2] "未遣相缚"二句：据《述记》卷第九，此处相缚指现行，粗重缚指种子。

[3] 安立谛、非安立谛：也称安立真如、非安立真如。非安立真如指真如的本性，安立真如则指对真如所作的种种区别、进行的种种名言表达。

[4] 二种见：指真见道和相见道。详见下文"通达位"。

[5] 欲界善趣：在五趣中，是天、人。

【今译】

　　[由于上述四种状态中，]都带有[心变的真如]相，因而还未能证得真实的唯识本性，所以说菩萨在这四位中，仍在当前状态中安立了一点东西，认为这就是唯识的真正胜义的本性，这是因为那空、有二相仍未清除，带上形相观心，仍有所得，并非安住在真正的唯识之理中，要到那些形相完全消灭，才能真实地安住。根据这一道理，所以有颂说：

　　"菩萨在[暖位的]定中，

　　　观一切名和义等似乎实在的影像只是由心变现。

　　[在顶位,]名和义等实有的想法既已灭除，

仔细地观察这些只是自己的想象。

这样［在忍位和世第一法位］安住于自己的内心，

了知被认取的对象实际并不存在，

进而认识到能取的识也不存在，

最后就现量证得一切都无所得的真实本性［而入见道位］。"

这加行位，尚未遣除相缚［即现行有漏法对能观心的束缚］，对粗重缚［即受二障种子的束缚］也未能断除，只是能制伏灭除由思辨分别而生起的能取和所取的现行，因为分别二取与见道相违。对于俱生二取的现行，以及分别和俱生二取的种子，由于有漏的观察之心仍有所得，有思辨分别，所以还不能完全制伏灭除其现行，还完全不能断灭其种子。

加行位中的菩萨，对安立谛、非安立谛，都能学习观察，那是为了引生将来的真见道与相见道，并制伏由思辨分别而生起的现行二障。非安立谛是加行位的菩萨根本性的学习观察的对象，不像二乘只是观察安立谛。

菩萨要生起加行位的暖等善根，虽然方便地说四禅中都能够生起，但要依靠第四禅才能圆满，因为要靠第四禅这最殊胜的依托而进入见道位。也只有依靠欲界的善道中的身体才能生起［加行位的现观而证入见道位］，因为其余生存状态中的慧或厌恶心都不殊胜。加行位也属解行地，因为还未证得唯识的真正殊胜之理。

【评析】

此处论述加行位的各种性质。一、所达境界。此位还未真正证得唯识性，因为此位还有所得。二、所伏所断。此位只制伏了分别二障的现行，对俱生二障的现行还未能完全制伏；而对分别与俱生二障的种子，都未能断除。三、所观境。此位不但要观安立真如，还要观非安立真如，即对离一切分别、寂静无为的真如本性也要观照。且非安立真如是此位菩萨的主要观照对象。四、所依处。加行位生起证入见道位的现观，只有依靠"欲界善趣身"而生起。所谓"欲界善趣身"，按五趣说，指欲界的天道与人道。所以，依现观而证入见道位的只有欲界的人和天道众生。而欲界恶趣，如地狱众生等，因为永远在受苦，有厌恶心却没有慧，尚不能入定，又怎能生起加行位的现观而入见道位。色界与无色界的善趣众生也不能生起加行位的现观，因为此二界众生没有厌恶心，不愿出离。此处的厌恶心，指对三界的厌恶心，不是指欣上厌下的厌恶心。此二界众生欣上厌下，但不想出离。（但声闻乘回小向大者，色界也能见道。）五、圆满处。加行位四善根，方便说，在四禅中都能生起；但严格说，是依第四禅方能圆满而入见道位。

关于相缚和粗重缚，对此二缚都有多种解释。首先，心为相所拘，就是相缚。据《述记》《了义灯》，相缚主要有两种：（一）一切相分都是缚，即相分缚见分（或者说，相分缚心）。安慧是依法执说缚，护法是依我执说缚。即使第六识在无心睡眠等间断状态时，凡夫位第七识的我执法执还是永远存在，所以永远有相缚。（二）一切有漏相（即有漏现象），都有相缚。所以，相缚并不只是指相分缚见分，有漏识的其他三分也有缚，即见分也缚自证分，甚至自证分和证自证分也互缚，这就是经中说的，四分互相缠缚。这样，有漏八识都有相缚。而无漏八识，虽有相分等，因非有漏，所以无相缚。此外，相缚也不一定是有执，如见分缚自证分等，并非自证分有执，只是因为有漏。此外，相缚也与是否是现量无关，有漏的前五识和第八识是现量，但都有相缚。另外，《了义灯》说，还有第三种相缚，即据修行六波罗蜜多时有三轮相（如布施，有施者、被施者、施物三相），说有相缚。此相缚主要是由第六识所起，但据所依也可说由第七识所起。其次，粗重缚，《了义灯》归纳为四种：（一）现行有漏诸心、心所。（二）现行二障。（三）二障种子。（四）二障习气。

四、释通达位

【原文】

次通达位，其相云何？颂曰：

"若时于所缘，智都无所得，

尔时住唯识，离二取相故。"

论曰：若时菩萨于所缘境，无分别智都无所得，不取种种戏论相故，尔时乃名实住唯识真胜义性，即证真如。智与真如平等平等，俱离能取、所取相故；能、所取相，俱是分别有所得心戏论现故。

有义：此智二分俱无，说无所取、能取相故。

有义：此智相、见俱有。带彼相起，名缘彼故，若无彼相名缘彼者，应色智等名声等智。若无见分，应不能缘，宁可说为缘真如智？勿真如性亦名能缘，故应许此定有见分。

有义：此智见有相无。说无相取，不取相故。虽有见分，而无分别，说非能取，非取全无。虽无相分，而可说此带[1]如相起，不离如故。如自证分缘见分时，不变而缘，此亦应尔。变而缘者，便非亲证，如后得智，应有分别。故应许此有见无相。

加行无间，此智生时，体会真如，名通达位。初照理故，亦名见道。

【简注】

[1] 带：此"带"是挟带，而不是变带。参见前文注。

【今译】

其次是通达位，其性状如何？颂云：

"如果某一时刻，菩萨对于一切对象，

无分别智都一无所得，

这时就安住于唯识的真实本性中，

远离了能取和所取的一切形相。"

论云：如果在某一时刻菩萨对所认取的对象，其无分别智都能一无所得，因为［能取的心］不再取种种实质上是戏论的一切法，这时才称为真实地安住在唯识的真正胜义的本性之中，即证得真如。无分别智与真如完全平等，因为二者都脱离了能取和所取的形相，因为能取和所取的形相都是由思辨分别而有所得的心的戏论表现。

[关于根本无分别智的相分和见分，有三种观点。]第一种观点认为，无分别智的相分和见分都没有，因为颂中说它没有所取和能取的形相。

第二种观点认为，无分别智的相分和见分都有。[心或智]要带有对象的形相而生起，才能称为认取此对象；如果不带有对象的形相而能称为认取此对象，那认取颜色的智也应能称为认取声音等的智。[所以无分别智应该有相分。]如果无分别智没有见分，应该不能认取，怎么可以称它是认取真如的智呢？不然的话，[被无分别智所认识的]真如的主体，也可称为能缘了。所以应该承认此智必定有见分。

第三种观点[即正确的观点]认为，无分别智有见分没有相分。[没有相分是因为佛典中]说真如没有形相可认取，而无分别智也不认取任何形相。此外，无分别智虽然有见分，但没有思辨分别，颂中说它不是能取，并非是说认取的功能完全没有。虽然无分别智没有相分，但可以说它是挟带真如本体的形相而生起，因为此智不离真如。就像自证分认取见分时，不是变现[而是挟带]见分的形相而加以认取，无分别智的见分认取真如也是如此。变现而认取的，就不是直接证得了，那就像后得智，应该有分别。所以应该承认无分别智有见分没有相分。

加行位无间隔地[就能生起无分别智]，此智生起时，其主体能通达会合真如，所以称为通达位。由于在这一状态中能初步照见真理，所以也称见道。

【评析】

　　此处以下论述通达位。通达位又称见道位，其所处的阶段，是初地的入心。也就是说，菩萨十地，每一地都有入心、住心、出心三位。通达位就是十地中初地的入心位。自初地的住心至十地的出心，就是修习位。此处首先简略地解释关于通达位性状的颂，扼要地论述通达位的性质。即通达位时生起根本无分别智，此智契证真如时，由于真如本体幽深微妙，言语道断，心行路绝，故而无分别智中也不现起任何形相，称为"无所得"。此时是绝对的无分别境界，所以，能取与所取的一切形相也都完全消失。此时称为安住唯识实性。此外，本论还详论了无分别智。无分别智有见分没有相分，这与一般的见分变现相分而进行认识不同，无分别智是由见分挟带真如本体相而生起并同时进行认识，这是现量方式的认识，是直接地证得。此状态中，能证的智无能取形相，所证的真如无所取形相，此时真正证得了唯识实性。

【原文】

　　然此见道，略说有二。一真见道，谓即所说无分别智，实证二空所显真理，实断二障分别随眠。虽多刹那，事方究竟，而相等故，总说一心。有义：此中二空二障，渐证渐断，以有浅深粗细异故。有义：此中二空二障，顿证顿断，由意乐力有堪能故。

二相见道，此复有二。一观非安立谛，有三品心。一内遣有情假缘智[1]，能除软品分别随眠。二内遣诸法假缘智，能除中品分别随眠。三遍遣一切有情、诸法假缘智，能除一切分别随眠。前二名法智，各别缘故，第三名类智，总合缘故。法真见道二空见分自所断障无间、解脱别总建立，名相见道。有义：此三是真见道，以相见道缘四谛故。有义：此三是相见道，以真见道不别缘故。

二缘安立谛，有十六心。此复有二。一者依观所取、能取，别立法、类十六种心。谓于苦谛有四种心：一苦法智忍，谓观三界苦谛真如，正断三界见苦所断二十八种[2]分别随眠。二苦法智，谓忍无间观前真如，证前所断烦恼解脱。三苦类智忍，谓智无间无漏慧生，于法忍智各别内证。言后圣法，皆是此类。四苦类智，谓此无间无漏智生，审定印可苦类智忍。如于苦谛有四种心，集、灭、道谛，应知亦尔。此十六心，八观真如，八观正智。法真见道无间、解脱、见、自证分差别建立，名相见道。二者依观下上谛境，别立法、类十六种心。谓观现前不现前界苦等四谛，各有二心：一现观忍，二现观智。如其所应。法真见道无间、解脱见分观谛，断见所断百一十二分别随眠[3]，名相见道。

若依广布圣教道理，说相见道有九种心，此即依前缘安立谛二十六种止观别立。谓法类品忍智合说，各有四观，即为八心；八相应止，总说为一。虽见道中，止观双运，而于见义，观顺非止。故此观止，开合不同。由此九心，名相见道。

【简注】

［1］内遣有情假缘智："内"，指下品、中品心只缘内身，其作用并不向外。"有情假"，即有情只是假象，似有实我。"缘智"，即能缘心。

［2］二十八种：指欲界十种根本烦恼，色界和无色界各九种根本烦恼，即都除去嗔，因为上二界无嗔。

［3］百一十二分别随眠：即见道位所断的三界根本烦恼种子，也就是观四谛时，每一谛都有二十八种根本烦恼，四谛共一百十二种。

【今译】

而这见道大略地说有两种。一是真见道，也就是所说的无分别智，真实地证得我空和法空所显示的真理，真实地断除分别烦恼障和分别所知障的种子。虽然这一过程要经过多个刹那才能完成，但整个过程的状态相同，所以总的称为"一心"。［对此有两种观点。］第一种观点认为，这里的证得二空、断除二障种子，是逐渐地证得、逐渐地断除，因为我空的理浅，法空的理深；烦恼障的种子粗，所知障的种子细。第二种观点［即正确的观点］认为，这里的证得二空、断除二障，是顿时证得、顿时断除，因为大菩提的意愿力量有这种能力。

二是相见道，它又分为两种。第一种相见道是观非安立谛，［即观真如的无差别的离言本性，或者说，观离言真如，］有下品、中品、上品三品心。一［下品心］是内观己身、遣除对众生有实我之虚假执着的智慧，能断除下品分别二障的种子。二［中品心］是内观己身、遣除对诸法有实体之虚假执着的智慧，能断除中品分别二障的种子。三［上品心］是观内外自他、遣除对众生有实我、诸法有实体等一切虚假执着的智慧，能断除一切分别二障的种子。前两种智慧称为法智，因为它们是分别地认取对象；第三种智慧称为类智，因为它是总体综合地认取对象。效法真见道中二空智的见分各自断二障时无间道分别认取对象、解脱道总体认取对象而建立［的三品心］，称为相见道。［这里有两种观点。］第一种观点认为，这三品心是真见道，因为相见道的作用是认识四谛，［证真如的是真见道。］第二种观点［即正确的观点］认为，这三品心是相见道，因为真见道不是分别地进行认识，［分别缘的就不是真见道。］

　　第二种相见道是认识安立谛［即真如的各种表现，或者说，名言安立的真如］，共有十六种心。这里又有两类情况。第一类是依据对所取［的四谛真如］和能取［的正智］的观察，因此建立"法"和"类"共十六种心。即［首先］在苦谛上建立四种心：一是苦法智忍，即［以此苦法智忍，也就是无漏慧］观三界苦谛真如，根本性地断除证见苦谛时所断的二十八种分别二障的种子。二是苦法智，即在苦法智忍后无间隔地［生起苦法智，以此智］观上述三界苦谛真如，证得由断除上述烦恼所获的解脱。三是苦类智忍，即在苦法智后，无间隔地有无漏慧生起，对上述苦法智忍和苦法智分别在内心印证。就是说，此后起的［苦类智忍］圣法，都是上述苦法智忍和苦法智的同类。四是苦类智，即在苦类智忍后，无间隔地有无漏智生起，判定确认苦类智忍。如同在苦谛上建立四种心一样，在集谛、灭谛、道谛上也可各建立四种心，[这样就是十六种心。]这十六种心，八种是观真如，八种是观正智。它们是效法真见道中无间道与解脱道的见分和自证分的差别而建立的，称为相见道。第二类是依据观下界[即欲界]以及上界[即色界和无色界]的四谛境界，因此建立"法"和"类"共十六种心。即观现前的欲界以及不现前的上二界的苦谛等四谛，各有二心：一是现观忍，二是现观智。此二心各与现前与不现前的四谛相应，[共十六心。]效法真见道中无间道与解脱道的见分观四谛，断除见道位所断一百一十二种分别二障的种子，称为相见道。

如果根据为广泛传布佛教道理而作的假说来说，相见道有九种心，这是依据上述认取安立谛的两类十六种心的止观而另外建立的。即将法品和类品的忍和智合说，各有四观[即八忍合为四，八智合为四]，共为八种观心；与八种观相应的止，总的说是一种，[止观合说共为九种心。]虽然在见道位中，止与观必定是同时运用，但观顺应见道义，非止顺应见道义。所以这是对观与止的归类不同。因此，这九种心称为相见道。

【评析】

此处论述两种见道：真见道与相见道。颂中论述的是真见道。真见道生起的根本无分别智，能顿时断除分别二障种子，能顿时证得二空所显真理。这涉及四道理论。四道就是加行道、无间道、解脱道、胜进道。见道位和修道位十地的每一地，都有四道。《瑜伽论》说："加行道者，谓为断惑，勤修加行。无间道者，谓正断惑。解脱道者，谓断无间，心得解脱。胜进道者，谓从此后，发胜加行。"[1] 所以，加行道是为断烦恼而修加行；无间道是直接断除烦恼；解脱道则是在断除了烦恼后，无间隔地证得真理，而心得解脱；胜进道是发起进一步的加行，作更高层次的修行。再就见道位具体来说，其无间道是断除分别二障种子，其解脱道则证得二空之理。无间道与解脱道虽分两个阶段，但总说为"一心"。同时，在断除二障种、证二空理时也是顿时断除、顿时证得。

其次是相见道。相见道是效法真见道而建立，此处的"相"即类似。相见道的种类，有三心相见道、两类十六心相见道、九心相见道。

一、三心相见道，是观非安立谛，即离言真如。三心相见道中，下品心和中品心是分别断我执和法执，上品心是总的断二执，即前二心是分别认取对象，后一心是总体认取对象，这与真见道中的无间道断烦恼和解脱道证解脱的情况相似，故称相见道。

二、两类十六心相见道，是认识安立谛，即真如的各种表现或名言安立的真如。其中，第一类十六心是根据观四谛真如和观正智而建立。此观心是法智忍、法智、类智忍、类智，其中，法智忍和法智是直接观所缘的四谛真如（共八心），类智

---

[1] （唐）玄奘译《瑜伽师地论》卷第一百，《大正藏》第30册，第881页。

忍和类智是观能缘的正智（共八心）。此十六心与真见道的相似之处是：在苦、集、灭、道四谛中，四种法智忍都效法真见道的无间道见分而建立，四种法智都效法真见道的解脱道见分而建立，四种类智忍都效法真见道的无间道自证分而建立，四种类智都效法真见道的解脱道自证分而建立。第二类十六心是根据观下界［即欲界］以及上界［即色界和无色界］的四谛而建立，即下界和上界与四谛合算，共八种情况，每种情况都有二心：现观忍和现观智。这样共十六心。此十六心与真见道的相似之处是：其现观忍效法真见道的无间道见分，其现观智效法真见道的解脱道见分。

三、九心相见道。这是将上述两类十六心的法智忍、类智忍、法智、类智合说，即有四忍和四智，共为八种观心；而八种观心的止，则为一种止心。一种止心与八种观心共为九种心，称为九心相见道。《义演》对此有进一步讨论："问：既有两个十六种心，即合都有十六忍十六智，如何《疏》云八忍合为四、八智合为四，各各忍智合说耶？答：以八谛所观法、类是同，所以合八谛总为四谛，故合十六心总为八观。"[1]

另外需说明，这九心相见道并非真的发生在见道位，只是在弘法中的一种说法，即文中所说的"若依广布圣教道理"而说。

---

[1] （唐）如理《成唯识论疏义演》卷第十二，《卍新续藏》第49册，第833页。

【原文】

诸相见道，依真假说，世第一法无间而生，及断随眠，非实如是。真见道后，方得生故。非安立后起安立故，分别随眠真已断故。

前真见道，证唯识性；后相见道，证唯识相。二中初胜，故颂偏说。前真见道，根本智摄；后相见道，后得智摄。

"诸后得智有二分耶？"有义：俱无，离二取故。有义：此智见有相无，说此智品有分别故，圣智皆能亲照境故，不执着故，说离二取。① 有义：此智二分俱有，说此思惟似真如相，不见真实真如性故。② 又说此智，分别诸法自、共相等，观诸有情根性差别而为说故。③ 又说此智现身土等，为诸有情说正法故。④ 若不变现似色、声等，宁有现身说法等事？转色蕴依，不现色者，转四蕴依，应无受等。又若此智不变似境，离自体法，应非所缘；缘色等时，应缘声等。又缘无法等，应无所缘缘，彼体非实，无缘用故。由斯后智二分俱有。

此二见道与六现观，相摄云何？六现观者，一思现观，谓最上品喜受相应思所成慧。此能观察诸法共相，引生暖

---

① 参见（唐）玄奘译《瑜伽师地论》卷第五十五，《大正藏》第30册，第606页。
② 参见（唐）玄奘译《瑜伽师地论》卷第七十三，《大正藏》第30册，第700页。
③ 参见（唐）玄奘译《摄大乘论本》卷下，《大正藏》第31册，第148页。
④ 参见（唐）玄奘译《佛地经论》卷第三，《大正藏》第26册，第302页。

等。加行道中观察诸法,此用最猛,偏立现观。暖等不能广分别法,又未证理,故非现观。二信现观,谓缘三宝世、出世间决定净信。此助现观,令不退转,立现观名。三戒现观,谓无漏戒。除破戒垢,令观增明,亦名现观。四现观智谛现观,谓一切种缘非安立根本、后得无分别智。五现观边智谛现观,谓现观智谛现观后,诸缘安立世、出世智。六究竟现观,谓尽智[1]等究竟位智。

此真见道摄彼第四现观少分,此相见道摄彼第四、第五少分。彼第二、三,虽此俱起,而非自性,故不相摄。

菩萨得此二见道时,生如来家,住极喜地,善达法界,得诸平等,常生诸佛大集会中,于多百门已得自在,自知不久证大菩提,能尽未来利乐一切。

【简注】

[1]尽智:是无学位所生起的一种智慧,指断尽烦恼时所生的无漏智。

【今译】

各种相见道都是依托真见道而假说,如假说它们是在世第一法后无间隔地生起,以及假说它们能断除分别二障的种子,实际上并非如此。因为相见道是在真见道后才得以生起,是在观非安立谛后才观安立谛,而分别二障的种子在真见道时已被断除。

在前的真见道能证得唯识性,在后的相见道能证得唯识相。二者中,真见道的作用更为优胜,所以颂中只说真见道的性质[即"智都无所得"]。在前的真见道属根本智,在后的相见道属后得智。

[问:]"一切后得智是否有相分和见分?"[在这一问题上有三种观点。]第一种观点认为,都没有,因为后得智已经远离了所取和能取。第二种观点认为,后得智有见分,没有相分,因为《瑜伽论》中说此智有思辨分别的功能,[所以有见分;]因为圣者的智慧都能直接观照认识对象,[所以没有相分。但尽管有见分,]因为不执着,所以说它们脱离所取和能取。第三种观点[即正确的观点]认为,后得智的相分和见分都存在,因为《瑜伽论》说后得智思维似乎实在的真如形相,并不证见真实的真如本性。《摄论》等又说后得智能思辨分别一切事物的自相和共相,能观察各类众生的素质差别而为他们说法,[所以有见分。]《佛地经论》又说后得智能变现化身和化土等,为各类众生宣说正法。如果不变现似乎实在的颜色、声音等,怎么会有现身说法等事呢,[所以有相分。]如果说[佛]转变了色蕴的依止,就不能变现物质,[所以没有相分,]那么[佛]转变其余四蕴的依止,也就没有受等四蕴,[但那样就如木头石头,还能称佛吗?]此外,如果后得智不变现相似的境,那脱离自识体的事物,[如他人的身体等,如果后得智不变现它们的影像,]它们应该不是[后得智的]认识对象;[而如果不带有被认识对象的影像就能进行认识,]那在认取颜色时,也应认取声音等其他事物。此外,认取[过去未来等当下不存在的事物,或龟毛兔角等根本]不存在的事物,[乃至认取心不相应行法,如果不变现其相分,后得智]应该没有所缘缘,因为[过去未来及龟毛兔角等事物,]它们的主体[当下]并非真实存在[或根本不存在],没有作为缘的作用,[这样又怎能作为所缘缘?]

因此，这后得智的相分和见分都存在。

这两种见道与六种现观，相互所属关系如何呢？所谓六种现观，一是思现观，即与最上品的喜受相应的思所成慧。此慧能观察一切事物的共相，引生暖等善根。在加行道的观察一切事物的各种方法中，此慧的作用最突出，所以特地立为现观。而暖等方法，不能广泛地思辨分别事物，又没有证得正理，所以不是现观。二是信现观，即对佛法僧三宝、世间因果和出世间因果的坚定的、清净的信仰，[通有漏和无漏。] 它能帮助现行观，使不退转，所以称为现观。三是戒现观，即无漏的戒。它能清除破戒的污垢，使观想更加明晰，也称为现观。四是现观智谛现观，即一切种类认取非安立谛的根本无分别智与后得无分别智。五是现观边智谛现观，即在现观智谛现观后，一切 [见道位和修道位] 认取安立谛的 [有漏和无漏的] 世间智和出世间智。六是究竟现观，即尽智等究竟位中所有的智。

这真见道包括第四现观的一部分，这相见道包括第四现观的一部分和第五现观的一部分。那第二现观和第三现观，虽与见道同时生起，[但只是帮助现观，] 不是现观的自性，所以不属见道。

菩萨证得这两种见道时，就生在如来家，安住极喜地，通达法界理，获得一切平等，永远处在一切佛的大集会中，对百千种神通功德和智见已获得自在，自己知道不久就能证得大菩提，能在无尽的未来使一切众生获利益得安乐。

【评析】

此处继续论述真见道和相见道的性质和相互关系。相见道是依真见道而假说。真见道能证唯识性，相见道能证唯识相。真见道是根本无分别智，相见道是后得智。此后得智的相见道与真见道的不同之处在于：真见道只有见分没有相分，而相见道则见分和相分都有。因为后得智在认识真如时，也现起"似真如相"，所以有相分。此外，后得智在认识一般事物时，也是变现其相分而认识。本论指出，如果后得智不变现相分的话，那离自识体的各种境（如他人身体等）就不能成为自境而对其认识。如果各种境不成为自境就能认识，那就会造成混乱，如眼识认取颜色（即眼识的自境）时也能同时认取声音（即耳识的自境，非眼识的自境）。另外，真见道、相见道与六现观的关系是：真见道包括第四现观的一部分，就是其中的根本无分别智；相见道包括第四现观的一部分和第五现观的一部分，就是第四现观的后得智（不包括根本智）和第五现观中见道位的智（不包括修道位的智）。

第二节　论修习位

一、修习位概说

【原文】

　　次修习位，其相云何？颂曰：

　　"无得不思议，是出世间智，

　　舍二粗重故，便证得转依。"

　　论曰：菩萨从前见道起已，为断余障，证得转依，复数修习无分别智。此智远离所取、能取，故说"无得"及"不思议"；或离戏论，说为"无得"，妙用难测，名"不思议"。是出世间无分别智，断世间故，名出世间；二取随眠是世间本，唯此能断，独得出名。或出世名，依二义立，谓体无漏及证真如，此智具斯二种义故，独名出世。余智不然。即十地中无分别智，数修此故，舍二粗重。二障种子，立粗重名，性无堪任，违细轻故。令彼永灭，故说为舍。此能舍彼二粗重故，便能证得广大转依。

"依"谓所依，即依他起，与染净法为所依故。染谓虚妄遍计所执，净谓真实圆成实性。"转"谓二分转舍、转得。由数修习无分别智，断本识中二障粗重，故能转舍依他起上遍计所执，及能转得依他起中圆成实性，由转烦恼得大涅槃，转所知障证无上觉。成立唯识，意为有情证得如斯二转依果。

或"依"即是唯识真如，生死、涅槃之所依故。愚夫颠倒，迷此真如，故无始来受生死苦。圣者离倒，悟此真如，便得涅槃，毕竟安乐。由数修习无分别智，断本识中二障粗重，故能转灭依如生死，及能转证依如涅槃，此即真如离杂染性。如虽性净，而相杂染，故离染时，假说新净，即此新净，说为转依，修习位中断障证得。虽于此位，亦得菩提，而非此中颂意所显。颂意但显转唯识性。二乘满位，名解脱身，在大牟尼[1]，名法身故。

【简注】

[1] 牟尼：意思是寂默。即"寂"空、有二边，"默"契中道。

【今译】

第四是修习位，其性状如何？颂云：

"无所得和不可思议，

这就是出世间智的性状，

［反复修习此智，］舍弃二障种子，

就证得转依。"

论云：菩萨从前面的见道位起，为断除剩余的俱生二障，证得转依，便经常修习无分别智。这无分别智远离所取和能取，所以颂中说是"无得"和"不思议"，［即远离所取是"无得"，远离能取是"不思议"；］或者是由于远离戏论说是"无得"，妙用难测说是"不思议"。这无分别智是出世间无分别智，由于断除世间，所以称为出世间；而所取和能取的种子就是世间的根本，只有这无分别智能断除，所以此智独得出世间的名称。或者说出世间的名称，是根据两种含义而建立，即自体是无漏以及能证得真如，此智具有这两种含义，所以独得出世间的名称。其余的智则不然。这就是十地中的无分别智，反复修习此智，就能舍弃两种"粗重"。二障的种子，称为"粗重"，因为其性质是使人能力低下，与无漏的精细轻安正相违背。使两种"粗重"永远断灭，所以颂中说是"舍"，即舍弃。由于此智能舍弃两种"粗重"，就能证得广大"转依"。

［所谓"转依"，］"依"指所依，即依他起性，它能作为一切染法

和净法的所依。染法指虚妄的遍计所执性，净法指真实的圆成实性。"转"是指染法通过转变而舍弃，净法通过转变而证得。由于反复修习无分别智，断除第八识中二障的种子，所以能通过转变而舍弃依他起上的遍计所执性，并能通过转变而证得依他起中的圆成实性，即转舍烦恼障而证得大涅槃，转舍所知障而证得无上觉。本论要使唯识的道理成立，正是为了使众生证得这两种转依的果。

或者说，"依"就是指唯识真如，它是生死和涅槃的所依。愚夫颠倒，迷而不识这真如，故而无量时间来饱受生死之苦。圣者脱离了颠倒，悟此真如，就证得涅槃，获得根本安乐。即由于反复修习无分别智，断除第八识中二障的种子，所以能转变而灭除依托真如的生死，并能转变而证得依托真如的涅槃，这就是真如脱离了一切混杂污染性。真如虽然本性清净，但所现的相混杂污染，所以脱离了污染时，假说是新生的清净，就将这新生的清净，说是"转依"，是在修习位中断除二障而证得的。虽然在修习位中也能证得菩提，但这并非是本颂中所要表达的意思。本颂的意思是要表示通过转变而证得唯识实性。[这样的转变所依，]在二乘的圆满位中，称为解脱身；在大乘的牟尼果中，称为法身。

【评析】

此处以下论述修习位。如前所述，修习位也称修道位，指明道后的继续修行。其阶段是从十地中初地的住心、出心至第十地终。菩萨在通达位制伏和断除了分别二障的现行和种子，在修道位要继续制伏和断除俱生二障的现行和种子。菩萨在修道位修习的还是无分别智，证得的是"转依"。

"转依"有两种类别。一、"依"指依他起性。"转"指转舍遍计所执性，转得圆成实性。这是通过断除第八识中二障种子而实现的，遍计所执性本无种子，但断二障种能断遍计所执，从而能除遍计所执性，证得大涅槃和无上菩提。这里是从三自性角度来说转依，而下文论述"所转依"与此略有不同。下文说有两种所转依，第一是持种依，就是根本识（第八识）。这两种论述，本质相通，但论述角度不同。二、"依"指真如，"转"即断除二障种子，灭除依托真如的生死，证得依托真如的涅槃。在这第二种解释中，不说转得菩提，只说转得涅槃，而这正是颂的原意。

上述两种"转依"是修道位的根本任务，但这两种"转依"都不是在修道位中证得，而是要在修道位中圆满，至究竟位证得。

二、释十地

【原文】

云何证得二种转依？谓十地中修十胜行，断十重障，证十真如，二种转依由斯证得。

言十地者：一极喜地，初获圣性，具证二空，能益自他，生大喜故。

二离垢地，具净尸罗[1]，远离能起微细毁犯烦恼垢故。

三发光地，成就胜定、大法总持[2]，能发无边妙慧光故。

四焰慧地，安住最胜菩提分法，烧烦恼薪，慧焰增故。

五极难胜地，真俗两智，行相互违，合令相应，极难胜故。

六现前地，住缘起智，引无分别最胜般若，令现前故。

七远行地，至无相住功用后边，出过世间、二乘道故。

八不动地，无分别智任运相续，相用烦恼不能动故。

九善慧地，成就微妙四无碍解[3]，能遍十方善说法故。

十法云地，大法智云含众德水，蔽如空粗重[4]，充满法身故。

如是十地，总摄有为、无为功德以为自性，与所修行为胜依持，令得生长，故名为地。

【简注】

[1] 尸罗：防过止恶之意，在波罗蜜多中指"戒律行"。

[2] 总持：指能全面把握、记忆、保持无量佛法而不忘失的念慧力。有法、义、咒、忍四种总持。

[3] 四无碍解：指法无碍、义无碍、词无碍、乐说（或辩）无碍。详见第一章有关简注。

[4] 粗重：此处指烦恼障和所知障，参见后文。

【今译】

如何证得两种转依？这就是在十地中修十胜行，断十重障，证十真如，由此而证得两种转依。

所谓十地：一是极喜地，此地菩萨最初获得圣者的属性，已证得我空与法空，能利益自己和他人，从而生起极大欢喜。

二是离垢地，此地菩萨具有清净圆满的戒律，因为他们已经远离了能导致误犯戒律的烦恼污垢。

三是发光地，此地菩萨已修成殊胜的定，以及［法、义、咒、忍四种］大法总持，能引发无量无边的殊妙智慧之光。

四是焰慧地，此地菩萨安住于最为殊胜的菩提分法，能烧除［与第六识相应的俱生身见等］烦恼之薪，使智慧之火焰更加旺盛。

五是极难胜地，无分别的缘真如智与有分别的缘世俗法智，现行活动作用相反，此地菩萨能使二智圆融相应，所以是极为难行也极为殊胜。

六是现前地，此地菩萨安住通达缘起的智慧，同时引生最殊胜的无分别智，使其显现在前。

七是远行地，此地菩萨的修行已最接近无相、无功用，此地的境界已超出了以往修的世间道和二乘的出世间道。

八是不动地，此地菩萨的无分别智能自然而无条件地连续，不会再为一切现象和一切加行所动，也没有任何因之而起的烦恼。

九是善慧地，此地菩萨成就了微妙的四无碍解，能在十方世界的任何地方善巧地说法。

十是法云地，此地菩萨所具有的大法智，犹如大云，含藏一切功德之水，能遮蔽一切如虚空般无量无边的烦恼障和所知障，大智充满法身。

这十地包括了所有的有为功德和无为功德，以此作为自性，成为各种修行的殊胜依托和支持，使之生起和增长，所以称为"地"。

【评析】

此处以下论述如何证得两种转依。首先论述十地，即菩萨修行的十阶段，扼要介绍了每一地的主要特征。十地划分的依据，有不同说法。如无性是以法无我智的分位，为十地之体，因为真如无分位，法无我智有分位。而本论说"十地总摄有为、无为功德以为自性"，是将能证之智（有为功德）和所证真如（无为功德）都作为十地之体（自性），即将能证的法无我智与所证的真如理都分为十种，成十地之体。

三、释十胜行

【原文】

十胜行者，即是十种波罗蜜多。施有三种，谓财施、无畏施、法施。戒有三种，谓律仪戒、摄善法戒、饶益有情戒。忍有三种，谓耐怨害忍、安受苦忍、谛察法忍。精进有三种，谓被甲精进、摄善精进、利乐精进。静虑有三种，谓安住静虑、引发静虑、办事静虑。般若有三种，谓生空无分别慧、法空无分别慧、俱空无分别慧。方便善巧有二种，谓回向方便善巧、拔济方便善巧。愿有二种，谓求菩提愿、利乐他愿。力有二种，谓思择力、修习力。智有二种，谓受用法乐智、成熟有情智。

【今译】

所谓十种殊胜的修行，就是十种波罗蜜多。其中，布施有三种，即财物布施、无畏布施、法布施。戒有三种，即律仪戒、摄善法戒、饶益有情戒。忍有三种，即耐怨害忍、安受苦忍、谛察法忍。精进有三种，即被甲精进、摄善精进、利乐精进。静虑有三种，即安住静虑、引发静虑、办事静虑。般若有三种，即我空无分别慧、法空无分别慧、我法俱空无分别慧。方便善巧有两种，即回向方便善巧、拔济方便善巧。愿有两种，即求菩提愿、利乐他人愿。力有两种，即思择力、修习力。智有两种，即受用法乐智、成熟众生智。

【评析】

此处以下论述修道位中菩萨所作的十种殊胜的修行，也称十波罗蜜多，首先论述十波罗蜜多的类别。关于这十种波罗蜜多，每一种在佛典中往往都有许多说法，此处按本论的归纳作一简释。一、布施。其中，财施是施舍财物，改善众生的物质生活；无畏施是帮助众生解脱灾害恐怖，使众生心理上获得安宁和欢乐；法施是为众生宣说正法，使众生止恶修善，断除污染证得清净。二、持戒。其中，律仪戒是菩萨所受的防止过失和罪恶的戒法；摄善法戒是指菩萨应修学六波罗蜜多，进而行善；饶益有情戒是指菩萨应以善法、资财、神通等利益众生。三、忍辱。其中，耐怨害忍指菩萨能忍耐他人对自己的怨恨和损害；安受苦忍指菩萨修道时，对所遭受的饥渴、冷热、障碍等苦痛，能安然忍受，修道不退；谛察法忍指菩萨对深奥难解的法义，能以坚韧的意志学习思考，以求悟入和信受。四、精进，即勤奋努力，不断进取。其中，被甲精进，即对所修的善行发大誓，乐于修习，勇悍不退，如古人打仗，先要穿上盔甲，这样就有威力，不生怯意；摄善精进，即在行善时奋勇进取；利乐精进，即为利乐众生而作各种事业，奋勇进取。五、静虑，即禅定。其中，安住静虑，指远离昏沉、掉举等障碍入定的因素，引生轻安寂静的定，并安住定中；引发静虑，指依靠定力引发种种神通功德；办事静虑，指依靠定力，消除众生的各种痛苦，举办各种利乐众生的事业。六、般若，有我空无分别慧、法空无分别慧、我法俱空无分别慧三种，含义较为明确。七、方便善巧，有回向方便善巧和拔济方便善巧两种。回向方便，即所修波罗蜜多回向众生，不住生死而求解脱，体现了般若智慧。拔济方便，即为利益众生，不住涅槃，体现了大悲。八、愿，有求菩提愿和利乐他愿，含义较为明确。九、力。其中，思择力是慧力，修习力是定力。十、智。其中，受用法乐智，指对一切事物的自相和共相觉而不迷的智慧；成熟有情智，指观察一切众生的素质而对症下药的智慧。此处，第十智与第六般若的区别，据下文，十种修行也可归结为六种，即后四种都可归入第六般若，将第六般若分开，则为十种。在这十种修行中，第六般若属无分别智，后四种属后得智，即第十智属后得智。

【原文】

此十性者，施以无贪及彼所起三业为性。戒以受学菩萨戒时三业为性。忍以无瞋、精进、审慧[1]及彼所起三业为性。精进以勤及彼所起三业为性。静虑但以等持为性。后五皆以择法为性，说是根本、后得智故。① 有义：第八以欲、胜解及信为性，愿以此三为自性故。此说自性，若并眷属，一一皆以一切俱行功德为性。

此十相者，要七最胜之所摄受，方可建立波罗蜜多。一安住最胜，谓要安住菩萨种姓。二依止最胜，谓要依止大菩提心。三意乐最胜，谓要悲愍一切有情。四事业最胜，谓要具行一切事业。五巧便最胜，谓要无相智所摄受。六回向最胜，谓要回向无上菩提。七清净最胜，谓要不为二障间杂。若非此七所摄受者，所行施等，非到彼岸。由斯施等十，对波罗蜜多，一一皆应四句分别。

此但有十不增减者，谓十地中对治十障，证十真如，无增减故。复次前六不增减者，为除六种相违障[2]故，渐次修行诸佛法故，渐次成熟诸有情故。此如余论广说应知。

又施等三，增上生道，感大财、体及眷属故。精进等三，决定胜道，能伏烦恼，成熟有情及佛法故。诸菩萨道，唯有此二。

又前三种，饶益有情，施彼资财，不损恼彼，堪忍彼恼而饶益故。精进等三，对治烦恼，虽未伏灭，而能精勤

---

① 参见（唐）玄奘译《瑜伽师地论》卷第四十三，《大正藏》第30册，第528—533页。

修对治彼诸善加行；永伏永灭诸烦恼故。

又由施等不住涅槃，及由后三不住生死，为无住处涅槃资粮。由此前六，不增不减。

后唯四者，为助前六，令修满足，不增减故。方便善巧，助施等三，愿助精进，力助静虑，智助般若，令修满故。如《解深密》广说应知。①

十次第者，谓由前前，引发后后，及由后后，持净前前。又前前粗，后后细故，易难修习，次第如是。释总别名，如余处说。

此十修者，有五种修。一依止任持修，二依止作意修，三依止意乐修，四依止方便修，五依止自在修。依此五修，修习十种波罗蜜多皆得圆满，如《集论》等广说其相。②

【简注】

［1］审慧：据《述记》卷第十注，为"善观察胜决慧"，即善于观察和决断的慧。

［2］六种相违障：指吝啬、犯戒、嗔恚、懈怠、散乱、恶慧。

【今译】

这十种殊胜修行的自性，布施是以无贪以及由无贪而生起的身、口、意三业为自性。戒是以接受和学习菩萨戒时的三业为自性。忍是

---

① 参见（唐）玄奘译《解深密经》卷第四，《大正藏》第16册，第705页。
② 此处"等"指《杂集论》。参见（唐）玄奘译《大乘阿毗达磨杂集论》卷第十二，《大正藏》第31册，第748页。

以无嗔、精进、善于观察和决断的慧以及由它们而生起的三业为自性。精进是以勤奋以及由此而生起的三业为自性。静虑只以定为自性。后五种修行都是以七觉支中的择法觉支为自性,《杂集论》《瑜伽论》说般若是根本智,其余四种是后得智。有种观点认为,第八种修行,即愿修行[不是以慧为自性,而]是以欲、胜解与信为自性,因为凡是立弘大誓愿都是以这三者为自性。以上是就自性而说,如果连同伴属的一起说,那每一种修行都要以一切共同生起的功德作为自性。

这十种殊胜修行的性状,要属于或具有七种"最为优胜",才可称之为波罗蜜多。[这七种最为优胜:]一是安住最为优胜,即要安住于菩萨种性。二是依止最为优胜,即要依止大菩提心。三是意乐最为优胜,即要悲悯一切众生。四是事业最为优胜,即要充分开展一切利乐众生的事业。五是善巧方便最为优胜,即要属于或具有无相智[不执三轮等]。六是回向最为优胜,即要回向无上菩提。七是清净最为优胜,即要不夹杂二障。如果不属于或具有这七种最为优胜,那么,所作的布施等修行,不属于"到彼岸"的波罗蜜多。因此,布施等十种修行,相对于波罗蜜多,每一对都可有四种关系。

修习位中的修行方法只有十种,不增加也不减少,这是因为在十地中对治十障、证得十种真如,不增加也不减少。其次,前六种方法不增加也不减少,是为了消除六种与道相违的障碍,逐步修行各种佛法,逐步使众生走向成熟。这些道理在其他论中也有详细论说,应该了解。

此外,[前六种方法中,]布施等三种修行方法称为增上生道,这是因为布施能感招广大的财富，持戒能感招广大的戒体，忍辱能感招广大的道的伴属。精进等三种称为决定胜道，这是因为精进能制伏烦恼，禅定能［引发神通］成熟众生，般若慧能成熟佛法。一切菩萨道只有这增上生道和决定胜道两种。

此外，［前六种方法中，］前三种修行方法的作用是使众生获益，即布施是施予众生财物，持戒则不损害烦扰众生，忍辱则能忍受众生的烦扰而帮助众生。精进等三种修行方法的作用是对治烦恼，即精进虽然还未能制伏灭除烦恼，但能勤奋修习各种对治烦恼的善的加行方法；禅定能永远地制伏各种烦恼；智慧能永远地灭除各种烦恼。

此外，由于［前六种方法中，］布施等前三种不住涅槃，后三种不住生死，［故而这六种方法］是无住处涅槃的资粮。因此，前六种修行方法，不增加不减少。

后面只有四种方法，因为它们是为了帮助前六种方法，使修行圆满，所以也不增加不减少。即方便善巧帮助布施等三种修行方法，愿帮助精进，力帮助静虑，智帮助般若，使上述方法修习圆满。诚如《解深密经》中详细地论说的那样，应该了解。

这十种修行的次序，就是相继由前一种修行引发后一种修行，并由后一种修行保持和净化前一种修行。此外，越是前面的修行越粗，越是后面的修行越细，修行难易的次序就是如此。至于对其总称为波罗蜜多，又分别称为布施等的解释，如同其他佛典中所说。

这十种修行，可以有五种修法。一是依止任持修，二是依止作意修，三是依止意乐修，四是依止方便修，五是依止自在修。按照这五种修法，修习十种波罗蜜多，都能获得圆满，如《集论》等论中对此有详细论说。

【评析】

此处论述十种殊胜修行的各种性质，包括十胜行的自性、十胜行与波罗蜜多的关系、十胜行的必要性和充分性、各种修行的主要作用和地位，以及十种修行的次序等。本论对十胜行各种性质的论述，大多较为清楚。现对其中若干性质作一简释。

关于十胜行与波罗蜜多的关系，有四种情况，称为"四句分别"。以布施为例，四种关系为：一、是布施但非波罗蜜多，即不与七种最为优胜相应而行布施。二、是波罗蜜多但非布施，即随喜（跟随）他人布施而具七种最为优胜。关于随喜，另有一种解释，自无钱财，见他人布施，深生欢喜，也属随喜；还有一种解释，修其他波罗蜜多，而非修布施，也属随喜。三、也是布施也是波罗蜜多，即与七种最为优胜相应而行布施。四、非布施非波罗蜜多，即虽也随喜他人布施，但不具七种最为优胜。还有一种解释是：修持戒等（非布施），但不具七种最为优胜（非波罗蜜多）。

另外，此处论述了十种修行的五种依止，现据《杂集论》简释如下。一、依止任持修。"任持"即能保持不散失。依止任持修，就是依靠能保持不散失的因素修习。这些因素有四种。1. 依止因修，"因"就是种性的力量。唯识学认为，种性是众生能否成佛的依据，众生的种性先天就分为五类，从必定能成佛，到能否成佛不确定，到必定不能成佛，各不相同。2. 依止报修（也称依止果修），"报"指菩萨的殊胜自体的力量。3. 依止愿修，"愿"就是菩萨所发的大愿。4. 依止简择力修，"简择力"就是慧力。二、依止作意修。此修也有四种。1. 依止胜解作意修，胜解指对于经文中一切关于波罗蜜多的教导有深刻的理解。2. 依止爱味作意修，爱味指对已得的波罗蜜多，见其殊胜的功德而生起深深的喜爱。3. 依止随喜作意修，随喜指对一切世界的一切众生所作的布施等功德，都能生起喜悦并随从同行。4. 依止喜乐作意修，喜乐指对自己和他人将来的上品波罗蜜多，生起深深的喜爱和希望。三、依止意乐修。有六种意乐，以布施为例。1. 无厌意乐，即行布施永无厌倦。2. 广大意乐，即行布施永无中断与退转，直至证无上菩提。3. 欢喜意乐，即对受布施的众生生大欢喜。4. 恩德意乐，即行布施时，不认为自己对众生有恩，而认为是众生在帮助自己证大菩提。5. 无染意乐，即行布施时，不求众生报恩或自己将来得福报。6. 好善意乐，即行布施所得福报施予众生，使众生共同回向无上菩提。修布施时如此，修其余波罗蜜多时也是如此。四、依止方便修。即由无分别智，观察"三轮"都清净，由此方法，一切作意修能迅速圆满。所谓"三轮"，即修行中的能行、所行及行修。以布施为例，行布施时，不见有布施者，不见有受布施者，不见有布施的行为与布施的东西。再以持戒为例，不执我能持戒，不执所护有情，不执戒及戒果。五、依止自在修。自在有三种：1. 身自在，即如来的自性身和受用身。2. 行自在，即如来的变化身。3. 说自在，即能宣说六波罗蜜多的一切意义，自在无碍。诸菩萨力求依靠这三种自在而修习六波罗蜜多。①

【原文】

　　此十摄者，谓十一一皆摄一切波罗蜜多，互相顺故。依修前行而引后者，前摄于后，必待前故；后不摄前，不待后故。依修后行持净前者，后摄于前，持净前故；前不摄后，非持净故。若依纯杂而修习者，展转相望，应作四句。

　　此实有十，而说六者，应知后四，第六所摄，开为十者。第六唯摄无分别智，后四皆是后得智摄，缘世俗故。

　　此十果者，有漏有四，除离系果；无漏有四，除异熟果。而有处说具五果者，或互相资，或二合说。

　　十与三学互相摄者，戒学有三：一律仪戒，谓正远离所应离法；二摄善法戒，谓正修证应修证法；三饶益有情戒，谓正利乐一切有情。此与二乘有共、不共，甚深广大，如余处说。定学有四：一大乘光明定，谓此能发照了大乘理教行果智光明故；二集福王定，谓此自在，集无边福，如王势力，无等双故；三贤守定，谓此能守世、出世间贤

---

① 参见(唐)玄奘译《大乘阿毗达磨杂集论》卷第十二，《大正藏》第31册，第749页。

善法故；四健行定，谓佛菩萨大健有情之所行故。此四所缘、对治、堪能、引发、作业，如余处说。慧学有三：一加行无分别慧，二根本无分别慧，三后得无分别慧。此三自性、所依、因缘、所缘、行等，如余处说。如是三慧，初、二位中，种具有三，现唯加行。于通达位，现二种三，见道位中无加行故。于修习位，七地以前，若种若现，俱通三种；八地以去，现二种三，无功用道违加行故，所有进趣，皆用后得，无漏观中，任运起故。究竟位中，现种俱二，加行现种，俱已舍故。

若自性摄，戒唯摄戒，定摄静虑，慧摄后五。若并助伴，皆具相摄。若随用摄，戒摄前三，资粮、自体、眷属性故；定摄静虑；慧摄后五；精进三摄，遍策三故。若随显摄，戒摄前四，前三如前及守护故；定摄静虑；慧摄后五。

此十位者，五位皆具，修习位中，其相最显。然初、二位，顿悟菩萨，种通二种，现唯有漏；渐悟菩萨，若种若现，俱通二种，已得生空无漏观故。通达位中，种通二种，现唯无漏。于修习位，七地以前，种现俱通有漏、无漏；八地以去，种通二种，现唯无漏。究竟位中，若现若种，俱唯无漏。

此十因位，有三种名。一名波罗蜜多，谓初无数劫，尔时施等势力尚微，被烦恼伏，未能伏彼，由斯烦恼不觉现行。二名近波罗蜜多，谓第二无数劫，尔时施等势力渐增，非烦恼伏，而能伏彼，由斯烦恼故意方行。三名大波罗蜜多，谓第三无数劫，尔时施等势力转增，能毕竟伏一切烦恼，由斯烦恼永不现行，犹有所知微细现、种及烦恼种，故未究竟。

此十义类，差别无边，恐厌繁文，略示纲要。十于十地，虽实皆修，而随相增，地地修一。虽十地行，有无量门，而皆摄在十到彼岸。

【今译】

这十种修行［即十种波罗蜜多］的相互所属关系，［如果就总体而言，］则每一种都包括十种波罗蜜多，因为它们是相互顺应的。［如果就各自相互间的关系而言，则有两种关系，一是］依据修前波罗蜜多［如布施］引生后波罗蜜多［如持戒等］而言，则前者包括后者，因为后者必须依赖前者；后波罗蜜多不包括前波罗蜜多，因为前者不依赖后者。［二是］依据修后波罗蜜多［如持戒］保持和净化前波罗蜜多［如布施］而言，则后者包括前者，因为后者能保持和净化前者；前波罗蜜多不包括后波罗蜜多，因为前者不能保持和净化后者。如果依据纯修与杂修的关系而言，则十种修习相互之间有［是纯非杂、是杂非纯、亦纯亦杂、非纯非杂］四种关系。

波罗蜜多实际有十种，而有时说是六种，要知道后四种是包括在第六般若波罗蜜多之中，分开后成为十种。第六波罗蜜多只属无分别智，而后四种波罗蜜多都属于后得智，因为这四种都能认识世俗现象。

这十种修行的果，有漏的十种修行的果有四种，即除了离系果；无漏的也有四种，即除了异熟果。但有的地方说它们都有五种果，那是依据有漏与无漏两类修行相互资生而说的，或是将两类修行合并而说的。

这十种修行与戒、定、慧三学的相互所属关系，戒学有三种：一是律仪戒，即彻底远离应该离开的事物；二是摄善法戒，即正确地修证应该修证的方法；三是饶益有情戒，即根本性地使一切众生获益得乐。这些戒与二乘有相同处，也有不同处，非常深刻广大，如在其他地方所说的。定学有四种：一是大乘光明定，即此定能引发照见明了大乘理、教、行、果的智慧光明。二是集福王定，即此定能获自在，能聚集无量无边的福德，如同国王的势力，天下无双。三是贤守定，即此定能固守世间与出世间的贤善法。四是健行定，即［此定非二乘等能得，而是］佛菩萨之类的强健众生所能习得的定。这四种定［都是第四禅中的无漏定，］其认取对象、对治对象、功能、引发的神通、所生起的作用，诚如其他佛典中所说。慧学有三种：一是加行无分别慧，二是根本无分别慧，三是后得无分别慧。这三种慧的自性、依托对象、生起因缘、认取对象、现行活动作用等，如其他佛典中所说。这三种慧［与五位的关系］：在资粮位和加行位中，慧的种子有上述三种，慧的现行只有加行无分别慧。在通达位中，慧的现行有根本无分别慧与后得无分别慧，慧的种子则有上述三种，因为这见道位中没有现行的加行。在修习位中，七地以及七地以前，无论是慧的种子还是现行，都可以是三种慧；八地以及八地以后，慧的现行有根本与后得两种慧，慧的种子仍是三种慧，因为八地及以后的无功用道，与加行互不相容，此阶段中的所有进取，都用后得无分别慧，即使在作无漏观时，也是自然而然地进行的。在究竟位中，慧的现行与种子都只有后两种慧，因为加行无分别慧的现行和种子，都已经舍弃。

如果是就［三学与十种修行的］自性来看相互所属关系，则戒学只包括戒的修行，定学只包括静虑，慧学包括后五种修行。如果将辅助因素一起考虑，则三学的每一学都可包括十种修行。如果是根据作用来考虑，则戒学包括前三种修行，即布施是戒的资粮，持戒是戒的主体，忍辱是戒的伴侣；定学包括静虑；慧学包括后五种修行；精进则属于戒、定、慧三学的共同方法，因为它能普遍地鞭策三学。如果是根据明显性来考虑，则戒学包括前四种修行，前三种如上所说，精进则守护戒；定学包括静虑；慧学包括后五种修行。

这十种修行，如果就五位来考虑，则五位都有十种修行，但在修习位中，十种修行的状态最为明显。在资粮位和加行位中的顿悟菩萨，其十种修行的种子可以是有漏或无漏，现行只是有漏；而渐悟菩萨，无论是种子还是现行，都可以是有漏或无漏，因为他们已经证得我空的无漏观。在通达位中，十种修行的种子可以是有漏或无漏，现行只是无漏。在修习位中，七地及七地以前的菩萨，其种子和现行都可以是有漏或无漏；八地及八地以上的菩萨，其种子可以是有漏或无漏，而现行只是无漏。在究竟位中，无论是现行还是种子，都只是无漏。

这十种修行的因位，有三种名称。一是称为波罗蜜多，即在第一个漫长的大劫中，此时布施等的力量还十分微弱，被烦恼压伏，而不能制伏烦恼，因此烦恼不知不觉就在现行活动了。二是称为近波罗蜜多，即在第二个漫长的大劫中，此时布施等的力量逐渐增强，不被烦恼压伏，而能制伏烦恼，因此要有意识地才能生起烦恼的现行。三是称为大波罗蜜多，即在第三个漫长的大劫中，此时布施等的力量更加增强，能彻底地制伏一切烦恼，因此烦恼障永远不再生起现行，但仍有所知障的细微的现行及所知障的种子，并且烦恼障的种子也未断除，所以还未究竟。

这十种修行的含义和类别，有无量无边的差别，恐怕读者讨厌繁琐的文字，所以只是简略地提示纲要。这十种修行对于十地来说，虽然实际上都要修习，但由于每一地中有某一修行作用显著，所以说每一地主要作一种修行。十地的修行虽然有无量无边的法门，但都包括在十种波罗蜜多中了。

【评析】

此处继续论述十种修行的各种性质，包括：十种修行的相互所属关系，十种波罗蜜多与六种波罗蜜多的关系，十种修行的果，十种修行与戒、定、慧三学的关系，十种修行与资粮位、加行位、见道位、修道位、究竟位五位的关系，十种修行的因位三种名称等。大多性质都较明确，现对部分性质作一简释。

关于十种修行的相互所属关系，有纯与杂四种关系，纯修与前文十种修行和波罗蜜多的关系大体相同；杂修的关系更为复杂，《成论》的各种相关注书有详尽介绍。

关于十种修行与五位的关系，论中说：在通达位中，十种修行的现行只是无漏；在修习位中，七地及七地以前的菩萨，其现行可以是有漏或无漏。这里可能使人产生的疑问是：通达位的现行只是无漏，何以修习位的现行还会是有漏？这是因为通达位是根本性地断除分别二障的种子，所以此位菩萨正处在我空观和法空观中，没有出观，所以只是无漏。而修习位有十地，此位菩萨，出观入观则不一定，如在观中则为无漏，如出观则为有漏，所以有漏无漏不一定。

最后，这十种修行，实际上是十地都需修，但每一地都有一种修行作用显著，所以只说每一地作一种修行。如初地布施显著，说初地修布施，直至十地修智。这里可能使人产生的疑问是：五地是修定，那为什么三地称"发光地"？这是因为三地开始去除定障，至五地成熟，所以称五地修定。

四、释十障

【原文】

十重障者，一、异生性障，谓二障中分别起者，依彼种立异生性故。二乘见道现在前时，唯断一种，名得圣性。菩萨见道现在前时，具断二种，名得圣性。二真见道现在前时，彼二障种，必不成就，犹明与暗，定不俱生；如秤两头，低昂时等。诸相违法，理必应然。是故二性，无俱成失。

"无间道时已无惑种，何用复起解脱道为？"断惑证灭，期心别故。为舍彼品粗重性[1]故，无间道时，虽无惑种，而未舍彼无堪任性，为舍此故，起解脱道，及证此品择灭无为。

虽见道生，亦断恶趣诸业果等，而今且说能起烦恼，是根本故。由斯初地说断二愚及彼粗重：一执着我法愚，即是此中异生性障。二恶趣杂染愚，即是恶趣诸业果等，应知愚品总说为愚，后准此释。或彼唯说利、钝障品[2]俱起二愚。

彼"粗重"言，显彼二种；或二所起无堪任性，如入二定说断苦根，所断苦根，虽非现种，而名粗重，此亦应然。后粗重言，例此应释。

虽初地所断实通二障，而异生性障意取所知。说十无明非染污故，无明即是十障品愚。[①] 二乘亦能断烦恼障，彼是共故，非此所说。又十无明不染污者，唯依十地修所断说。

虽此位中亦伏烦恼，断彼粗重，而非正意，不断随眠，故此不说。理实初地修道位中，亦断俱生所知一分，然今且说最初断者。后九地断，准此应知。住满地中，时既淹久，理应进断所应断障，不尔三时[3]，道应无别。故说菩萨得现观已，复于十地修道位中，唯修永灭所知障道，留烦恼障，助愿受生，非如二乘速趣圆寂。故修道位不断烦恼，将成佛时方顿断故。

---

① 参见(唐)玄奘译《摄大乘论释》卷第七，《大正藏》第31册，第357—358页。

【简注】

[1] 粗重性：有两类。一是种子性的，即论中所说的二愚的种子；二是非种子非现行性的，指由二愚引起的"无堪任性"，即能力低下、不能胜任、不能适应的状况。此处指后者。

[2] 利、钝障品："利"即五利使，就是十种根本烦恼中的五恶见；"钝"即五钝使，就是十种根本烦恼中的贪、嗔、痴、慢、疑。按此理解，则"执着我法愚"是与利使共起的愚，"恶趣杂染愚"是与钝使共起的愚。

[3] 三时：即入心、住心、满心。

【今译】

所谓十重障，一是凡夫性障，即由思辨分别而生起的烦恼障和所知障，依据它们的种子而建立凡夫性。二乘的见道显现在前时，只是断除了分别烦恼障的种子，就称为证得圣人性。菩萨的见道显现在前时，则分别烦恼障的种子和分别所知障的种子完全断除，称为证得圣人性，因为［我空和法空］二真见道显现在前时，那二障的种子必定不再形成，犹如光明与黑暗必定不会同时生起；又如秤的两头，一头若低沉，另一头必定高昂。所有性质相反的现象，道理必定应该与此相同。因此，凡夫性与圣人性，没有同时成立的过失。

［问：］"如果［真见道中］无间道已经断除了烦恼种子［即断除了分别二障种子］，那么何必还要生起解脱道？"无间道是断除烦恼种子，解脱道是证得寂灭，在此前加行位时对二者的期待心不同。生起解脱道也是为了舍弃此状态中的"粗重性"［即低劣无能性］，因为虽然无间道已经断除了烦恼种子，但并未完全舍弃由其引起的低劣无

能性，为了彻底地舍弃此低劣无能性，所以生起解脱道，并证得解脱道的择灭无为。

虽然在见道位生起时，也断除了恶道中的一切业果等，但现在只说断除能生起恶道业果等的烦恼，因为烦恼是根本。因此，［依分别二障种子建立的凡夫性障，并不包括见道位断除的一切，所以，完整地说，］初地应说是断除两种愚及其"粗重"：一是对实我和实法执着的愚，就是这里说的凡夫性障。二是恶道杂染愚，就是恶道中各种业果等，要知道业果等［虽主体不是愚，但业是愚引起，果是愚感招，所以业果等］也是愚的同类，总称为愚，后面说到的愚，也是如此解释。或者，那初地所说的二愚，只是指与利使障、钝使障共同生起的两种愚。

上文说的"粗重"，表示两种愚的种子；或者，［假如承认某些学派的说法，两种愚本身就是种子而不是现行，那么，"粗重"则］表示由两种愚所引起的［既非现行也非种子的］低劣无能性，就像入二禅的定时就说断除了苦根，所断除的苦根，虽然既非现行也非种子，但称为"［苦根］粗重"，这里也是如此。后面说的"粗重"，也应作如此解释。

虽然初地中所断除的，实际上包括分别烦恼障和分别所知障，但这里说的凡夫性障意在取分别所知障。因为《摄论》说十地的十种无明［对二乘］不是污染性的，［而所知障是不污染性的；若凡夫性障也取烦恼障，那么由于］这十种无明就是十障类别的愚，［则十种无明也是污染性的了。］也因为二乘也能断除烦恼障，那烦恼障是菩萨与二乘所共同断除的，不是这里要说的。另外，［对《摄论》的上述说法还有一种解释，即] 说十地的十种无明不是污染性的，只是依据十地修道位所断而说的，[所以不包括见道位所断的凡夫性障。这样的话，凡夫性障可以包括烦恼障，可以是污染的，而十无明并不就是十障之愚。]

虽然十地修道位中也能制伏俱生烦恼的现行，并断除其粗重［即低劣无能性］，但这并非是此位的根本含义，因为不能断除俱生烦恼的种子，所以这里不说断除俱生烦恼障。据理实说，初地的修道位中，也能断除一部分的俱生所知障，但现在只是说初地中最初［的入心位，即见道位］所断除的［凡夫性质障，即分别所知障。］后九地中所断除的［九种障］，都可如此理解，［即都是指每一地最初所断除的。］在每一地的住心位、满心位，既然已经经历了长久的时间，理应进一步断除所应断的障，不然的话，每一地的入心、住心、满心三个阶段，所修的道［既然没有三品，三阶段］应该没有差别。所以说，菩萨修成现观后，又在十地的修道位中，只修永远灭除所知障的方法，留下俱生烦恼障的种子，帮助菩提之愿，再受三界之生，并非像二乘那样迅速进入涅槃。所以修道位中不断烦恼障种子，到将要成佛时才顿时断除烦恼障种子。

【评析】

此处以下论述修道位所断的十重障，实际上，如将金刚喻定所断的最后障算在一起，则为十一重障。此处论述第一重障、凡夫性障。凡夫性是依分别二障（烦恼障和所知障）的种子而立，此性能障无漏之圣人性，故称凡夫性障。此障是在初地的见道位（初地的入心）时断除。初地虽也包括修道位（初地的住心、满心），修道位也能断除一部分俱生所知障，但根据初地最先断除的是凡夫性障，所以说初地是断凡夫性障。以后说的每地所断都是如此。而说见道位断分别二障种子，实际是无间道断种子，解脱道断"粗重"并证择灭无为。所谓"粗重"，分为种子性的"粗重"与非种子性的"粗重"。种子性的"粗重"是指两种愚的种子，两种愚包括凡夫性障和恶道果报。非种子性的"粗重"指由两种愚引起的低劣无能性，有些书上称之为习气，但由于本论说习气也是种子，所以本书为避免误解，不称其为习气。此处说的解脱道所断的"粗重"，是指后一种，即由两种愚引起的低劣无能性。

如上所述，见道位断凡夫性障，是断分别二障的种子，但在二障种子中，凡夫性障更侧重所知障种子。这样，简略地说，初地是断分别所知障，包括其现行、种子和粗重；二地以上每一地都断一部分俱生所知障的现行、种子和粗重，直至金刚喻定。至于烦恼障，则分别烦恼障在见道位断；俱生烦恼障，每地都断其现行和粗重（第八地彻底断除现行），但每地都不断其种子，而是保留其种子以作入世度众生之需，直到金刚喻定将成佛时顿时断除。

【原文】

二、邪行障，谓所知障中俱生一分，及彼所起误犯三业。彼障二地极净尸罗，入二地时便能永断。由斯二地说断二愚及彼粗重：一微细误犯愚，即是此中俱生一分；二种种业趣愚，即彼所起误犯三业。或唯起业、不了业愚。

三、暗钝障，谓所知障中俱生一分，令所闻、思、修法忘失。彼障三地胜定总持，及彼所发殊胜三慧，入三地时便能永断。由斯三地说断二愚及彼粗重：一欲贪愚，即是此中能障胜定及修慧者，彼昔多与欲贪俱故，名欲贪愚，今得胜定及修所成，彼既永断，欲贪随伏，此无始来依彼转故。二圆满闻持陀罗尼愚，即是此中能障总持闻思慧者[1]。

四、微细烦恼现行障，谓所知障中俱生一分。第六识俱身见等摄，最下品故，不作意缘故，远随现行故，说名微细。彼障四地菩提分法，入四地时便能永断。彼昔多与第六识中任运而生执我见等同体起故，说烦恼名。今四地中，既得无漏菩提分法，彼便永灭，此我见等亦永不行。

初、二、三地行施、戒、修，相同世间；四地修得菩提分法，方名出世，故能永害二身见等。"宁知此与第六识俱？"第七识俱执我见等，与无漏道性相违故，八地以去方永不行，七地以来犹得现起，与余烦恼为依持故。此粗彼细，伏有前后，故此但与第六相应。身见等言，亦摄无始所知障摄定爱、法爱。彼定、法爱，三地尚增，入四地时，方能永断，菩提分法，特违彼故。由斯四地说断二愚及彼粗重：一等至爱愚，即是此中定爱俱者。二法爱愚，即是此中法爱俱者。所知障摄二愚断故，烦恼二爱亦永不行。

五、于下乘般涅槃障,谓所知障中俱生一分。令厌生死,乐趣涅槃,同下二乘厌苦欣灭。彼障五地无差别道,入五地时便能永断。由斯五地说断二愚及彼粗重:一纯作意背生死愚,即是此中厌生死者。二纯作意向涅槃愚,即是此中乐涅槃者。

六、粗相现行障,谓所知障中俱生一分,执有染净粗相现行。彼障六地无染净道,入六地时便能永断。由斯六地说断二愚及彼粗重:一现观察行流转愚,即是此中执有染者,诸行流转染分摄故。二相多现行愚,即是此中执有净者,取净相故,相观多行,未能多时住无相观。

七、细相现行障,谓所知障中俱生一分,执有生灭细相现行。彼障七地妙无相道,入七地时便能永断。由斯七地说断二愚及彼粗重:一细相现行愚,即是此中执有生者,犹取流转细生相故。二纯作意求无相愚,即是此中执有灭者,尚取还灭细灭相故,纯于无相作意勤求,未能空中起有胜行。

八、无相中作加行障,谓所知障中俱生一分,令无相观不任运起。前之五地,有相观多,无相观少;于第六地,有相观少,无相观多;第七地中,纯无相观,虽恒相续而有加行。由无相中有加行故,未能任运现相及土。如是加行,障八地中无功用道。故若得入第八地时,便能永断。彼永断故,得二自在。由斯八地说断二愚及彼粗重:一于无相作功用愚。二于相自在愚[2]，令于相中不自在故。此亦摄土相一分故。八地以上，纯无漏道任运起故，三界烦恼永不现行，第七识中细所知障犹可现起，生空智果不违彼故。

九、利他中不欲行障，谓所知障中俱生一分，令于利乐有情事中不欲勤行，乐修己利。彼障九地四无碍解，入九地时便能永断。由斯九地说断二愚及彼粗重：一于无量所说法、无量名句字、后后慧辩陀罗尼自在愚。于无量所说法陀罗尼自在者，谓义无碍解，即于所诠总持自在，于一义中现一切义故。于无量名句字陀罗尼自在者，谓法无碍解，即于能诠总持自在，于一名句字中现一切名句字故。于后后慧辩陀罗尼自在者，谓词无碍解，即于言音展转训释总持自在，于一音声中现一切音声故。二辩才自在愚。辩才自在者，谓辩无碍解，善达机宜，巧为说故。愚能障此四种自在，皆是此中第九障摄。

十、于诸法中未得自在障，谓所知障中俱生一分，令于诸法不得自在。彼障十地大法智云及所含藏所起事业，入十地时便能永断。由斯十地说断二愚及彼粗重：一大神通愚，即是此中障所起事业者。二悟入微细秘密愚，即是此中障大法智云及所含藏者。

此地于法虽得自在，而有余障，未名最极。谓有俱生微所知障，及有任运烦恼障种，金刚喻定[3]现在前时，彼皆顿断，入如来地。由斯佛地说断二愚及彼粗重：一于一切所知境极微细着愚，即是此中微所知障。二极微细碍愚，即是此中一切任运烦恼障种。故《集论》说："得菩提时，顿断烦恼及所知障，成阿罗汉，及成如来，证大涅槃、大菩提故。"①

【简注】

［1］障总持闻思慧者：暗钝障并非不障修慧，但由于闻持与闻思相近，所以只说障闻慧和思慧。

［2］于相自在愚：《成唯识论俗诠》（以下简称《俗诠》）卷第九、《观心法要》卷第九作"于相中不自在愚"。

［3］金刚喻定：此是三乘有学的最后阶段，是无间道，可断最后的烦恼，进而入解脱道可证阿罗汉或佛。

【今译】

二是邪行障，即俱生所知障的一部分，及其所生起的误犯的身、口、意三业。此障能障碍二地的极其清净的戒，入二地时就能永远断除此障。因此可以说，二地是断除两种愚及其粗重：一是微细误犯愚，就是这里俱生所知障的一部分；二是种种业趣愚，就是由俱生所知障而生起的误犯的三业。或者，[另一种解释，一是]只造业愚，[二是]不了知业愚。

三是暗钝障，即俱生所知障的一部分，能使所闻、所思、所修的法忘记丧失。此障能障碍三地的殊胜的定和总持［即对佛法的全面的

---

① 参见（唐）玄奘译《大乘阿毗达磨集论》卷第七，《大正藏》第31册，第692页。

把握、记忆和保持］，并障碍由定和总持所引发的殊胜的［闻慧、思慧和修慧］三种慧，入三地时就能永远断除此障。因此可以说，三地是断除两种愚及其粗重：一是欲贪愚，就是这里能障碍殊胜定以及修慧的愚，因其往昔多与五欲所起贪共存，所以称为欲贪愚，［实际是俱生所知障，］现在获得殊胜的定以及修慧，这部分俱生所知障既已永远断除，欲贪也随之制伏，因为欲贪无量时间来一直依托这部分俱生所知障而生起。二是圆满闻持陀罗尼愚，就是这里的能障碍总持闻慧和思慧的愚，［当然实际也障修慧。］

四是微细烦恼现行障，即俱生所知障的一部分。由于此障属与第六识共存的身见等，最下品［即只是无记性］，自然而无条件地生起，无量时间来一直是现行活动，所以称为"微细"。此障能障碍四地的菩提分法，入四地时就能永远断除。此障以往多与第六识中自然而无条件地生起的执我之见等烦恼共同生起，所以也称它为烦恼，［实际是所知障。］现在四地中既然修成无漏菩提分法，此障就永远灭除，那我见等烦恼也永远不再活动。

初地修布施、二地修持戒、三地修定，其性状与世间法等同；四地修成菩提分法，才称为出世间法，所以能永远断俱生身见以及［永远不起初地已断］分别身见等烦恼。

［问：］"怎么知道这身见等烦恼只是与第六识共存的？"与第七识共存的执我之见等，由于与无漏道的性质相违，所以八地以后永远不再现行，但七地以前［包括七地］还能现行生起，成为其余烦恼的依托和支持。这与第六识共存的我见粗，那与第七识共存的我见细，制伏二者有先有后，［应该是粗的先制伏，］所以这四地断除的身见应

该是与第六识共存的身见。

说"身见等",也包括无量时间来一直存在的属于所知障的对禅定的贪爱和对法的贪爱。那定爱和法爱在三地中还在增强,入四地时才能永远断除,因为菩提分法正好与之相违。由此可说,四地是断除两种愚及其粗重:一是等至爱愚,就是这里的与对禅定的贪爱共存的愚。二是法爱愚,就是这里的与对法的贪爱共存的愚。由于所知障所属的两种愚被断除,烦恼障所属的定爱和法爱,也永远不再活动。

五是于下乘般涅槃障,即俱生所知障的一部分。此障使人厌恶生死,乐于证入涅槃,与下二乘厌恶苦欣喜寂灭相同。此障能障碍五地的无差别道,入五地时就能永远断除。由此可说,五地是断除两种愚及其粗重:一是纯作意背生死愚,就是这里的厌恶生死的愚。二是纯作意向涅槃愚,就是这里的乐于证入涅槃愚。

六是粗相现行障,即俱生所知障的一部分,执着有现行的或污染或清净的粗显现象之存在。此障能障碍六地的无染净道,入六地时就能永远断除。由此可说,六地断除两种愚及其粗重:一是现观察行流转愚,就是这里的执着有污染现象的愚,因为各种生灭流转的有漏事物都属于污染的部分。二是相多现行愚,就是这里的执着有清净现象的愚,因为一味执取清净的现象,经常修有相观,不能长时住无相观。

七是细相现行障,即俱生所知障的一部分,执着有现行的生灭细微现象之存在。此障能障碍七地殊妙的无相道,入七地时就能永远断除。由此可说,七地是断除两种愚及其粗重:一是细相现行愚,就是这里执着有生的愚,因为此愚仍执取流转生死的细微的生的现象。二是纯作意求无相愚,就是这里执着有灭的愚,因为此愚仍执取还归寂灭的细微的寂灭现象，所以单纯地对无相刻意地追求，还不能作在无相的空中善巧地生起有为的殊胜修行。

八是无相中作加行障，即俱生所知障的一部分，使无相观不能自然而无条件地生起。前五地中，修有相观多，修无相观少；第六地中，修有相观少，修无相观多；第七地中，纯修无相观，虽然能使无相观连续地生起，但有加行。由于在修无相观中有加行，所以不能自然而无条件地显现化身及化土。这样的加行，障碍八地中的无功用道。所以如果能入第八地，就能永远断除此障。由于永远断除此障，就能获得两种自在。由此可说，八地是断除两种愚及其粗重：一是在无相观中作功用愚，二是于相自在愚，因为此二愚能使菩萨受现象的束缚而不得自在。这里说的"相"，[不但包括化身，] 也包括一部分化土，[即八地前也能变现化身和化土，但不自在，八地则得自在。] 八地以上，纯粹的无漏道才能自然而无条件地生起，此时三界的烦恼才能永远不再现行，只有第七识中细微的所知障仍可现行生起，因为我空智及果与其不相冲突。

九是利他中不欲行障，即俱生所知障的一部分，能使菩萨不愿勤奋地去做使众生获利益得安乐的事，而是乐于作对己有利的修行。此障能障碍九地的四种无碍解，入九地时就能永远断除。由此可说，九地是断除两种愚及其粗重：一是于无量所说法、无量名句字、后后慧辩陀罗尼自在愚。所谓"于无量所说法陀罗尼自在"，是指义无碍解，即对于所诠释的总持法门，自在无碍，能用一种意义表现一切意义。所谓"于无量名句字陀罗尼自在"，是指法无碍解，即对于能诠释的总持法门，自在无碍，能在一个名称、一个句子、一个字中表现一切名称、一切句子、一切字。所谓"于后后慧辩陀罗尼自在"，是指词无碍解，即对于语言、声音的相互解释的总持法门，自在无碍，能在一种声音中表现一切声音。二是辩才自在愚。所谓"辩才自在"，是指辩无碍解，即善于把握众生的根基和时机，善巧地为众生说法。这两种愚能障碍上述四种自在无碍，都属这第九障的范畴。

十是于诸法中未得自在障，即俱生所知障的一部分，使菩萨不能达到对一切事物自在无碍的境界。此障能障碍十地的大法智云，及其所含藏的各种功德和所能引生的各种神通，入十地时就能永远断除此障。由此可说，十地是断除两种愚及其粗重：一是大神通愚，就是这里能障碍所引生的各种神通的愚。二是悟入微细秘密愚，就是这里能障碍大法智云及其所含藏功德的愚。

十地虽然达到对一切事物自在无碍的境界，但仍有剩余的障碍，不能称作最为圆满。即仍有细微的俱生所知障，以及自然而无条件地生起的烦恼障的种子，直到金刚喻定显现在前时，上述剩余障都能顿时断除，从而证入如来地。由此可说，佛地是断除两种愚及其粗重：一是于一切所知境极微细着愚，就是这里的细微的所知障。二是极微细碍愚，就是这里的所有自然而无条件生起的烦恼障的种子。所以《集论》说："证得菩提时，顿时断除烦恼障和所知障，成阿罗汉，以及成如来，因为证得了大涅槃与大菩提。"

【评析】

此处论述十一重障中其余的障，即从二地直至佛地所需断的十重俱生所知障。这里，从二地直至十地，每一地所需断的障，都是从上一地的住心、满心开始断，直至该地的入心断尽，并证得该地的解脱。而第十地断除了该地的两种愚及其粗重后，还有微细的所知障、俱生烦恼障种子（实际还有剩余俱生所知障种子）及其粗重，至第十地满心时金刚喻定生起，顿时断除这一切，证入佛地。若再对最后断障证果作精细的分析，一般将断烦恼阶段称为无间道，将证得真理或果位阶段称为解脱道，则金刚喻定是无间道，此中断尽俱生二障种子以及微细所知障现行；入佛地刹那称为解脱道，此时证得佛果。

【原文】

此十一障，二障所摄。烦恼障中见所断种，于极喜地见道初[1]断；彼障现起，地前已伏。修所断种，金刚喻定现在前时，一切顿断；彼障现起，地前渐伏，初地以上能顿伏尽，令永不行，如阿罗汉。由故意力，前七地中虽暂现起，而不为失，八地以上，毕竟不行。

所知障中见所断种，于极喜地见道初断；彼障现起，地前已伏。修所断种，于十地中，渐次断灭，金刚喻定现在前时，方永断尽；彼障现起，地前渐伏，乃至十地方永伏尽。八地以上，六识俱者不复现行，无漏观心及果相续，能违彼故；第七俱者犹可现行，法空智果起位方伏；前五转识设未转依，无漏伏故，障不现起。

虽于修道十地位中，皆不断灭烦恼障种，而彼粗重，亦渐断灭。由斯故说二障粗重，一一皆有三位断义。虽诸位中皆断粗重，而三位显，是故偏说。

"断二障种，渐顿云何？"

第七识俱烦恼障种，三乘将得无学果时，一刹那中三界顿断。所知障种，将成佛时，一刹那中一切顿断，任运内起，无粗细故。

余六识俱烦恼障种，见所断者，三乘见位真见道中，一切顿断。修所断者，随其所应，一类二乘，三界九地一一渐次九品别断；一类二乘，三界九地合为一聚九品别断；菩萨要起金刚喻定一刹那中，三界顿断。所知障种，初地初心顿断一切见所断者；修所断者，后于十地修道位中渐次而断，乃至正起金刚喻定一刹那中，方皆断尽，通缘内外粗细境生，品类差别有众多故。

二乘根钝，渐断障时，必各别起无间、解脱；加行、胜进，或别或总。菩萨利根，渐断障位，非要别起无间、解脱，刹那刹那能断证故，加行等四，刹那刹那前后相望，皆容具有。

【简注】

[1] 见道初：指真见道的无间道，不包括真见道的解脱道，也不包括真见道后的相见道。

【今译】

这十一种障，都属于烦恼障和所知障。烦恼障中见道位所断的种子，在初地真见道的无间道时断除；此障［见道位所断］的现行，在初地前已经制伏。此障修道位所断的种子，金刚喻定显现在前时，顿时都能断除；此障［修道位所断］的现行，在初地前逐渐制伏，初地以上能顿时全部制伏，使之永远不再生起现行，就像阿罗汉一样。虽然由于作意的力量，这［修道位所断的］烦恼障在前七地中也能暂时生起现行，但上述说法也没有错，八地以上，烦恼最终不再现行。

所知障中见道位所断的种子，在初地最初见道时就断除；此障［见道位所断］的现行，在初地前已被制伏。此障修道位所断的种子，在十地中逐步断灭，直到金刚喻定显现在前时，才能永远断尽；而此障［修道位所断］的现行，在初地前就逐渐被制伏，直至十地才永远断尽。八地以上，与第六识共存的所知障不再现行，因为［二空］无漏无分别智及其果［后得智、灭尽定等八地以上］一直连续存在，不容该类所知障现行生起；而与第七识共存的所知障，仍可现行，直到法空无漏智及其果生起［并连续存在］时，才被制伏；［此外，与前五识共存的所知障，］尽管前五识还未转染依净，但由于［第六识无漏观八地以上连续生起，被］无漏观制伏，五识所知障也不能现行生起。

虽然在修道位的十地中，都不断灭烦恼障的种子，但其粗重［即由其所引起的低劣无能性］，也在逐渐断灭。因此可说，二障粗重，每一种都有［初地、第八地、金刚心］三位断除的含义。虽然十地中都在断除二障粗重，但这三位的作用显著，因此只说这三位。

［问：］"断除二障种子，是逐渐断还是顿时断？"

与第七识共存的烦恼障种子，三乘人在将获得无学果时，一刹那间能将三界的此类种子顿时断除。［与第七识共存的］所知障种子，［不是三乘都能断，只有佛能断，是在］将要成佛时，一刹那间所有此类种子顿时断除，因为与第七识共存的二障种子是自然而无条件地在内生起，［由于第七识认取的对象就是第八识的见分，境无粗细，故障也］没有粗细之别。

其余与六识共存的烦恼障种子，属于见道位所断的，在三乘见道位的真见道中，所有此类种子顿时断除。属于修道位所断的，则根据情况，有一类二乘人将三界九地的修所断种，每一地分九品，［按九地次序，从下向上，一地一地］逐步断除；另一类二乘人将三界九地的此类种子合为一聚，分为九品逐步断除；菩萨要在金刚喻定生起的一刹那间，将三界的此类种子顿时断除。［与六识共存的］所知障的种子，在初地初心顿时断除所有见道位所断的此类种子；至于修道位所断的种子，则以后在十地修道位中逐步断除，直至正好生起金刚喻定的一刹那间，才完全断尽，因为［与六识相应的所知障］能依托内外、粗细各种对象而生起，种类差别众多，［所以不能一下子断尽。］

二乘的根机迟钝，所以在逐渐断障时，必定要分别生起无间道和解脱道；至于加行道和胜进道，或可分开［即分九品，成九加行、九胜进］，也可合在一起［即合为一加行、一胜进］。菩萨的根机猛利，所以在逐渐断障时，并非必定要生起无间道和解脱道，刹那刹那之间就能断能证，而加行道［以及胜进道、无间道、解脱道］等四道，只是前后刹那相对而言，也都可以存在。

【评析】

此处论述断十一障的一些主要问题，包括：十一障的现行和种子的制伏和断除的位次，十一障制伏和断除的顿渐，断十一障的四道差别等。现将前两个问题总结如下。首先是二障断位，见下表。

表一：二障断位

		见所断（分别障）	修所断（俱生障）
烦恼障	种子	见道初断	金刚喻定顿断
	现行	地前已伏（资粮位伏粗现行，加行位伏细现行）	地前渐伏，初地以上顿伏（由故意力，前七地中能暂现起，八地以上毕竟不行）
所知障	种子	见道初断	十地中渐次断灭，金刚喻定断尽
	现行	地前已伏	地前渐伏，十地永伏（八地以上：第六识俱，不复现行；第七识俱，犹可现行，法空智果起位方伏；前五识俱，因第六识无漏连续，障不现起。）
二障粗重		十地渐灭（三位显：初地、八地、十地成满）	

其次，关于二障粗重的"三位断"，三位指初地、八地、十地成满（即金刚心位或无间道）。如《述记》（引《瑜伽论》）说："于极喜住，一切恶趣诸烦恼品所有粗重皆悉永断，一切上中烦恼品皆不现行。于无加行无功用无相住中，一切能障无

生法忍诸烦恼品所有粗重皆悉永断，一切烦恼皆不现前。于最上成满菩萨住中，当知一切烦恼习气、随眠障碍皆悉永断，入如来住。此中意说：金刚心位亦是成满菩萨住摄故。"① 其中的"三住"，就是"三位"。"三住"分别是"极喜住"，即初地；"无加行无功用无相住"，即八地；"成满菩萨住"，即十地成满，也就是金刚喻定（即金刚心位）。断烦恼障粗重，如上所说；断所知障粗重，大体相同。

另有一种三位断，三位指见道位、修道位、等觉位（即金刚喻定），此三位是断二障种子，非二障粗重。明代的《俗诠》《集解》《证义》《观心法要》等都有此种说法。如《集解》说："三位皆有断二障义。谓通达位顿断分别二障种子，修道位中渐断俱生二障种现，至等觉位断尽俱生二障种子。"②

另外需说明的一个问题是：俱生所知障的现行，八地以上，与前六识相应的，不再现行；而与第七识相应的，仍可现行，这与无漏观心及其果能否连续生起而不间断有关。这里的无漏观心，指我空与法空的二空根本无分别智，果指后得智与灭尽定等。八地以上，第六识的我空无漏能始终连续而不间断，但法空无漏只是大部分时间连续，而有时会间断。因而，八地以上，法空无漏间断，只有我空无漏时，对第七识的法执来说，这种无漏观是粗观，不能制伏细微的法执，所以此时第七识的俱生法执仍能现行。

---

① (唐) 窥基《成唯识论述记》卷第十,《大正藏》第43册,第590页。
② (明) 通润《成唯识论集解》卷第十,《卍新续藏》第50册,第815页。

五、释十真如

【原文】

十真如者,一、遍行真如。谓此真如,二空所显,无有一法而不在故。

二、最胜真如。谓此真如,具无边德,于一切法最为胜故。

三、胜流真如。谓此真如所流教法,于余教法极为胜故。

四、无摄受真如。谓此真如,无所系属,非我执等所依取故。

五、类无别真如。谓此真如,类无差别,非如眼等类有异故。

六、无染净真如。谓此真如,本性无染,亦不可说后方净故。

七、法无别真如。谓此真如,虽多教法种种安立,而无异故。

八、不增减真如。谓此真如,离增减执,不随净染有增减故。即此亦名相、土自在所依真如,谓若证得此真如已,现相现土俱自在故。

九、智自在所依真如。谓若证得此真如已,于无碍解得自在故。

十、业自在等所依真如。谓若证得此真如已,普于一切神通作业总持定门，皆自在故。

虽真如性实无差别，而随胜德假立十种。虽初地中已达一切，而能证行犹未圆满，为令圆满，后后建立。

【今译】

所谓十真如，一是遍行真如。即此真如，由我空和法空所显示，没有一种事物中不存在这一真如。

二是最胜真如。即此真如，[因戒律清净而]具有无量无边功德，在一切事物中最为优胜。

三是胜流真如。即由此真如流出的教法，与其余教法相比，最为优胜。

四是无摄受真如。即此真如，不系缚、不从属于任何事物，不成为我执等所依托所执取的对象。

五是类无别真如。即此真如，没有类型的差别，不像眼等、色等类型各不相同。

六是无染净真如。即此真如，本性没有污染，也不能说是以后才清净。

七是法无别真如。即此真如，虽然各种教法都依之而建立，但其本身没有差别。

八是不增减真如。即此真如，远离增减的执着，因为它不随污染的或清净的事物有增减，因而此真如也称为"相、土自在所依真如"，即如果证得此真如，则变现化身和化土都能自在无碍。

九是智自在所依真如。即如果证得此真如，则对四无碍解获得自在。

十是业自在等所依真如。即如果证得此真如，则对于一切神通、一切功德、一切总持法门、一切定，都能自在无碍。

虽然真如的本性实际上没有差别，但根据其殊胜的功德而假立十种真如。虽然初地中的真如已经具足一切功德，但能证得真如的十种殊胜修行仍未圆满，为使之圆满，便一地一地建立了十地真如。

【评析】

此处论述十地所证得的十种真如。真如本无差别，这里分为十种真如，只是根据诠释的需要而建立。真如本无可诠释，这里只是由于需要对十地所修十种胜行进行论述，而对真如分为十种进行描述。因此，此种分类与描述，都是权宜性的。如第一种真如称为遍行真如，并非真如本不"遍"，到初地才"遍"；也并非真如可说"遍"，只是由诠释而说"遍"。以下九种真如也是如此。

六、释转依

（一）转依的类别

【原文】

如是菩萨于十地中，勇猛修行十种胜行，断十重障，证十真如，于二转依，便能证得。

转依位别，略有六种。一损力益能转，谓初、二位，由习胜解及惭愧故，损本识中染种势力，益本识内净种功能，虽未断障种实证转依，而渐伏现行，亦名为转。

二通达转，谓通达位，由见道力通达真如，断分别生二障粗重，证得一分真实转依。

三修习转，谓修习位，由数修习十地行故，渐断俱生二障粗重，渐次证得真实转依。[1]《摄大乘》中说："通达转在前六地，有、无相观通达，真俗间杂现前，令真非真现不现故。"说："修习转在后四地，纯无相观长时现前，勇猛修习断余粗重，多令非真不显现故。"①

四果圆满转，谓究竟位，由三大劫阿僧企耶修习无边难行胜行，金刚喻定现在前时，永断本来一切粗重，顿证佛果圆满转依，穷未来际利乐无尽。

五下劣转，谓二乘位，专求自利，厌苦欣寂，唯能通达生空真如，断烦恼种，证真择灭，无胜堪能，名下劣转。

六广大转，谓大乘位，为利他故，趣大菩提，生死涅槃俱无欣厌，具能通达二空真如，双断所知、烦恼障种，顿证无上菩提、涅槃，有胜堪能，名广大转。此中意说广大转依，舍二粗重而证得故。

【简注】

[1] 通达转和修习转：《摄论》说，十地中前六地是通达转，后四地是修习转。本论通达转在见道位（初地入心），修习转是在修习位（初地住心、出心以及后九地）。《述记》卷第十的解释是：本论依

---

① 参见（唐）玄奘译《摄大乘论释》卷第九，《大正藏》第31册，第369页。

见道位通达遍行真如，说通达转在见道位；修习位是断俱生二障渐证真如，说修习转在十地修习位，故互不相违。

【今译】

这样，菩萨在十地中，勇猛地修习十种胜行，断除十重障，证得十种真如，就能证得［大菩提和大涅槃］两种转依。

转依按修行阶段区分，大略有六种。一是损力益能转，是指资粮位、加行位［的转依］。［此二位中，］依靠修习而获得的胜解以及惭愧，损减第八识中污染种子的力量，增强第八识内清净种子的功能，虽然未能断除二障的种子而实际证得转依，但逐渐地制伏二障的现行，也可称为转。

二是通达转，是指通达位［的转依］。［此位中，］依靠见道的力量通达真如，断除分别二障的种子，证得一部分真实的转依。

三是修习转，是指修习位［的转依］。［此位中，］依靠反复修习十地波罗蜜多胜行，故而逐渐断除俱生二障的种子，逐步证得真实转依。《摄论》中说："通达转是在前六地中，由于以有相观通达俗谛，以无相观通达真谛，所以，真谛与俗谛夹杂显现在前，真实显现则非真不现，非真显现则真实不现。"又说："修习转是在后四地中，此时纯无相观能长时间显现在前，勇猛地修习，从而断除剩余的种子，大多数时间中能使非真不再显现。"［而本论是依见道位通达遍行真如，说通达转在见道位，修习转在十地修习位，故互不相违。］

四是果圆满转，是指究竟位［的转依］。即依靠三大劫无量时间中所修习的无量无边的艰难而又殊胜的修行，当金刚喻定显现在前时，永远断除原来的一切二障种子，顿时证得佛果的圆满转依，在无穷的未来时间中获得无尽的利益和安乐。

五是下劣转，是指二乘位［的转依］。［即二乘］专求自利，厌恶痛苦，欣喜寂灭，只能通达我空所显示的真如，只能断除烦恼障种子，只能证得真择灭无为，没有殊胜的能力，称为下劣转。

六是广大转，是指大乘位［的转依］。［即大乘菩萨］为了利益他人而求大菩提，对生死与涅槃都既不欣喜也不厌恶，我空和法空所显示的真如都能通达，所知障的种子和烦恼障的种子都能断除，顿时证得无上菩提和涅槃，有殊胜的能力，所以称为广大转。颂中的意思正是说广大转依，因为那是舍弃了二障的种子而证得的。

【评析】

此处以下论述所证得的转依果，首先论述转依的类别。转依的类别有两种区分方法，一是按修行位区分，二是按转依的内容区分。此处是按修行位区分，可分为六种。此六种转依中，前四种是结合资粮位等五位而作区分，后两种是根据小乘和大乘而作区分。六种转依说明了每一种修行阶段所能证得的转依果。

（二）释能转道

【原文】

转依义别，略有四种。一能转道，此复有二：一能伏道，谓伏二障随眠势力，令不引起二障现行。此通有漏、无漏二道，加行、根本、后得三智，随其所应，渐顿伏彼。

二能断道，谓能永断二障随眠。此道定非有漏、加行，有漏曾习[1]，相执所引[2]，未泯相故；加行趣求所证、所引，未成办故。

有义：根本无分别智亲证二空所显真理，无境相故，能断随眠。后得不然，故非断道。

有义：后得无分别智虽不亲证二空真理，无力能断迷理随眠，而于安立、非安立相，明了现前，无倒证故；亦能永断迷事随眠。故《瑜伽》说："修道位中有出世断道[3]，世、出世断道[4]，无纯世间道[5]能永害随眠，是曾习故，相执引故。"① 由斯理趣，诸见所断及修所断迷理随眠，唯有根本无分别智亲证理故，能正断彼；余修所断迷事随眠，根本、后得俱能正断。

【简注】

[1] 曾习：《演秘》卷第七云："问：何以曾习不能断惑？答：言曾习者，是曾得也。此曾习道若能断者，既应二障无始不成，以能治道先已起故。虽道曾得而障不亡，故知曾习非能断也。"此处意谓：有漏道，凡夫无始以来也曾修习而获得，但并未断惑证道。以六行观为例，色界和无色界修行的方法就是六行观，即观下地苦、粗、障，观上地净、妙、离。由此六行观，众生就能离下地惑而证入上地根本定。而六行观就是有漏道。无始以来的六道轮回中，肯定有众生轮回到了色界和无色界，这也意味着这些众生"曾习"六行观，六行观是这些众生"曾得"，但这些众生并未因

---

① 参见 (唐) 玄奘译《瑜伽师地论》卷第五十五,《大正藏》第30册, 第606页。

得六行观而断惑证入圣道，所以"曾习"不能断惑。

［2］相执所引：《瑜伽论记》卷第十五云："相执即是末那二执。"其字面意思是：有漏道由第七识的二执所引生。但实际想说的可能是：有漏道有第七识的二执作为背景，即有漏道受到第七识二执的影响，所以没有断惑的能力。

［3］出世断道：指根本智。

［4］世、出世断道：指后得智。

［5］纯世间道：指有漏道及加行智。

【今译】

转依按内容区分，大略有四种。一是能转道，这又有两种。一、能伏道，即［此道能］制伏二障种子的力量，使它们不能引发和生起二障的现行。能伏道可以是有漏道或无漏道，也可以是加行智、根本智或后得智，根据不同情况，或逐渐或顿时地制伏二障的现行。二、能断道，即［此道］能永远断灭二障种子。能断道必定不是有漏道或加行智，因为有漏道是众生以往曾修习过的，［众生并未因此而断惑证道，此外，有漏道］由第七识的有相二执所引导［所影响］，所以不能泯灭形相；而加行智还在追求所要证得的真如和所能引生的根本智，还未达到目标，［所以不能断烦恼。］

［关于根本智与后得智是不是能断道，有两种观点。］第一种观点认为，根本无分别智能直接证得我空和法空所显示的真理，一切境相都不显现，所以能断除烦恼种子，［是能断道。］后得智没有上述作用，所以不是能断道。

第二种观点［即正确的观点］认为，后得无分别智虽然不能直接证得二空所显示的真理，没有力量能断迷于四谛之理的烦恼种子，但对于安立谛相和非安立谛相，都能使其明了地显现在前，无颠倒地证得；也能永远地断除迷于事相的烦恼种子。所以《瑜伽论》说："修道位中有出世断道［即根本智］，有世间和出世间断道［即后得智］，没有单纯以世间断道［即有漏道与加行智］便能永远断除烦恼种子的，因为纯世间断道是以往曾所修习，并由第七识的有相二执所引导［所影响］。"根据这一道理，所有见道位所断及修道位所断的迷理种子，由于只有根本无分别智能直接地证得真理，所以只有此智能根本性地断除上述种子；其余修道位所断的迷事的种子，根本智与后得智都能根本性地断除。

【评析】

此处以下论述转依区分的第二种类别，即按转依内容进行区分。按此区分，转依包括四方面内容：能转道、所转依、所转舍、所转得。此处论述能转道。能转道又包括能伏道与能断道。能伏道指能制伏二障现行的方法，包括有漏道（有漏方法）与无漏道（无漏方法），也包括加行智、根本智与后得智。能断道指能断除二障种子的力量，它们只是无漏道，只是根本智与后得智。

（三）释所转依

【原文】

二所转依，此复有二。一持种依，谓根本识，由此能持染净法种，与染净法俱为所依，圣道转令舍染得净。余依他起性，虽亦是依，而不能持种，故此不说。二迷悟依，谓真如，由此能作迷悟根本，诸染净法依之得生，圣道转令舍染得净。余虽亦作迷悟法依，而非根本，故此不说。

【今译】

　　二是所转依，这又有两种。一是持种依，就是根本识〔即第八识〕，因为此识能保持一切污染的与清净的事物的种子，对污染的或清净的事物都能作为所依，圣道能转变此识使其舍染得净。其余依他起性的事物，虽然也能对其他事物作为依托对象，但不能保持种子，所以这里不说它们是所转依。二是迷悟依，就是真如，因为真如能作为或迷或悟的事物的根本，一切污染的或清净的事物依之而得以生起，圣道生起使其舍染得净。其余事物虽然也能作为或迷或悟的事物的依托对象，但不是根本的依托对象，所以这里不说它们是迷悟依。

【评析】

　　此处论述转依的第二种成分：所转依。所转依就是指转依的对象。转依的对象有两种。一称持种依，这就是第八识。第八识中无始来有无量污染种子，转依就是将所有污染的种子完全舍弃，使第八识转变为完全清净。转依的第二种对象称迷悟依，这就是真如。真如的本性清净或者说无净无染，原无可转变，只是真如是一切迷悟现象的根本"所依"，所以，当污染现象被完全舍弃时，假说真如也转变为完全清净。

（四）释所转舍
【原文】
　　三所转舍，此复有二。一所断舍，谓二障种。真无间道现在前时，障治相违，彼便断灭，永不成就，说之为舍。彼种断故，不复现行妄执我法。所执我法，不对妄情，亦说为舍，由此名舍遍计所执。二所弃舍，谓余有漏、劣无漏种。金刚喻定现在前时，引极圆明纯净本识，非彼依故，皆永弃舍。彼种舍已，现有漏法及劣无漏毕竟不生；既永不生，亦说为舍。由此名舍生死劣法。
　　有义：所余有漏法种及劣无漏，金刚喻定现在前时，皆已弃舍，与二障种俱时舍故。
　　有义：尔时犹未舍彼，与无间道不相违故，菩萨应无生死法故，此位应无所熏识故，住无间道应名佛故，后解脱道应无用故。由此应知，余有漏等，解脱道起，方弃舍之，第八净识非彼依故。

【今译】
　　三是所转舍，这又有两种。一是所断舍，就是二障种子。当真无间道显现在前时，由于所对治的障与能对治的智互不相容，二障种子就断灭，永远不再形成，称之为舍。由于二障种子断灭，不再现行生起从而虚妄地执着实我和实法；所执着的实我和实法，由于不再有能执的虚妄情识，也称之为舍。因此，这所断舍也称为舍弃遍计所执。二是所弃舍，就是[二障种子外]其余的有漏种子以及低劣的无漏种子。当金刚喻定显现在前时，引生极其圆满、极其光明、纯净的第八识，此识不是上述种子的依存之处，所以上述种子都永远舍弃。上述种子既已舍弃，现行的有漏法和低劣的无漏法也最终不再生起；既然永远不再生起，也称为舍。因此，这所弃舍也称为舍弃生死以及低劣的无漏法。

[关于所弃舍发生在哪一位中，有两种观点。]第一种观点认为，其余的有漏法及其种子与低劣的无漏法及其种子，当金刚喻定显现在前时，都已经舍弃，因为它们是与细微的俱生二障种子同时舍弃的。

第二种观点[即正确的观点]认为，金刚喻定时[只是舍弃微细的俱生二障种子，]还未舍弃上述种子及现行，因为上述种子及现行与无间道[即金刚喻定]并不冲突；[如果说此时就已舍弃了这些种子及现行，]则菩萨应该没有部分的变易生死；并且此位中应该没有被熏的异熟识；并且在金刚无间道中的菩萨，就应称为佛，这样的话，其后的解脱道应该没有用处了。由此可知，其余的有漏种子等，要到[金刚喻定后的]解脱道生起时[即成佛时]，才被舍弃，因为清净的第八识不能成为这些种子及现行的依存之处。

【评析】

此处论述转依的第三种成分：所转舍。所转舍包括两种：一是所断舍，这是指二障种子。二是所弃舍，这是指一切剩余的有漏法及其种子，还有低劣的无漏法及其种子。所谓剩余的有漏法，包括有漏善法、无记性法、部分异熟生法等。低劣的无漏法，指十地中生起的现行无漏法，包括金刚喻定。

所断舍的对象，如果是分别二障的种子，在见道位真见道的无间道时断除。如果是俱生二障的种子，则俱生所知障种，十地中每一地的无间道断一部分；俱生烦恼障种，以及最后剩余［即第十一地或佛地所断］的俱生所知障种，则在金刚喻定（即无间道）断除。所弃舍的对象，是其余的有漏法及其种子，还有劣无漏法及其种子，它们是在金刚喻定后的解脱道，即成佛时被舍弃。

论中"真无间道"，《述记》释云："言真者有二义。一简有漏，不能断种故。二简后得、相见道等。"[①] 从四道（加行道、无间道、解脱道、胜进道）来说，四禅、四无色定、十地都有无间道。"真"，"简有漏"，就是去掉四禅和四无色定的无间道；"简后得"，就是去掉十地中每一地的后得智；简"相见道"，就是去掉见道位的相见道。这样，广义地说，"真无间道"主要是指十地中入每一地的无间道，以及最后入佛地的无间道。其中，入初地见道位的无间道，断分别二障种子；入其他九地的无间道，每一无间道都断一部分所知障种子；最后，入佛地前的无间道，即金刚喻定，断所有烦恼障种子和剩余的所知障种子。而此处的"真无间道"，是指永断"二障种"，所以应是指入佛地前的无间道，即金刚喻定。

---

① （唐）窥基《成唯识论述记》卷第十，《大正藏》第43册，第595页。

（五）释所转得

【原文】

四所转得，此复有二。

一所显得，谓大涅槃。此虽本来自性清净，而由客障[1]覆令不显，真圣道生，断彼障故，令其相显，名得涅槃。此依真如离障施设，故体即是清净法界。

涅槃义别，略有四种。一本来自性清净涅槃，谓一切法相真如理。虽有客染，而本性净，具无数量微妙功德[2]，无生无灭，湛若虚空，一切有情平等共有，与一切法不一不异，离一切相、一切分别，寻思路绝，名言道断，唯真圣者自内所证，其性本寂，故名涅槃。二有余依涅槃，谓即真如出烦恼障。虽有微苦所依未灭，而障永寂，故名涅槃。三无余依涅槃，谓即真如出生死苦。烦恼既尽，余依亦灭，众苦永寂，故名涅槃。四无住处涅槃，谓即真如出所知障。大悲般若常所辅翼，由斯不住生死涅槃，利乐有情，穷未来际用而常寂，故名涅槃。

一切有情，皆有初一；二乘无学，容有前三；唯我世尊，可言具四。

【简注】

[1] 客障：《佛地经论》卷第三："清净法界者，谓离一切烦恼、所知客尘障垢。"

［2］具无数量微妙功德：《述记》卷第十："具功德者，以能顺生诸功德故，功德性故，名为具德。"即自性清净涅槃"能顺生诸功德"。另一方面，《成论》多处说到无为功德，因而可认为，自性清净涅槃的无量功德是无为功德，本身没有作为，但诸有为功德是依此无为功德而生起。

【今译】

四是所转得，这又有两种。

一是所显得，就是大涅槃。这大涅槃虽然本性本来清净，但由于二障的客尘障垢覆盖，使之不能显现，真正的圣道生起时，由于断除了二障，使其自相显现，称为证得涅槃。这大涅槃，是根据真如脱离二障而建立，所以其自体就是清净法界。

涅槃的类别，大略有四种。一是本来自性清净涅槃，这就是一切事物所依托的真如之理。这作为理的真如，虽有客尘障垢的覆盖，但其本性清净，具有无量无边的微妙功德，无生无灭，寂静如同虚空，为一切众生平等地共同拥有，与一切事物不一不异，离所取的一切法，离能取的一切分别，推寻思考无法接近它，名称语言也无法表达它，只有真正的圣者在自己内心能证得它，它的自性本来寂灭，所以称为涅槃。二是有余依涅槃，也就是脱离烦恼障的真如。此真如虽然仍有作为微量苦依托对象［的身的束缚］没有灭除，但烦恼障永远寂灭，所以称为涅槃。三是无余依涅槃，也就是脱离生死苦的真如。覆盖此真如的烦恼既然已经灭尽，微量苦依托对象也灭除，各种苦永远寂灭，所以称为涅槃。四是无住处涅槃，也就是脱离所知障的真如。此真如永远有大悲和般若辅佐，因此不住生死和涅槃，而是永远在做使众生获利益得安乐的事，在无穷的未来时光中，一直在发挥作用却一直保持寂灭，所以称为涅槃。

一切众生，都有第一种涅槃；二乘无学，可以有前三种涅槃；只有我们的世尊，可以说有四种涅槃。

【评析】

此处以下论述转依的第四种成分：所转得。所转得有两种，即所显得和所生得。此处论述所显得，即大涅槃。此涅槃称为所显得，因为它是本来存在，并非由什么东西生起，只是由于二障的覆盖使之没有显现。修行证道断除二障，就使之显现，故称为所显得。这涅槃的自体就是清净法界，此清净法界属第四胜义谛，本无可言说，若要诠释，需借助第三胜义谛的真如。按修行证道的程度，此涅槃或真如可分为四种：第一本来自性清净涅槃，第二有余依涅槃，第三无余依涅槃，第四无住涅槃。第一种涅槃是一切事物之理，所以一切众生都具有。这种涅槃不属于所显得，属于所显得的是后三种涅槃。第二种涅槃是二乘所证得。所谓"有余依"，其中的"依"主要指身体，此类二乘断除了烦恼障，但还没有断灭身体，故称之为"有余依"。这种涅槃还有微量的苦未灭除。第三种涅槃是既断除了烦恼障，又断灭了身体，但这只是二乘所入的涅槃，大乘不主张入此涅槃。第四种涅槃既断除了烦恼障又断除了所知障，是大乘所证的涅槃。所谓的"无住"就是不住生死不住涅槃，因为大乘主张证道后还应在无穷的未来时间中度无量的众生。

关于四种涅槃与凡圣的关系，《述记》作了补充说明："一切有情，若凡若圣，皆有初一，由此经说一切有情本来涅槃。凡夫、二乘有学，未证后三涅槃。二乘无学，不定性未入地者，有初二；定性者，有初三。直往入地菩萨，有初及第四。无学回心入地菩萨，有初、二及第四。如来具四种。"[1]

由此可知，第一，所有凡夫和圣者都有第一种涅槃。第二，凡夫和二乘有学，都得未证得后三种涅槃，因为即使是第二有余依涅槃，也是无学所证，非有学所证。第三，二乘无学中，如果是不定性二乘，回小向大，也称渐悟菩萨，此类菩萨若修行还未入菩萨地的，都有第一和第二种涅槃。而定性二乘，可以有从第一到第三共三种涅槃。第四，"直往入地菩萨"，也称顿悟菩萨，即具有大乘种姓，通过修行直接证入初地的菩萨，其后在十地中，可以有第一和第四种涅槃，由此可知，第四无住涅槃，十地菩萨已可具有，因为无住涅槃就是不住生死不住涅槃。第五，"无学回心入地菩萨"，即处无学位回小向大的不定性二乘，如果修入菩萨地，可以有第一、第二和第四共三种涅槃。至于其没有第三种无余依涅槃，因为还在菩萨地。第六，一切如来，无论顿悟菩萨还是渐悟菩萨，如果修行至如来位，都有四种涅槃，详见下文。

---

[1] （唐）窥基《成唯识论述记》卷第十，《大正藏》第43册，第596页。

【原文】

"如何善逝有有余依？"虽无实依，而现似有。或苦依尽，说无余依；非苦依在，说有余依[1]。是故世尊可言具四。

"若声闻等有无余依，如何有处说彼非有？"有处说彼都无涅槃，①岂有余依，彼亦非有？然声闻等身智在时，有所知障，苦依未尽，圆寂义隐，说无涅槃，非彼实无烦恼障尽所显真理有余涅槃。尔时未证无余圆寂，故亦说彼无无余依，非彼后时灭身智已，无苦依尽无余涅槃。或说二乘无涅槃者，依无住处，不依前三。

又说彼无无余依者，依不定姓二乘而说。彼才证得有余涅槃，决定回心求无上觉，由定愿力留身久住，非如一类入无余依。谓有二乘深乐圆寂，得生空观，亲证真如，永灭感生烦恼障尽，显依真理有余涅槃；彼能感生烦恼尽故，后有异熟无由更生，现苦所依任运灭位，余有为法既无所依，与彼苦依同时顿舍，显依真理无余涅槃。尔时虽无二乘身智，而由彼证，可说彼有。此位唯有清净真如，离相湛然，寂灭安乐，依斯说彼与佛无差；但无菩提利乐他业，故复说彼与佛有异。

"诸所知障，既不感生，如何断彼，得无住处？"彼能

---

① 《述记》中"有处"指《胜鬘经》，参见（唐）窥基《成唯识论述记》卷第十，《大正藏》第43册，第597页。

隐覆法空真如，令不发生大悲般若，穷未来际利乐有情。故断彼时，显法空理，此理即是无住涅槃，令于二边俱不住故。

"若所知障亦障涅槃，如何断彼不得择灭[2]？"择灭离缚，彼非缚故。"既尔，断彼宁得涅槃？"非诸涅槃，皆择灭摄。不尔，性净应非涅槃。能缚有情住生死者，断此说得择灭无为。诸所知障不感生死，非如烦恼能缚有情，故断彼时不得择灭。然断彼故，法空理显，此理相寂，说为涅槃。非此涅槃，择灭为性。故四圆寂，诸无为中，初、后即真如[3]，中二择灭摄。

"若唯断缚得择灭者，不动等二，四[4]中谁摄？"非择灭摄，说暂离故。① 择灭无为，唯究竟灭；有非择灭，非永灭故。或无住处，亦择灭摄，由真择力灭障得故。择灭有二：一灭缚得，谓断感生烦恼得者；二灭障得，谓断余障而证得者。故四圆寂，诸无为中，初一即真如，后三皆择灭。不动等二，暂伏灭者，非择灭摄。究竟灭者，择灭所摄。

"既所知障亦障涅槃，如何但说是菩提障？"说烦恼障但障涅槃，岂彼不能为菩提障？应知圣教依胜用说，理实俱能通障二果。

如是所说四涅槃中，唯后三种名所显得。

---

① 参见 (唐) 玄奘译《显扬圣教论》卷第十八，《大正藏》第31册，第572页。

【简注】

[1]"虽无实依"六句:《疏抄》卷第十八认为,此处二解,以第二解为胜。

[2]择灭:即择灭无为,指远离一切有漏系缚而显现的真理。

[3]真如:即真如无为,指真实如常、没有丝毫虚妄变异的法性真如。

[4]四:即四无为,包括虚空无为、择灭无为、非择灭无为、真如无为。

【今译】

[问:]"怎么称为善逝的世尊还有微量苦未灭尽的有余依涅槃?"[对此,有两种观点。第一种观点认为,这与二乘相似,]虽然没有真实的微量苦未灭尽的有余依涅槃,但显现[苦谛等,与有余依涅槃]相似,[故说世尊也有第二有余依涅槃。]另外,[第二种观点认为,这与二乘有别,]虽然世尊的苦的依止已经灭尽,所以说是"无余依";但[佛身的无漏五蕴,即]非苦的依止一直存在,所以说是"有余依"。因此,世尊可以说具有四种涅槃。

[问:]"如果声闻等有无余依涅槃,为何《胜鬘经》说他们没有?"该经说声闻等完全没有涅槃,难道有余依涅槃,他们也没有?[该经并没有对涅槃进行区分,指出他们没有哪种涅槃。该经的此种说法另有旨趣,]那是因为声闻等二乘的身体和心智还在时,还有所知障,所以苦的依止还未灭尽,圆寂的含义还没有显现,所以该经说他们没有涅槃,并非他们真的没有由于烦恼障灭尽所显示真理的有余依涅槃。但这时他们还未证得无余依圆寂,所以也说他们没有无余依,并非在以后他们消灭身体和心智后,没有苦的依止灭尽的无余依

涅槃。或者说，该经说二乘没有涅槃，是根据无住处涅槃而说的，不是根据前三种涅槃而说的。

此外，说二乘没有无余依涅槃，是根据不定性二乘而说的。他们刚证得有余依涅槃，决心回心求证无上觉，依靠定力和愿力留下身体久住不灭，并不像一类定性二乘就此入无余依涅槃。即有一类定性二乘，他们深深欣喜圆寂，修成我空观后，直接证得真如，永远灭尽能感招生死的烦恼障，显现依止真理的有余依涅槃；由于那能感招生死的烦恼灭尽，其后的异熟果便无从生起，在现前苦的依止自然而无条件地灭除的状态下，其余的有为事物既然没有了依止的对象，就与那苦的依止同时顿时舍弃，就此显现依止真理的无余涅槃。这时他们虽然没有二乘的身体和心智，但由于他们能证得身心的灭除，所以也可说他们有无余依涅槃。二乘在这种无余依涅槃状态中，只有清净真如，脱离一切现象寂然不动，寂灭安乐，因此说他们与佛没有差别；但他们没有菩提心，不做利他的事业，所以又说他们与佛不同。

［问：］"一切所知障，既然不能感招生死，怎么将它们断尽后，就能证得无住处涅槃？"所知障能隐蔽覆盖法空真如，使众生不能引发生起大悲和智慧，从而在无穷的未来时光中从事使众生获利益得安乐的事业。所以，断除所知障时，就显现了法空真理，这真理就是无住处涅槃，使菩萨不住生死不住涅槃。

［问：］"如果所知障也障碍涅槃，怎么断除所知障不能证得择灭无为？"择灭无为是使众生脱离生死束缚的状态，而所知障不是此种束缚。［问：］"既然如此，断除所知障怎能证得涅槃？"并非所有涅槃，都属择灭无为。不然的话，自性清净涅槃［既然不是择灭无为，］

应该不是涅槃。要知道在能束缚众生流转生死的因素存在的情况下，断除此束缚因素，就说证得择灭无为。而一切所知障不感招生死，不像烦恼障能束缚众生使之流转生死，所以断除所知障时并不证得择灭无为。但因断除所知障，法空之理显现，此理的形相寂静，所以也说是涅槃。这涅槃并非以择灭无为作为自性。故而就四种圆寂与各种无为的关系而言，第一与第四涅槃就是真如无为，中间两种涅槃属择灭无为。

[问：]"如果只断除烦恼障的束缚就可称证得择灭无为，那么，不动无为与灭受想无为，在四种无为中属于哪一种？"这两种无为属于非择灭无为，因为《显扬论》说它们都是暂时脱离烦恼的束缚。择灭无为，只指彻底的灭除；另有非择灭无为，指非永远灭除。或者说，无住处涅槃也属择灭无为，即此涅槃是依靠法空智的真简择力灭除所知障而证得的。因此，择灭有两种：一是灭束缚而证得，即断除感招生死的烦恼障而证得的；二是灭障而证得，即断除其余的所知障而证得的。这样的话，四种圆寂与各种无为的关系中，第一自性清净涅槃的自体就是真如，其后三种涅槃都属择灭无为。不动无为和灭受想无为，只是暂时制伏灭除烦恼，属非择灭无为。只有彻底灭除烦恼的，才属择灭无为。

[问：]"既然所知障也障碍涅槃，为何只说它是菩提障？"说烦恼障只障涅槃，难道它就不障碍菩提？要知道佛典中的说法是根据作用突出而说的，按理而言，其实两种障都能障碍菩提和涅槃。

以上所说的四种涅槃中，只有后三种称为所显得。

【评析】

此处论述关于大涅槃的三个问题：一、佛为何有第二有余依涅槃？二、二乘有没有第三无余依涅槃？三、断所知障为何能证涅槃？

本论的回答是：一、佛虽然将苦及苦的依止都断尽，并无真实的有余依涅槃，但显现苦谛，或者说，有非苦所依的无漏五蕴身及其化身，所以假说为有余依。

二、二乘也能证得身心灭除，即将苦的依止灭除，所以有无余依涅槃。而有的经典说二乘没有无余依涅槃，可以从以下三个方面来说：一是在二乘身智都在时，说他们没有无余依涅槃。二是二乘不能证得无住涅槃，说他们没有无余依涅槃。三是依不定性二乘而说，因为不定性二乘在证得有余依涅槃后，不入无余依涅槃，而是回小向大，修菩萨行，所以说二乘没有无余依涅槃。

三、断除了所知障，就能证得法空真理。此真理当然也是真如，也是涅槃，这就是无住涅槃。

此问题的讨论，还涉及涅槃与无为的关系。关于无为法，有四无为与六无为等说法。四无为，据《五蕴论》，是虚空无为、择灭无为、非择灭无为、真如无为。而《百法论》《瑜伽论》等说六种无为，即在上述四种外，再加不动无为和想受灭无为。而这后两种无为，如归入四无为中，则属非择灭无为。至于本论的四种涅槃与四无为的关系，第一涅槃属真如无为；第二、第三涅槃属择灭无为；第四涅槃，按不同的分析方法，或属真如无为，或属择灭无为。

最后，关于四种涅槃与所显得的关系，后三种涅槃，由于二障灭而显，所以是所显得；第一本来自性清净涅槃，并非由显而得，因为无论二障灭或不灭一直都在，所以不属所显得。

【原文】

二所生得，谓大菩提。此虽本来有能生种，而所知障碍故不生。由圣道力，断彼障故，令从种起，名得菩提。起已相续，穷未来际，此即四智相应心品。

云何四智相应心品？一大圆镜智相应心品。谓此心品离诸分别，所缘、行相微细难知，不忘不愚[1]一切境相，性相清净，离诸杂染，纯净圆德，现种依持。能现能生身、土、智影，无间无断，穷未来际，如大圆镜现众色像。

二平等性智相应心品。谓此心品观一切法自他有情悉皆平等，大慈悲等，恒共相应。随诸有情所乐，示现受用身、土影像差别，妙观察智不共所依，无住涅槃之所建立，一味相续，穷未来际。

三妙观察智相应心品。谓此心品善观诸法自相、共相，无碍而转，摄观无量总持、定门及所发生功德珍宝，于大众会能现无边作用差别，皆得自在，雨大法雨，断一切疑，令诸有情皆获利乐。

四成所作智相应心品。谓此心品为欲利乐诸有情故，普于十方示现种种变化三业，成本愿力所应作事。

如是四智相应心品，虽各定有二十二法、能变所变、种现俱生，而智用增，以智名显。故此四品，总摄佛地一切有为功德皆尽。

此转有漏八七六五识相应品如次而得。智虽非识，而依识转，识为主故，说转识得。又有漏位，智劣识强；无漏位中，智强识劣。为劝有情依智舍识，故说转八识而得此四智。

【简注】

［1］不忘不愚："不忘"即永远显现在前，"不愚"即不迷暗。

【今译】

二是所生得，这就是大菩提。这大菩提虽然本来具有能生起它的种子，但由于所知障的障碍而不生起。依靠圣道的力量，断除所知障，使大菩提从种子而生起，称为证得菩提。大菩提生起后在无穷的未来时光中能一直连续，这就是四智相应心品［即四智及相应识和心所等］。

四智相应心品包括哪些呢？一是大圆镜智相应心品。即此心品远离能取所取一切分别，其认取对象、活动作用细微难知，一切事物都永远显现在此中而清晰无误，其自性和表现状况完全清净，远离一切混杂污染，具有纯粹清净圆满的功德，是一切现行功德的依托，能保持一切种子功德。它能显现能生起佛身、佛土和后三种智的影像，毫无间断地存在于无穷的未来时光中，如大圆镜显现各种物体的影像。

二是平等性智相应心品。即此心品看待一切事物，以及自己与其他一切众生都平等不二，与大慈悲等心永远相应。此心品能根据十地菩萨的喜乐而显示变现各种他受用身和他受用土，并成为妙观察智的不共所依，无住处涅槃也依之而建立，此智无变易无间隔地持续存在于未来的无穷时间中。

三是妙观察智相应心品。即此心品善于观察一切事物的自相和共相，［在观察时］自在无碍地生起；能摄藏并观无量总持法门和定门，以及由此而引发生起的［六波罗蜜、三十七道品、十力等］功德珍宝；在大众聚集的法会中能显现无量无边的神通功能，完全自在无碍，就像大雨浇灌草木般地对众生布施大法，断除他们的一切疑惑，使一切众生都能获得利益和安乐。

四是成所作智相应心品。即此心品是为了使众生获得利益和安乐，普遍地在十方世界显示变现种种变化的清净身、口、意三业，成就由本愿力所应做的事。

上述四智相应心品，虽然每一心品必定有二十二法［即一心王与五遍行、五别境、十一善心所］、能变和所变、种子和现行共同生起，但因智［即别境心所中的无漏慧心所］的作用特别突出，所以用四智的名称来表示。因而，这四品总的将佛地的一切有为功德都包括在内了。

这四智相应心品是转变有漏的第八识、第七识、第六识和前五识相应心品，依次而获得。智虽不是识，却是依据识而生起，由于［心所等都］以识为主，所以说是转变识而获得智。此外，有漏的状态中，智弱而识［的分别作用］强；无漏的状态中，智［的决断作用］

强而识弱。为了劝说众生依止智而舍弃识，所以说转变八识而获得这四智。

【评析】

此处以下论述转依的第四种成分的第二种类别：所生得。所生得即大菩提。大菩提与大涅槃的不同之处在于，大菩提并非本来存在，而是由各自的种子生起，所以称为所生得。既然是由种子生起，那么按照唯识学的"五种性"理论，必定有某些类型种性的众生（如一阐提和二乘定性）没有大菩提的种子。而涅槃不是由种子生起的，是不生不灭的，所以第一种自性清净涅槃就是一切众生都具有的。因此，唯识学在这一问题上的观点实际是：众生能不能成佛，不在于涅槃本性之有无，而在于大菩提种子之有无。另一方面，大菩提也有与大涅槃（无住涅槃）相同之处，即大菩提生起的前提是断所知障，这与无住涅槃的证得是相同的。大菩提包括四种无漏智，分别由八识转变而得，即转变有漏的第八识为无漏后获得大圆镜智，转变有漏的第七识为无漏后获得平等性智，转变有漏的第六识为无漏后获得妙观察智，转变有漏的前五识为无漏后获得成所作智。完整地说，此四智应为四智相应心品。所谓"相应心品"，就是该智及其相应法，共有二十二法，包括一心王，还有五遍行、五别境、十一善心所，而智就是其中别境心所中的无漏慧心所。此外，从心识结构说来说，有能变的自证分（和证自证分）以及所变的相分和见分。再从种现关系来说，还有种子和现行。"智相应心品"有别于"识相应心品"。在有漏位，即凡夫位中，识与心所的关系是以识为主，心所与识相应。而此时的智只是别境心所中的善性慧心所，所以此时是识强智弱，即识的分别作用强，而智的决断作用弱。而在无漏位，即成佛后，慧心所的污染性彻底断除，慧心所完全清净，即转成无漏，所以此时智强识弱，相应心品是以智为主，清净识及其余心所与之相应。另外需指出的是，正智、净识及其余净心所都有各自的种子。

【原文】

　　大圆镜智相应心品，有义：菩萨金刚喻定现在前时，即初现起，异熟识种与极微细所知障种俱时舍故，若圆镜智尔时未起，便无能持净种识故。有义：此品解脱道时初成佛故，乃得初起，异熟识种金刚喻定现在前时犹未顿舍，与无间道不相违故；非障有漏、劣无漏法，但与佛果定相违故；金刚喻定无所熏识，无漏不增，应成佛故。由斯此品，从初成佛，尽未来际相续不断，持无漏种，令不失故。

　　平等性智相应心品，菩萨见道初现前位，违二执故，方得初起。后十地中，执未断故，有漏等位，或有间断，法云地后，与净第八相依相续，尽未来际。

　　妙观察智相应心品，生空观品，二乘见位亦得初起，此后展转至无学位；或至菩萨解行地终；或至上位，若非有漏或无心时，皆容现起。法空观品，菩萨见位方得初起，此后展转乃至上位，若非有漏、生空智果、或无心时，皆容现起。

成所作智相应心品，有义：菩萨修道位中，后得引故，亦得初起。有义：成佛方得初起，以十地中依异熟识所变眼等，非无漏故；有漏不共必俱同境根[1]发无漏识，理不相应故；此二于境，明昧异故。由斯此品，要得成佛，依无漏根，方容现起，而数间断，作意起故。

此四种性，虽皆本有，而要熏发方得现行。因位渐增，佛果圆满，不增不减，尽未来际。但从种生，不熏成种，勿前佛德胜后佛故。

【简注】

[1] 有漏不共必俱同境根：即有漏的五根。以眼根与眼识的关系为例，"不共"指眼根只是眼识的不共所依；"必俱"指眼根是眼识的俱有所依，与眼识必定同时存在；"同境"指眼根与眼识认取相同的对象。其他四根与四识的关系也是如此。但上述五根与五识的关系，只是在凡夫状态下成立，八地以上的大菩萨，诸根可互用；佛的五识或成所作智，可通缘五境乃至一切法。

【今译】

大圆镜智相应心品［何时生起，有两种观点。］第一种观点认为，菩萨在金刚喻定［即无间道］显现在前时，就最初现行生起此心品，因为异熟识的种子与极其细微的所知障的种子此时被同时舍弃，如果大圆镜智心品此时还未生起，就没有能保持清净种子的识了。第二种观点［即正确的观点］认为，此心品要到［金刚喻定后的］解脱道时，即最初成佛时，才能最初生起，因为异熟识的种子在金刚喻定［即无间道］显现在前时，仍未顿时舍弃，这是由于异熟识种与无间道不相违背；不属于所知障的有漏的善性法和低劣的无漏性法必定只与佛果相违背；此外，金刚喻定时如果没有所熏的异熟识，无漏就不再增长，那就应该成佛了。因此，此品从最初成佛起，其后在无穷的未来时间中一直连续不断，保持无漏种子，使之不失。

平等性智相应心品，是在菩萨见道位最初显现在前时，因分别我法二执已不能再存在，才得以最初生起。在其后的十地中，由于俱生二执还未断灭，所以在有漏等状态中，此心品还有间断；但到第十法云地后［即佛地时］，就与清净的第八识互相依托而连续存在，在其后无穷的未来时间中［一直不会间断。］

妙观察智相应心品，［其中的］我空观品，二乘在见道位也能最初生起，此后［在修道位］展转至无学位；或者，［回小向大的二乘］到菩萨的解行地终［即加行位终］；或者，菩萨在十地［包括二乘回小向大入菩萨地者］，［在上述三种情况中，］如果不是在有漏心时，或不是在入灭尽定的无心时，此我空观品都能现行生起。［其中的］法空观品，只是菩萨在见道位才得以最初生起，此后十地中展转，如果不是在有漏心时，不是在仅有我空智果时，不是在入灭尽定的无心时，都能现行生起。

成所作智相应心品，［有两种观点。］第一种观点认为，在菩萨的修道位中，由［第六识］后得智引发，也能最初生起。第二种观点［即正确的观点］认为，要到成佛时才能最初生起，因为十地中的菩萨依靠异熟识变现的眼根等五根，不是无漏的，[而是有漏的；] 而由有漏五根引发无漏五识，这在道理上是说不通的；因为无漏五识与有漏五根在认取对象时，一者明晰，一者暗昧，完全不同。因此，此品要到成佛时，依靠无漏的五根，才能现行生起，但经常会间断，因为此品必定要靠作意的力量才能引发生起。

这四智心品的种子虽然本来具有，但要靠熏发才能现行生起。在因位［即在成佛前的修行状态中］，这四智心品种子逐渐增长，到证得佛果时［四智心品现行］便得圆满，在未来的无穷时间中不增不减。[在佛地] 这四智心品只是从种子生起，不再熏成新种，不然的话，前佛的功德要胜于后佛。

【评析】

此处讨论四智相应心品何时生起。此四智心品中，大圆镜智和成所作智都是成佛时才生起。

平等性智，在菩萨的见道位最初生起，是由第六识二空观引生。平等性智生起后，在十地修道位中经常有间断，间断的原因也在于第六识。即十地中，若第六识没有入二空观，第六识起我执和法执，第七识也起我执和法执；若第六识只入我空观，没入法空观，第七识仍起法执。这两种情况中，平等性智都不生起。只有第六识入二空观，第七识也入二空观，平等性智才生起。这就是平等性智在十地中有间断的原因。

妙观察智可分我空观和法空观两种情况。

妙观察智的我空观，二乘也能生起，也是在见道位生起。

此后，定性二乘在修道位中，回小向大二乘直至菩萨解行地终（即加行位终），还有十地菩萨（包括二乘回小向大菩萨），我空观都能继续生起，但在有漏心（即未入我空观）时或入灭尽定时会中断。直至二乘的无学位和大乘的佛位，妙观察智的我空观才能连续不断。

妙观察智的法空观，只有菩萨（包括二乘回小向大的菩萨）才能生起，也是在见道位生起，十地中有间断，原因如上所说，到佛地才能连续不断。

此外，在大乘佛位，四智心品都不增不减，并且不再熏成新种。

【原文】

大圆镜智相应心品，有义：但缘真如为境，是无分别，非后得智，行相、所缘，不可知故。有义：此品缘一切法。《庄严论》说："大圆镜智，于一切境，不愚迷故。"① 《佛地经》说："如来境智，诸处境识众像现故。"② 又此决定缘无漏种，及身、土等诸影像故，行、缘微细，说不可知。如阿赖耶，亦缘俗故。缘真如故，是无分别；缘余境故，后得智摄。其体是一，随用分二，了俗由证真，故说为后得。余一分二，准此应知。

---

① 参见（唐）波罗颇蜜多罗译《大乘庄严经论》卷第三，《大正藏》第31册，第607页。
② 参见（唐）玄奘译《佛说佛地经》，《大正藏》第16册，第721页。

平等性智相应心品，有义：但缘第八净识，如染第七缘藏识故。有义：但缘真如为境，缘一切法平等性故。有义：遍缘真俗为境。《佛地经》说："平等性智，证得十种平等性故。"①《庄严论》说："缘诸有情自他平等，随他胜解，示现无边佛影像故。"②由斯此品通缘真俗，二智所摄，于理无违。

妙观察智相应心品，缘一切法自相、共相，皆无障碍，二智所摄。

成所作智相应心品，有义：但缘五种现境，《庄严论》说："如来五根，一一皆于五境转故。"③有义：此品亦能遍缘三世诸法，不违正理。《佛地经》说："成所作智，起作三业诸变化事，决择有情心行差别，领受去、来、现在等义。"④若不遍缘，无此能故。然此心品，随意乐力，或缘一法，或二或多。且说五根于五境转，不言唯尔，故不相违。随作意生，缘事相境，起化业故，后得智摄。

此四心品，虽皆遍能缘一切法，而用有异。谓镜智品，现自受用身、净土相，持无漏种。平等智品，现他受用身、净土相。成事智品，能现变化身及土相。观察智品，观察

---

① 参见 (唐) 玄奘译《佛说佛地经》，《大正藏》第16册，第721页。
② 参见 (唐) 波罗颇蜜多罗译《大乘庄严经论》卷第三，《大正藏》第31册，第607页。
③ 参见 (唐) 波罗颇蜜多罗译《大乘庄严经论》卷第三，《大正藏》第31册，第607页。
④ 参见 (唐) 玄奘译《佛说佛地经》，《大正藏》第16册，第722页。

自他功能[1]过失，雨大法雨，破诸疑网，利乐有情。如是等门，差别多种。

此四心品，名所生得。此所生得，总名菩提，及前涅槃，名所转得。

虽转依义，总有四种，而今但取二所转得，颂说证得转依言故。

此修习位，说能证得，非已证得，因位摄故。

【简注】

[1] 功能：《藏要》与《大正》本等均为"功能"，但与下文"过失"相对，此处疑为"功德"，日本国会图书馆藏镰仓抄本即作"功德"，译文按"功德"解。

【今译】

关于大圆镜智相应心品［的认取对象，有两种观点。］第一种观点认为，此智只以真如为认取对象，因为大圆镜智是根本无分别智，不是后得智，其活动作用和认取对象都不可知。第二种观点［即正确的观点］认为，此智认取一切事物。如《庄严论》说："大圆镜智缘蕴处界一切境都无妄执，分明显了。"《佛地经》说："如来的大圆镜智，所有内六处、六境、六识等一切影像都能在其中显现。"此外，大圆镜智肯定能认取无漏种子，以及佛身、佛土等各种影像，只是由于其活动作用和认取对象极其细微，所以说不可知。此智像阿赖耶识一样，也能认取世俗事物。此智由于能认取真如，所以属根本无分别智；由于能认取世俗对象，所以属后得智。此智的主体是一，根据其作用而分为二智，明了世俗事物［的后得智］是由于证得真如，所以说是其后而得，［并非真有先后。］其余智，一体而分为两种的，都应作此理解。

关于平等性智相应心品［的认取对象，有三种观点。］第一种观点认为，此心品只是认取清净的第八识，就像污染的第七识只是认取藏识一样。第二种观点认为，此心品只是以真如为认取对象，因为此心品只是认取一切事物的平等性质，［而真如就是一切事物的平等性质。］第三种观点［即正确的观点］认为，此心品能普遍地以真如与世俗事物为认取对象。《佛地经》说："平等性智证得十种平等的性质。"《庄严论》说："对待一切众生，都是自己与他人一律平等，根据对方的理解能力，显示变现无量无边的佛的影像。"因此，此心品对真如与世俗事物都能认取，属于根本无分别智和后得智，这一说法并不违理。

妙观察智相应心品，能认取一切事物的自相与共相，完全没有障碍，属于根本无分别智和后得智。

关于成所作智相应心品［的认取对象，有两种观点。］第一种观点认为，此心品只能认取五种现量境，正如《庄严论》说的："如来的五根，每一种都能缘取五境。"第二种观点［即正确的观点］认为，此心品也能普遍地认取过去、未来、现在的一切事物，这一说法并不违背正理。《佛地经》说："成所作智生起而作身、口、意三业的各种变化事，判断众生的心理和行为的差别，领受过去、未来、现在等一切境界。"如果不是普遍地认取一切事物，就没有此种能力。但此心品，根据意愿的力量，可以或认取一种事物，或认取两种乃至多种。《庄严论》说如来五根缘取五境，不是说只能缘取五境，所以并不相互矛盾。此心品随妙观察智的作意而生起，认取事物的形相，生起变化的身口意三业，属于后得智。

此四种心品，虽然都能普遍地认取一切事物，但作用各不相同。即大圆镜智心品，变现自受用身和自受用净土形相，保持无漏种子。平等性智心品，变现他受用身和他受用净土的形相。成所作智心品，能变现变化身以及变化土的形相。妙观察智心品，能观察自己与他人的功德与过失，如大雨浇灌草木般地对众生布施大法，破除众生的一切疑惑，使众生获得利益和安乐。这样在各方面，四种心品具有多种差别。

这四种心品，称为所生得。这所生得的四种心品，总的称为菩提，这菩提与前面说的涅槃，称为所转得。

虽然转依的含义，总共有［能转道、所转依、所转舍、所转得］四种，但现在颂中只是取［所显得、所生得］两种所转得，因为颂中是说证得转依的意思。

这修习位，还是只说能证得的含义，不是说已证得，因为此位还属因位范畴。

【评析】

此处论述四智心品的认识对象和作用，并对转依作了总结。此四智心品中，前三种是根本无分别智和后得智，所以能普遍地认识真俗二谛，即真如及世间一切事物。第四成所作智仅属后得智，但前文在"能转道"的"能断道"的讨论中指出："后得无分别智虽不亲证二空真理，无力能断迷理随眠，而于安立、非安立相，明了现前，无倒证故。"即后得无分别智虽然不能直接证得二空真如，但对于真如（"非安立相"），也能使其明了地显现在前，无颠倒地证得。也就是说，成所作智虽不能直接证得真如，但也能正确地显现真如，据此可知，成所作智也能普遍地认识真如及世间一切事物。四智心品的作用，主要是变现佛身和佛土，对此下文将作详细论述。

最后本论指出，修习位的颂中所说的"便证得转依"之"转依"，只是指所转得，包括所显得的大涅槃；还有所生得的大菩提，即四智相应心品。

第三节　论究竟位

一、释转依果

【原文】

后究竟位，其相云何？颂曰：

"此即无漏界，不思议善常，

安乐解脱身，大牟尼名法。"

论曰：前修习位所得转依，应知即是究竟位相。此谓此前二转依果，即是究竟无漏界摄。诸漏永尽，非漏随增，性净圆明，故名无漏。界是藏义，此中含容无边希有大功德故；或是因义，能生五乘[1]世出世间利乐事故。

"清净法界,可唯无漏摄;四智心品,如何唯无漏?"道谛摄故,唯无漏摄。谓佛功德及身、土等,皆是无漏种性所生,有漏法种已永舍故,虽有示现作生死身、业烦恼等,似苦、集谛,而实无漏道谛所摄。

"《集论》等说,十五界等唯是有漏,[1]如来岂无五根、五识、五外界等?"

有义:如来功德身、土,甚深微妙,非有非无,离诸分别,绝诸戏论,非界、处等法门所摄,故与彼说,理不相违。

有义:如来五根、五境,妙定生故,法界色摄。非佛五识,虽依此变,然粗细异,非五境摄。如来五识,非五识界,经说佛心恒在定故,[2]论说五识性散乱故。[3]"成所作智,何识相应?"第六相应,起化用故。"与观察智性有何别?"彼观诸法自、共相等,此唯起化,故有差别。"此二智品应不并生,一类二识不俱起故。"许不并起,于理无违。同体用分,俱亦非失。或与第七净识相应,依眼等根,缘色等境,是平等智作用差别。谓净第七起他受用身、土相者,平等品摄;起变化者,成事品摄。"岂不此品,转[2]五识得?"非转彼得,体即是彼,如转生死,言得涅

---

[1] 参见(唐)玄奘译《大乘阿毗达磨杂集论》卷第三,《大正藏》第31册,第706页。
[2] 参见(唐)玄奘译《说无垢称经》卷第二,《大正藏》第14册,第563页。
[3] 参见(唐)玄奘译《大乘阿毗达磨集论》卷第二,《大正藏》第31册,第667页。

槃。不可涅槃同生死摄。是故于此不应为难。

有义：如来功德身、土，如应摄在蕴、处、界中，彼三皆通有漏、无漏。《集论》等说十五界等唯有漏者，彼依二乘粗浅境说，非说一切。谓余成就十八界中，唯有后三通无漏摄。佛成就者，虽皆无漏，而非二乘所知境摄。然余处说佛功德等非界等者，不同二乘劣智所知界等相故。①理必应尔，所以者何？说有为法，皆蕴摄故；说一切法，界、处摄故；十九界等，圣所遮故。②若绝戏论，便非界等，亦不应说，"即无漏界，善常，安乐解脱身"等。又处处说转无常蕴，获得常蕴；界、处亦然。宁说如来非蕴、处、界。故言非者，是密意说。又说五识性散乱者，说余成者，非佛所成。故佛身中十八界等，皆悉具足，而纯无漏。

【简注】

[1]五乘：指人乘、天乘、声闻乘、缘觉乘、菩萨乘。
[2]转：《大正》本作"摄"，《述记》作"转"。

【今译】

最后的究竟位，其性状如何？颂云：

"这两种转依的果是'无漏界'，

---

① 参见（唐）玄奘译《大般若波罗蜜多经》卷第三百五十，《大正藏》第6册，第800页。
② 参见（唐）玄奘译《说无垢称经》卷第四，《大正藏》第14册，第572页。

它们超越了思维和语言所能了解和表达的范围，

完全是善性的，永远存在而无间断无终结，

永远安乐，脱离一切烦恼，称为解脱身，

也称为大牟尼，或称为法身。"

论云：前面修习位所获得的转依，要知道就是究竟位的性状。颂中的"此"，是指前面说的两种转依的果，[即大涅槃与大菩提的四智心品，]这两种转依果就是属于究竟位的"无漏界"。[所谓"无漏"，即]一切烦恼性现象永远灭尽[断相应缚]，非烦恼性现象随而臻于圆满[断所缘缚]，本性清净、圆满、光明，所以称"无漏"。"界"的含义是藏，因为此中包含容纳了无量无边稀有的大功德；或者说，"界"的含义是因，因为它能生起五乘的世间和出世间的利益和安乐之事。

[问：]"涅槃的清净法界可以说只属于无漏，菩提的四智心品怎么只是无漏？"四智心品属于道谛，所以只是属于无漏。即佛的功德以及佛身、佛土等，都是无漏种子所生，由于有漏事物的种子已经永远被舍弃，所以佛身等虽有显示变现出的处于生死状态的身体，还有业、烦恼等，似乎是苦谛和集谛，但实际上属于无漏的道谛。

[问：]"《集论》等说，十五界等只是有漏的，难道如来就没有五根、五识、五境等？"

[关于这一问题有三种观点。]第一种观点认为，如来的功德所变现的佛身和佛土，极其深奥微妙，非有非无，远离一切分别，灭绝一切戏论，并非属于界、处等法门，所以与他们的说法，在道理上并不相互违背。

第二种观点认为，如来的五根、五境，是由微妙的定所生，所以只属法界所摄色。虽然佛之外的一切众生的五识，也依托这如来的法界所摄色为本质，变现相分而认取，但所变出的相分粗，所依托的本质细，二者的主体不同，所以如来五境不属五境范畴。而如来的五识也不属五识界范畴，因为《无垢称经》说佛心永远处在定中，而《杂集论》说五识的性质是散乱。[问：]"[如果是这样的话，]那成所作智与何识相应？"与清净的第六识相应，因为能起身口意三业的变化作用。"这样的话，与妙观察智又有什么区别？"妙观察智观察各种事物的自相与共相，成所作智只是起变化作用。所以有差别。[问：]"这样的话，这两种智应该不能同时生起，因为同一类的两种识不会共同生起。"即使承认不共同生起，也不违理。[即二智虽前后刹那分别生起，但极其迅速似乎同时生起。或者，另一种解释是，]主体相同而作用有区分。所以说共同生起，也没有什么错。此外，成所作智也可认为与清净的第七识相应，因为[成所作智是依托五根、认取五境，而]依托眼根等五根，认取颜色等五境，是平等性智的不同作用。即清净的第七识生起他受用身以及他受用土的形相[教化地上菩萨]，属于平等性智品；生起变化[身和变化土教化地前众生]，则属于成所作智品。[问：]"难道此智心品不是转变五识而得？"并非转变五识得成所作智，此智的主体不是五识，如说转生死得涅槃，不能认为涅槃同属生死。因此，对此不应作出责难。

第三种观点[即正确的观点]认为，如来的功德所变现的佛身和佛土，相应地归属在五蕴、十二处、十八界中，因为蕴、处、界三者都可以是有漏或无漏。《集论》等说十五界等只是有漏的，那是依据二乘粗浅的认识境界而说的，并不是说十五界只是有漏的。如佛之外的众生所形成的十八界中，只有最后的意界、意识界和法界三者，[除了有漏之外，]也可以是无漏的。而佛所形成的十八界，虽然都是无漏的，但不属二乘所知的境界。而《大般若经》等说佛的功德等不属十八界等，只是因为它们不同于二乘低劣的智慧所知的十八界等的性状。道理上必然如此，原因何在呢？各种佛典中都说，一切有为的事物，都属于五蕴；又说[有漏或无漏的]一切事物，都属于十八界、十二处。[如果佛身土在它们之外，那就是第六蕴、第十三处、第十九界，]而第十九界等，为《无垢称经》等所否定。如果[按第一种观点的说法，]灭绝一切戏论，所以佛身土就不是界等，那么，颂中也不应说它们"即无漏界""善常""安乐解脱身"等，[既然解脱身等可言说，那么，蕴处界等也不应是不可言说，不应是戏论。]此外，佛典中处处都说，转变无常的五蕴，获得常住的五蕴；关于十二处、十八界，也是如此。所以，怎么能说如来的身土非蕴、处、界呢？所以，凡是说如来身土非蕴、处、界的，都是另有密意的说法。此外，说五识的性质散乱，是说佛之外的众生所形成的五识，而不是佛成就的五识。所以，佛身中十八界等，都完全具足，而且是纯粹无漏。

【评析】

此处以下论述究竟位的性质和状况，首先论述关于究竟位颂的第一句"此即无漏界"。究竟位指证得了两种转依果的阶段，即成佛后的阶段。佛所证得的大涅槃和大菩提，完全清净，永远断灭了一切烦恼，拥有一切功德，并能以此来从事使众生获利益得安乐的一切世间和出世间的事业。即使是佛变现出的物质性的化身和化土，虽仍属五蕴、十二处、十八界，但也完全是无漏的，不是凡夫甚至二乘所能完全了知的境界。

【原文】

此转依果，又不思议，超过寻思言议道故。微妙甚深，自内证故；非诸世间喻所喻故。

此又是善，白法性故；清净法界，远离生灭，极安隐故；四智心品妙用无方，极巧便故；二种皆有顺益相故，违不善故，俱说为善。"论说处等，八唯无记，如来岂无五根、三境？"[①] 此中三释，广说如前。一切如来身、土等法，皆灭道摄，故唯是善，圣说灭道唯善性故，说佛土等非苦、集故。佛识所变有漏不善、无记相等，皆从无漏善种所生，无漏善摄。

此又是常，无尽期故。清净法界，无生无灭，性无变易，故说为常；四智心品，所依常故，无断尽故，亦说为常。非自性常，从因生故，生者归灭，一向记故，不见色心非无常故。然四智品，由本愿力，所化有情无尽期故，穷未来际，无断无尽。

此又安乐，无逼恼故。清净法界，众相寂静，故名安

---

① 参见(唐) 玄奘译《大乘阿毗达磨杂集论》卷第四，《大正藏》第31册，第709页。

乐；四智心品，永离恼害，故名安乐。此二自性，皆无逼恼，及能安乐一切有情，故二转依，俱名安乐。

【今译】

　　这涅槃和菩提两种转依果，又是不可思议的，因为它们超出了寻求思考和言语议论所能及的范围。即此果极其微妙深奥，只能在自己内心证得，〔所以难以寻求思考；〕此果并非世间的各种譬喻所能譬喻，〔所以难以言语议论。〕

　　这两种转依果，又只是无漏善，〔不同于有漏善，〕因为此果是清净法的性质；因为涅槃的清净法界，远离生灭，极其安宁寂静；因为菩提的四智心品具有无量妙用，极其善巧方便；因为这两种果都有顺应有益的性状，与不善性事物的有害性相违。综合上述性质，说此果是无漏善。〔问：〕《杂集论》说十二处中，〔五根和香、味、触三境，这〕八种只是无记性的，难道如来就没有无记性的五根和三境？"这里有三种解释，详说如前。一切佛身和佛土等，都属于灭谛和道谛，所以只是善，因为各种佛典中都说灭谛和道谛只是善性的；又说佛土等不是苦谛和集谛。佛识所变现的有漏不善性的和无记性的现象等，都同样是从无漏善种所生起，属于无漏善。

　　这涅槃和菩提又都是恒常的，因为没有结束之期。即涅槃的清净法界，无生无灭，本性没有变化，所以说是恒常；菩提的四智心品，由于所依托的清净法界是恒常的，没有中断和灭尽之期，所以也说是恒常的。但四智心品并非属"自性常"〔即本性的恒常〕，因为它们是从因〔即种子〕而生起，生起的东西必定会趋向灭亡，这是一直说的道理，从未见过物质与心不是无常的。但这四智心品〔也不是无常的〕，因为佛依靠本愿的力量教化众生没有穷尽之期，所以在无穷的未来时间中，四智心品也不会中断，不会灭尽。

这涅槃和菩提，又是安乐的，因为没有逼迫和扰恼。即涅槃的清净法界，一切法都归于寂静，所以称为安乐；菩提的四智心品，永远脱离逼迫和扰恼之害，所以称为安乐。涅槃和菩提的自性，都没有逼迫和扰恼，并能使一切众生获安乐，所以，这两种转依果，都称为安乐。

【评析】

此处继续论述究竟位的性质和状况，解释关于究竟位颂的其余颂文。佛所证得的大涅槃和大菩提，其性质都是不可思议，都是纯无漏的善，都是安乐而无烦恼。此外，这两种转依果，也都可说是"常"，但二者又有所区别。大涅槃属"自性常"，即本性就是无生灭、无间断的永恒不变。而大菩提的四智心品，不属"自性常"，因为它们是从种子生起，从缘而生的东西必然有灭，就像从缘而生的物质和心都不是"自性常"，所以都有生有灭。因此，若据"自性常"而言，四智心品属无常；但据其他意义而言，四智心品也可说是"常"。一是不断常，即此四智心品生起后就永不间断；二是无尽常，即此四智心品生起后，在其后的无穷时间中永不消灭；三是所依常，即依靠自性常的真如，依靠佛的无尽愿力，此四智心品在未来无穷时间中也永不断灭。所以，涅槃、真如的"自性常"是无始无终的"常";而四智心品的"常"都是有始无终的"常"。

二、释佛身佛土

【原文】

二乘所得二转依果,唯永远离烦恼障缚,无殊胜法故,但名解脱身。

大觉世尊,成就无上寂默法[1]故,名大牟尼。此牟尼尊所得二果,永离二障,亦名法身,无量无边力、无畏等大功德法所庄严故,体、依、聚义,总说名身。故此法身,五法为性;非净法界独名法身,二转依果,皆此摄故。

如是法身有三相别。一自性身,谓诸如来真净法界,受用、变化平等所依,离相寂然,绝诸戏论,具无边际真常功德,是一切法平等实性。即此自性,亦名法身,大功德法所依止故。

二受用身,此有二种:一自受用,谓诸如来三无数劫修集无量福慧资粮,所起无边真实功德及极圆净常遍色身。相续湛然,尽未来际,恒自受用广大法乐。二他受用,谓诸如来由平等智示现微妙净功德身。居纯净土,为住十地诸菩萨众现大神通,转正法轮,决众疑网,令彼受用大乘法乐。合此二种,名受用身。

三变化身,谓诸如来由成事智变现无量随类化身。居净秽土,为未登地诸菩萨众、二乘、异生,称彼机宜,现通说法,令各获得诸利乐事。

【简注】

[1] 寂默法：《述记》卷第十："梵言牟尼，此言寂默。寂默法者，离言法也，或离过故，故名为寂默。"

【今译】

二乘所得的两种转依果，都是永远脱离烦恼障的束缚［从而脱离生死］，但由于没有［十力等］殊胜法，所以只是称为解脱身。

大觉世尊成就了无上寂默法，所以称为大牟尼。这牟尼世尊所证得的两种转依果，永远脱离烦恼障和所知障，所以也称为法身，因为是由无量无边的力、无畏等大功德法所庄严，具有体、依、聚等含义，所以总的称为身。所以，这法身是以涅槃与四智为本性；并非只是涅槃的清净法界可以独自称为法身，两种转依果都属于这法身。

上述法身有三种形式的区别。一是自性身，这就是一切如来所证得的真正清净法界，它是受用身和变化身同等的依托对象，它脱离了一切形相，寂然［而寻思路绝］，灭绝一切戏论［而言语道断］，具有无量无边的真实、永恒的功德，是一切事物的同等的真实本性。正是这本性，也就称为法身，因为是一切有为、无为大功德法的依止。

二是受用身，这受用身有两种：一是自受用身，这是指一切如来在三大阿僧祇劫中修习和聚集了无量的福德和智慧，作为资粮，［引发本具的无漏种子，］所生起的无边的真实功德和［由大圆镜智所变现］极其圆满、清净、恒常、普遍存在的物质身。此身寂然地相连续，在无穷的未来时间中永远自己受用广大的法乐。二是他受用身，这是指一切如来由平等性智所显示和变现的微妙清净的功德身。此身居住在纯净土中，为住十地中的一切菩萨现大神通，转正法轮，解决他们的种种疑问，使他们受用大乘的法乐。总合以上两种，称为受用身。

三是变化身，这是指一切如来由成所作智变现无量的符合度各类众生之需要的化身。此身居住在或清净或污秽的化土中，根据一切尚未证得初地果位的菩萨、二乘、凡夫的素质和时机，为他们显现神通而说法，使他们各自都能获得各种利益和安乐。

【评析】

此处以下论述佛身佛土，首先论述佛身。佛所证得的两种转依果，如颂中所说，可称为"解脱身"。但由于二乘所证得的转依果也称为"解脱身"，为示区别，所以佛的转依果应称为"法身"。法身有"体、依、聚"三义。即法身以真如和四智菩提为自体，这是"体"义；合真如与四智菩提为法身，这是"聚"义；大功德以法身为依止，这是"依"义。这正是佛的法身与二乘的解脱身的区别。即二乘的解脱身没有四智菩提，没有无尽的大功德，所以只能称解脱身，不能称法身。佛的法身有三种形式。一是自性身，这就是佛所证得的清净法界。二是受用身，又分自受用身和他受用身。自受用身，是佛所修集的无边真实功德，具体表现为由大圆镜智显现的无漏物质身（严格地说，是由与大圆镜智相应的无漏第八识变现的无漏物质身，下同）。此物质身，"极圆"，具备众相；"极净"，远离一切烦恼；"极恒"，无间无断；"极遍"，无所不在。此自受用身为佛自己受用。他受用身，是由平等性智变现的无漏物质身，是让十地中的一切菩萨受用。三是变化身，是由成所作智变现的物质身，是让一切凡夫众生受用。

将佛身总称为法身，法身又包括三身或四身，这是唯识学的说法。其他佛典对佛身的说法也有很多。例如四身说，是将佛身分为法身、报身、应身、化身。此说与唯识学的佛身说相比较，大体上，其法身相当于自性身；其报身相当于自受用身，即酬报以往累劫修行而得的果；其应身相当于他受用身，即应十地菩萨之需要而显现；其化身相当于唯识学的化身；而有的说法将应身与化身合为应化身，即应各类众生的需要而变化显现。

【原文】

以五法性摄三身者，有义：初、二摄自性身，经说真如是法身故；①论说转去阿赖耶识得自性身，圆镜智品转去藏识而证得故。②中二智品，摄受用身，说平等智，于纯净土为诸菩萨现佛身故；说观察智，大集会中说法断疑，现自在故；说转诸转识得受用身故。后一智品摄变化身，说成事智，于十方土现无量种难思化故。又智殊胜，具摄三身，故知三身皆有实智。

---

① 参见（唐）玄奘译《佛说佛地经》，《大正藏》第16册，第723页。
② 参见（唐）玄奘译《摄大乘论释》卷第九，《大正藏》第31册，第438页。

有义：初一摄自性身，说自性身本性常故；说佛法身无生灭故；说证因得，非生因故；又说法身诸佛共有，遍一切法，犹若虚空，无相无为，非色、心故。然说转去藏识得者，谓由转灭第八识中二障粗重，显法身故。智殊胜中说法身者，是彼依止，彼实性故。

自性法身，虽有真实无边功德，而无为故，不可说为色、心等物。四智品中真实功德，镜智所起常、遍色身，摄自受用。平等智品所现佛身，摄他受用。成事智品所现随类种种身相，摄变化身。说圆镜智是受用佛，转诸转识得受用故。[①]虽转藏识亦得受用，然说转彼显法身故，于得受用，略不说之。又说法身无生无灭，唯证因得，非色、心等，圆镜智品，与此相违，若非受用，属何身摄？又受用身，摄佛不共有为实德，故四智品实有色、心，皆受用摄。又他受用及变化身，皆为化他方便示现，故不可说实智为体。虽说化身，智殊胜摄，而似智现，或智所起，假说智名，体实非智。但说平等、成所作智，能现受用、三业化身，不说二身即是二智，故此二智自受用摄。

然变化身及他受用，虽无真实心及心所，而有化现心、心所法，无上觉者，神力难思，故能化现无形质法。若不尔者，云何如来现贪、瞋等？久已断故。云何声闻及傍生

[①] 参见（唐）波罗颇蜜多罗译《大乘庄严经论》卷第三，《大正藏》第31册，第607页。另外亦可参见（唐）玄奘译《摄大乘论释》卷第九，《大正藏》第31册，第438页。

等，知如来心？如来实心，等觉菩萨[1]尚不知故。由此经说："化无量类，皆令有心。"① 又说："如来成所作智化作三业。"② 又说："变化有依他心。"③ 依他实心，相分现故。虽说变化，无根、心等，而依余说，不依如来。又化色根、心、心所法，无根等用，故不说有。

如是三身，虽皆具足无边功德，而各有异。谓自性身唯有真实常、乐、我、净，离诸杂染，众善所依，无为功德，无色、心等差别相用。自受用身，具无量种妙色、心等真实功德。若他受用及变化身，唯具无边似色、心等、利乐他用化相功德。

又自性身，正自利摄，寂静安乐，无动作故；亦兼利他，为增上缘，令诸有情得利乐故；又与受用及变化身为所依止，故俱利摄。自受用身，唯属自利；若他受用及变化身，唯属利他，为他现故。

【简注】

[1]等觉菩萨：指修习了十地后进入金刚喻定的菩萨。

【今译】

[关于清净法界和四智]五法与三身[的关系，有两种观点]。第

---

① 参见（北凉）昙无谶译《大般涅槃经》卷第二十三，《大正藏》第12册，第502页。
② 参见（唐）玄奘译《佛地经论》卷第三，《大正藏》第26册，第303页。
③ 参见（唐）玄奘译《解深密经》卷第五，《大正藏》第16册，第710页。

一种观点认为，清净法界和大圆镜智属自性身，因为《佛地经》说真如是法身；《摄论》说转变掉阿赖耶识而得自性身，而大圆镜智就是转变掉藏识而证得的。平等性智和妙观察智属受用身，因为佛典中说，佛以平等性智在纯净佛土中为一切菩萨变现佛身；又说佛以妙观察智在大集会中为众生说法和解决疑问，显现其自在无碍的境界；又说转变各种转识后得受用身。成所作智属变化身，因为佛典中说，佛以成所作智在十方化土显现无数种不可思议的变化。此外，四智的作用殊胜，都能配属三身，故而可知三身都有真实的智。

第二种观点［即正确的观点］认为，清净法界属自性身，［大圆镜智不属自性身，］因为佛典中说，自性身是本性常［即本性的永恒不变，而大圆镜智有始无终，不是本性常；］又说佛的法身无生无灭，［而大圆镜智有生无灭；］又说法身是由证之因而得［即是证得］，不是由生之因而得［即不是生起，而大圆镜智是由生之因而得，即由本有的无漏种而生起；］又说法身为一切佛共同拥有，普遍存在于一切事物中，犹如虚空，没有相，没有作为，不是物质不是心，［而大圆镜智有体性，有作为，主体是心，能保持物质。］而《摄论》说转变掉藏识证得自性身，这是指由于转变灭除第八识中二障的种子，而显现法身［即清净法界］。此外，说四智殊胜，都能配属三身，这是指法身是四智的依止，是四智的真实本性。

自性法身，虽有真实的无边功德，而是无为法，不能说是物质或心等物。四智心品中的真实功德以及大圆镜智所生起的恒常不变、普遍存在的物质身，属自受用身。平等性智心品所变现的佛身，属他受用身。成所作智心品所变现的符合度各类众生需要的种种身体形相，属变化身。所以［《庄严论》］说大圆镜智是自受用佛。［而《摄论》说］转变各种转识而得受用，这是因为虽然转变藏识也得以自己受用，但［该论］已经说［断二障种］转变藏识而显现法身，所以对得到受用这层意思［该论］就略而不说了。此外，佛典中说法身无生无灭，只是由证之因而得，不是物质不是心等，而大圆镜智心品与这法身的上述含义相违，如果此智心品不是自受用身，那又属于何种身？此外，自受用身属佛与二乘非共同拥有的有为真实功德，所以，四智心品的实有的物质和心，都属自受用身。此外，他受用身与变化身，都是为了教化他人而方便显示变现，所以不能说是以真实智为主体。虽说变化身也属智的殊胜性，但它只是以相似于智的形式显现，或由智而生起，假说是智，其主体实际上不是智。所以只说平等性智与成所作智，能变现他受用身和［身口意］三业变化身，不说此二身就是这二智，所以这二智也属自受用身。

但变化身及他受用身，虽然没有真实的心和心所，而有变化显现的心和心所，这是因为佛的神奇力量难以思量，所以能变化显现没有形和质的心和心所。如果不是这样，为何如来会显现贪、嗔等心？如来的这些污染心不是早已断除了吗？此外，为何声闻乃至畜生等，也能知道如来的心？要知道，如来的真实的心连等觉菩萨尚且不知。因此《涅槃经》说："如来化现无量化身，使［所有化身似乎］都有心。"《佛地经》又说："如来的成所作智化作三业。"《解深密经》又说："如来的变化身有依他心。"即依据那真实心作为本质而有心和心所的相分假现而起。虽然有的地方说，变化身没有根和心等，但这是根据佛之外的众生的变化身而说的，不是根据佛的变化身而说的。此外，佛之外的众生变化显现的根、心、心所等，没有它们的真实作用，所以不说它们是存在的。

上述三身，虽然都具足无量无边的功德，但也各有不同。即自性身只有真实的常、乐、我、净，脱离一切杂染，〔不同于有漏法；〕是各种善法的所依，〔不同于有为无漏法；〕是无为功德，〔所以没有生灭；〕没有物质与心等的不同形相与不同作用。自受用身具有无数种微妙的物质与心等的真实功德。至于他受用身和变化身，只具有无量无边的似乎实在的物质与心等，以及用以使他人获得利益和安乐的变化形相的功德。

此外，自性身的根本性质属于自利，因其寂静安乐，没有活动；兼而有之的性质是利他，因为它能作为增上缘，使一切众生获得利益和安乐；还能作为受用身及变化身的依存之处，所以具有自利和利他的二重作用。自受用身只属于自利；至于他受用身与变化身，则只属于利他，因为是为他人而变现的。

【评析】

此处继续讨论佛身，具体讨论佛身与清净法界和四智心品的关系。佛的自性身，只是清净法界，并不包括四智中的任何智，只具有无为功德，不是物质也不是心。而四智心品都是有为功德，能显现出实有物质或变现出似乎实在的物质，能显现出心和心所的功能或变现出似乎实在的心和心所的功能，所以四智应该都属于自受用范畴。

将四智心品配三身，粗略地说，大圆镜智与自受用身，平等性智与他受用身，成所作智与变化身，一一对应。但实际上，三种对应关系有所区别，其中，自受用身的主体就是大圆镜智，因此可说自受用身是大圆镜智显现；而他受用身和变化身的主体并非就是平等性智和成所作智，此二身只是以相似的智的形式显现，或者说是由该二智变现。此外，自受用身由于主体就是大圆镜智，所以具有无边的真实功德，具体地说，就是具有真实的物质身，表现出真实的心与心所的功能；他受用身和变化身，由于不是以真实的智为体，所以没有真实的物质身、心和心所，但有变现的物质身、心和心所。此类物质身、心和心所，由于是根据众生的需要而变现，所以能为众生所感知和理解。而佛的自性身，完全无形无相；佛的真实心，实际上连十地菩萨也不能了知。

【原文】

又自性身依法性土，虽此身、土，体无差别，而属佛、法，相、性异故。此佛身、土，俱非色摄，虽不可说形量小大，然随事相，其量无边，譬如虚空，遍一切处。

自受用身还依自土。谓圆镜智相应净识，由昔所修自利无漏纯净佛土因缘成熟，从初成佛，尽未来际，相续变为纯净佛土，周圆无际，众宝庄严，自受用身，常依而住。如净土量，身量亦尔。诸根相好，一一无边，无限善根所引生故。功德智慧，既非色法，虽不可说形量大小，而依所证及所依身，亦可说言遍一切处。

他受用身，亦依自土。谓平等智大慈悲力，由昔所修利他无漏纯净佛土因缘成熟，随住十地菩萨所宜，变为净土，或小或大，或劣或胜，前后改转，他受用身依之而住，能依身量，亦无定限。

若变化身，依变化土。谓成事智大慈悲力，由昔所修利他无漏净秽佛土因缘成熟，随未登地有情所宜化为佛土，或净或秽，或小或大，前后改转，佛变化身依之而住，能依身量，亦无定限。

自性身、土，一切如来同所证故，体无差别。自受用身及所依土，虽一切佛各变不同，而皆无边，不相障碍。余二身、土，随诸如来所化有情，有共、不共。所化共者，同处同时，诸佛各变为身为土，形状相似，不相障碍，展转相杂为增上缘，令所化生，自识变现，谓于一土有一佛身，为现神通说法饶益。于不共者，唯一佛变。诸有情类，无始时来，种姓法尔更相系属。或多属一，或一属多，故所化生，有共、不共。不尔，多佛久住世间，各事劬劳，实为无益，一佛能益一切生故。

【今译】

　　此外，自性身依止法性土，虽然此佛身与佛土的主体没有差别，但前者属佛，后者属法，即前者属相，后者属性，还是有所不同。此佛身与佛土，都属非物质性的。虽然［由于它们的非物质性，所以］不能说二者有形状体积的大小，但就现象而言，两者都是无量无边，犹如虚空，普遍存在于一切地方。

自受用身还是依止自受用土。即与大圆镜智相应的清净识，由于往昔所修的自利性的无漏纯净佛土的因缘成熟，从最初成佛起，其后在无穷的未来时间中，一直连续地变现为纯净佛土，广阔无边，各种宝物加以庄严，自受用身永远依之而住。自受用身的体积如同其净土的体积。各种感官的形相美好，一一无边，因是由无限的善根所引生的。虽然其功德和智慧，由于不是物质现象，因而不能用形状和体积的大小来表示，但根据其所证的涅槃和所依托的自性法身，也可说普遍存在于一切地方。

他受用身也依止他受用土。即佛的平等性智的大慈悲的力量，由于往昔所修的利他性的无漏纯净佛土的因缘成熟，能根据住十地中的菩萨的需要，变现出清净的佛土，或小或大，或较差或极好，前后改变转化，他受用身依止此土而住，能依的他受用身的形状也与此土一样，没有确定的大小。

至于变化身，则依止变化土。即佛的成所作智的大慈悲的力量，由于往昔所修的利他性的无漏的净秽混杂的佛土的因缘成熟，能根据尚未证得初地果位的众生的需要，变化为佛土，或清净或污秽，或小或大，前后改变转化，佛的变化身也依止此土而住，能依的变化身的形状也与此土一样，没有确定的大小。

自性身和自性土，是一切如来共同所证，所以一切如来的自性身和自性土的主体没有差别。自受用身及其所依止的佛土，虽由一切佛各自变现，都不相同，但都是无量无边的，并且互不妨碍。其余的两种佛身和佛土，根据各如来所教化的众生的状况，而有共同的或不同的。如果所教化的众生是共同的，则在同一地点、同一时间，各位佛各自变现佛身和佛土，形状相似，互不妨碍，相互之间相混杂而作为对方的增上缘，使所教化的众生在自识上变现佛所变现的佛身和佛土，而这些众生只认为在一块国土上只有一位佛在为他们显神通说法从而帮助他们。如果所教化的众生是不同的，则在某一时间、某一地点，只有一位佛变现佛身和佛土。这是由于各类众生无量时间来，其种性自然地互相关联，或是许多众生属于一位佛所教化，或是一众生须多位佛来教化。所以，所教化的众生，有共同的，有不同的。不然的话，许多佛久住世间，各位佛都勤奋教化，这种状况实为无益，因为只要有一位佛就能使一切众生得益。

【评析】

此处论述佛身与佛土的关系。此关系为：自性身依止自性土（或称法性土），自受用身依止自受用土，他受用身依止他受用土，变化身依止变化土。而上述佛土大体上与相应佛身具有同样性质。即自性土如同自性身，是非物质性的，无量无边，为一切佛共同证得且毫无差别。自受用土如同自受用身，也是非物质性的，庄严美好，无量无边，故而依托此土和此身的、非物质性的功德和智慧也是无量无边的。自受用土虽由诸佛各自所变，但都无量无边且互不妨碍。他受用土如同他受用身，是物质性的，体积有限，随诸佛以往修习的因缘以及十地菩萨的需要，大小优劣各不相同。变化土如同变化身，是物质性的，体积有限，随诸佛以往修习的因缘以及所度众生的需要，大小优劣各不相同。

三、释识变身土

【原文】

　　此诸身、土，若净若秽。

　　无漏识上所变现者，同能变识俱善无漏，纯善无漏因缘所生，是道谛摄，非苦、集故。蕴等识相不必皆同，三法因缘杂[1]引生故。

　　有漏识上所变现者，同能变识皆是有漏，纯从有漏因缘所生，是苦、集摄，非灭、道故。善等识相不必皆同，三性因缘杂引生故。蕴等同异，类此应知。不尔，应无五、十二等。

【简注】

　　[1] 杂：据《述记》卷第十，指相分与见分不同种。

【今译】

　　上述［佛等所变现的］身和土，或清净或污秽。

　　如果是［从佛菩萨的］无漏识上所变现的身和土，则与能变识的性质相同，都是善与无漏的，因为这些身和土都是由纯粹善与无漏的因缘［即种子］所生的，它们属于道谛，而不是苦谛或集谛。［但由无漏识所变现的］五蕴等［无漏］识的相分，其［蕴处界的］属性则不必［与能变识的见分属性］相同，［即见分属心法，而如无漏第八识相分中的根、境等属色法，相分与见分属性不同，这是］因为这些相分是依托五蕴、十二处、十八界等因缘〔种子〕而引生的。

如果是〔从菩萨、二乘和地前众生的〕有漏识上变现的身和土，则与能变识的性质相同，都是有漏的，因为这些身和土是从纯粹有漏的因缘〔即有漏种子〕所生的，属于苦谛和集谛，不属于灭谛和道谛。〔但由异熟识所变现的〕善、恶、无记性的识的相分，它们的性质不必〔与见分〕都相同，因为它们是由善、恶等三性的因缘引生的。有漏识所变现的五蕴、十二处等也有同有异，据上述分析便可推知。不然的话，应该没有五蕴、十二处等〔的区别〕。

【评析】

此处论述识所变的身土的属性。开首一句"此诸身、土"，承接上文，应指佛变现的身土。但下文在论述了无漏识变现的身土外，又论述了有漏识所变的身土，所以，此处是总的讨论识（包括有漏识和无漏识）所变现身土的属性。

此处讨论识所变现的身土的三种属性：净秽性、无漏或有漏性、蕴处界性。

关于识所变身土的净秽性，本论没有展开，只有一个结论，即"此诸身、土，若净若秽"，而《述记》对此有详尽论述，大意如下。

首先，从能变身土者来说，能变者有佛、十地菩萨、二乘和（有定力和通力的）地前众生。

自受用身土，能变者只是佛。自受用身土由佛的无漏识所变，唯属净，只是无漏。

他受用身土，能变者是佛或十地菩萨。他受用身土唯属净，但是无漏还是有漏，有几种情况。如果是佛所变，或十地菩萨无漏后得智所变，是无漏。如果是十地菩萨的第八识和前五识所变（这些识在十地中还是有漏），或者是七地以前菩萨的有漏散心（即不在定中的第六识）或有漏后得智所变，是有漏。

进而，论中说："有漏识上所变现者，同能变识皆是有漏，纯从有漏因缘所生，是苦、集摄。"为什么十地菩萨的有漏识及其所变仍属苦谛等？《佛地经论》说："如实义者，十地菩萨自心所变净土有二：若第八识所变净土，是有漏识相分摄故，是有漏身所依处故，虽无漏善力所资熏其相净妙，而是有漏苦谛所摄，随加行等所现亦尔。"①

变化身土，能变者是佛、十地菩萨、二乘和地前众生。变化身土通净秽。

关于变化身土的无漏或有漏，如果是佛变现，唯属无漏，但通净、秽。至于为什么佛的变化身土是秽？《演秘》的解释是："佛所变质，似染名秽。"② 即佛的变化身土，只是"似染"，所以称"秽"，并非真的是染、真的是秽。如我们所处的娑婆世界就是佛的变化土，从众生的立场来观察，这个世界污秽不堪；但作为佛的化土，其本质却是无比清净。

此外，十地菩萨所变的变化身土，其无漏或有漏，大体同

---

① (唐) 玄奘译《佛地经论》卷第一，《大正藏》第26册，第294页。
② (唐) 智周《成唯识论演秘》卷第七，《大正藏》第43册，第978页。

上述他受用身土的无漏或有漏。

二乘所变的变化身土，其有漏或无漏，有两说。一说：二乘第六识的无漏后得智能变，则变化身土属无漏。另一说：二乘的变化身土只是有漏识变，所以属有漏。

地前凡夫（包括教内教外凡夫）的变化身土，都是有漏识变，都属有漏。对上述种种情况，《述记》和《疏抄》有详解。① 此外，关于凡夫变化身土的性质，《义林章》说："异生所变，唯令他见，不堪受用。"②

关于识所变身土的蕴处界属性，身土实际是相分，能变识（包括见分），无论是无漏识还是有漏识，都属心法，而所变相分则不必都是心法，如第八识所变的根、境就属色法。

由此就引起了一个问题，识的见分与相分是什么关系？这就是接下来本论要讨论的问题。

四、释相见同异

【原文】

然相分等[1]，依识变现，非如识性依他中实。不尔，唯识理应不成，许识内境俱实有故。

或识相、见等从缘生，俱依他起，虚实如识。唯言遣外，不遮内境，不尔，真如亦应非实。

---

① 参见（唐）窥基《成唯识论述记》卷第一，《大正藏》第43册，第604页；（唐）灵泰《成唯识论疏抄》卷第十六，《卍新续藏》第50册，第498页。
② （唐）窥基《大乘法苑义林章》卷第五，《大正藏》第45册，第342页。

"内境与识,既并非虚,如何但言唯识非境?"识唯内有,境亦通外,恐滥外故,但言唯识。或诸愚夫迷执于境,起烦恼业,生死沉沦,不解观心勤求出离,哀愍彼故,说唯识言,令自观心,解脱生死。非谓内境如外都无。

或相分等,皆识为性,由熏习力,似多分生。真如亦是识之实性。故除识性,无别有法。

此中识言,亦摄心所,心与心所定相应故。

【简注】

[1]等:指心、心所变现的东西。在"三分说"中,是指见分。

【今译】

[关于相分和见分之假实,有三种观点。第一种观点认为,]而相分等,是由识所变现,[所以只是假法,]并非像识的主体那样是依他起中的实法。不然的话,唯识之理就不能成立,因为那样的话就要承认识内的境界[与识的主体一样]都是实有。

[第二种观点认为,]识与相分和见分等,都同样是从缘而生,都是依他起,所以相分和见分的虚实应该与识的虚实一样。唯识的"唯",只是要排除外境的存在,并不否定识内各种境的存在。不然的话,[若所缘都假,则根本无分别智所缘]真如也应非实有。

[问:]"既然识内的相分境与识一样,并非虚假存在,为何只说唯识而不说唯境?"识只是内部存在,境则内外都有,[而外境

则属虚假，］唯恐人们将内境与外境相混淆，所以只说唯识。或者说，一切愚夫都迷而执着于外境，从而生起各种烦恼和业，生死沉沦，不知道观心而勤求出离，因为哀悯众生，所以说唯识，使他们自己去观心，解脱生死。［所以，说唯识］并非是说内境与外境一样，都不存在。

［第三种观点认为，］相分和见分等，都以识为本性，由于熏习的力量，所以有似乎实在的相分和见分等生起，［实际相分和见分是假。］真如也就是识的真实本性。所以，除了识的本性外，没有其他东西存在。

这里说的识，也包括心所，因为心与心所必定相应。

【评析】

此处论述识所变现的相分、见分与能变识的异同，以及此二分的虚实。

本论依《三十颂》立论，《三十颂》提出了三能变思想，即由第八识、第七识和前六识变现一切法，但这是从能变角度来说，进而，识的所变又是什么？在弥勒、无著和世亲的著作中，所变，笼统地说是一切法。此外还有一个说法，所变是二取，即能取和所取。

关于二取，最著名的一个论述是《辩中边论》中的一个颂："虚妄分别有，于此二都无"。其中，"虚妄分别"指三界心和心所；"二"，就是心和心所变现的能取和所取。"二都无"，字面意思是二取都无。但该论的长行又说："于此二都无者，谓即于此虚妄分别，永无所取能取二性。"① 因此，"二都无"也可指"二取性无"。究竟是"二取无"还是"二取性无"，对此问题，《"唯识经典直解丛书"总序言》有详尽说明，即《辩中边论》的真实意思是"二取性无"。而见分和相分，就相当于能取和所取。

回到识变问题上，对识变，护法、玄奘体系采用了在弥勒、无著和世亲之后，由陈那提出的心识结构说（陈那为三分说，护法为四分说），即识变现见分和相分一切法。这样，《三十颂》的三能变，就是第八识、第七识和前六识变现了各自的见分和相分。但随之而来的问题是，诸识变现的见分和相分，与能变识是什么关系？见分与相分的虚实是异是同？对此，本论阐述了三种观点。

一、第一种观点

第一种观点认为，相分，或相分和见分，都不实。据《述记》，此观点包括二分说和三分说两种解释。二分说认为，本质境是所缘，相分是行相，能缘之心是事。其中所缘（即疏所缘）和相分影像（即亲所缘）都是虚假。此二分说与难陀的二分说有所不同，难陀的二分说中，相分（还有见分）都属实。那么，此二分说的相分（影像）为何是虚假？《述记》对此介绍说："不为行相"。② 《义演》解释是："以不为

---

① （唐）玄奘译《辩中边论》卷上，《大正藏》第31册，第464页。
② （唐）窥基《成唯识论述记》卷第十，《大正藏》第43册，第605页。

行相用故，所以不实。意说本质影像不同见分有分别行相用故不实。"[1] 即此二分说中，相分虽是行相，但没有见分行相的分别作用，这样，相分只有行相的名，没有行相的用，所以不实。

第一种观点的三分说认为，识自体（自证分）变现相分和见分，识自体是依他起性，是实；相分和见分，虽然也是依他起性，但因为是由识变现，所以并不如识自体那样是实，而是虚假，即是依他起性中的假法。

这两种解释，都认为相分（二分说），或相分和见分（三分说），由识变现，所以不如识那样是实，而是虚假。

二、第二种观点

第二种观点也是三分说，此观点认为，相分和见分都是依他起性，"虚实如识"。据《述记》，这是护法正义。

由于见分与自证分同种，所以见分与识（自证分）虚实相同，自然没有问题，所以以下主要分析相分"虚实如识"，对此大体有三种解释。第一种解释，识是实，所以相分也是实。这就是相分"虚实如识"。第二种解释，从二谛来看，胜义谛中，识也是虚，所以相分也虚；但世俗谛中，识是实，所以相分也实。这也是相分"虚实如识"。最后，第三种解释，《述记》说："但有相分与识一种是实，不遮缘过未，但得假法。

---

[1] （唐）如理《成唯识论疏义演》卷第十三，《卍新续藏》第49册，第903页。

此是正义。"① 即虽然相分和识的一种情况是实,但如果识是缘过去、未来的法,那相分就是假法。《义演》的解释是:"此护法说。虽缘现在五尘,相见但实;亦不遮过未时,相分是假。然此相分无质,是独影境,名假法也。"② 即识如果是缘现在五尘,那么相分是实;但如果识缘过去、未来法,则相分是假。这也是相分"虚实如识"。

但上述第三种解释,与亲所缘缘的定义,似乎有些不同。

亲所缘缘就是相分。关于亲所缘缘,本论说:"亲所缘缘,定应有故。"即诸识的疏所缘缘,有无不定,但亲所缘缘必定有,这也意味着,相分必定有。

关于亲所缘缘的定义,本论说:"三所缘缘。谓若有法,是带己相,心或相应所虑所托。此体有二:一亲,二疏。若与能缘,体不相离,是见分等内所虑、托,应知彼是亲所缘缘。"这就是说,相分是见分的"内所虑、托","所虑"就是见分的认识对象,"所托"就是见分生起所依托的对象,因此,见分生起必定要有相分作所虑所托。

此外,依据上述所缘缘定义,无论是疏所缘缘,还是亲所缘缘,都是"有法"。对于"有法",《述记》的解释是:"谓若有法者,谓非遍计所执。此中有二师释,初或通缘假,次或唯缘实。前师即眼识缘长等,后师即不缘。故此但总言有法,不

---

① (唐) 窥基《成唯识论述记》卷第十,《大正藏》第43册,第606页。
② (唐) 如理《成唯识论疏义演》卷第十三,《卍新续藏》第49册,第904页。

别定其假实体法。"①

所以,"有法"不是遍计所执性(可见是依他起性)。亲所缘缘的"有法",应该是实法,但也不排斥某种形式的假法,如长短等形色。

而相分含义中的假法,则是过去未来的假法,《义演》说是独影境(《枢要》说,过未法可说是独影境,也可说是带质境);而如果是独影境,那还包括龟毛兔角之类的假法,这就不是"有法",而是"无法"了。

两者相比较,亲所缘缘的法是"有法",基本上就是实法,但可以开一个小小的口子,即允许长短等形色假法;而相分的法,允许过去未来的假法,甚至允许龟毛兔角的假法(无法)。为何亲所缘缘和相分的含义有如此差别?

实际上,相分就是亲所缘缘,所以应该符合亲所缘缘的定义,即相分是"有法",因为见分依相分而起,如果相分是无法,见分则不生起,如《述记》说:"今大乘中,若缘无法不生心也。"② 这样,三类境的相分,无论是性境相分,还是带质境相分,还是独影境相分,都是"有法",不是无法,不是假法。那么,说独影境"相分是假",又是怎么回事?可以这样理解,首先,独影境"相分无质",即独影境的相分没有本质。其次,《了义灯》说:"独影唯从见,相分是假,无别种故。"③

---

① (唐)窥基《成唯识论述记》卷第七,《大正藏》第43册,第500页。
② (唐)窥基《成唯识论述记》卷第七,《大正藏》第43册,第501页。
③ (唐)惠沼《成唯识论了义灯》卷第一,《大正藏》第43册,第679页。

即独影境的相分没有自种，是由见分种生起。进而又可认为，独影境也不能熏成自种。就此种种，说独影境"相分是假"。但缘独影境之识，其见分仍依托相分生起，所以其相分，严格说仍应是"有法"，只是就无本质、无自种、不熏种而言，相分可说是假。

再从"虚实如识"来说，相分和见分由识生起，即是由识的自证分生起，如果相分是虚是假，那岂不自证分也是虚是假？但自证分不可能是虚是假。对此又该作何理解？这可以从两个角度来说。首先，从有无来看，即就存在论来说，识自证分是有，相分和见分也是有，不可能是虚是假。其次，就所缘来看，即就认识论来说，识的所缘（认识对象）有实法、假法、无法，识在缘实法时，识是实（如第八识、前五识、五俱意识及其所缘境）；若识（独散意识）缘假法和无法时，就说识是虚，相分是虚是假。

进而关于独影境无本质却仍能生起影像相分，虽然用相见同种作了解释，但似乎还需进一步说明。《述记》提出："以名教而为本质起自心相。"[①]《疏抄》说："心生缘虚空时，即以名为本质。"[②]又说："乃至兔角、空华等，即用名教为本质，相分与本质合缘故，成所缘缘。相分必有，兔角是无故，合缘无故。"[③]这样，假法、无法等独影境的相分，仍有本质，本质就是名，

---

① （唐）窥基《成唯识论述记》卷第一，《大正藏》第43册，第250页。
② （唐）灵泰《成唯识论疏抄》卷第十三，《卍新续藏》第50册，第405页。
③ （唐）灵泰《成唯识论疏抄》卷第四，《卍新续藏》第50册，第192页。

第六识对假法、无法，以其名为本质而变现其影像相分。

此外，第二种观点也回答了第一种观点的若干质疑。如第一种观点认为，如果相分、见分是实有，那就不必说"唯识"，完全可以说"唯境""唯见分"。对此，第二种观点的回答是：境通内外，如果说"唯境"，容易产生混乱。此外，说唯识，也是为了使众生能观自心，勤求解脱。

三、第三种观点

第三种观点属"一分说"。此观点认为，只有识真实存在，不承认有相分和见分真实存在，或者说，相分和见分是遍计所执性。至于真如的存在，是因为它就是识的真实本性。

四、关于真如

上述三种观点都认为真如是实有，但阐述角度有所不同。如第二种观点对第一种观点提出质疑：如果心识变现的相分和见分（或能缘和所缘）只是假有，那心识（实际是根本无分别智）在认取真如时，所缘的真如也应属假有。第一种观点在此问题上的看法是：真如实有，不是识变现，只由识内证，所以不能与识变现的相分相提并论。但进而要问：如果真如不是由识变现，那真如是不是独立存在？如果真如是独立存在，那又怎么能说是唯识？

以上问题，第三种观点（还有第一种观点）大概只能这样回答：真如是"识之实性"。而第二种观点对此则给予了圆满的回答,如《述记》所说:"即真如不离识故,非心外法故,亦唯识摄。"① 所以,唯识,不是说一切法必定要由识变现。真如不由识变现,但真如作为一切法之实性,不离识,所以也可说是唯识。

而"一切法不离识",正是护法、玄奘唯识理论的特征,与此前的"一切法皆是识"的唯识理论有所不同。对此,本书的《"唯识经典直解丛书"总序言》有详细论述。

此外,《成唯识论观心法要》将本论此处三种观点的文字释为"五重唯识观"。这样的解释很有特色,但恐非《成论》本意。

五、结语

【原文】

此论三分成立唯识,是故说为《成唯识论》;亦说此论名《净唯识》,显唯识理极明净故。此本论名《唯识三十》,由三十颂显唯识理,乃得圆满,非增减故。

已依圣教及正理,分别唯识性相义,

所获功德施群生,愿共速登无上觉。

【今译】

此论分三部分讨论而成立唯识的理论,因此称为《成唯识论》;

---

① (唐) 窥基《成唯识论述记》卷第十,《大正藏》第43册,第606页。

也可将此论称为《净唯识》，以表示唯识的道理极其明净。此本论的名称是《唯识三十论》，因为用三十首颂来说明唯识之理，可以圆满，无需在三十首颂上再作增减。

以上根据佛典和正理，

区分辨明了唯识的性、相的含义，

所获得的功德施予众生，

愿众生共同迅速证得无上觉悟。

【评析】

　　此处是结语。此结语对前文作了总结，对书名作了交代，并结颂回向、布施和发弘誓愿。论中说"此论三分成立唯识"，所谓"三分"，是指唯识相、唯识性、唯识位。以《三十颂》来划分，则前二十四颂明唯识相，第二十五颂明唯识性，后五颂明唯识位。此处的颂，与本论开始的颂一样，都不属于世亲的《三十颂》，而是玄奘大师根据印度诸论的一般体例需要所作。

征引文献

B

波罗颇蜜多罗译《大乘庄严经论》,《大正藏》第 31 册。

D

遁伦《瑜伽论记》,《大正藏》第 42 册。

H

惠沼《成唯识论了义灯》,《大正藏》第 43 册。

J

鸠摩罗什译《中论》,《大正藏》第 30 册。

K

窥基《般若波罗蜜多心经幽赞》,《大正藏》第 33 册。
窥基《成唯识论别抄》,《卍新续藏》第 48 册。
窥基《唯识论料简》,《卍新续藏》第 48 册。
窥基《成唯识论述记》,《大正藏》第 43 册。

窥基《成唯识论掌中枢要》,《大正藏》第 43 册。

窥基《大乘法苑义林章》,《大正藏》第 45 册。

窥基《唯识二十论述记》,《大正藏》第 43 册。

窥基《瑜伽师地论略纂》,《大正藏》第 43 册。

L

灵泰《成唯识论疏抄》,《卍新续藏》第 50 册。

P

菩提流支译《入楞伽经》,《大正藏》第 16 册。

普光《俱舍论记》,《大正藏》第 41 册。

Q

求那跋陀罗译《楞伽阿跋多罗宝经》,《大正藏》第 16 册。

求那跋陀罗译《杂阿含经》,《大正藏》第 2 册。

R

如理《成唯识论疏义演》,《卍新续藏》第 49 册。

S

实叉难陀译《大乘入楞伽经》,《大正藏》第 16 册。

实叉难陀译《大方广佛华严经》,《大正藏》第 10 册。

山口益《般若思想史》,肖平、杨金萍译,上海古籍出版社，2006年版。

X

玄奘译《成唯识论》，《大正藏》第31册。
玄奘译《阿毗达磨大毗婆沙论》，《大正藏》第27册。
玄奘译《阿毗达磨俱舍论》，《大正藏》第29册。
玄奘译《阿毗达磨顺正理论》，《大正藏》第29册。
玄奘译《辩中边论》，《大正藏》第31册。
玄奘译《大般若波罗蜜多经》，《大正藏》第5册。
玄奘译《大乘阿毗达磨集论》，《大正藏》第31册。
玄奘译《大乘阿毗达磨杂集论》，《大正藏》第30册。
玄奘译《大乘百法明门论》，《大正藏》第31册。
玄奘译《佛地经论》，《大正藏》第26册。
玄奘译《解深密经》，《大正藏》第16册。
玄奘译《摄大乘论本》，《大正藏》第31册。
玄奘译《说无垢称经》，《大正藏》第14册。
玄奘译《唯识二十论》，《大正藏》第31册。
玄奘译《唯识三十论颂》，《大正藏》第31册。
玄奘译《显扬圣教论》，《大正藏》第31册。
玄奘译《瑜伽师地论》，《大正藏》第30册。
玄奘译《瑜伽师地论释》，《大正藏》第30册。
玄奘译（世亲）《摄大乘论释》，《大正藏》第31册。
玄奘译（无性）《摄大乘论释》，《大正藏》第31册。

Y

圆测《解深密经疏》,《卍新续藏》第 21 册。

圆晖《俱舍论颂疏论本》,《大正藏》第 41 册。

Z

真谛译《中边分别论》,《大正藏》第 31 册。

智周《成唯识论演秘》,《大正藏》第 43 册。

索引

（提取范围为正文部分）

A

《阿含经》 260, 393, 449, 450
阿笈摩 261, 262
阿赖耶识 104, 105, 147, 149-152, 154, 163-165, 186-188, 212, 224, 226-230, 232-236, 238-245, 247-249, 254, 255, 258, 261-263, 331, 332, 336, 338, 340, 387, 388, 407, 653, 739, 888, 903, 906
阿罗汉 10, 13, 95, 96, 149, 150, 163, 239-244, 256, 263, 267-269, 318, 319, 324, 340, 381-387, 390, 412, 437, 530, 531, 606, 608, 724, 726, 728, 730, 731, 844, 848, 849, 851
阿毗达磨 101, 105, 113, 161, 164, 251, 253-255, 295, 394, 403, 466, 483, 493, 544, 554, 557, 603, 626, 628, 671, 844, 892
阿陀那识（阿陀那） 154, 255, 256, 258, 347, 593, 655, 656, 659
安慧 4, 16, 17, 146, 190, 191, 329, 345, 348, 357, 622, 623, 625, 741, 745, 798
安立谛 795-797, 803-807, 810, 812, 863
安立真如 751, 753, 796, 798
安受苦忍 820, 821
安住静虑 820-822
暗钝障 841, 844

B

《本地分》 500, 503, 504
《辩中边论》(《辩中边》《中边论》) 204, 623, 624, 632,

754, 757, 758, 760, 761, 918, 919

八识说 292

拔济方便善巧 820-822

般涅槃法 159

办事静虑 820-822

傍生 38, 439, 440, 904

薄伽梵 391

悲愿力 726

被甲精进 487, 488, 820-822

本来自性清净涅槃 172, 869, 870, 878

本识 37, 155, 174, 186, 254, 594, 609, 647-651, 666, 695, 696, 703, 732, 776, 814, 857, 865

本事 44-48, 50, 51

本性常 904, 906

本性灭 757, 759

本性清净 120, 123, 124, 816, 864, 869, 894

本性无生忍 761-763, 765

本性住种（本性住姓、本性住种姓）163, 164, 776-778

本有 45, 108, 159, 163-168, 171-173, 234, 596-598, 704, 706, 779, 883, 906

本愿力 655, 657, 732, 878,
880, 897

本质 31, 36, 37, 91, 93, 132, 217, 364, 399, 456, 458, 472, 486, 534-536, 565, 568, 569, 631, 644, 661-665, 690, 691, 694, 769, 773, 793, 794, 817, 895, 907, 915, 919, 920, 922-924

比量 45, 46, 49, 51, 141, 196, 221, 628, 630, 631

边见 360, 529, 707, 781

边执见 361, 362, 440, 443, 513, 518, 520-522, 525, 526, 528, 530, 531, 533-535, 622

变带 660, 662, 800

变化身 726, 728, 730, 829, 887, 890, 900-912, 915, 916

变化土 890, 895, 910-912, 915

变化无记 98, 99, 390, 583-586, 781

变现 1, 2, 8, 9, 14-16, 18, 25, 31, 32, 41, 78-81, 83-86, 89, 93, 122, 123, 130, 132, 134, 136, 140, 141, 143-146, 158, 176,

187-190, 193, 195, 198, 200-202, 204-207, 209-211, 237, 252, 274, 275, 279, 282, 288, 326, 332, 355, 536, 619, 621, 622, 626, 631, 634, 635, 637, 638, 640, 642-646, 652, 660, 662, 664, 665, 668, 691, 698, 735, 744, 746, 747, 749, 750, 753-755, 788, 791, 796, 801, 802, 809, 811, 813, 847, 856, 880, 885, 889-891, 894, 895, 897, 898, 900-903, 906-909, 911-915, 917, 918, 920, 924

变异 25, 112, 153, 154, 207, 214, 215, 232, 874

变异受 375, 606

变易 37, 120, 126, 477, 726, 727, 730-732, 770, 880, 897

变易生死 726-733, 866

遍出外道 24

遍行心所 150, 183, 184, 212, 213, 216-218, 220-222, 224-226, 229-232, 248, 249, 304, 306-308, 341, 354, 355, 357, 363-365, 367, 368, 370, 371, 373, 374, 377, 396, 415, 428, 430-432, 434, 448, 450, 451, 453, 455, 456, 458, 461, 463, 466, 470, 475, 569, 665, 691, 740, 782

遍行真如 172, 855-857, 859

遍计所起色 87

遍计所执 3, 250, 251, 620, 624, 625, 629, 632, 640, 660, 734-739, 741-745, 747-752, 754, 755, 757, 759, 760, 762-765, 767-770, 780, 794, 795, 814, 817, 865, 866, 921

遍计所执性（遍计所执自性）3, 9, 13, 16, 190, 217, 253, 620, 623-625, 636, 670, 735, 741, 742, 744, 746-748, 750, 751, 753-756, 758-763, 765, 766, 768-771, 773, 782, 816, 817, 922, 924

遍净天 600

遍遣一切有情、诸法假缘智 803

遍知道 757, 759

辩才自在愚 843, 848

辩无碍解　114, 116, 843, 848
表色　75, 88-90, 93
表业　89, 90
表义名言　699, 701
别尽别生　732
别境心所　224-226, 248, 249, 277, 304, 341, 364, 367, 368, 371, 373, 374, 377, 415, 428, 431, 432, 434, 450-452, 454, 456, 460, 464, 465, 468-475, 485, 498, 499, 504, 527, 528, 558, 563, 564, 569, 570, 583, 585, 668, 880-882
别相　49, 270, 427, 430, 448, 479, 539, 543, 546, 548, 550, 554, 616, 666, 708, 709, 737, 764, 785, 786, 905
别助当业　703, 704
波罗蜜多　775, 785-787, 799, 818, 820-831, 833, 834, 859, 893
补特伽罗我见　387
不定地　500, 503
不定心所　225, 226, 248, 277, 364, 377, 415, 428, 431, 435, 558, 569, 576-580, 583-586, 589
不定性　729, 871, 875, 877
不动地　239, 241, 818, 819
不动无为　123-125, 876, 877
不断常　899
不放逸　475, 485, 490-494, 499-502, 552
不共所依　402, 418, 420, 421, 656, 878, 880, 883
不共无明　394-399, 532, 533
不共相种（不共相种子）　202-205, 648, 649
不还果　607, 608, 717, 724
不害　475, 483, 485, 494-496, 498-502, 539, 542, 684
不了义　620
不染污分别　578
不生断　719, 722, 724
不死矫乱论　515
不退菩萨　239, 240, 242, 244, 245, 340, 386
不相违因　672, 674, 676, 678, 680, 686-688
不相应行　74, 93, 117-119, 261, 262, 276, 280, 296, 476, 764
不增减真如　855, 856
不障碍依处　672, 674, 676, 681,

682

不正知 366, 368-374, 496, 498, 536, 537, 554, 556, 557, 559-561, 563, 564

布施 411, 412, 787, 788, 799, 821, 824-828, 831, 833-835, 845, 880, 890, 926

C

财施 820, 821

曾所受境 457, 459

曾习境 452, 468, 471

差别功能依处 671, 672, 674, 676, 681, 682

禅定 98, 275, 276, 287, 289, 489, 506, 508, 514, 530, 531, 557, 787, 822, 826, 846

常见 74, 438, 513, 514, 518-522, 530, 531, 713, 714

陈那 16, 145, 146, 190, 193, 646, 689, 691, 693, 919

成熟有情智 820, 822

成所作智（成事智） 5, 342, 416, 417, 419, 472, 501, 504, 665, 878, 880, 881, 883-885, 887, 889-892, 895, 902-909, 911

持戒 787, 821, 826-828, 831, 833, 845

持种识 270, 299, 647

持种心 264, 265, 271

持种依 817, 863, 864

出世道 312, 315, 318, 319, 340, 381-384, 386, 499, 500, 502, 722

出世断道 861-863

出世末那 383

出世心 160, 162, 167, 170

出心 451, 802, 816, 858, 908

触食 215, 216, 292-295, 298

触心所 215, 216, 233, 306, 307, 428, 450, 463, 492

串习力 285

纯作意背生死愚 842, 846

纯作意求无相愚 842, 846

纯作意向涅槃愚 846

词无碍解 116, 117, 843, 848

慈悲力 909, 910

慈氏 131, 258

次第定 603

次第灭根 269, 270

粗相现行障 842, 846

粗重 489, 490, 795-799, 813-815, 818, 835-851, 853, 854, 858

D

《大般若经》 896

《大乘阿毗达磨契经》(《阿毗达磨经》) 249

《大乘阿毗达磨杂集论》(《杂集论》) 99, 125, 330, 406, 424, 436, 535, 578, 824, 829, 892, 897

《大乘庄严经论》(《庄严论》) 416, 590, 886, 887, 904

《大毗婆沙论》 112, 180, 188, 328, 394

《对法藏》 466

《对法论》(《对法》) 575, 722

答摩 44, 45

大悲般若 868, 873

大乘光明定 829, 832

大等二十三法 44, 45

大地法 303, 304, 306, 307, 465, 466

大法智云 818, 843, 848

大涅槃 775, 816, 817, 848, 859, 869, 870, 877, 881, 891, 894, 896, 899

大菩提 4, 5, 239, 242, 487, 488, 655, 657, 727, 729, 730, 775, 779, 781, 786, 787, 804, 810, 812, 823, 825, 828, 844, 848, 858-860, 878, 879, 881, 891, 894, 896, 899

大神通愚 843, 848

大随烦恼 374, 400, 432, 536, 537, 545, 547, 549, 551, 553, 557, 559-564, 566-568, 584

大圆镜智 5, 209, 246-248, 347, 385, 657, 878, 879, 881-883, 885, 886, 888, 890, 901, 902, 906-909, 911

大种 199, 207, 208, 294

大众部 118, 167, 201, 261, 262, 264, 408

大自在宫 655-657

大自在天 62-64

忉利天 514

道谛 19, 167, 168, 171, 172, 250, 253, 424, 426, 486, 530, 532-536, 565, 568, 603, 604, 726, 729, 743, 745, 748, 753, 757, 759, 803, 806, 892, 894, 898, 913, 914

道理胜义 19, 770

道理所成真实 757, 758, 760

得胜义 762, 763

德句义 52, 54, 55
等持 462–465, 467, 471, 823
等觉菩萨 905, 907
等流 142, 143, 146, 310, 343, 381, 423, 425, 544, 548, 554, 557, 571, 647, 683, 684, 695, 777, 780
等流果 142, 143, 154, 179, 180, 182, 648, 683–688, 697
等流乐 440, 441, 444, 446
等流习气 142, 144
等流心 344–346
等流性 430, 536, 557
等流种子 143–145, 160, 390
等起集 757, 759
等起善 308–311, 476
等无间意 404
等无间缘 81, 323, 343–345, 348–351, 402, 611, 613, 614, 619, 649, 653–659, 670, 671, 673, 675, 681–683, 690–693, 723, 750
等无间缘依 225, 321–323, 325, 342, 343, 350, 402
等引 424, 463, 464, 471
等至爱愚 841, 846
地水火风 793

地狱 38, 153, 154, 159, 161, 162, 170, 279, 343, 345, 439–446, 516, 528, 530, 798
第八净识 178, 346, 865, 887
第八识 8, 15, 25, 32–36, 39, 40, 42, 46, 75, 78–80, 89, 104, 105, 118, 129–132, 142–144, 146–151, 153–158, 161, 162, 176–178, 180–184, 186–189, 194, 197, 198, 201, 203–207, 209–213, 220–222, 224–232, 238, 239, 241–258, 260–286, 288–302, 308–311, 313–320, 322, 323, 326, 327, 330, 332–343, 346, 347, 351, 352, 354–358, 363, 364, 366, 368, 375–377, 379, 380, 384–387, 392, 393, 396, 398, 418, 421, 432–435, 441, 444, 446, 451, 460, 461, 467, 471, 473, 503, 512, 526, 536, 562, 563, 579, 592–596, 610, 614–617, 619, 629, 631, 635, 639, 644, 648, 649, 651–653, 655–

657, 659, 662-665, 668, 672, 673, 690, 691, 693, 696, 698, 704, 705, 707, 710, 712, 717, 720, 723, 733, 739, 740, 742, 745, 777, 799, 816, 817, 852, 859, 864, 866, 880, 881, 884, 889, 902, 904, 906, 913, 915, 916, 918, 919, 923

第八心品 651, 663

第六声 108, 109

第六识 2, 32-37, 46, 129-132, 193, 194, 206, 211, 221, 222, 270, 276, 277, 279, 284, 286, 287, 289, 291, 296-298, 301-303, 305, 307-311, 317, 320, 327, 335, 339, 341-343, 346, 347, 351, 355, 357, 385, 386, 399-403, 415, 418, 421, 434, 435, 443, 446, 459-461, 467, 473, 474, 500, 503, 512, 524, 536, 561-563, 569, 572, 574, 577, 579-581, 585, 595-599, 601, 602, 605, 609-612, 615, 625, 629, 631, 635, 638, 639, 641, 658, 659, 662, 664, 665, 690, 691, 693, 739, 741, 742, 750, 751, 782, 785, 794, 795, 798, 799, 819, 841, 845, 846, 851, 853, 854, 880, 881, 884, 885, 895, 915, 916, 924

第六心品 663

第七识 2, 8, 15, 32, 34-37, 125, 129-132, 142, 143, 147, 151, 176, 177, 194, 211, 220-222, 224, 240, 242-245, 247, 252, 270, 277, 291, 295, 301, 317-323, 327, 333-343, 346, 347, 351-359, 361-366, 368, 370, 371, 373-413, 418, 421, 432-434, 443, 444, 446, 461, 471, 473, 503, 512, 526, 561-563, 579, 595, 596, 604, 605, 607, 614, 615, 625, 629, 631, 635, 657-659, 664, 665, 690, 691, 693, 698, 712, 720, 722, 739, 741, 742, 751, 785, 798, 799, 841, 843, 845, 847, 850-

索引 / 939

854, 862, 863, 880, 881, 885, 889, 895, 918, 919
第七心品 663, 738
第四禅天 516, 598, 601, 717
谛察法忍 820, 821
谛现观 666-668
掉举 365-374, 400, 464, 492, 493, 502, 536-538, 541, 545-547, 554, 556, 557, 559-561, 573, 822
定爱 841, 846
定道戒 91
定果色 87, 205, 207, 208, 279
定加行 106, 303, 500
定力 87, 205, 206, 210, 279, 378, 728-730, 732, 822, 875, 914
定门 856, 878, 880
定相应意识 424
定心所 225, 248, 364, 429, 458, 463, 469, 472, 492, 496, 527
定异因 672, 674, 676, 678, 680, 687, 688
独行不共 397
独行不共无明 398-400, 524
独行无明（独行痴）397, 399, 400

独觉 160, 239, 241, 246, 247, 387, 388, 726-729, 731, 778
独觉种姓 160, 162, 167, 170
独散意识 221, 287, 289, 426, 613, 663, 923
独相 715
犊子部 28
段食 215, 292-295, 297, 298
断果 312
断见 74, 513, 514, 518-523, 525, 530, 531, 634, 635, 713, 714
断灭 124, 125, 234, 245, 294, 298, 313, 318, 356, 381, 382, 399, 412, 426, 448, 513, 520, 522, 525, 603, 605, 606, 797, 815, 849, 851, 853, 862, 865, 870, 884, 896, 899
对治道 391, 393
多识俱转 611, 612
堕法处所现实色 205

E

《二十唯识论》（《二十唯识》）
恶慧 368, 370, 371, 553, 555, 824

恶见　361，362，485，505，509，511-513，515，517，518，521，522，524-528，533，534，563，567，707，708，782，783，837

恶取空　18，273，636，637，644，645

恶趣杂染愚　836，837

恶作　223，225，363，364，486，570-573，582-584，586

二乘有学　154，248，387，389，390，731，871

二谛　18，19，73，128，534，629，636，637，761，763，890，920

二分俱无　799

二分俱有　809

二分说　16，189-191，193，623，919，920

二空　4-6，121，347，605，747，749，789，802-805，807，817，851，854，861，885，891

二空所显　44，121，172，240，746，747，749，750，757，802，806，855，861，863

二空真如　770，858，891

二取　146，359，517，519，523，525，532，624，629，632，695-697，702，731，732，743，757，779，782，788-790，795，797，799，809，814，918，919

二取灭　757，759

二取习气　694-696，699，700，702，732，733，779

二十二法　879-881

二十二根　155-157，437，485，666，667，669，670

二世一重因果　707，708，714

二无因论　514-516

二障　4，5，160，162，167，170，726，732，733，780，784-787，797-799，802-807，810，815-817，823，825，835-837，839，840，849，850，853，854，859-862，865，867，869，870，878，900，906，907

二障粗重　814，849，851，853，854，858，904

二障净智所行真实　757

二障随眠　860，861

二障现行　860，863

二障种子（二障种）　162，167，170，172，490，619，732，

783, 797, 799, 804, 806, 807, 814, 815, 817, 837, 838, 840, 849, 851, 852, 854, 860, 862, 863, 865-867

二执 1, 8, 71, 353, 714, 738, 757, 807, 862, 863, 882, 884

F

《佛地经》 416, 419, 740, 886-889, 906, 907

发光地 817, 819, 835

发业润生 701

法爱 452, 841, 846

法爱愚 841, 846

法尘 117

法处 90, 117, 295, 332, 333, 418, 635

法处所摄色 27, 75, 87, 89, 205, 207, 277, 646

法尔种子 159

法界 101, 295, 314, 770, 771, 773, 777, 810, 812, 895, 896

法界等流 160, 776, 777

法界色 892

法空 2, 4-7, 19, 242, 606, 634-637, 644, 645, 666, 669, 748, 753, 759, 764, 771, 785, 804, 819, 837, 851, 854, 856, 860, 862, 873, 875-877

法空观 129, 130, 384, 390, 684, 835, 882, 884-886

法空无分别慧 820-822

法空真如 129, 130, 873, 875

法空智 389, 780, 782, 783, 876

法空智果 387-389, 849, 853

法身 814, 816, 818, 819, 894, 900-904, 906, 907, 911

法施 820, 821

法识 416, 418, 419

法我见 386-389, 781

法无碍解 116, 117, 843, 847

法无别真如 855, 856

法无我 5, 49, 384, 386, 753, 759, 820

法性 17, 73, 120, 121, 123, 126, 621, 624, 747, 765-767, 874, 897

法性土 909, 910, 912

法云地 818, 819, 882, 884

法执 1, 2, 4-6, 9, 11, 13, 20, 24, 36, 40, 41, 43, 44,

51, 52, 54, 56, 57, 60, 62, 64-66, 74, 75, 127-132, 140, 144, 221, 387-390, 739, 740, 746, 747, 749, 758, 783, 794, 798, 807, 838, 854, 885

烦恼粗重 239, 240, 490

烦恼见 483

烦恼心所 225, 226, 230, 317, 341, 377-379, 396, 415, 428, 431, 434, 435, 458, 460, 466, 499, 505, 507, 550

烦恼障 4, 5, 162, 239, 241, 242, 383, 384, 389, 619, 684, 726-730, 732, 733, 758, 759, 780-785, 804, 816, 818, 819, 834, 836-840, 843, 844, 846, 848-854, 858, 860, 867-870, 872-876, 900, 901

烦恼障净智所行真实 758

反问记 417

梵天 514, 567

梵王 514-516

方分 53, 66, 67, 76, 85

放逸 365, 367-374, 400, 490, 491, 500, 502, 536, 537,

552, 553, 559-561

非安立谛 158, 795-797, 803, 804, 807, 810, 812, 863

非安立真如 796, 798

非常非断 25, 148, 232-234, 514

非假非实 43, 742, 762, 763

非了义说 769

非量 45, 46, 194, 195, 221, 641

非律仪非不律仪无表 87, 91

非所断 167, 170, 381, 382, 436-438, 505, 532, 533, 567, 586, 588, 589

非想非非想处天 604

非想非非想地 407

非学非无学 437, 504, 533, 534, 568, 588, 589, 603

非择灭 120, 124, 280, 751, 873

非择灭无为 122-124, 281, 753, 874, 876, 877

非障有漏 882

非主独行 397, 399, 400

吠陀论 65

废诠谈旨谛 19

分别变 146, 210, 211, 214

分别法执 2, 129-131

分别计度 33, 129
分别记 417
分别我执 2, 32-37, 699, 700
分段身 727
分段生死 241, 244, 726, 728-730, 733
分位假 42, 43, 93, 666
佛地 417, 587, 589, 720, 736, 768, 809, 811, 843, 848, 849, 867, 868, 879, 880, 884-887, 903, 905, 915
佛身 740, 775, 874, 879, 888, 891, 893-896, 898, 900, 902-904, 906, 908-912
佛土 114, 116, 117, 740, 775, 879, 888, 891, 894, 895, 897, 898, 900, 902, 906, 909-912
佛性 163, 173
伏灭 300, 381, 382, 489, 530, 605, 777, 779, 781, 782, 784, 787, 790, 797, 823, 826, 873, 876
浮尘根（扶根尘）26, 27, 80, 178, 187, 203, 207, 332

G

《观所缘缘论》（《观所缘论》）326, 691
根本智 120, 242, 459, 603, 606, 749, 753, 793, 809, 811, 813, 825, 862, 863
根本无分别智 383, 775, 801, 802, 806, 812, 813, 854, 861-863, 888-890, 917, 924
根本烦恼心所 362, 368, 505
根本识 261, 262, 264, 592, 593, 613, 817, 863, 864
共相种子 177, 178, 200, 202, 204, 205
盖缠 570, 571
根本定 441, 442, 445, 528, 530, 531, 667, 713, 861
根本烦恼 242, 248, 359-368, 370, 371, 373, 374, 378, 379, 384, 385, 396-400, 413, 423, 430-432, 435, 485, 505, 507, 509, 518, 520, 522, 526-528, 531, 534, 535, 537, 538, 558, 562-565, 567, 568, 576, 584, 585, 720, 724, 780-782, 785, 804, 837
根本识 261, 262, 264, 592, 593, 613, 817, 863, 864
根本所依 323, 339, 342, 421,

615

根本位　666，668

根本无分别慧　830，832

根本智　120，242，459，603，606，749，753，793，809，811，813，825，862，863

根依处　186，187，203，204，331，671，673

工巧无记　98，390，583，584，586，781

功能差别　103，155，156，163，174，647，650

共相　139-141，365，427，546，648，719，736，746-748，809，811，812，822，878，880，887，889，892，895

共相种　102，174，175，198，203，648，649

故意力　849，853

观待因　671，673-675，678，687，688

广大转　814，858，860

鬼趣　439，440

果俱有　155，173，174

果能变　142-146

果相　38，152-154，211，234，235，238，324，497，685，703，727，745，749，849，

884，922-924

果圆满转　858，859

H

《厚严经》　134，141，190，196，626，627

和合句义　52，58

和合苦　757，759

和合依处　672，674，676，681，682

恒行不共无明　398-400

恒审思量　142，318，320，358，391，404

恒随转　174

恒因论　516

后得无分别慧　830，832，833

后得智　186，242，382，383，459，587，589，603，606，607，665，740，743，745，747，749，753，755，756，775，793，800，801，809，811-813，822，823，825，829，831，851，854，862，863，867，884，886-891，915，916

后际五现涅槃论　515

护法　3，6，16，17，145，146，165，190，197，245，330，

340, 351, 357, 617, 622, 623, 625, 639, 646, 735, 741, 742, 746, 798, 919-921, 925

护月 162

化地部 118, 261, 262, 264

回向方便善巧 820-822

慧学 830, 832, 833

昏沉 289, 364-374, 398, 400, 464, 465, 489, 490, 493, 536, 537, 548-550, 557, 559-561, 573, 609, 611, 822

火辨 6, 357

惑苦无生忍 761-763, 765

惑、业、苦 701-704, 706, 724-726

J

《集量论》 192, 193

《集论》 214-216, 239-241, 243, 292, 294, 295, 310, 323, 324, 365, 367, 373, 384, 483, 485, 554, 555, 673, 703, 705, 720, 723, 824, 826, 844, 848, 892-895

《解深密经》《解深密》 126, 255-257, 389, 625, 626, 628, 643, 735, 824, 826, 905, 907

《解脱经》 385, 391, 392

《净唯识》 925, 926

《俱舍论》 101, 105, 215, 310, 403, 476

《决择分》 155, 239, 500, 596

鸡胤部 167

极迥色 87

极劣无记 651

极略色 87

极难胜地 818, 819

极微 21-23, 54, 66-70, 74-78, 80-88, 208, 285, 381, 651, 653, 848, 882

极微实有论 67

极微细碍愚 844, 848

极微细着愚 844

极喜地 810, 812, 817, 819, 849

即蕴我 11, 25

集谛 19, 171, 250, 253, 277, 278, 478, 533, 534, 565, 720, 723, 753, 757, 759, 806, 892, 894, 898, 913, 914

集福王定 829, 832

集起名心 391

计度分别 402, 403, 738
加行道 488, 790, 806, 807, 810, 812, 852, 867
加行善 308, 582-585
加行位 168, 169, 305, 467, 469, 487, 489, 656, 658, 666, 668, 775-778, 781, 787, 788, 790, 792-795, 797, 798, 801, 832-834, 837, 853, 859, 884, 886
加行无分别慧 830, 832, 833
加行智 740, 793, 862, 863
假必依真 134, 135, 139, 141, 405
假法 11, 13, 26, 27, 41-43, 47, 75, 76, 84, 86, 87, 94, 106, 107, 119, 140, 155, 159, 175, 207, 217, 269, 278, 357, 492, 493, 495, 537, 538, 547, 551, 553, 573, 581, 599, 619, 646, 659, 660, 670, 762, 772, 917, 920-924
假名非安立谛 19
假名无实谛 19
假实性 501, 559, 578, 580, 716
假世俗 761-763

假说 8-11, 14, 31, 75, 85, 86, 92, 93, 95, 97, 98, 120, 122, 134-141, 179, 182, 239, 333, 337, 339, 404, 405, 441, 445, 446, 479, 480, 543, 544, 547, 609, 610, 620, 621, 651, 652, 703, 705, 715, 716, 720, 723, 727, 729, 730, 752-754, 758, 767, 768, 770, 806, 809, 810, 813, 814, 816, 865, 877, 904, 907
假我 13, 25, 357, 619, 621
坚、湿、暖、动 55, 56
坚住性 178
简择力 120, 828, 876
见分 1, 14, 16, 34-36, 83, 128, 141, 143-146, 155, 157, 183-185, 187-198, 203, 210, 211, 317, 327-329, 353, 355-357, 368, 375, 376, 398, 410, 411, 420, 421, 512, 613, 619-623, 625, 629-631, 645-647, 649, 650, 652, 653, 661-663, 689-694, 696, 697, 701, 710, 712, 735,

索 引 / 947

736, 742-747, 749, 752, 754, 755, 798-803, 805, 806, 808, 811-813, 852, 881, 913, 914, 916-924

见取见 361, 362, 517, 518, 520-522, 525, 526, 531, 533, 534, 707

见所断 96, 359, 381, 397, 436, 438, 501, 505, 532, 565, 605, 699, 718, 719, 780, 803, 849, 850, 853, 861

见一处住地 731, 783

见有相无 800, 809

健行定 830, 832

渐悟 244, 387-389, 830, 833, 871

结生相续 256

羯逻蓝 290, 291

解行地 785-787, 796, 797, 882, 884, 886

解脱道 463, 488, 493, 718, 805-808, 835-838, 840, 844, 849, 850, 852, 865-867, 882, 884

解脱身 814, 816, 891, 893, 894, 896, 900-902

戒禁取见 361, 362, 517, 518, 520-522, 525, 526, 531, 533, 534, 708

戒现观 667, 810, 812

戒学 829, 832, 833

界系 292, 293, 328, 331, 369, 378-380, 436, 504, 527-529

金刚喻定 381, 382, 666, 669, 839, 840, 843, 844, 848-854, 858, 859, 865-867, 882-884, 905

近分定 442, 445, 713

近分喜 441

近正果 174, 175

经部 81, 84, 118, 235, 238, 239, 408

经量部 7, 304, 660

精进 96, 103, 156, 272, 453, 454, 486-493, 499, 501, 502, 551, 552, 668, 670, 787, 820-826, 830, 833

净八识聚 689

净法界 900

净分依他 628, 746

净秽土 900

净居天 655-657

净色根 26, 27, 57, 80, 84, 156, 178, 187, 203, 204, 207, 648, 665

净尸罗　817, 840

净土　887, 890, 900, 902, 903, 909–911, 915

净信　246, 500, 550, 810

静虑　261, 374, 375, 439, 464, 465, 578, 582, 586, 597, 600, 795, 820–826, 830, 833

境界受　218–220, 703, 706

境界依处　671, 673, 681, 682

境色　326, 641

境相　185, 186, 192, 218, 223, 325, 343, 391, 409, 435, 570, 614, 626, 627, 861, 862, 878

究竟位　174, 176, 487, 489, 587, 589, 775–778, 810, 812, 817, 830, 833, 834, 858, 859, 891, 893, 894, 896, 899

究竟观　810, 812

九次第定　604

九心相见道　807, 808

九种命终心　719, 720

句诠差别　114, 736

具知根　156, 161, 441, 666, 669, 670

俱非我　26

俱空无分别慧　820–822

俱生法执　2, 129–131, 389, 390, 854

俱生微所知障　843

俱生我执　2, 32–37, 129, 131, 388, 390, 699, 700

俱有根　250, 321

俱有所依　321, 337–341, 401, 402, 615, 883

俱有依　225, 250, 252, 321, 322, 325–337, 340–342, 384–387, 402, 403, 593, 615

俱有因　155, 179, 180, 182

聚集假　42, 43

决定境　452, 455, 468

决定心　343, 344, 346, 500

K

开导根　321

开导依　321, 328, 330, 342–352, 654

可熏性　178, 180

客尘烦恼　166, 168

客识　440, 441, 443, 720

客受　440, 441

空解脱门　762–764

空宗　128, 273, 637, 769, 773

苦谛 19, 171, 253, 278, 372, 478, 532-534, 565, 720, 722, 725, 753, 757-759, 803, 805, 806, 874, 877, 894, 898, 913-915

苦法智 803, 805

苦法智忍 803, 805

苦根 436-438, 440, 441, 443, 444, 473, 668, 836, 838

苦具 482, 484, 506

苦类智 803, 806

苦类智忍 803, 805, 806

苦受 22, 23, 124, 224, 261, 375, 376, 436-438, 440-446, 473, 474, 504, 523-526, 561, 562, 580, 582, 583, 607, 670, 719, 722

窥基 9, 12, 16, 19, 31, 41, 45, 118, 125, 137, 139, 144, 145, 154, 159, 183, 185, 186, 191, 214, 226, 239, 244, 292, 320, 341, 345, 346, 357, 359, 380, 393, 400, 403, 405, 421, 423, 430, 432-434, 438, 456, 459, 467, 482, 494, 510, 511, 558, 575, 581, 615, 639, 660, 661, 663, 676, 684, 694, 698, 701, 731, 741, 746, 760, 761, 779, 780, 793, 794, 854, 867, 871, 872, 916, 919, 921-923, 925

L

《楞伽经》 336, 608, 616, 617, 625, 626, 628, 740, 754

《立世经》 200

剌阇 44, 45

乐受 120, 124, 224, 261, 293, 375, 376, 435-438, 441-445, 448, 524-526, 562, 564, 580, 583, 607, 670, 719, 722

了别 8, 14, 15, 140, 184-186, 188, 189, 191, 192, 195, 197, 229, 231, 232, 319, 387, 391, 394, 409, 411, 416-418, 420, 427-431, 449, 450, 614, 626

了别境识 8

了别名识 391, 416

了境 142, 416, 420, 421, 699, 701

了境能变识 416, 417, 420

了境识 143

了义 150，184，186，187，
　459，461，463-465，767，
　773，798，799，922
了义说 769
类无别真如 855，856
类智 803，805，807，808
离缚断 719，722，724
离垢地 817，819
离系果 648，649，684-688，829，
　832
离言正智 636
离蕴我 11，26
理世俗 19，158，616，771
利行 786-788
利乐精进 820-822
利乐他愿 820，822
利乐有情 246，494，843，868，
　873，888
利他中不欲行障 843，847
量果 192，193，195，197
劣无漏 865，867，882
领受依处 671，673-675，682
流转真如 751，753
六二法 634，635
六法 751
六根 270，322，323，339，410，
　413，415，416，418，419，
　501，504，671，673，707，
　710
六果顿生 228
六界 590，591
六境 31，32，415-418，420，
　421，888
六六法 214，215
六趣 38
六位心所 427，448，644
六现观 809，813
乱体 496，637-640
乱相 637-639
伦理属性 148，150，158，226，
　310，311，378，421，422，
　504，527，528，566，568，
　584，585
轮回主体 234
轮王 95-97
律仪戒 820，821，829，832
律仪无表 87，91

M

满业 142，143，390，695，696，
　704
闷绝 265，285，295，346，347，
　349，440，593，609，610
弥勒 132，259，260，630，636，
　918，919
迷理随眠 861，891

迷事随眠　861
迷悟依　864
妙观察智　5，878，880-882，884-887，889，890，895，906
灭谛　19，171，253，486，530，533-536，565，566，568，753，757，759，806，898，914
灭定　208，264，296，299，302，309，318，381，383，384，387，405，606，609
灭缚得　873
灭尽定　94，106，107，125，126，210，265，297，299-302，305-311，319，340，347，381-387，389，406，407，464，598-600，602-608，610，851，854，884，886
灭受想定　303-305，307，308，604
灭障得　873
名、句、文身　113，114
名色　290-292，312，314，416，624，695，703-705，707-712，716
名想见　671

名言道断　868
名言习气　142，160，698-701
名言熏习　638，639，648
名言种子　142，162
名义　430，431，514
明得定　789，791
明了意识　333，334，342
明论　64，65
明增定　789，791
命根　94，102-105，152，153，156，273-275，281，282，294-298，310，444，611，613，666，668，670
命者　10，11，13
末底　508-510
末那　249，250，252，318-320，326-332，334，335，338，340，346，347，353-355，358，359，363，364，375，376，378-380，383-385，395，404，409-412，523，524，606，611，612，862
默置记　417

N

《涅槃经》　907
棒落迦　439，441
耐怨害忍　820，821

难陀 16, 162, 190, 245, 324, 327, 343, 346, 357, 622, 623, 625, 737, 919

内大种 199, 203

内境 13, 41, 134, 360, 694, 916-918

内六处 321, 337, 341, 888

内遣有情假缘智 803, 804

内遣诸法假缘智 803

内识 6, 7, 14, 15, 17, 18, 21, 22, 31, 41, 79, 92, 93, 133, 134, 195, 620, 632, 642, 643, 689, 692, 694, 695, 732, 733

内因 32, 33, 730, 733

内因力 129

内因缘 78, 726

内种 34, 130, 159, 166, 169, 174, 175, 177, 178, 265, 577, 579

能变识 142-145, 149-153, 319, 321, 322, 352, 417, 418, 617, 619-621, 913-916, 918, 919

能遍计识 738

能断道 250, 861-863, 891

能伏道 860, 862, 863

能量 192-195, 197, 198

能取空 789, 792

能取识 789, 794

能诠 64, 65, 113-115, 139-141, 699, 752, 754-756, 772, 794, 795, 843, 847

能生支 703, 706, 707

能熏 156, 158-161, 172, 173, 178-184, 266, 268-270, 326, 327, 335-337, 616, 639, 651, 652, 689, 691, 693, 701, 738, 740, 745, 923

能引支 703, 704, 707

能缘 32, 183, 185, 188-191, 194-196, 206, 208, 326, 349, 467, 535, 566, 568, 586-588, 628, 630, 661, 662, 688, 689, 701, 742, 746, 747, 794, 800, 801, 804, 808, 887, 889, 890, 919, 921, 924

能缘熏 183

能执受 249, 256, 257, 279-282, 286, 288, 289, 336

能转道 860, 862, 863, 890, 891

能作因 155, 184, 702, 743

尼犍子外道 24

涅槃 4, 5, 30, 39, 107, 161-163, 170-173, 204, 241, 251-253, 297, 309, 310, 315, 408, 476, 483, 486, 488, 515, 516, 525, 530, 531, 573, 585, 600, 604, 731, 748, 762, 763, 775, 782, 787, 816, 817, 822, 826, 839, 846, 860, 869-871, 874-878, 880, 881, 890, 894, 895, 898, 899, 901, 905, 911

暖、顶、忍、世第一法 666, 775, 788, 790, 792

P

毗钵舍那 548

辟支佛 163, 241, 244, 256, 383, 390, 437, 730

平等实性 900

平等性智 5, 346, 347, 354, 356, 385, 387-390, 659, 878, 880-882, 884, 885, 887, 889, 890, 895, 901, 903, 906-909, 911

平等智 383, 887, 892, 900, 903, 904, 909

婆罗门 35, 36, 67, 102

菩萨乘 893

菩萨地 393, 676-679, 871, 884

菩萨戒 824

菩萨种姓（菩萨种性） 823

菩提分法 818, 819, 841, 845, 846

Q

《起尽经》 214, 215, 449, 450

七分别 578

七慢 508

七真如 751

七最胜 823

器世间 13, 146, 186-189, 197-201, 203, 206-209, 211, 229, 252, 274, 280, 331, 506, 536, 635

牵引因 671, 673, 675, 678-680, 687, 688

牵引种 677-679

前际二无因论 514-516

前灭意 321, 330, 635

遣相空理 271

亲办自果 650, 680

亲胜 16

亲所缘 133, 532, 628, 631, 642, 919

亲所缘缘　84, 85, 133, 134, 228, 230, 534, 568, 631, 644, 661-665, 921, 922
亲依　593
亲证　665, 800, 861, 872, 891
轻安　432, 433, 435, 475, 480, 489, 490, 499-504, 548-550, 582-585, 815, 822
清辨　7
清净道种　312
清净法界　162, 868-870, 892, 894, 897-899, 901, 902, 905, 906, 908
清净真如　751, 753, 872, 875
穷生死蕴　261, 262, 264
取像　220, 232
趣寂种姓　256

R

《入楞伽》　195, 391
《入楞伽经》　196, 256, 257, 338, 392
染法　226, 251, 323, 378, 379, 477, 486, 496, 538, 550, 551, 557, 591, 673, 815, 816
染分依他　746, 759
染净法　163, 270, 311, 637, 751, 814, 864
染净心　311, 344, 346, 746
染净依　338, 420, 746
染净因果　226, 271, 272, 315
染污分别　578
染污末那（染污意）　379, 396, 407, 409
染心　313, 314, 365, 367-374, 411, 500, 538, 542, 546, 553-555, 559-562, 575, 576, 604, 907
饶益有情戒　820, 821, 829, 832
人我见　388, 389, 781
人我空　5
人无我　5, 386, 753, 759
忍辱　787, 821, 826, 833
认识论　923
认知　15, 35, 100, 101, 220, 430, 460
任持　37, 245, 732, 824, 826, 827
任运分别　578-580
任运起　780, 830, 842, 843
如来　154, 163, 173, 178, 180, 239, 241, 242, 244, 246, 247, 276, 278, 383, 387-390, 398, 417, 419, 437,

471, 472, 484, 609, 610, 738, 740, 773, 778, 810, 812, 828, 829, 844, 848, 854, 871, 886, 888, 889, 892-898, 900-902, 904, 905, 907, 910, 911

如来乘定性（如来乘定姓） 163, 778

如来乘种姓 778

如来地 245-247, 843, 848

如来五根 416, 887, 890, 892

如来种姓（如来种性） 160, 162, 167, 170

入心 802, 837, 839, 840, 849, 858

入心位 802, 839

润生烦恼 596, 721

润业 709, 711, 712

S

《摄大乘论》《摄大乘》《摄论》 323

《胜鬘经》 728, 731, 780, 783, 872, 874

《十问经》 307

《四食经》 293

率尔堕心 424, 468

率尔心 346, 470

萨埵 44, 45

萨迦耶见 353, 362, 440, 511, 512, 535, 781, 782

三本事 45-47, 49, 51

三大阿僧祇劫 489, 778, 901

三法展转，因果同时 179

三分说 16, 190, 191, 193, 198, 622, 917, 919, 920

三解脱门 761-764

三界九地 199, 202, 204, 206, 277, 279, 297, 317, 380, 432, 445, 529, 566, 570, 603, 607, 608, 614, 651, 652, 655-658, 698, 711, 850, 852

三界唯心 625, 626

三量 45

三千大千世界 199-202

三世二重因果 707, 713, 714

三受 427, 435-439, 441, 442, 445-447, 523, 561, 562, 722

三位断 849, 851, 853, 854

三无漏根 156, 159, 441, 670

三无生忍 761, 762, 765

三无性 619, 620, 734, 735, 765, 766, 769-771, 773

三心相见道 807

三性　157, 158, 213, 225, 268, 308, 332, 365, 367, 396, 409, 423-426, 432, 434, 448, 454, 457, 474, 477, 558, 561, 570, 582, 584, 701, 716, 734, 751, 752, 754, 757, 758, 761, 762, 765, 767, 913, 914

三学　474, 829, 832-834

三熏习　647, 648

三有为　108, 109

三自性　2, 126, 619, 620, 734, 735, 750, 751, 755-757, 760, 761, 764-766, 769, 773, 794, 817, 830

散乱　248, 275, 286, 287, 309, 366, 368-374, 462, 465, 469, 472, 490, 492, 496, 498, 503, 528, 530, 536, 537, 553-557, 559, 561, 563, 824, 892, 893, 895, 896

散无表　91

散意识　285, 612

色爱住地　731, 781, 783

色边际　85

色处　113, 292, 604, 624, 637, 639, 669

色法　2, 11, 26, 42, 74, 75, 78, 79, 86, 89, 91, 95, 101, 127, 128, 140, 145, 146, 183, 188, 199, 206, 210, 211, 267, 270, 277-279, 322, 325, 326, 329, 332, 351, 419, 621, 624, 638, 639, 645, 646, 650, 701, 716, 737, 750, 761, 909, 913, 916

色根　56, 57, 67, 186, 187, 203, 245, 256, 280, 331, 336, 905

色功能　326, 327, 331, 333

色界　103, 109, 124, 188, 199-202, 208, 209, 263, 272, 279, 286, 287, 293, 297, 298, 328-330, 336-338, 340, 375, 376, 378, 380, 407, 432, 435, 442, 445, 463, 465, 474, 504, 527, 530, 531, 566, 568, 570, 587, 589, 599-602, 604, 605, 612, 613, 655-658, 667, 669, 696, 708, 710, 717, 718, 720, 724, 731, 781, 798, 804, 806, 808, 861

索 引 / 957

色境　90, 207, 341, 349, 641
色境唯识　641
色究竟天　188, 600, 601, 656
色身　199, 262, 280, 426, 597, 900, 904
色识　326, 418, 419, 637-640
色相　85, 86, 88, 637, 639
色心差别　716
善恶业果位　154
善法欲　666
善慧　483, 486, 496, 498, 668
善慧地　818, 819
善逝　872, 874
善心所　168, 225, 226, 230, 248, 249, 310, 341, 351, 377, 378, 415, 428, 431-435, 458, 460, 466, 475, 476, 478-481, 485, 486, 490, 492, 495, 497-505, 507, 542, 545, 583-585, 668, 740, 880, 881
上地烦恼缘下地　568
上地起下地烦恼　531, 568
上如实智　789, 790
上寻思　789, 790
上座部　237, 261, 262, 264, 288
奢摩他　464, 545, 546

舍受　125, 149, 150, 220, 223, 224, 246, 248, 293, 375-378, 428, 438, 441-443, 445, 446, 448, 523-526, 562, 578, 580, 582, 583, 585, 670, 719, 720, 722
摄善法戒　820, 821, 829, 832
摄善精进　820-822
摄受因　671, 674, 675, 678, 681-683, 687, 688
身表　88-90, 93
身表色　87-89
身表业　87-89, 538
身根　26, 55, 288, 328-330, 666, 668
身识　208, 276, 288, 295, 299, 302, 343, 345, 418, 419, 629, 656, 658
身受　274, 436, 437
身业　90-92, 222, 332, 718
身智　872, 877
审慧　823, 824
审决心　455
生得善　98, 276, 582-585
生空　5, 387, 655, 843, 883
生空观　33, 872, 882
生空无分别慧　820
生空无漏　666

生空无漏观 830
生空真如 33, 858
生起因 671, 673, 675, 677-680, 687, 832
生无性 766-770
生因 174, 177, 199, 207, 232, 344, 361, 677-680, 682, 683, 904
声论 64, 65
声生论 65
声闻乘 10, 163, 241, 258, 260, 657, 728, 778, 798, 893
声闻乘定性（声闻乘定姓） 163, 778
声闻种姓 160, 162, 167, 170
声显论 65
圣言量 148, 267
胜解行地 787
胜解力 785, 786
胜进道 168, 488, 806, 807, 852, 867
胜进位 166, 168, 169
胜流真如 855, 856
胜论 2, 10, 11, 24, 30, 45, 51-54, 56-62, 67, 71-73, 136-139
胜性 254, 258, 259, 907
胜义谛 13, 16-20, 43, 128, 129, 158, 310, 405, 415, 592, 617, 637, 749, 763, 767, 770-772, 870, 920
胜义善 308-310, 476, 585
胜义胜义 19, 770-772
胜义无性 766-773
胜义有 18, 20, 762, 763
十八界 10, 11, 99, 117, 130, 164, 295, 327, 328, 737, 793, 893, 895-897, 914
十遍善心 479, 480, 500
十地 35, 129, 130, 154, 176, 177, 240, 241, 243, 356, 390, 606, 608, 627, 655, 657, 667, 720, 775, 778, 784, 785, 802, 806, 814-820, 823, 825, 831, 834-836, 838, 839, 843, 848-854, 857-859, 867, 871, 880, 882-886, 900, 902, 903, 905, 909-912, 914, 915
十二处 10, 11, 99, 117, 130, 164, 295, 325, 326, 418, 586, 634, 635, 737, 793, 895-898, 914
十二因缘 312, 314, 706
十二有支 703, 704, 706-708,

710, 714, 716, 724, 725
十二缘起 312, 706
十六心相见道 807
十胜行 775, 817, 818, 820, 827
十无学法 95, 96
十五处 670, 672, 682, 683
十五界等唯是有漏 892
十一识 146, 743-745
十因 670, 675, 676, 678-684, 686, 688, 713, 830
十有色处 205, 207
十障 823, 825, 835, 836, 838, 839
十真如 172, 775, 817, 818, 823, 855-857
十种平等性 354, 356, 887
十重障 775, 817, 818, 835, 837, 839, 857, 859
识变 13-16, 18, 34-36, 78, 85, 86, 88, 120, 139, 145, 208, 209, 331, 619, 622, 636, 647, 663, 910, 913, 914, 916, 918-920, 924, 925
识不离身 103, 299-302
识内境 916
识食 215, 292-298

识中种 39, 647, 688, 689
识种 103, 229, 321, 327, 328, 330, 333, 335, 336, 338, 355, 418, 582, 647, 703-705, 707, 732
实、德、业 10, 58
实法 9, 11, 13, 26, 41-43, 46, 47, 50, 74, 80, 84, 86, 87, 94, 95, 106, 129, 131, 132, 205-207, 211, 217, 269, 275, 325, 349, 481, 482, 492, 493, 495, 499, 547, 549, 550, 553, 557, 568, 573, 630, 636, 646, 659, 660, 662, 670, 685, 762, 772, 782, 785, 794, 865, 917, 922, 923
实法萨迦耶见 780, 781
实句义 52, 54-56, 135
实体 10, 11, 15, 16, 18, 20, 22, 24, 28, 41, 43, 44, 51, 52, 54-62, 65, 66, 68, 70, 72, 76-79, 82, 85-90, 94, 95, 98, 100, 101, 103-105, 107, 113, 115, 116, 121-123, 127, 133, 135-141, 156, 157, 162, 211, 216, 234, 238, 273-275,

277-279, 296-298, 301, 355, 404, 405, 480, 481, 485, 491-495, 501, 510, 544, 547, 549, 556, 559, 560, 572, 579, 610, 611, 621, 716, 741, 745, 746, 748, 754-756, 762, 763, 772, 794, 805, 922

实我　9-12, 17, 21, 25-27, 29-33, 37, 38, 40, 41, 134, 139, 211, 317, 568, 620, 621, 630, 782, 785, 804, 805, 838, 865

实我萨迦耶见　780, 781

实我实法　1, 13, 14, 16-18, 21, 28, 136, 148, 221, 620, 625, 630, 737, 758, 766, 769

实相真如　751, 753

实有色　74, 644, 904

实有性　9, 51, 53, 56, 57, 108, 127, 408, 548, 617, 772

士用处　685

士用果　154, 179, 180, 182, 648, 684-688

士用依处　671, 673, 675, 676, 685-687

世、出世道　312

世、出世断道　861

世第一法　668, 789, 792, 794, 797, 809, 810

世间胜义　19, 770

世间所成真实　758, 760

世亲　3, 4, 8, 9, 145, 146, 623, 625, 639, 646, 918, 919, 926

世俗谛　13, 16, 17, 19, 20, 41, 43, 128, 129, 157, 158, 405, 415, 592, 617, 637, 749, 763, 767, 771, 772, 920

世俗有　18, 19, 273, 483, 485, 509, 510, 546-549, 554, 556, 570-572, 577, 579, 761-763

世尊　92, 101, 131, 132, 163, 164, 246, 248, 254-259, 276, 278, 296, 298, 325, 326, 392, 634, 635, 734, 765-767, 868, 870, 872, 874, 900, 901

似比量　46, 271

似等流果　684

似事　134, 136, 139

似我似法　1, 2, 17, 136

似现量　45, 46

事相苦 757, 758
释种 312, 313
寿、暖、识 102, 105, 283, 286, 288
受心所 125, 140, 150, 185, 219, 220, 305, 306, 374, 376-378, 428, 435, 437, 438, 445, 450, 460, 474, 526, 607, 672, 675
受熏 178, 180, 226-231, 246, 247, 265-270, 272, 273, 299, 301, 312, 314, 316, 337, 407, 409
受熏持种 269, 270, 273
受用法乐智 820-822
受用身 828, 878, 900-904, 906, 908
兽主外道 24
疏所缘缘 84, 631, 644, 661-665, 693, 921
数论 2, 24, 28, 30, 40, 44-47, 49-52, 70, 71, 166, 168, 255, 259
数取趣 258, 259
睡眠 286, 347, 351, 363, 546-549, 570-573, 582-584, 586, 588, 593, 599, 609-611

顺还灭法 250
顺解脱分 776, 777, 779, 782, 788, 790
顺决择分 656, 666, 776, 777, 788, 790
顺决择识 779, 781
顺流转法 250, 251
顺世论 66, 67, 69, 70
说出世部 167
说一切有部 7, 75, 82, 84, 90, 118, 261, 262, 264, 304, 392, 405, 476
思量名意 391, 403-405
思量能变识 318, 319, 416, 417
思量识 8, 143
思现观 667, 809, 812
思心所 90-93, 216, 222, 293, 294, 305, 306, 450, 451, 460, 575, 598, 696, 718
思择力 820-822
思种 90, 91
四大 66, 67, 79, 91, 512
四大种 80, 87, 158, 180, 199, 200, 204, 207, 208, 341, 514
四谛 20, 171, 371, 372, 400, 463, 465, 532-534, 565, 567, 568, 627, 667, 721,

722, 757, 758, 761, 770, 771, 781, 803–808, 863

四分说 16, 158, 190, 194, 197, 198, 622, 646, 919

四如实智 775, 788, 790, 793, 794

四生 102–104, 152, 233, 252, 253, 276–278, 614, 710, 712, 718

四胜力 779

四天王天 514

四无碍解 114, 116, 818, 819, 843, 856

四无量 786–788

四相 108, 109, 112, 113

四寻思 775, 788, 790, 793, 794

四业 600

四有边 514, 515

四缘 177, 349, 650, 670, 676, 680, 682, 683, 686, 688, 723

四真实 757

四正断 103, 104

四智菩萨 625

四智心品 775, 885, 886, 890–892, 894, 897–900, 906–908

俗谛 477, 617, 636, 859

随烦恼 248, 363–373, 377, 379, 396, 397, 399, 400, 413, 423, 427, 430, 431, 435, 505, 506, 536–538, 557–560, 562–564, 566–572, 575–577, 584, 585, 720, 724, 780, 782, 783, 785

随烦恼心所 317, 364, 368, 415, 428, 431, 457, 507, 536, 569

随觉想 221

随眠 117, 118, 265, 408, 410, 411, 575, 779–782, 795, 802–804, 809, 814, 836, 854, 861

随念 401–403

随三智转智 626, 627

随顺依处 671, 674, 676, 681, 682, 685–687

随说因 672, 675, 678

随转门 440, 517, 529, 651

损力益能转 857, 859

娑婆世界 117, 199, 200, 915

所遍计境 735, 738, 741, 742

所断惑 250, 605, 606

所断舍 865–867

所观境 246, 452, 461, 465, 467, 468, 554, 798

所乐境 452, 454, 455

所量 191-193

所虑所托 659, 921

所弃舍 865-867

所取苦 757, 758

所诠 139, 140, 701, 736, 752, 754-756, 794, 795, 843, 847

所生得 870, 878, 879, 881, 888, 890, 891

所生支 704, 706-708

所显得 868-870, 873, 876, 878, 890, 891

所显性 119, 121

所熏 106, 142, 151, 159, 161-164, 170, 178-184, 226, 264, 265, 267-270, 336, 461, 616, 651, 652, 694-696, 699, 865, 882, 884

所依 14, 17, 18, 26, 36, 37, 78, 79, 91, 114, 132, 138, 139, 151, 157, 191, 192, 203, 204, 214, 225, 226, 228, 230, 237, 249, 254, 255, 257, 280-282, 290, 295, 296, 304, 312, 315, 319, 321-323, 329, 332, 334, 337-342, 349, 350, 352-354, 378, 379, 383, 385, 389, 401, 402, 406, 407, 410, 411, 413, 417, 420, 421, 486, 493, 495, 502, 506, 511, 516, 517, 532-535, 552, 553, 573, 574, 590, 595, 596, 612, 614-616, 620, 621, 651, 652, 664, 671, 673, 675, 690, 691, 705, 722, 743-745, 757, 761, 780, 799, 814-816, 830, 855, 856, 864, 868, 869, 872, 877, 895, 898, 900, 905, 908-911, 921

所依常 897, 899

所依处 186, 798, 915

所依止 245, 249, 250, 261, 489, 900, 905, 911

所引支 703, 704, 706, 707

所缘 29, 31, 32, 80, 81, 83-85, 90, 101, 116, 117, 131-133, 145, 184-186, 188-192, 194, 196, 201, 203, 204, 208, 212, 217, 218, 223, 225, 228, 229, 246, 280, 285, 286, 299, 302, 307, 321, 326, 337, 341, 343, 353, 369, 377,

380, 417, 421, 427, 447, 448, 451, 452, 459, 462, 467, 471, 472, 477, 479, 535, 543, 553, 568, 578, 582, 612, 615, 616, 625, 626, 628, 631, 640-642, 660, 662, 680, 681, 688, 689, 693, 694, 709, 738, 742, 799, 807, 809, 830, 878, 886, 894, 917, 919, 923, 924

所缘缘 33, 80-85, 133, 619, 631, 649, 659-663, 665, 671, 673, 675, 681, 682, 686, 688, 690-694, 720, 723, 738, 741-743, 745, 750, 762, 763, 809, 811, 921, 923

所证灭 250

所知性 119, 120

所知依 245, 247, 248

所知障 4, 5, 160, 162, 167, 170, 239, 241, 242, 388, 389, 619, 684, 726-730, 732, 733, 759, 780, 782, 783, 785, 804, 814, 816, 818, 819, 834, 836-854, 860, 867-870, 872-879, 881-884, 901

所知障净智所行真实 758

所转得 863, 868-870, 888, 890, 891

所转舍 863, 865, 866, 890

所转依 817, 863, 864, 890

T

他方此界 199

他分心 611

他受用 890, 900, 904, 905

他受用身 880, 887, 890, 892, 895, 901-903, 906-912, 915, 916

他受用土 880, 895, 911, 912

体用显现谛 19

天爱 114, 465

通达位 775-778, 785, 796, 799, 800, 802, 816, 830, 832-835, 854, 858, 859

通达转 858, 859

同分 99-102

同境 337-339, 341, 401, 423, 612, 615, 656, 658, 883

同类因 155, 179, 180, 182

同时意识 334, 345

同事因 672, 674, 676, 678, 680, 687, 688

索引 / 965

同异性 58-61, 71-73, 135-139

W

《唯识三十论》《唯识三十》《唯识三十论颂》《唯识三十颂》《三十颂》) 926

《维摩诘经》《无垢称经》) 313

《邬陀夷经》 603, 604

外大种 198, 199

外道 2, 7, 13, 21, 24, 27, 28, 40, 41, 44, 45, 63, 64, 66, 67, 70, 71, 73, 74, 121, 123, 126-128, 133, 135, 141, 148, 174, 176, 258, 259, 264, 266-269, 271, 272, 405, 407, 515, 518, 600, 601

外二分 196

外境 6, 7, 13-18, 20-22, 41, 43, 82, 127-129, 132-135, 191, 195, 273, 360, 362, 366, 620-623, 632, 640, 641, 643, 917, 918

外境界受 706

外缘力 33, 129

外种 160, 174-177, 671

妄执 16, 35, 38, 43, 74, 127, 128, 139, 141, 515, 621, 622, 636, 638, 699, 700, 736-739, 741, 743, 744, 748, 751-753, 755, 762, 765, 767, 768, 865, 888

忘念 344, 368-374, 496, 498, 537, 557

威仪路无记 583, 584, 586

微细烦恼现行障 841, 845

微细误犯愚 841, 844

唯二 377, 557, 666, 743, 744

唯量 49, 50, 743, 744

唯识 1, 3, 4, 6, 7, 9, 11, 12, 15-20, 31, 33, 41, 43-45, 73, 74, 93, 99, 118-120, 124, 125, 127, 129, 131, 132, 137, 139, 140, 144-146, 150, 154, 159, 162, 183, 185, 186, 191, 196, 197, 203, 204, 214, 226, 239, 244, 280, 281, 283, 291, 292, 295, 304, 320, 325, 326, 341, 345, 353, 355, 357, 359, 380, 393, 400, 401, 403, 405, 421, 423, 430, 438, 449, 456, 457, 459, 464, 465, 467, 477, 482, 494, 510, 511, 575, 590, 591, 602, 615,

619-623，625-636，639，
641-647，650，656，660-
663，667，676，684，694，
698，701，724，733，736，
741，744，746，751，753，
760，761，765，766，768，
771，774-782，788，793-
797，799-801，808，814，
816，844，854，867，871，
872，915-926

唯识理 3，6，7，145，194，619，
626，646，778，795，916，
925

唯识实性 751，766，770，773，
786，790，802，816

唯识位 1，778，926

唯识无境 625-627，735，744

唯识五位 776

唯识相 1，767，775-778，809，
810，813，926

唯识性 1-3，6，636，766，770，
771，773，775，777-779，
788，790，792，798，809，
810，813，814，925，926

唯识学 4-6，9，10，13，14，18，
20，25，26，28，36，38，
40-43，45，46，64，69，73，
75，78，79，84，86，87，

90，91，93，95，99，102，
105，113，116，118，127，
128，131，141，147，148，
151，154，158，163，165，
172，173，177，178，188，
197-199，201，202，207，
216-218，222，234，238，
246，254，258，264，267，
273，279，282，289，291，
308，325，326，340，402，
403，429，431，432，438，
456，459，467，475，479，
481，489，499，508，536，
551，553，581，592，604，
605，619，620，623，625，
631，635，637，642，650，
660，670，707，769，771-
775，778，784，794，827，
881，903

唯识义 621，625，779

唯识真如 751，753，785，814，
816

唯心 93，195，321，337，348，
590，641

唯一识 644

唯一因 174

唯有识 8，43，127，128，590，
620，621，626，647，726，

734

未登地 900, 910

未知当知根 156, 161, 501, 666, 668-670

未至地 441

未至地定 445

未转依 354, 359, 424, 664, 665, 849

未转依位 212, 354, 357, 358, 377, 420, 421, 471, 503, 663

未自在位 343, 471

闻熏习 160, 162, 167, 169, 170

我爱 242-245, 247, 262, 263, 318, 319, 359-362, 391, 392, 397, 398

我爱执藏（我爱执藏位）142-144, 154

我痴 318, 319, 359, 360, 362, 391, 397-399

我见 29-32, 35, 36, 240, 242-245, 247, 318, 319, 354, 356, 357, 359-364, 366, 367, 391, 392, 396-398, 535, 565, 568, 785, 841, 845

我空 4-7, 19, 242, 389, 606, 634, 635, 657, 669, 748, 753, 759, 771, 785, 804, 819, 821, 822, 833, 837, 847, 854, 856, 860, 862, 884

我空观 34, 684, 835, 875, 884-886

我慢 45, 318, 319, 359-362, 385, 391, 392, 397, 398, 506-508

我贪 359

我执 1, 2, 4-6, 9, 21, 24, 25, 29, 30, 32-37, 131, 144, 147, 160, 211, 221, 354, 356, 359, 360, 362, 381, 382, 384, 386, 387, 389, 390, 407-413, 535, 699, 700, 739, 740, 746, 749, 758, 781, 798, 807, 855, 856, 885

我执习气 160, 699, 700

我执熏习 648

污染意 385

无表 88, 90

无表色 75, 87-91, 93

无表业 90

无惭 24, 71, 72, 366, 368, 400, 421-423, 479, 480, 536,

537, 543-545, 554, 555, 559, 573, 740

无瞋　506

无痴　310, 475, 476, 482-486, 491, 492, 496, 497, 506, 507, 548, 549, 570, 572, 738, 740, 780, 783

无对色　75, 86, 87, 93

无分别智　185, 259, 260, 626, 627, 660-662, 747, 749, 789, 799-802, 804, 810, 812, 814-819, 822, 828, 829, 831, 851, 861, 862, 891

无覆无记（无覆无记性）39, 148-150, 224, 226-231, 233, 249, 282, 363, 366, 378, 379, 390, 407, 410, 411, 432, 437, 438, 487, 562, 584, 586, 657, 715, 716, 719, 720, 722, 724, 780, 781, 783

无功用道　830, 832, 842, 847

无垢识　245-248, 388, 389

无明　95, 98, 99, 142, 150, 156, 157, 166, 168, 222, 223, 226, 227, 267, 268, 308, 309, 313, 318, 328,

331, 332, 365-367, 378, 388-390, 396, 409-411, 421, 422, 424, 426, 431, 432, 436, 438, 440, 448, 474, 523, 527, 552, 564, 569, 570, 575, 582-586, 598, 650-652, 655, 657, 671, 715, 780, 781, 783, 897

无记性　97, 98, 143, 154-158, 177, 178, 180, 213, 223-225, 246-248, 252, 265, 266, 268, 280-282, 284, 294, 298, 300, 304, 308-311, 314, 329, 331, 332, 356, 368, 370, 378, 379, 382, 390, 412, 422-426, 432, 434, 435, 440, 443, 454, 498, 525, 527, 528, 550-552, 566, 572, 576, 583-585, 651, 652, 657, 658, 674, 683, 697, 716, 780, 783, 845, 867, 898, 914

无间道　126, 488, 493, 718, 805-808, 835, 837, 840, 844, 849-853, 865-867, 882-884

索　引 / 969

无间地狱　444-446

无间定　789, 791

无间灭依处　671, 673, 675, 681, 682

无尽常　899

无堪任性　365, 366, 372, 490, 836, 837

无愧　366, 368, 400, 423, 479, 480, 536, 537, 543-545, 559, 573

无漏道　244, 313, 499, 502, 586, 588, 607, 649, 683, 684, 841, 843, 845, 847, 862, 863

无漏道谛　892

无漏定力　726

无漏根　161, 170, 669, 883

无漏观心　849, 854

无漏果　506, 508, 731

无漏见　671, 673

无漏界　246, 891, 893, 894, 896

无漏九根　666

无漏位　208, 246, 879, 882

无漏心　166, 168, 169, 275, 276, 278, 283, 296, 410, 603-605, 738, 740, 751, 752

无漏业　619, 726, 727, 730, 732, 733

无漏有为　746, 748

无漏种（无漏种子）　155-162, 165-170, 172, 173, 188, 204, 252, 649, 684, 732, 777, 865, 866, 882, 884, 886-888, 890, 892, 894, 901, 906

无明　173, 303, 306, 313, 356, 359, 360, 369, 370, 372, 373, 394-400, 435, 471, 483, 485, 506, 507, 524, 532, 534, 535, 582, 584, 703, 704, 706-709, 711-721, 723-725, 727, 731, 738, 740, 780, 782, 783, 836, 838, 839

无明习地　726-728, 731

无明住地　727, 731, 780, 781, 783

无染净真如　855, 856

无染心　311

无色界　103, 106, 109, 188, 199-202, 208-210, 230, 261-263, 271, 276-279, 283-285, 287, 289, 293, 297, 298, 340, 341, 355,

375, 378, 380, 407, 463, 474, 504, 527, 587, 598, 603—605, 655, 657, 667, 669, 691, 696, 708, 710, 712, 717, 718, 720, 724, 731, 781, 798, 804, 806, 808, 861

无上觉 4, 644, 726, 728, 814, 816, 872, 875, 904, 925, 926

无上菩提 726—729, 778, 817, 823, 825, 828, 858, 860

无摄受真如 855, 856

无生法 765

无生法忍 765

无生忍 762, 763, 765

无事缘 535

无所得 795, 797, 799, 800, 802, 811, 815

无所有处天 603

无所缘识智 626, 627

无贪 308—310, 475, 476, 482—486, 490—493, 495, 497, 506, 507, 541, 822, 824

无体随情假 9

无为 26, 74, 94, 95, 108, 110, 119, 120, 122, 123, 125, 126, 171, 172, 179, 208, 437, 476, 494, 620, 621, 623, 630, 646, 684, 715, 716, 748, 751, 794, 798, 873, 874, 876, 877, 901, 904

无为法 2, 27, 28, 30, 74, 75, 94, 97, 108, 110, 111, 119—123, 126, 127, 175, 178, 180, 181, 183, 209, 341, 631, 632, 645, 646, 665, 668, 670, 671, 674, 676, 683, 684, 748, 754, 877, 906

无为功德 818—820, 869, 905, 908

无畏施 820, 821

无我 2, 28—30, 34, 120, 122, 234, 258—261, 263, 354, 356, 358—360, 381, 382, 384, 407, 410, 533, 735, 747, 749, 751, 757—759

无我理 359

无相 17, 80, 84, 185, 241, 242, 359, 411, 416, 423, 440, 444, 447, 464, 492, 519, 578, 605, 623, 625, 727, 729, 764, 769, 799, 800, 818, 819, 842, 843, 846,

847,853,854,904,909

无相观 842,846,847,858,859

无相解脱门 762-764

无相无我 757,759

无相智 823,825

无相中作加行障 842,847

无想定 94,106,107,210,265,296,297,303,305,310,347,406,407,464,597-602,605,610,719,722,724

无想天 94,106,107,210,261,262,265,295,296,310,347,407-409,516,592,593,596-602,610,724

无想异熟 105,597

无想有情 407

无心定 105-107,263,295,296,301,302,304,308,464,465,593

无心睡眠 346,347,349,571,609-611,798

无心位 103,104,106,267-269,285,295-297,299,301,465,570,571,609,611

无性空 757,759

无性无常 757,758

无学 96,154,239,241,244,245,247,261,270,272,312,313,324,340,381-387,389,390,410,412,436-438,474,504,532-534,565,567,585,586,588,589,602-605,607,666,669,715,717,726,728,730,731,810,868,870,871,882,884,886

无学果 173,239,241,242,311,313,315,381,382,850,852

无因论 516

无余涅槃 241,654,729,875

无余依 246,311,312,609,868,872,874

无余依涅槃 241,243,247,272,314,610,611,869-871,874,875,877

无愿解脱门 762-764

无执受 280,328-330,332,333

无种性（无种姓） 163,778

无种已生 323,324

无住涅槃（无住处涅槃） 870,871,877,881

无著　623, 625, 918, 919
五不同缘意识　221
五乘　891, 893, 894
五法　188, 228, 231, 246, 362, 369, 449, 562, 577, 586-588, 624, 900, 903, 905
五盖　573
五根　26, 27, 50, 57, 75, 78-80, 87, 89, 109, 178, 187, 199, 203-207, 210, 211, 252, 257, 277, 279, 280, 282, 288, 294, 322, 325-333, 335-342, 355, 386, 401, 402, 419, 421, 440, 441, 444, 463, 501, 594, 612, 614, 615, 635, 646, 648, 656, 658, 665, 667-670, 708, 710, 711, 883, 885, 887, 889, 892, 894, 895, 897, 898
五果　180, 683, 686, 688, 703, 714, 829
五见　519, 520, 527
五净居　598, 599, 601, 602, 655-657, 717
五境　26, 27, 75, 78, 79, 83, 85-87, 89, 121, 189, 199, 200, 205-207, 211, 277, 279, 326, 330, 332, 333, 341, 355, 416, 419, 424, 594, 615, 635, 638-641, 646, 662, 883, 887, 889, 890, 892, 894, 895
五俱意识　194, 211, 221, 334, 424, 426, 447, 461, 612, 613, 615, 923
五取蕴　32, 35, 261, 511, 518
五趣　38, 102-104, 152, 233, 252, 259, 276-278, 328, 446, 658, 718, 796, 798
五色根　249, 279, 327, 328, 331, 332, 334, 337, 353, 416, 656, 666
五识　46, 57, 78-84, 141, 189, 194, 195, 211, 221, 222, 249, 252, 270, 276, 277, 279, 285-291, 301, 302, 319, 320, 325-335, 337-339, 341-347, 349, 351, 353, 355, 383-386, 401-403, 415-419, 421, 423-426, 434, 436, 437, 439, 440, 442, 444, 445, 447, 448, 456, 461, 470-474, 501, 503, 504, 523-526, 561-563, 571, 572, 577-

581, 592-595, 612-615, 629, 631, 640, 641, 644, 656, 658, 659, 662, 664, 665, 688, 690, 691, 693, 739, 742, 780, 783, 785, 799, 851, 853, 879-881, 883, 885, 892-896, 915, 923

五受 438, 439, 442, 445, 447, 473, 474, 523, 524, 526, 561, 562, 564, 585, 668

五受根 156, 666, 668, 670

五同缘意识 221

五位间断 596

五相 501, 752, 755, 756

五心说 346

五欲 261, 263, 394, 707, 845

五蕴 5, 10-12, 26-28, 31, 34-37, 94, 99, 102, 117, 130, 164, 259, 262, 263, 295, 298, 356, 357, 506-508, 511, 512, 514, 517, 520, 521, 524, 525, 533, 591, 592, 627, 696, 698, 701, 705, 707, 722, 736, 737, 754, 768, 793, 874, 877, 895-897, 913, 914

五种性（五种姓） 172, 173, 231, 256, 376, 528, 590, 778, 881

五重唯识观 925

悟入微细秘密愚 843, 848

X

《显扬圣教论》（《显扬论》） 125, 518, 873

《象迹喻经》 449, 450

行不退 244

行苦 711, 719, 722, 758

行舍 440, 475, 485, 492-494, 497, 499, 501, 502, 545, 546

行胜义 762, 763

行世俗 761-763

行相 184-186, 189, 191, 192, 195, 197, 208, 212, 223, 225, 228, 285, 286, 299, 302, 358, 360, 366, 369, 385, 420, 448, 467, 511, 519, 559, 562, 565, 571, 582, 583, 586, 594, 616, 663, 667, 685, 693, 715, 717, 718, 744, 745, 789, 818, 832, 878, 886, 919, 920

习气 101, 102, 133, 134, 142,

习 146, 159-161, 178, 179, 186-188, 232, 685, 694-696, 698-702, 720, 723, 731-733, 743, 757, 759, 799, 840, 854

习气处 685

习气集 757, 759

习气依处 671, 673, 675, 681, 682, 685-687

习所成种（习所成种姓）163, 164, 776-779

喜受 374-376, 441-445, 448, 523-526, 562, 580, 583, 607, 670, 809, 812

戏论 20, 71, 73, 74, 277, 278, 424, 426, 752, 754, 799-801, 814, 815, 892-894, 896, 900, 901

戏忘天 343-345, 467, 469, 514

细相现行愚 842, 846

细相现行障 842, 846

下地烦恼缘上地 568

下地起上地烦恼 531, 568

下劣转 858, 860

下如实智 789, 790

下寻思 789, 790

贤守定 829, 832

显境名言 699, 701

显了世俗 762, 763

显色 88-90, 660

显现 15, 16, 18, 20, 40, 65, 87, 89, 97, 122-124, 175, 190, 209, 231, 237, 287, 345, 356, 380, 450, 454, 530, 556, 591, 613, 622, 623, 627, 630, 637-639, 643, 711, 739, 740, 756, 769, 819, 837, 846-848, 851, 858, 859, 862, 863, 865, 866, 869, 870, 874-877, 879, 880, 883, 884, 888, 891, 902, 903, 906-909

现法乐住 464, 465

现观 518-520, 797, 798, 810, 812, 813, 836, 839

现观边智谛现观 810, 812

现观察行流转愚 842, 846

现观忍 803, 806, 808

现观智 803, 806, 808

现观智谛现观 810, 812

现量 42, 44-47, 51-53, 58, 60-62, 79, 80, 121, 140, 141, 194, 196, 221, 255, 342, 614, 640, 641, 796, 797, 799, 802, 889

现起分别 688

现前地 818, 819

现识 228, 235, 321, 335, 647, 653

现受用法 109, 119

现所知法 109, 119

现相现土 855

现行 33, 37, 40, 90, 91, 98, 99, 106, 107, 117, 118, 125, 142-148, 150, 151, 156, 158, 161, 163-166, 169-173, 175-179, 182-184, 187, 190, 192, 193, 198, 199, 207, 210, 212, 213, 216, 218, 224, 225, 229, 230, 238, 240, 242-244, 249, 251, 275, 285-288, 300, 302, 312, 315, 317, 319, 322-326, 329, 332-337, 340-342, 352, 358, 361, 362, 373, 379, 381-383, 385, 386, 388, 389, 393, 404, 408, 410, 412, 413, 417, 418, 420, 425, 436, 438-440, 443, 444, 446, 459, 460, 476, 498, 506, 507, 512, 522, 523, 525, 528, 530, 535, 560, 563, 566, 567, 576, 579, 583, 584, 587, 588, 592-595, 597, 601, 602, 604-610, 613, 616, 619, 623, 627, 648-654, 657, 664, 672, 674, 677-679, 681, 688, 690-694, 696, 698, 703, 705, 707, 710, 712, 716, 723, 732, 733, 746, 779, 781, 782, 784, 785, 796-799, 812, 816, 819, 830-835, 837-843, 845-847, 849, 851, 853, 854, 858, 859, 862, 865-867, 879, 880, 882-885

现行成就 96-99

相违识相智 625, 626, 628

相违因 672, 674, 676, 678

相续假 42

相续执持位 154

相应断 724

相应善 308-310, 346, 476

相应无明 396, 397, 399, 400, 532, 533

相应因 155

想受灭无为 123, 125, 126, 877

想心所 125, 198, 220, 221,

305，306，428，450，451，
458-461，597，598，600
相多现行愚　842，846
相分　1，11，12，14，16，31，
32，34，36，37，42，79，
81，83-86，105，118，128，
130-132，134，136，137，
141，143-146，155，157，
158，183，185，189-193，
195-198，204，209-212，
224，225，230，231，282，
288，290，306，325-329，
353，355-357，364，410，
411，496，532，534-536，
613，619-623，625，629，
631，635，639-641，643-
647，649，650，652，653，
656，658，660-664，689-
694，696，697，735，736，
743-746，749，752，754，
755，798，799，801，802，
811-813，881，895，905，
907，913-924
相分境　25，35-37，80，105，
207，225，664，665，917
相分名行相　191
相分内境　18，75
相分心　208

相分熏　146，183，701
相缚　409-411，795-799
相见道　667，775，796，797，
803-807，809-813，850，867
相、土自在所依真如　855，856
相无性　766-770
小随烦恼　367，368，399，400，
423，536-538，542，545，
559，560，562-568，584，
585
邪分别　32，33，129
邪行障　840，844
邪行真如　751，753
邪见　29，30，92，98，236，
259，271，272，359，361，
362，506，507，514-517，
519-522，524，526，530-
535，564，566，586，588，
707
邪命　71，72，539
邪念　369-371
邪胜解　366，369-372，374，
457，558
邪欲　366，369-371，457，558
挟带　660-662，800-802
挟带体相　661
懈怠　365，367-374，400，486，
487，492，536，537，550-

553, 559–561, 824

心不相应行法 2, 11, 74, 75, 93–95, 98, 101, 105, 107, 112, 116–119, 127, 183, 209, 262, 263, 266, 267, 270, 277, 278, 281, 297, 301, 351, 406, 408, 411, 412, 599, 645, 646, 701, 750, 811

心法 11, 42, 73, 74, 125, 140, 211, 278, 419, 602, 646, 716, 750, 844, 854, 913, 916, 925

心识结构 14, 16, 158, 190, 193, 197, 622, 623, 631, 646, 881, 919

心识主体 429

心所法 11, 37, 42, 75, 106, 118, 133, 140, 191, 265, 303, 348, 366, 427, 449, 459, 495, 589, 620, 645, 646, 695, 699, 746, 747, 750, 752, 904, 905

心外实境 144

心外实有 2, 51, 53, 62, 73, 75, 77–79, 83–86, 89, 93, 107, 123, 193, 640, 641, 646, 746

心性本净 166, 168, 172

心学 462, 463

心一境性 462–464

心意识 616, 626

新熏 164, 165, 171–173, 182

信不退 244

信等五根 666

信现观 667, 810, 812

形色 88, 90, 599, 600, 660, 787, 922

性境 437, 447, 450, 922

性决定 174

性空 273, 782

性相 68, 156, 166, 233, 315, 318, 358, 416, 420, 421, 426, 480, 590, 736, 748, 841, 878, 898

修行五位 33, 489

修行证果 775, 776

修善 479, 487, 490, 492, 500, 502, 552, 553, 585, 821

修所断 167, 359, 397, 436, 438, 501, 505, 506, 532, 565, 586, 588, 699, 719, 780, 836, 849, 850, 852, 853, 861

修习力 820–822

修习位　775-778, 783, 785, 802, 813-816, 825, 830, 832, 833, 835, 858, 859, 888, 890, 891, 894

修习转　858, 859

宿命通　514, 516

虚空无为　121-124, 753, 874, 877

玄奘　3, 38, 98, 99, 101, 102, 105, 113, 125, 126, 128, 146, 153, 211, 221, 330, 394, 403, 406, 417, 423, 424, 427, 436, 439, 440, 446, 447, 464, 467, 473, 483, 493, 500, 501, 509, 518, 523, 529, 535, 543, 544, 546, 553, 554, 557, 559, 570, 574, 578, 581, 587, 590, 596, 597, 603, 617, 623-625, 633, 637, 639, 643, 646, 653, 660, 667, 671, 676, 677, 680, 681, 684, 685, 760, 774, 807, 809, 823, 824, 829, 836, 844, 858, 861, 873, 886, 887, 892, 893, 897, 903-905, 915, 919, 925, 926

熏习　14, 15, 32-34, 37-40, 129, 130, 147, 156, 157, 159-166, 169, 172, 174, 177-180, 182-184, 226-228, 230, 233, 245, 247, 264, 266, 268-271, 313, 314, 336, 407, 409, 637, 639, 649, 652, 695, 696, 705, 706, 733, 740, 743, 744, 776, 777, 917, 918

寻求分别　578

寻求心　344, 346

寻伺　303, 304, 363, 364, 439, 440, 500, 516, 560, 569, 573-575, 581, 582, 587, 793

Y

《瑜伽师地论》《瑜伽论》《瑜伽》　98, 102, 221, 394, 423, 424, 427, 436, 439, 440, 447, 464, 467, 473, 483, 500, 501, 509, 518, 523, 529, 543, 546, 553, 554, 559, 570, 574, 578, 581, 587, 590, 596, 597, 653, 667, 676, 677, 680, 681, 684, 685, 760, 807,

809, 823, 861
《缘起经》 395, 399, 705, 709-711, 723
牙影 401
言说随眠想 221
言说因 427, 428, 587, 588
眼根 26, 68, 78, 79, 109, 121, 198, 228, 231, 269, 326-332, 341, 349, 401, 420, 421, 444, 450, 615, 668, 883, 885, 895
眼识 78, 79, 81, 83, 124, 157, 194, 197, 198, 228, 230-233, 251, 252, 257, 261, 262, 264, 269, 270, 274, 281, 288, 290, 295, 296, 300, 310, 318, 319, 326-329, 332, 334, 336, 341, 343-345, 349, 386, 387, 389, 392, 400-402, 416, 418-421, 448, 450, 461, 472, 613, 615, 628, 629, 631, 639, 658, 783, 813, 883, 921
焰慧地 818, 819
业报身 726, 728
业道 92, 93
业果色 208

业力 23, 38, 39, 64, 103-105, 200, 202, 205, 206, 209, 277, 286, 288, 336, 380, 390, 586, 602, 663, 696, 730
业种子（业种） 142, 144, 160, 332, 333, 619, 706, 708, 723, 731, 733
业自在等所依真如 855, 857
一阐提种性 163
一分常论 513, 514
一分说 16, 190, 191, 622, 924
一来 10, 11, 13, 139, 172, 749
一切地 63, 121, 213, 240, 243, 430-432, 434, 435, 500, 503, 504, 910, 911
一切时 29, 63, 108, 110, 164, 213, 273, 274, 431-435, 594, 595, 690
一切唯识 619-621, 644, 645
一切性 150, 213, 231, 430-432, 434, 435
一切种识 147, 150, 151, 153, 155, 176, 182, 647-649
一说部 167
一向记 417, 897
一因论 62

一真法界 19, 770-773
依类假说 136, 137
依门显实谛 19
依他起自性（依他起性） 251, 620, 734, 735, 745, 750, 751, 759, 769
依主释 318
已知根 156, 161, 666, 669, 670
已转依 358, 377-380, 663, 664
义胜义 762, 763
义无碍解 114, 116, 843, 847
异类心 312
异生 95, 99, 166, 199, 245, 246, 262, 267, 387, 394, 409, 410, 599, 605, 609, 655, 726, 727, 789, 900, 916
异生性 95, 96, 99, 835
异生性障 835, 836
异熟 8, 106, 107, 142-144, 146, 149, 152, 153, 156, 157, 167, 183, 223, 224, 226-229, 231, 273, 276, 277, 279, 280, 298, 314, 335, 379, 380, 390, 439, 440, 442, 444, 446, 598, 647, 683, 685, 687, 694-696, 698, 699, 706, 732, 733, 872

异熟果 92, 93, 103, 104, 106, 107, 142, 144, 145, 152-154, 164, 165, 170, 177, 230, 245, 247, 282, 376, 380, 388, 390, 422, 506, 597-599, 601, 614, 648, 683-688, 695-700, 703, 704, 706, 715, 716, 726-728, 730, 731, 829, 832, 875

异熟能变识 318, 319

异熟生 142-144, 153, 155, 157, 183, 223, 224, 273-275, 278, 280-282, 388, 390, 439, 440, 442, 444, 446, 585, 586, 597, 598, 653, 683, 684, 698, 733, 780, 867

异熟生无记 99, 390, 598, 683, 781, 783

异熟生心 279, 583, 585, 586, 651, 652

异熟识 8, 106, 107, 143, 144, 147, 150, 151, 153-155, 157, 158, 163, 164, 178, 181, 182, 186, 188, 198-

201, 203, 204, 208-210, 223-225, 240, 242, 245-249, 279, 283, 284, 287, 288, 296, 298-300, 326, 327, 331, 336, 337, 362, 363, 387-390, 407, 611, 613, 656-658, 703, 705, 780, 782, 783, 866, 882-885, 914

异熟无记 98, 225, 245, 247, 276, 278, 583, 584, 586, 597, 598

异熟习气 142, 144

异熟心 179, 183, 273-280, 286, 288, 346, 347, 740

异熟性 142, 143, 157, 223, 226, 277, 279-282, 284, 298, 444

异熟种（异熟种子）143-145, 155-157, 160, 390

异相无我 757, 759

异性空 757, 759

异性因 174

意成身 726, 728, 730, 731

意成天 603, 604

意愤天 514

意根 156, 270, 329, 332, 344, 345, 349, 351, 385, 401-403, 420, 421, 440, 441, 443, 444, 635, 666, 668-670, 708, 710

意识 7, 33, 46, 52, 61, 62, 75, 80, 87, 93, 123, 124, 129, 141, 211, 221, 222, 250, 252, 275, 276, 285-289, 291-295, 302, 304, 307-309, 318-320, 325-327, 329, 331, 332, 334, 335, 338, 339, 342-347, 349, 351, 353, 364, 368, 383, 385, 400-404, 411, 416, 418-421, 423-426, 436-439, 441-445, 447, 448, 454, 456, 459, 460, 470, 471, 473, 474, 496, 498, 523-526, 562, 571-574, 578-580, 583, 592-594, 596, 609, 610, 612-615, 640, 641, 701, 738, 739, 783, 834, 896

意思食 292, 293

意业 92, 93, 222, 332, 333, 718

因果差别谛 19

因果同时 177, 179, 182, 238

因力 174, 207, 663, 782

因能变　142-146
因受　218, 219
因相　68, 143, 152, 153, 155, 219, 441, 446
因缘　12, 17, 18, 28, 37, 39, 80, 81, 108, 110, 111, 124, 142, 143, 155, 156, 160, 164-168, 170, 174, 176-179, 182, 186, 187, 208, 209, 228, 230, 234, 249-251, 272, 312, 321-325, 327, 329, 331, 333, 348, 350, 353, 355, 422, 590, 591, 597, 598, 605, 619, 649-653, 672, 675-684, 687, 688, 690-694, 696, 697, 699, 700, 703, 720, 723, 726, 745, 750, 765, 830, 909-915
因缘变　146, 210-212
因缘性　163, 174, 179, 271, 650-653, 678
因缘依　321-323, 325, 352, 593, 680
因缘种（因缘种子）　677-682, 695, 696, 705
引发静虑　820-822
引发因　456, 671, 674-676, 678, 680, 687
引业　142, 143, 223, 273, 285, 695, 696, 704
引因　174, 177, 704
引自果　174
印顺定　789, 791
影像　34, 37, 130, 140, 195, 198, 209, 211, 220, 230, 231, 354, 356, 364, 665, 738, 740, 754, 796, 811, 878, 879, 886-889, 919, 920, 923, 924
影像色　87
永断道　757, 759
勇、尘、暗　44
忧根　439, 440, 443-446, 473, 666, 668, 669
忧受　374-376, 438, 441-446, 473, 474, 504, 524-526, 562, 579, 580, 583, 607, 670
犹豫境　455
游观无漏　603, 605
有爱住地　731, 781, 783
有边无边四种论　515, 516
有顶　374, 375, 379, 381, 603, 605, 666
有对色　75-79, 83, 85-89, 93

有分别 79, 240, 242, 403, 421, 439, 545, 560, 587, 612, 614, 726, 728, 729, 795, 800, 801, 809, 819, 920
有分识 261, 262, 264
有覆无记性（有覆无记）226, 278, 282, 317, 319, 366, 367, 378, 379, 390, 407, 423, 432, 437-439, 527, 528, 537, 568, 584, 586, 607, 716, 718
有根身 186-189, 197, 203, 204, 206, 207, 209, 211, 229, 249, 252, 274, 328, 330, 536, 635
有具 54, 100, 101, 103, 407, 482, 483, 506
有乐地 375, 376
有漏曾习 861
有漏道 381, 528, 530, 781, 784, 861-863
有漏善 142, 166, 169, 170, 227, 500, 505, 683, 694, 699, 700, 715, 719, 722, 724, 726, 742, 867, 898
有漏位 208, 246, 879, 882
有漏心 166, 240, 243, 387, 388, 409, 413, 738, 740,
751, 752, 884, 886
有漏性 167, 716, 914
有漏业 619, 726, 730, 732, 733
有漏种（有漏种子）144, 158, 160, 162, 188, 204-206, 208, 209, 246, 251, 296, 297, 410, 412, 866, 914
有情 2, 3, 10, 13, 14, 19-21, 37, 38, 96, 100-102, 112, 149, 159, 160, 163, 166, 172, 186, 198, 199, 208, 223, 224, 228, 232, 245, 250, 254, 256, 259, 261, 273, 274, 276, 285, 292, 295, 296, 298, 299, 311, 354, 359, 416, 437, 439, 440, 494, 499, 529, 539, 596, 611, 625, 634, 644, 663, 688, 694, 699, 727, 772, 776, 779, 780, 804, 809, 814, 823, 828-830, 868, 871, 873, 878, 879, 887, 897, 898, 905, 910
有润种子依处 671, 673, 675, 681, 682
有色根 279, 280, 331, 336
有事缘 535

有所依　122，192，193，282，307，321，322，337，383，388，406
有体境　536
有体施设假　9
有为功德　819，820，869，879，880，908
有为无漏　165，167，171-173
有为无漏法　168，171-173，908
有为相　108-110
有喜地　374-376
有相分别　578，579
有相观　842，846，847，859
有性　55，58，70-72，174，494，498，509，550，552，621，666，749，837
有学　240，241，243，245，247，262，263，313，382，387，388，397，399，410，412，437，438，474，504，533，534，567，585，588，589，602-604，717，724，844，871
有余依涅槃　869-871，874，875，877
有支习气　142，160，699，700
有支熏习　648
有执受　187，279，280，282，328-333
于无量所说法、无量名句字、后后慧辩陀罗尼自在愚　843，847
于无相作功用愚　842-843
于下乘般涅槃障　846
于相自在愚　843，844，847
于一切所知境极微细着愚　843-844，848
于诸法中未得自在障　843，848
瑜伽师　85，157，241，433，441，503，558，581，678
与能熏共和合性　178，181
与所熏和合而转　179
语表　88-90，92，93
语声　65，114-117，140
语业　90-92，222，332，718
语依处　670-673，675
预流　10，11，13，240，241，243，719，721
预流果　719，721
欲爱住地　731，781，783
欲观境　452，455
欲界　10，103，109，188，199-202，206，209，263，272，279，287，292-294，298，313，328-330，332，336，337，340，344，375，376，

379, 380, 400, 432, 433, 435, 438, 439, 442, 445, 464, 465, 474, 480, 500, 503, 504, 516, 525–527, 529–531, 564, 566, 568, 570, 581, 583, 586–589, 600–602, 604–608, 612, 613, 655, 657, 658, 669, 707, 710, 712, 713, 717, 718, 720, 724, 731, 781, 796–798, 804, 806, 808

欲贪愚 841, 845

圆成实性（圆成实自性） 3, 127, 250, 253, 624, 735, 738, 741, 742, 748–750, 752–756, 758, 759, 761–766, 768–771, 773, 814, 816, 817

圆寂 836, 872–876

圆镜智 246, 346, 882, 903, 904, 909

圆满成就 746, 784

圆满闻持陀罗尼愚 841, 845

圆满转依 786, 787, 860

缘觉乘 163, 893

缘觉乘定性（缘觉乘定姓） 163

缘起 232–238, 280, 290, 354, 619, 647, 650, 689, 706, 709, 720, 762, 765, 818, 819

缘生 35, 131, 180, 304, 306, 309, 314, 351, 648, 650, 688, 690, 711, 743, 747, 751, 752, 762, 767, 768, 770, 916

远残果 174, 175, 282

远地菩萨 606

远行地 608, 818, 819

蕴、处、界（蕴处界） 10, 19, 114, 116, 117, 129, 163, 736, 770, 893, 895, 896

Z

《杂事经》《杂事》 558

《增一阿含经》《增一》《增一经》 259, 262, 263

藏识 149, 151, 223, 255–258, 318, 319, 321–324, 331, 332, 334–338, 340, 346, 347, 353–356, 359, 360, 375, 376, 379, 380, 383, 385, 391–393, 407, 409, 423, 425, 447, 468, 470, 523, 524, 603–605, 738, 741, 779, 782, 887, 889, 903, 904, 906, 907

杂秽土　199

杂染　120, 142, 149-151, 164, 166, 168, 245, 250, 254, 264, 311, 359, 383, 492, 493, 506, 539, 637, 732, 751, 757, 814, 838, 878, 905, 908

杂受处　440, 446

杂相　715

杂修静虑　715

择法觉支　825

择灭　120, 122, 124, 267, 751, 757, 759, 858, 873, 874, 876

择灭无为　122-124, 268, 753, 836, 838, 840, 860, 873-878

增减二边　621

增减二执　17

增上不共俱有所依　401

增上果　154, 647, 648, 684-688, 697, 703, 706, 727, 730

增上生道　823, 825, 826

增上缘　81, 142, 143, 167, 170, 174, 177, 200, 207, 208, 327, 329, 330, 333, 349, 351, 388, 390, 402, 403, 456, 514, 515, 619, 649, 666-670, 675, 676, 679-683, 686-688, 690-697, 699, 700, 702, 703, 723, 750, 905, 908, 910, 912

增上缘依　321-323, 325, 327, 352

展转力　647-649

障碍依处　672, 674, 676

真比量　46, 271

真等流果　684

真谛　477, 617, 623, 624, 636, 637, 859

真见处　685

真见道　532, 533, 667, 775, 790, 796, 797, 802-813, 835, 837, 850-852, 867

真觉　641

真解脱　4

真净法界　900

真空　621, 629

真如　19, 28, 30, 34, 43, 44, 94, 110, 120, 122-127, 132, 155, 157, 158, 160, 162, 166, 169, 171-173, 185, 188, 203, 241, 242, 354, 356, 357, 393, 479, 533, 587, 588, 621, 622,

629, 630, 632, 644-646, 660-665, 747-759, 762, 763, 765, 766, 769-773, 782, 786, 790, 796, 798-803, 805-807, 809, 811, 813-817, 819, 820, 825, 855-860, 862, 864, 865, 868-870, 872-877, 886-891, 899, 902, 903, 906, 916-918, 924, 925

真如无为 123, 126, 874, 876-878

真如缘起说 173

真胜义谛 13, 155, 157, 617

真实功德 900-902, 904-909

真实见依处 671, 673

真实转依 858, 859

真事 135, 136, 139-141, 405

真现观 254

真现量 45, 46

真义心 394

真义智 396

真异熟 223-225, 273-275, 279, 281, 282, 683, 684, 698, 732, 733

真异熟识 285

正定 96, 459, 496, 498, 553, 555, 556

正行 792

正行真如 751, 753

正理部 476

正量部 28, 84, 191, 476

正勤 103, 452

正受 464

证不退 244

证得 4, 5, 10, 19, 123, 148, 163, 227, 242, 249-253, 256, 257, 260, 354, 356, 384, 386, 474, 484, 508, 528, 530, 531, 606, 607, 626, 627, 636, 640, 645, 648, 649, 657, 668-670, 673, 674, 676, 684, 686, 687, 727, 729, 740, 749, 750, 759, 764, 771, 775, 778, 786, 787, 796-798, 801, 802, 804-807, 810, 812-821, 825, 833, 837, 838, 848, 849, 855-860, 862, 863, 869-877, 879, 881, 885, 887-891, 896, 898, 899, 901-903, 906, 911, 912, 926

证得安立谛 19

证得胜义 19, 770-772

证自证分 16, 194-198, 661,

662, 692, 694, 799, 881
知断证修 271
执藏 149, 151, 240, 242, 243, 245, 247, 254, 255
执持识 248, 249, 251, 309
执取 36, 256, 507, 508, 696, 698, 707, 708, 712, 779, 782, 846, 856
执受 25, 149, 150, 184, 186-188, 208, 210, 229, 231, 246, 248, 280-282, 286, 288, 289, 330
执着我法愚 836, 837
执着相 752, 753, 755, 756
止观力 781
止息想作意 125, 602
至教量 258, 391
质碍 25, 26, 53-58, 69, 76, 140
智慧 4, 5, 61, 62, 85, 124, 140, 160, 209, 242, 246, 316, 347, 417, 462, 465, 484, 489, 519, 548, 587, 589, 626, 627, 740, 745, 782, 784-788, 790, 791, 805, 810, 811, 819, 822, 826, 832, 875, 896, 901, 909, 911, 912

智旭 73, 74, 602
智周 915
智自在所依真如 855, 856
中道 6, 18, 20, 74, 235, 237, 621, 622, 628, 630, 815
中道正见 514
中容境相 436
中随烦恼 367, 400, 423, 536, 537, 543, 545, 560, 562-564, 566-568, 584
中有（中有身） 15, 33, 56, 64, 65, 82, 84, 104, 120, 122, 129, 148, 151, 159, 176, 183, 196, 203, 217, 237, 243, 251, 296, 297, 302, 304, 305, 307, 311, 314, 325, 338, 339, 353, 359, 361, 365, 367, 371, 373, 375, 376, 383, 395, 405, 406, 443-445, 459, 464, 490, 503, 504, 506, 519, 528-530, 565, 566, 582, 595, 596, 598, 629, 630, 643, 648, 654, 663, 672, 674, 677, 692, 698, 704, 706, 719, 740, 755, 793, 834, 842, 847, 861, 863, 885, 886, 921

种识 7, 15, 39, 83, 190, 257, 271, 350-352, 356, 386, 418, 424-426, 443, 593, 612, 614, 647-649, 658, 668, 690, 691, 732, 741, 882, 895

种姓 102, 159-163, 167, 170, 256, 257, 388, 776-779, 782, 871, 910

种种业趣愚 841, 844

种子 13, 33-35, 37, 39, 40, 42, 75, 78, 79, 84, 90, 91, 97-99, 102, 104, 105, 107, 118, 132, 142-149, 151-153, 155-184, 186-189, 198, 203, 204, 206-212, 215, 217, 218, 225, 228, 230, 231, 233, 238-245, 247, 249, 251, 252, 254-257, 264-273, 278, 282, 297, 301, 312-316, 320, 322-333, 335-337, 340-342, 352, 353, 355-357, 381-383, 389, 392, 409, 412, 413, 426, 444, 459-461, 476, 490, 536, 576, 581, 582, 593, 606-608, 610, 617, 619, 638, 639, 648-654, 664, 665, 667-669, 671-682, 690-694, 696, 697, 699-708, 710, 712, 714, 716, 723, 725, 732, 733, 739, 741, 744-746, 759, 777-779, 781-785, 796-798, 804-806, 810, 815-817, 832-835, 837-840, 848, 849, 851-853, 859, 860, 862-864, 866, 867, 879-885, 894, 898, 899, 906, 913, 914

种子本新说 165, 171, 173

种子本有说 162

种子成就 96-99, 675

种子识 245, 247-249, 251, 254, 255, 322

种子说 725

种子相分 157

种子新熏说 162

种子依 323-325, 328, 330, 336, 681, 733

众同分 94, 100-102, 152, 153, 261, 274, 281, 282, 296, 298

诸根互用 343, 416

主独行 397, 399, 400

主宰 9, 10, 12, 18, 24, 31, 64

住心 802, 816, 837, 839, 840, 849, 858

转得 732, 814, 817

转灭 814, 904

转舍 356, 358, 360, 377, 425, 732, 814, 816, 817

转识 103, 104, 146, 163-165, 174, 178-180, 182, 232, 233, 249, 250, 252-258, 261, 263-266, 270, 272-274, 280, 281, 283-288, 290, 291, 295, 296, 298, 300, 302, 309, 310, 312, 314, 321, 322, 333-335, 338-340, 359, 361, 383, 385, 407, 408, 417, 421-428, 435, 437, 447, 593-598, 617, 651-653, 655, 657, 658, 696, 698, 720, 722, 732, 733, 780, 783, 849, 879, 903, 904, 906, 907

转依 254, 255, 312, 315, 349, 354, 357, 377, 420, 421, 471, 489, 503, 665, 813-818, 820, 857-860, 862-864, 866, 870, 881, 888, 890, 891, 893, 894, 898

转依果 775, 814, 860, 891, 894, 896-902

资粮位 487, 489, 666, 668, 775-779, 781, 782, 784-787, 790, 792, 832-834, 853, 859, 860

自八识聚 688

自地 199, 201, 204, 206, 379, 532, 536, 709

自法力 479

自分有情 611

自类相生 174, 175, 179, 324

自类种（自类种子） 145, 324, 325, 651-653

自利 730, 786, 787, 858, 860, 905, 908, 909, 911

自内我 149, 223, 240, 245, 261, 353

自然 34, 63, 65, 128, 130, 161, 164, 169, 170, 176, 189, 190, 224, 225, 233, 243, 248, 266, 287, 315, 344, 356, 360, 364, 376-379, 382, 437, 438, 443, 453, 457, 463, 493, 520, 567, 586, 622, 626, 627, 641, 664, 768, 769, 777, 784, 819, 833, 845, 847, 848,

852, 875, 912, 920

自然生　264, 438, 580

自然无生忍　761-763, 765

自然性　766-770

自然因　174

自受用　201, 890, 900, 904, 907, 908

自受用身　887, 890, 901-903, 905-912, 914

自受用土　911, 912

自体　1, 11, 13, 43, 61, 70, 71, 80, 133, 140, 174, 185-191, 194, 225, 226, 249, 251, 261, 262, 276, 282, 290, 292, 294, 295, 358, 391, 392, 406, 407, 452, 459, 483, 485, 494, 508, 542, 554, 590, 591, 627, 629, 636, 637, 646, 652, 744, 745, 748, 765, 793, 794, 809, 815, 828, 830, 869, 870, 876, 902, 920

自我　4, 5, 7-9, 14-16, 18, 22-32, 34-40, 52, 72, 133, 135, 141, 147, 151, 175, 224, 234, 242-244, 247, 255, 257, 263, 356, 358, 360, 375, 376, 380, 392,

488, 512, 543, 621, 622, 630, 739, 750

自相　11-13, 39, 56, 69, 139-141, 149, 151, 152, 218, 338, 342, 405, 410, 476, 477, 480, 481, 550, 607, 640, 644, 654, 674, 683, 736, 747, 748, 755, 757, 759, 811, 822, 831, 869, 878, 880, 887, 889, 895

自相无我　757, 759

自性　11, 13, 20, 45, 53, 56, 58, 74, 92, 105, 108, 114, 126, 129, 140, 149, 173, 214-220, 222, 249-251, 253, 255, 261, 265, 273, 312, 319, 323, 324, 358, 372, 391, 403, 417, 420, 423, 453-455, 458, 462, 466, 470, 472, 476-480, 483-485, 487, 489, 491, 493-495, 501, 505, 507-511, 540-542, 544-552, 555, 556, 571, 572, 574, 581, 589, 590, 616, 620, 626, 647, 649, 666, 667, 676, 690, 719-722, 734-739, 741, 745, 747, 750-

755，757-759，762-770，
773，788，790，791，793-
795，810，812，818，820，
823-825，827，830，832，
833，868，869，875，876，
879，881，897-900，904，
906，911

自性差别　736

自性断　722，724

自性分别　403

自性空　759

自性灭　757，759

自性善　308-310，475，476

自性身　828，900-906，908-912

自性受　218，219

自性土　911，912

自忆　191，193，194，459，460

自应无倒智　626，627

自在成就　96-99

自在、世主、释、梵　515

自在所生色　87

自在位　343，424，447

自证分　14-16，128，144-146，
185，190-198，210-212，
420，421，459-461，616，
621，622，631，646，661，
662，691，692，694，744-
746，754，799-801，803，
806，808，881，920，923

自种（自种子）　146，182，199，
211，321，325，592，609，
651，663，671，677，692，923

最胜真如　855，856

作意　149，150，212-214，217，
218，225，228，229，232，
264，265，343，344，362，
363，406，407，427-430，
449，450，452，453，455，
462，471，594，599，600，
604，779，782，824，826，
828，841，842，851，883，
885，887，890

作意心所　218，450，456，463，
594

作用依处　671，673，675，676

作证道　757，759，784

佛典经论缩略名

《瑜伽师地论》:《瑜伽论》
《显扬圣教论》:《显扬论》
《摄大乘论》:《摄论》
《摄大乘论释》:《摄论释》
《大乘百法明门论》:《百法论》
《大乘庄严经论》:《庄严论》
《唯识三十颂》:《三十颂》
《成唯识论》:《成论》
《般若波罗蜜多心经幽赞》:《心经幽赞》
《大乘法苑义林章》:《义林章》
《成唯识论述记》:《述记》
《成唯识论演秘》:《演秘》
《成唯识论义蕴》:《义蕴》
《成唯识论疏义演》:《义演》
《成唯识论观心法要》:《观心法要》
《大乘阿毗达磨杂集论》:《杂集论》
《大乘阿毗达磨集论》:《集论》

《成唯识论证义》:《证义》
《成唯识论自考》:《自考》
《瑜伽师地论略纂》:《略纂》
《成唯识论了义灯》:《了义灯》
《成唯识论订正》:《订正》
《成唯识论掌中枢要》:《枢要》
《成唯识论集解》:《集解》
《成唯识论疏抄》:《疏抄》
《成唯识论俗诠》:《俗诠》

再版后记

《成唯识论直解》2000年由复旦大学出版社出版，印过两次，脱销已久，常有朋友和读者来询问能否再版。2013年笔者已与上海古籍出版社签订了此书修订本的出版协议，但因事务繁忙，期间又完成了《解深密经直解》《瑜伽师地论真实义品直解》等书，所以，此书的修订搁置了很长时间。

此次修订，一是修正了旧本的一些疏漏和错误；二是增补了一些论述，使相关的讨论更深入圆满；三是将作者近些年来形成的一些前人从未论及的新想法写入。近十年，笔者对唯识论作了一些深入的研究，有了一些从未有人提出过的想法，近几年出版的几本书的《前言》陆续对此作了一些阐发。此次修订，希望能将近些年的研究成果完整表达，并有更深入的阐述，而此修订本的《再版前言》就是对这些年新想法的一个总结。

原书附录的《唯识三十颂直解》《大乘百法明门论直解》，现从此书中抽出，打算另出一本短篇唯识典籍直解的合集。

"直解"类著作的特点，是为初学者提供通俗易懂、简明扼要的解释，而过于复杂的介绍、论述、探讨，无疑会违背此初衷，所以此次修订，正文部分虽有不少增补，但基本上仍保持了原来的风格。

  此次修订过程中，沈阳心睿居士仔细研读复旦版《直解》，提出许多宝贵意见，在此谨表衷心感谢！

  此修订本对原书从内容到文字，乃至标点，都尽力作了精细修订。但尽管如此，此书应该还是会有不少疏漏之处，敬请读者指正。

林国良
2024 年 3 月